ein Ullstein Buch

ÜBER DAS BUCH:

Mit dem Luis-Trenker-Film *Der Rebell*, 1932, begann für die junge Wiener Schauspielerin Luise Ullrich, der damals schon auf der Bühne die Herzen des Berliner Publikums und der Beifall der Kritik sicher waren, eine zweite Karriere. Sie wurde einer der berühmtesten und beliebtesten Stars des deutschen Tonfilms. In diesem Buch jedoch sind Erinnerungen an Rollen, an Filme und Kollegen nur die öffentlichen Marksteine einer Biographie. Luise Ullrich schildert, wie diese Lebensgeschichte entstand. Sie beschreibt sich selbst – einen Menschen mit all seinen privaten Ängsten und Zweifeln, eine Frau, die mit Hoffnung und Liebe gegen alle Zufälle des Schicksals sich unbeirrbar ihr eigenes, ihr privates Glück aufbaute und erhielt. Mit einem gesunden Empfinden für die Balance dieser Welt meisterte sie ihr Leben, und mit dem natürlichen Talent einer Schriftstellerin, das sie mehrmals erfolgreich bewiesen hat, schrieb sie es auf. Der faszinierende Lebensbericht einer Frau und Schauspielerin liegt hier in einer neu durchgesehenen, ergänzten und um einen Bildteil sowie Rollenverzeichnisse erweiterten Neuauflage vor.

DIE AUTORIN:

Luise Ullrich, 1911 als Tochter eines Offiziers und einer Konzertgeigerin in Wien geboren. Besuch der Akademie für Musik und Darstellende Kunst in Wien. 1926 erstes Auftreten im Wiener Volkstheater. Ab 1931 Mitglied des Ensembles des Berliner Staatstheaters. 1932 erste Filmrolle in *Der Rebell* von Luis Trenker. Es folgten: *Liebelei, Regine, Viktoria, Annelie* u.v.a. 1938 Reise nach Südamerika, wo sie ihren Mann, Graf zu Castell-Rüdenhausen, kennenlernte. Nach zahlreichen Bühnen- und Filmrollen auch schriftstellerische Tätigkeit: *Sehnsucht, wohin führst du mich?, Unterwegs zu mir* u.a. Luise Ullrich starb im Januar 1985 in München.

Luise Ullrich

Komm auf die Schaukel, Luise

Balance eines Lebens

ein Ullstein Buch

ein Ullstein Buch
Nr. 22910
im Verlag Ullstein GmbH,
Frankfurt/M – Berlin

Neu durchgesehene und
erweiterte Ausgabe
Mit 82 Fotos und
13 Textillustrationen

Umschlagentwurf:
Hansbernd Lindemann
Foto: Winfried Rabanus

Taschenbuchausgabe mit
Genehmigung von Langen Müller
in der F. A. Herbig Verlags-
buchhandlung GmbH, München

Printed in Germany 1992
Druck und Verarbeitung:
Clausen & Bosse, Leck
ISBN 3 548 22910 7

Januar 1993
Gedruckt auf Papier mit
chlorfrei gebleichtem
Zellstoff

Von derselben Autorin
in der Reihe
der Ullstein Bücher:

Sehnsucht, wohin führst
du mich? (20573)
Das Hotel nahmen wir mit
(22169)
Unterwegs zu mir (22302)

Die Deutsche Bibliothek –
CIP-Einheitsaufnahme

Ullrich, Luise:
Komm auf die Schaukel, Luise:
Balance eines Lebens / Luise Ullrich. –
Neu durchges. und erw. Ausg. –
Frankfurt/M; Berlin: Ullstein, 1993
(Ullstein-Buch; Nr. 22910)
ISBN 3-548-22910-7
NE: GT

Inhalt

Vorwort

Die Erstausgabe dieses Buches erschien 1973 ohne Fotos. Unsere Mutter wollte ein Buch, das man kaufen sollte, um es zu lesen, und nicht um darin herumzublättern wie in einem Bildband.
Später hat sie diese Entscheidung bedauert und eingesehen, daß Memoiren auch eine zeitgeschichtliche Dokumentation darstellen und Bilder einfach dazugehören. In der Neuausgabe wollen wir das nachholen und fügen, gemeinsam mit dem Verlag, einige weitere Zeugnisse und ein Rollenverzeichnis hinzu. Unsere Mutter hätte sich gewiß darüber gefreut.
Sie war und ist uns ein großes Vorbild. Sie hat uns Kraft, Lebensfreude und Interessen vermittelt und die ewig offenen Fragen hinterlassen, auf die es sich lohnt eine Antwort zu suchen. Sie bleibt uns unersetzlich und stets gegenwärtig.
Unsere Mutter gehörte zu den glücklichen Menschen, die immer jung sind. Es umgab sie etwas unwiderstehlich Anmutiges, Frisches. Mit ihrem neugierigen Geist und ihrem Humor kämpfte sie, unterstützt von ihrer geistigen und körperlichen Beweglichkeit, mit Erfolg um die stete Wahrnehmung ihres innersten erlebten Gefühls, das ihr sagte: πάντα ῥεῖ — Alles ist im Fluß.
Sie war ein Mensch auf der Suche nach der Mitte. Sie wollte

die Balance, die innere Harmonie. Auf der Suche danach fand sie ihren Mann, unseren Vater. Erst als er ihr 1980 genommen wurde, verlor sie diese Balance. Sie merkte, wie schon so oft in ihrem Leben, daß sie sich verändern mußte. Das Bild, das sie 1984, ein Jahr vor ihrem Tod am 21. Januar 1985, malte — und das als Abschlußbild dieses Bandes zu sehen ist —, zeigt, wie sie fast fröhlich auf diese neue Situation zugeht. In ihrem letzten Buch »Unterwegs zu mir« schrieb sie: »Es gibt keinen Abschied, nur Veränderung.«
Wir sind dankbar für diesen Trost und ihre Liebe.

Gabriele und Michaela Mai 1990

»Bombenschmeißen ist immer aktuell«

Sarajewo mit Rückblende — Kindheit, heile Welt — Erster Schultag und erster Applaus — Ein champagnisierender Hausgenosse — Fritz Kortner, Ewald Balser, Klaus Kinski

Die Garderobiere hatte ihr Knie in mein Kreuz gestemmt und zog mit aller Gewalt an der Verschnürung meines Mieders.

»Schatzerl, hör auf!« Ich hielt die Luft an und wackelte hin und her wie ein Boxer in den Seilen. Meine Taille konnten zwei Männerhände umspannen und der Busen hob sich und wurde recht ansehnlich.

»Es geht scho no a bisserl. So. Mehr mach i net.« Sie verknotete die Bänder. »Sonst fall'n S' uns ohnmächtig hin.«

Ich lachte, soweit es meine Verschnürung erlaubte: »Aber nein, meine Mutter hat sich jeden Tag so geschnürt.«

»Ja, die war's g'wöhnt.«

Die Garderobiere wußte nicht, daß der Schauspieler fähig ist, Jahrzehnte oder Jahrhunderte mit seiner Fantasie zu überspringen, und daß der Körper mitmachen kann. Oder sie wußte es, aber es ging sie nichts an.

Sie half mir, das schwere Krönungskleid aus grünem Samt mit Goldborten und einer langen Schleppe anzulegen. Es gehörte keine schauspielerische Begabung dazu, in einem solchen Kleid königlich einherzuschreiten. Man konnte gar nicht anders.

Der Maskenbildner Karli frisierte mich. Ich neigte mich immer weit von ihm weg, nicht aus Hochmut, sondern weil er

so gern Knoblauchwurst aß. Jetzt arbeitete er mir die Krone in die kunstvolle Hochfrisur, die nur zum Teil aus eigenem Haar bestand. Erst künstliches Haar entsprach dem pompösen Bild der Zeit.
Ich war fertig geschminkt, frisiert und angezogen als Herzogin Sophie, Frau des Thronfolgers Franz Ferdinand von Este.
»Bitte, laßt mich jetzt allein.«
Die Garderobiere und der Maskenbildner gingen. Sie wußten, daß es zu meinem Rhythmus gehörte, mich vor den Spiegel zu stellen und mich als die andere, in die ich hineingeschlüpft war, zu betrachten. Ich dachte dabei nicht an den Text, sondern ich sah sie mir an, die andere, bis die andere mich ansah und wir eins wurden.
Wir drehten den Film *Sarajewo* in den Sieveringer Ateliers oberhalb von Wien, und vom Fenster meiner Garderobe konnte ich über blühende Kastanien, Goldregen und Rosenhecken hinweg das Riesenrad und die Rotunde sehen.
Jetzt aber, als die andere, sah ich nichts davon. Ich war in Sarajewo und es war nicht 1955, sondern 41 Jahre früher: 1914.
Die sommerliche Hitze kam zum Fenster herein, aber ich schwitzte nicht. Durch die unmenschliche Verschnürung ging der Atem nur ganz kurz, seicht und flach oben im Brustkorb. Der Blutdruck veränderte sich. Das Marionettenhafte, die repräsentative Blutleere war durch das Schnüren erreicht worden.
Es klopfte. Fritz Kortner, der Regisseur des Films, trat ein. Er hatte eine Zigarette im rechten Mundwinkel hängen, für die ihm niemand Feuer reichen durfte. Wer es versuchte, war seines Ärgers gewiß und wurde angefaucht: »Ich rauche nicht.« Auch gegrüßt wollte er nicht werden, höchstens einmal am Tag — »Immer diese Grüßorgien hier in Wien. Man kommt zu keiner Arbeit.«
»Bitte, nehmen S' doch Platz!« sagte ich huldvoll, ganz So-

phie, und setzte mich steif und majestätisch auf einen Stuhl.

Wer hätte das Mysterium, das man Schauspielerei nennt, besser verstanden als Kortner?

Für ihn war es klar, daß ich ihn in dieser Aufmachung mit Krone, in Samt und Brokat nicht so herzlich und freundschaftlich behandeln konnte wie sonst, sondern nur leutselig und von oben herab.

Er nahm den Hut ab, strich sich über sein dichtes, graumeliertes Haar und sagte mit gedeckter Stimme: »Frau Uuhhlrich« — er badete sich in dem U, er badete sich in allen Vokalen, aber das U war sein Lieblingsvokal — »Frau Uuhhlrich, Sie wissen, worum es heute geht. Wir haben eine der schwersten Szenen vor. Das Krönungsessen in Sarajewo, steif und unglücksträchtig — eigentlich fad, wenn man nicht vorher ...«

Er zündete sich die Zigarette nun doch an, ohne es zu merken, und rauchte in tiefen Zügen. »Ich möchte also vorher, vor diesem Krönungsessen, eine Passage drehen, bei der Sie und Balser aufgeregt in den Räumen hin- und herlaufen wie gehetzte Kreaturen. Es gibt kein Entrinnen, beide wissen es. Besonders Sie!« Er deutete mit seinem Zeigefinger auf mich. »Besonders sie weiß es, Frauen wissen immer alles eher.«

Kortner hatte eine große Verehrung, ein Gespür für das ewig Weibliche.

»Die Sophie lächelt, aber hier hinten im Hinterkopf sitzt die Angst. Sie verstehen? Ja, natürlich verstehen Sie.«

Er hielt die Luft an, zog den Kopf ein, hatte Angst. Er sah aus wie Dschingis Khan, wenn er Angst gehabt hätte. Aufregend sah er aus. Toll. Aber ich konnte mir auch für die Sophie etwas abgucken. Man sah viel Weißes in seinen schief gestellten, klugen Augen.

»Sie hat nicht Angst um sich, sondern um ihn. Sie liebt ihn. Der Tod kommt näher, immer näher. Der Arzt hat Franz Ferdinand das Rauchen verboten, das ist bekannt.«

Er zog nervös an seiner Zigarette und merkte plötzlich, daß er selbst rauchte. »Welcher Trottel hat mir wieder die Zigarette angezündet?« Er drückte sie ärgerlich im Aschenbecher aus.
»Also, der Arzt hat ihm das Rauchen verboten. Sophie lächelt ihn an, hält ihm die Tabatiere hin und fragt: ›Willst ein Zigarettl?‹«
Kortner sah mich erwartungsvoll an, ob es mir gefiele.
Ich nickte huldvoll.
»Gut«, sagte er, der nicht von mir verlangte, daß ich aus der Rolle fiel. »Dann werden wir also alles so einleuchten, daß Sie und Balser nur zu kommen brauchen.«
Er ging.
Ich rief: »Schatzerl, komm schnell!«
Die Garderobiere sah mich an und wußte Bescheid. Sie hakelte das Kleid auf und machte die Bänder locker. »Haben wir uns doch zuviel zugemutet. Jetzt ham ma noch a Stund Zeit, bis das Licht g'stellt is. Legen S' Ihnen hin, gnä' Frau, auf d'Couch.«
Sie ging.
Ich fiel nach hinten, fiel zurück, von Sarajewo zurück, zurück nach Wien-Döbling, war fünf Jahre alt und hatte eine große Schleife im Haar.
Wir saßen beim Mittagessen, meine Mutter, meine beiden Schwestern, Gertl und Edith, und ich. Wir waren fröhlich und lachten. Da klingelte es.
»Wer kann des sein, jetzt am Mittag? Ederl, mach auf!« sagte die Mutter. Meine Schwester hüpfte hinaus.
Plötzlich hörten wir sie schreien. »Vater!« und »Mutter, komm schnell!«
Aber da kam mein Vater schon herein. Seine Militärkappe saß schief auf dem Kopf. Niemals vorher hatte ich gesehen, daß seine Kappe auch nur einen Millimeter schief saß, und niemals vorher hatte er sie im Zimmer aufbehalten. Ein schmaler roter Streifen Blut tropfte von seinem Kopf auf sei-

ne Uniform. Die Uniform war zerfetzt und schmutzig, als wäre mein Vater gestürzt oder auf dem Boden geschleift worden. Der Ärmel war fast herausgerissen.
Er lächelte, um uns nicht zu erschrecken, ein verlegenes Lächeln, und sagte mit überraschter Stimme wie von weit her kommend: »Sie haben mir die Epauletten heruntergerissen und das Portepee entfernt. Sie haben mir Steine nachgeworfen.«
Die rot-weiß-rote Kokarde auf seiner Kappe, die mir so gut gefallen hatte, war weg. Er setzte sich an den Tisch und leerte ein ganzes Glas Wasser. Meine Mutter klopfte ihm beruhigend auf die zitternde Hand und fragte: »Magst ein Zigarettl?«
Ich fuhr hoch, als die Tür aufging. Der Aufnahmeleiter sah herein: »Dürfen wir bitten?«
Die Garderobiere bestand darauf, daß die Schwäche vom Schnüren käme.
»Ja, Schatzerl, hast recht!« sagte ich.
Balser und ich spielten die Szene, die nur eine Passage der stummen Angst war, und am Schluß kam der Satz »Magst ein Zigarettl?«
Kortner war zufrieden: »In großen Augenblicken ist so ein kleiner Satz menschlich, geht ans Herz, und man vergißt ihn nie.«
Es war der 26. Juni, der Tag, an dem wir erschossen wurden.
»An dem wir erschossen wurden«, so kann nur ein Gespenst oder ein Schauspieler schreiben.
Wieder stand ich vor dem Spiegel. Ich trug das letzte Kleid der Gräfin Chotek. Es war nach Zeitungsfotos rekonstruiert und geschneidert worden. Ein weißer, langer Rock, eine Batistbluse und ein Rosenbouquet im Gürtel. Auf der Hochfrisur thronte ein großer, weißer Hut mit einem weißen Schleier. Der Schleier machte mein Gesicht fraulich, romantisch und melancholisch. Ich sah aus wie meine Mutter auf

Jugendfotos, ja, es sah mir das sanfte, offene Gesicht meiner Mutter aus dem Spiegel entgegen. Ihr Gesicht war auch von Melancholie beschattet gewesen. Irgend etwas, wonach sie sich gesehnt hatte, war unerfüllt geblieben. Als Kind hätte ich sie gern gefragt, weshalb sie oft so traurig war, aber ich hätte sie nicht verstanden, und später kam ich nicht mehr dazu. Das eigene Leben, die Kinder, der Beruf ließen mir keine Zeit.

Ich dachte über meine Mutter nach. Sie war ein reiches Mädchen gewesen, eine »gute Partie«. Die Tochter eines sehr erfolgreichen Wiener Baumeisters. Sie verliebte sich, und sie heiratete den schwarzhaarigen, dunkeläugigen jungen Leutnant des Deutschmeisterregiments. Auch er war in sie verliebt, aber er war froh, daß mein Großvater die Kaution bezahlen konnte. Das Leben eines jungen Offiziers mußte »standesgemäß« verlaufen. Dazu reichte aber das kleine Leutnantsgehalt nicht. Reiche Schwiegereltern waren erforderlich.

Meine Eltern führten eine gute Ehe, wenn sie auch manchmal etwas strindbergisch war, besonders später, als die materiellen Sorgen kamen. Doch das war es nicht, was meine Mutter traurig machte. Ich glaube, es war die unerfüllte Liebe zur Bühne. Sie hatte eine runde, schöne Sopranstimme, war außergewöhnlich musikalisch und eine gute Erscheinung. Sie hätte sicher eine Opernkarriere gemacht. Aber sie durfte nicht zur Bühne. Für ein junges Mädchen aus gutem Haus wäre das nicht »standesgemäß« gewesen.

Die Garderobiere kam.

»So, gnä' Frau, jetzt is soweit. Jetzt wern ma gleich erschossen«, sagte sie ungerührt. Sie gab mir den Sonnenschirm und den Pompadour, die historischen Requisiten der Sophie, in die linke Hand und zog mir den rechten Handschuh über die Finger.

»Eine traurige G'schicht, aber wissen S', wer schuld is an allem? Sie!« Sie deutete mit dem Zeigefinger auf mich. »Sie war

schuld an allem. Sie wollte unbedingt nach Sarajewo. Kann man auch verstehen. Die is ja so schikaniert wor'n vom Kaiser Franz Joseph. Und warum? Weil sie nicht standesgemäß war.«
Sie zog mir den linken Handschuh über. Sie kannte nicht nur das Drehbuch, sie kannte auch, wie fast alle Wiener, die Geschichte ihrer Habsburger.
»Der Hof hat sie gedemütigt, wo es nur ging.« Sie sagte es leise, damit niemand anderer sie hören konnte. »Sie durfte nicht mit Franz Ferdinand zusammen erscheinen. Weit hinter ihm mußte sie gehen, wie ein Dienstbot', das arme Luder. In der Loge durft' sie nicht mit ihm sitzen, stell'n S' Ihnen des vor! Aber in Sarajewo hat sie sich mit ihm zeigen dürfen. Da hat sie neben ihm im Auto sitzen dürf'n, und da hat sie sich auch umlegen lassen dürf'n. Standesgemäß.« Sie schnupfte.
»Jetzt wein doch nicht, Schatzerl. Die is ja tot. Jetzt bin ich des arme Luder.«
»Des hat s' davon g'habt. Jetzt trink ma noch a Schluckerl Kaffee, dann stirbt sich's leichter«, meinte sie mütterlich. Der starke Wiener Kaffee kräftigte mein Herz, das müde war vor Melancholie.
Wir drehten die Außenaufnahmen in Atzgersdorf bei Wien. Tito hatte für Filmarbeiten zu diesem Thema keine Einreisegenehmigung erteilt.
Ewald Balser erwartete mich unten im Hauseingang. Er war im selben Haus geschminkt und angezogen worden. Er trug die Galauniform des Thronfolgers mit großem Federhut und weißen Glacéhandschuhen. Seine beiden Adjutanten, Franz Stoß und Harry Hardt, ebenfalls in Galauniform, schlugen elegant die Hacken zusammen und salutierten.
Einer der Aufnahmeleiter öffnete die Tür: »Geh ma, meine Herrschaften? Darf ich bitten?«
Wir mußten uns einen Weg bahnen. Es waren 35 Grad im Schatten. Zweihundert Zigeuner in ihren seit 1914 unverän-

derten Trachten standen, lagen oder tanzten herum. Einige waren betrunken, weil sie gegen den Durst Wein bekommen hatten. Ein heißer Wind von der Puszta wirbelte den Staub hoch.
Wir waren gereizt und nervös von der Hitze und dem Lärm. Es war eine richtige Panikstimmung. Balser reichte mir seinen Arm. Durch den dicken Stoff der Uniform fühlte ich die Hitze eines Fieberkranken.
Langsam und feierlich setzten wir uns in Bewegung. Die Aufnahmeleiter gingen voraus, dann folgten wir, die beiden Adjutanten kamen hinter uns. Die Zigeuner riefen: »Bravo!«, »Hoch!«, »Es lebe die Monarchie!«, »Es lebe der Thronfolger!«. Weil wir so feierlich gingen, und weil wir so imposant aussahen, ich mit dem Hut und Balser in der Galauniform. Bald würde die Uniform zerfetzt und voller Blutflecken sein.
Ich dachte an die Uniform meines Vaters. Er hatte sie nach diesem Zwischenfall nie mehr angezogen. Er wollte sich nicht noch einmal anpöbeln und verprügeln lassen. Er fühlte sich für den verlorengegangenen Krieg nicht verantwortlich und reichte seinen Abschied ein. Er ging in Pension, aber er war ohne Uniform entwurzelt. Er versuchte vieles, aber er war der anderen Zeit nicht mehr gewachsen. Er machte Erfindungen, den »Sportsfreund« beispielsweise, eine Paste in der Tube, die mit Quellwasser verdünnt erfrischend und durstlöschend schmeckte. Oder einen Mechanismus zum Einfädeln von Nähnadeln. Ein Rabitzgewebe. Nichts kam an. Er schrieb ein Theaterstück *Der falsche Weg*. Was war der falsche Weg?
Wir näherten uns dem Auto, das unser Todesauto werden sollte. Klaus Kinski lehnte an einer Bretterwand. Er trug ein knallrotes Hemd und war noch nicht im Kostüm des Attentäters. Er sah uns entgegen ohne zu grüßen, ohne zu lächeln. Er gehörte zur Organisation »Schwarze Hand«, die sich den Panslawismus auf ihre Flagge geschrieben hatte.
Die Garderobiere flüsterte neben mir: »Schau', S' ihn nur an,

den Kinski. Den ganzen Vormittag schaut er scho so wild. Der is scho ganz in seiner Rolle. Am liebsten tät er wirklich schießen.«

Eine Zigeunerin drängte sich heran. Ein Aufnahmeleiter jagte sie weg, aber sie rief laut meinen Namen. Ich blieb stehen und winkte ihr. Sie kam ganz nah heran und knickste. Mit heiserer Stimme sagte sie: »Sein gefällig, nicht immer denken an Mutter, an Vater, an Vergangenheit. Weg damit, bitte särr! Alles aufschreiben, zerreißen, verbrennen, Asche verstreuen, Ost, West, Nord, Süd.« Sie streckte ihre Hand aus, und einer der Aufnahmeleiter gab ihr Geld. Sie knickste und verschwand in der Menge.

Ich stieg als erste in das Auto. Alle halfen mir. Aber wenn es knallen wird, hilft mir keiner mehr, dachte ich.

Balser saß neben mir, die Adjutanten nahmen uns gegenüber Platz. »Von dort wird er schießen«, Harry Hardt zeigte auf einen Baum. »So hat's mir jedenfalls Kortner gesagt.«

Wir saßen deutlich sichtbar als Zielscheiben da.

Balser erriet meine Gedanken. »Womit wird der Kinski eigentlich schießen?« fragte er.

Die beiden Adjutanten waren auch unsicher. »Ja, das müßte man wirklich wissen. Er ist ja ein herrlicher Schauspieler, aber ein verrücktes Huhn und zu allem fähig.«

Der heiße Wind wirbelte den Staub hoch.

»Schatzerl, komm!«

Mein großer Hut wurde immer wieder festgesteckt, mit Hutnadeln und unsichtbaren Bändern, er wäre sonst weggeflogen, bis Floridsdorf und weiter. Die Zigeuner wurden immer wilder und lauter. Sie wurden richtig blutrünstig und wollten endlich Tote sehen.

Mein Lächeln wurde gequälter.

Kortner kam, um uns zu erklären, wie das Attentat vor sich gehen würde. »Also der Fahrer — Josef Meinrad, hören Sie zu, das geht Sie an —, eine zwielichtige Figur, von der man nicht weiß, ob sie mit den Terroristen unter einer Decke steckt, verfährt sich. Er will wenden, mitten in die aufgeregte Menge. In dem Augenblick schießt es.«

Balser und ich fragten wie aus einem Mund: »Von wo?«

Kortner wollte es uns nicht sagen. »Das Thronfolgerpaar wußte es ja auch nicht.«

Balser wurde ärgerlich und bemerkte, daß wir doch keine kleinen Kinder seien.

Kortner zeigte zu einem Baum, hinter dem Kinski stand, jetzt ganz in Schwarz, eine Hand in der Hosentasche.

Balser neigte sich weit vor, sein großer Federbusch streifte fast den Hut des Regisseurs: »Womit wird der Kinski eigentlich schießen?«

Kortner, der schon sehr nervös und aufgeregt war, ärgerte sich. »Womit, womit? Diese deutschen Schauspieler fragen immer so viel. In Hollywood würde ein Schauspieler niemals so etwas fragen. Da geht es darum, daß eine Szene möglichst wirkungsvoll gedreht wird. Es ist doch ganz egal, womit er schießt.«

Balser bewahrte Ruhe. Trocken sagte er: »Aber das habe ich auch noch nie gehört, daß sich in Hollywood Schauspieler für eine Szene haben totschießen lassen.«

Das sollte die einzige Anekdote von Kortner bleiben, bei der ein anderer die Pointe hatte.

Die Panikstimmung erreichte ihren Höhepunkt.

Das echte Thronfolgerpaar hatte damals immer noch eine Hoffnung. Aber Balser und ich wußten, daß es jetzt aus sein würde. Alle vier im Auto waren wir schrecklich aufgeregt. Wir kannten Kortners fanatische Liebe zum Realismus, und wir kannten Kinski.

Der Schuß krachte. Ich sprang auf. Mehrere Schüsse folgten. Wir sackten zusammen. Ein wilder Schrei der Komparsen. Wie in der Arena, wenn der Stier zusammenbricht. Dann folgte Stille.

Einer der Adjutanten befahl laut und kalt: »Weiterfahren!« Als ob nichts gewesen wäre.

»Weiterfahren!« Das war historisch.
Mein großer Hut hatte sich gelöst und lag wie ein weißes Tablett auf der Rückenlehne. Mein Kopf lag darauf. Der Schleier war zerrissen und wehte im Wind.
Das Auto fuhr mit den beiden Toten weiter durch die erschrockene Menge. Schwarze Fahnen rollten herunter, Meter um Meter. Musik von Haydn, die Volkshymne, rauschte auf: »Gott erhalte, Gott beschütze unsern Kaiser, unser Land.« Sie wurde zum Requiem. Das Licht verlosch, in der Dunkelheit erschien das Wort »Ende«.
Es war das Ende einer Epoche, einer großen Zeit. Das Ende der Habsburger, das Ende einer Kultur und das Ende des Friedens. Die Schüsse in Sarajewo lösten den Konflikt zwischen Ost und West aus. Er hat noch kein Ende.
Kortner wurde gefragt: »Ist der Film aktuell?«
Er sagte: »Ja, weil das Bombenschmeißen aktuell ist.«

Trotz Schüssen, trotz Blut, trotz Hunger und Revolution war diese Zeit für mich die heile Welt gewesen. Mir fehlte der Vergleich. Ich empfand die Mißverständnisse der Erwachsenen als dazugehörig.
In den schönen Kachelofen in unserem Kinderzimmer wurde ein eisernes Sparöfchen einzementiert, denn es gab keine Kohlen. Mich störte es nicht. Im Gegenteil, es war eine Bereicherung für mich. Das Holz knisterte gemütlich, und die Flammen zeichneten lustige Muster an die Zimmerdecke. Ein gebratener Apfel zischte und wackelte auf dem Öfchen herum, duftete und würde herrlich schmecken, sobald er ausgekühlt war.
Für mich war es wirklich die heile Welt. Ich war vier Jahre alt.
Das Bild eines schlafenden Mannes in einer Extraausgabe der Zeitung gefiel mir. Er lag in einem Meer von Blumen.
»Mutter, wer ist denn der Mann, der da schläft?«
Meine Mutter sagte: »Aber Luiserl, das ist doch kein Mann,

das ist doch der Kaiser.« Und dann ganz ernst: »Er schläft auch nicht, er ist gerade gestorben.«
Ich saß lange vor dem Bild und dachte nach, weshalb ein Kaiser kein Mann sei und was für ein Unterschied zwischen schlafen und sterben sein mag. Für mich war es kein Unterschied.
Die alte Uhr an der Wand im Kinderzimmer tickte gemütlich und vertraut. Ein Kranz von Röschen umrahmte das Zifferblatt. Tick — tack — tick — tack. Daß damit die Zeit verging, wußte ich nicht. Ich kannte nur den Augenblick, und schlafen war für mich wie sterben, weil es kein Morgen gab. Jeder Abend war ein kleiner Tod. Ich haßte das Schlafengehen.
Meine Schwester Edith, sieben Jahre älter als ich, spielte schon gut Geige. Die Intervalle, Dreiklänge, Kadenzen und Oktaven waren für mich ebenso selbstverständliche Töne und begleiteten meine Kindheit wie das Ticken der Uhr.
Die Pausen zwischen dem Tick und dem Tack waren keine leeren Pausen, sie bedeuteten mir etwas und gaben mir zu denken. Nachts waren sie endlos lang und laut, oft bekam ich Herzklopfen vom Warten auf das nächste Tick. Tagsüber ging es flott dahin. Oft hörte ich sie überhaupt nicht. Wie die Intervalle auf der Geige meiner Schwester. Manchmal steckten Ewigkeiten in ihnen, ganze Welten.
Die Liebe meiner Schwester galt ihrer Geige. Von ihrem Taschengeld kaufte sie ein buntes Seidentuch und wickelte die Geige wie ein Baby darin ein. Im Winter nahm sie eine Samtdecke: »Damit ihr nicht kalt wird.«
Manchmal durfte ich den Geigenkasten ein Stück tragen, wenn sie mit der Straßenbahn zum Geigenlehrer fuhr. Dann sagte sie eindringlich: »Gib acht und stolper nicht!«
Edith las nie Bilderbücher, sondern von Anfang an Zeitungen. Sie schnitt patriotische Gedichte aus und klebte sie in ihr Tagebuch.
»Jeder Schuß ein Russ, jeder Stoß ein Franzos!« Das gefiel ihr. Sie konnte mir aber auch sehr romantische Geschichten erzäh-

len. Als die große Grippeepidemie in Wien ausbrach und viele Todesopfer forderte, ging sie viel mit mir spazieren, wegen der frischen Luft. Sie erzählte von dem Rosenwunder der heiligen Elisabeth, die einen Thüringer Landgrafen geheiratet hatte. Als ihr Mann sie ertappte, wie sie gegen seinen Willen Geschenke an die Armen verteilte, fragte er, was in dem Korb sei. In ihrer Not sagte sie, daß Rosen drin seien. Und als er nachsah, waren tatsächlich lauter Rosen in dem Korb.

Wenn bei unseren Spaziergängen Passanten vorbei kamen, sagte sie: »Ein!« Dann hielten wir beide die Luft an, um uns nicht an den Bazillen anzustecken. Erst bei »Aus!« durften wir wieder atmen. Manchmal wurde mir ganz schwindlig, wenn es zu lang dauerte.

In meinem Schulranzen waren nicht nur Tafel, Griffel und Lesebuch. Es gab auch einen Teller, einen Becher und einen Löffel für die Schulspeisung, die die Amerikaner für arme, hungernde Wiener Kinder spendeten, süße Milchnudeln mit Kakao. Auch ein Hammer, Nägel und Reserveleder waren in meinem Schulranzen, denn die selbstgebastelten Holzschuhe rissen immer wieder aus und mußten zusammengeklopft werden.

Die meisten Kinder hatten eingebundene Köpfe. Ihre Haare waren gegen Läuse mit Petroleum eingerieben. Ich hatte zufällig keine Läuse.

Am ersten Schultag wollte uns die Lehrerin kennenlernen. »Kann vielleicht eine von euch ein Gedicht aufsagen?«

Niemand wagte es. Nur eine mit einem unterernährten Zille-Gesicht meldete sich spontan: »I, bittschön, i möcht.«

Sie klapperte mit ihren Holzschuhen aus der Bank und stellte sich ganz wichtig vor die Tafel:

»So, so, so,
geht der kleine Floh,
mit dem Spazierstock
über den Popo.«

Ich fand das Gedicht gut. Ich mußte schrecklich lachen. Der Lehrerin gefiel es gar nicht. Und noch weniger der Lacherfolg. »Wie heißt denn du da vorn?«
»Luise Ullrich«, sagte ich kichernd.
»Jetzt hör mal auf mit der Lacherei und merk dir: In der Schule darf man über unanständige Sachen nicht lachen, und ›Popo‹ ist unanständig. Wiederhole!«
Mir war immer noch zum Lachen zumute. Aber ich wollte artig sein, beherrschte mich sehr und sagte mit tiefer Stimme nach: »Der Popo ist unanständig«, und schielte dabei, so daß die ganze Klasse lachte und die Lehrerin auch.
Wir vertrugen uns sehr gut. Wenn Gesang auf dem Stundenplan war, mußte ich vom Schuldiener eine Geige holen. Die war nicht in ein Tuch eingewickelt. Die Lehrerin kratzte ganz jämmerlich darauf herum.
»Ah, ah, ah, der Winter, der ist da.« Mir tat es in den Ohren weh. Ich wußte von meiner Schwester, was Geigenspielen heißt. Bogenführung, reiner Ton, absolutes Gehör, Pizzikato und Flageolett und vor allem die Intervalle, das waren Begriffe für mich wie die verschiedenen Typen unter den Menschen.
Auf dem Schulweg testete ich manchmal Leute, die mir begegneten. Ihre Reaktion interessierte mich. Ich steckte mir am Rücken ein Jäckchen unter den Mantel und ließ einen Arm tief hinunterhängen. So schlich ich hinkend an der Mauer entlang. Manche Leute sagten: »Ach, schau mal, das arme Kind!« oder: »Kleine, du bist aber ein liebes Mäderl!« oder sie sahen mir nur nach und schüttelten den Kopf.
Am Ende des Schuljahres wurde eine Feier veranstaltet und alle Eltern dazu eingeladen. Auch die meinen. Die Feier fand im Saal des »Auge Gottes« statt, einem Gasthof in unserer Nähe. Erst sollte das Zille-Mädchen ein Gedicht aufsagen, und dann sollten wir alle singen »Die Himmel rühmen des Ewigen Ehre«.
Als der Vorhang aufging, stand ein kleines Mädchen auf dem

Podium. Meine Eltern stießen sich an: »Das ist ja das Luiserl.«
Mit lauter Stimme, als ob ich schon oft da oben gestanden hätte, soll ich gesagt haben:

»Ich bin die kleinste wohl von allen
in diesen lieben, trauten Hallen,
drum hat man mich auch auserwählt
und hier auf diesen Platz gestellt.«

Und so ging es weiter.
Die Originalbesetzung hatte plötzlich Angst bekommen und zu mir gesagt: »Geh, sag du das!«
Es war ein herrliches Gefühl, in viele Gesichter zu sehen, die mir alle zuhörten. Auch der Applaus war mir recht angenehm . . .
Das Haus aus der Jugendstilzeit mit den vielen Verschnörkelungen, Erkern, Vasen und Emblemen aus Stuck, in dem wir den dritten Stock bewohnten, hatte keinen Feudalaufgang mehr. Ein Kohlenhändler war in den Keller eingezogen, und Berge von Kohlen wurden nun vor dem Haus abgeladen und durchs Kellerfenster hinuntergeschaufelt. Der Staub machte die Fassade schwarz und schmutzig, die roten Läufer wurden zerfetzt von den Stiefeln der Männer, die die Säcke ein- und austrugen. Die gläserne Schwingtür störte und wurde ausgehängt und die vertrocknete Palme weggeworfen. Der Hausbesorger hatte keine Zeit mehr, sie zu gießen. Er hatte auch keine Zeit mehr, das Haus zu putzen. Er spekulierte mit viel Erfolg an der Börse. Seine ganze Familie sah viel eleganter aus als wir. Wenn er mit seinem breit ausgestopften, eng taillierten Jackett und den Ringelsöckchen in den spitzen Schuhen am Sonntag zum Fußballspiel ging, sah er aus wie aus einem Modejournal. »Heute spielt der Uridil, Uridil, Uridil.« Diesen Schlager sang er so laut, daß wir es noch im dritten Stock hören konnten.
Seine Frau, behängt mit einer großen Fuchsboa, und sein

Sohn Otti im Matrosenanzug verließen das Haus und schlossen sich der Menge an, die zur Hohen Warte pilgerte, um den ersten Fußballgott, den Bomber von Austria, Herrn Uridil, zu bewundern.
Meine Eltern waren entsetzt. »Früher sind die Leute zum Kainz ins Burgtheater gepilgert, und heute pilgern sie zum Uridil. Das ist der Untergang des Abendlandes.«
Sie sagten es, das weiß ich bestimmt. Der Titel ist von ihnen, obwohl das Buch von Herrn Spengler erst viel später kommen sollte.
Noch eine populäre Persönlichkeit erweckte ihr Erstaunen. Es war der Einbrecherkönig Breitwieser. Er wurde als großer athletischer Mann mit zwei riesigen Eisenkugeln an den Füßen im Gefängnishof fotografiert und war auf vielen Titelblättern der Zeitungen zu sehen. Liebesbriefe und Heiratsanträge warfen ihm die Frauen über die Gefängnismauer. Er konnte nicht nur meisterlich einbrechen, er war ebenso gut im Ausbrechen. Immer wieder verschwand er trotz der schweren Eisenkugeln aus dem Gefängnis. Er war der Chef einer großen Organisation amerikanischen Ausmaßes.
»Bei uns hat er auch eingebrochen, der Breitwieser«, sagten meine Mutter und meine Tanten, und es war fast ein bißchen Stolz dabei. Der Einbrecherkönig war nämlich auch in St. Andrä-Wördern an der Donau beheimatet. Dort, wo mein Großvater für sich und seine Familie eine Sommervilla gebaut hatte, mit vielen Holzveranden, Balkonen und einer bunten Glastür, die vom Stiegenhaus ins Freie führte. Die gelben, blauen, grünen und rosa Gläser liebten wir Kinder sehr. Und auch der Breitwieser. Es war ihm ein leichtes, diese Füllung elegant herauszunehmen. Er war gelernter Tischler, Schmied und Glaser, und Handwerk hat goldenen Boden. Die Füllung setzte er wieder ein, und sein Einbruch wäre kaum bemerkt worden, wenn er nicht seine spezielle, übelriechende Visitenkarte hinterlassen hätte.
Meine Tanten meinten ironisch: »Wir werden noch ein Git-

ter vor die Tür machen lassen müssen und selber wie Sträflinge leben.«
Es wurden keine Gitter angebracht. Und was ein Einbrecher rauben konnte, waren nicht die wertvollen Dinge. Die wertvollen Dinge waren das Plätschern des Springbrunnens im Vordergarten, der voll duftender Bauernblumen war, der Blick von meinem Mansardenzimmer hinaus auf den Kiefernwald, über den der Vollmond kletterte, und der mich so schrecklich verliebt machte. Verliebt in niemand Bestimmten. Ich sehnte mich nur so vor mich hin.
Zu den wertvollen Dingen gehörte auch die Rosenlaube, in der die meisten Familienmitglieder sich zu verloben pflegten. Und der Kastanienbaum, auf den wir drei Schwestern nacheinander unsere Verehrer schleppten, und in dessen Rinde ich noch vor kurzem die Linie der Herzen sah, die wir eingeritzt hatten, wenn auch inzwischen reichlich verdrückt.
Diese schöne Sommervilla steht nun leer. Die Mauern sind noch gut, auch das Dach. Der Großvater hatte für seine Familie solide Arbeit geleistet. Das Haus scheint heute zu fragen: »Warum wohnt denn keiner mehr da? Warum lacht niemand? Warum weint niemand? Warum küßt niemand? Wo sind sie denn geblieben?«
Die Villa wird zum Verkauf angeboten, aber niemand will sie kaufen. Nostalgie ja, aber darin leben, nein.
Für den Börsenspekulanten, der in dem Wiener Jugendstilhaus über uns wohnte, waren jene Jahre die »goldenen« Zwanziger. Er huschte mit aufgestelltem Mantelkragen an unserer Tür vorbei, als wollte er nicht gesehen werden. Viele Freunde besuchten ihn, und junge Mädchen. Sie trugen kurze Pelzmäntel und Bubiköpfe, und der schwere Duft von neuem Parfum und Fetzen von Grammophonmusik »... mit dem Knie, lieber Hans« oder »... Fräu'n Helen baden seh'n« wehten zu uns herunter. Ja, da oben war die große, weite Welt. Da waren sie lustig. Ich war voll Sehnsucht und Neid

und wollte dazugehören. Ich sollte einen Brief hinauftragen. Endlich durfte ich einen Blick in diese Welt werfen. Ich klingelte, die Tür ging auf, und ein Skelett mit Zylinder und Abendcape stand vor mir. Ich erschrak, warf den Brief hin und lief weinend hinunter.
Meine Mutter war empört. »Was ist dem Kind passiert?« Sie ging hinauf und kam lange nicht wieder.
Als sie wiederkam, war sie ganz fröhlich und hatte gerötete Wangen. »Sie haben mir ein Glaserl Champagner eingeschenkt, und dir schickt er diese Bonbonniere. Du sollst nicht mehr weinen. Die haben ja soviel Geld, diese Kriegsgewinnler, daß sie nicht wissen, wohin damit. Da haben sie sich halt ein Skelett gekauft, um ihren Freund zu erschrecken. Ein blöder Humor. Komm, hilf mir ein bisserl!«
Ich ging ungern in die Küche. Erstens, weil ich wie alle Kinder ungern half, und zweitens, weil die Küche kalt war. Der große Küchenherd wurde nicht mehr geheizt, seit wir keine Hilfe mehr hatten, und das neue Gas war teuer.
»Man verträgt schon gar nichts mehr«, lachte meine Mutter und gab mir einen Topf mit Kartoffeln, die ich schälen sollte.
Ich war immer glücklich, wenn meine Mutter lachte. Ihr Leben war schwer genug. Ihre schönen Hände dick gefroren, die Finger rot und geschwollen. Ich hatte eine Art schlechten Gewissens und meinte, daß sie ohne uns Kinder nicht so viel Arbeit hätte und vielleicht irgendwo auf einer Opernbühne in Glanz und Scheinwerferlicht stehen könnte.
»Eß ma die Zuckerln«, sagte ich, und ich wickelte ihr eins aus und steckte es ihr in den Mund.
Meine Schwester Edith kam auch in die Küche und nahm sich auch gleich ein Bonbon aus der Schachtel. Sie hatte die Geige unter dem Arm. An der linken Seite ihres Kinns hatte sie einen roten Fleck vom Halten der Geige, und die Kuppen ihrer feingliedrigen Finger waren steinhart.

Meine Mutter war von ihrem Besuch noch ganz beeindruckt und erzählte meiner Schwester davon: »Sie sind alle blöd, das ist die neue Richtung. Und sie wollen auch blöd sein. Das finden sie eben gescheit.« Sie lachte wieder, hatte einen kleinen Schwips. »Diese Dadaisten zum Beispiel und dieses neue Gedicht, der reine Blödsinn. Man soll auch nichts hineingeheimnissen. Du hast's ja auch gelesen:

›Vergiß-mein-nicht rollt um den Stuhl,
rums die bums, das Gigerltum,
die Glocke schlägt nur eins und zwei.‹«

Ich marschierte mit dem Kartoffelmesser in der Hand in der Küche herum. Meine Mutter deklamierte die zweite Strophe, und Edith begleitete sie in komischen Stakkato-Strichen auf der Geige.

»Vergiß-mein-nicht rollt um den Stuhl,
rums die bums, die Liegenschaft,
die Glocke schlägt nur eins und zwei.«

Meine älteste Schwester Gertl, die schon die Handelsakademie besuchte, hörte noch kopfschüttelnd den Schluß dieser revolutionären Poesie, die alles Hergekommene kaputt machen sollte. Sie war die realistischste von uns dreien, die praktischste. Sie wollte englische Korrespondentin werden, gab Nachhilfeunterricht und steuerte schon etwas zum Haushalt bei.
Als wir beim Mittagessen saßen, sagte mein Vater plötzlich: »Horch! Schon wieder!«
Über uns hörten wir es hämmern und klopfen wie von einer Maschine.
»Der Kerl druckt schon wieder Geld.«
Entschlossen ging mein Vater ins Vorzimmer hinaus, um die Polizei anzurufen. Aber da hatte er eine bessere Idee: »Ob ich ihm mein Patent anbieten soll?«
»Das Perpetuum mobile?« fragten meine Schwestern gleich-

zeitig, denn es war nicht klar, an welche seiner Erfindungen mein Vater gerade dachte.
»Natürlich.«
Meine Mutter war illusionslos.
»Mach doch das nicht, Richard! Er versteht nichts davon und wird dich nur auslachen.«
»Es ist das einfachste von der Welt, jedes Kind versteht es. Komm her, Luiserl!« Er zog mich zum Schreibtisch auf den Schoß. »Schau, eine schiefe Ebene. Also ein Berg. Ein Ball rollt runter, ganz schnell, und auf der anderen Seite wieder hoch. In dem Moment rollt der zweite los, gibt dem ersten einen Schubs, der macht einen Salto und ist wieder am Anfangspunkt. G'fällt dir das?«
Mir gefiel es gut. Ich hatte meinen Vater sehr gern und wünschte ihm und uns Erfolg.
Das Perpetuum mobile war die Wildente, war die Lebenslüge der Zeit, bei Ibsen und bei uns.
Mein Vater fing an zu schwärmen. Ganz leise, damit es die Mutter nicht hören konnte, sagte er zu mir: »Freilich ist das gut. Wir werden reich. Millionäre. Und ich kauf dir ein Pelzmanterl aus weißem Fell und der Mutter ein Samtkleid mit goldenen Borten, und einen Fiaker werden wir haben mit zwei Pferdln, und damit fahren wir am Sonntag in die Kirche. Und jeder wird fragen: ›Wer ist denn das?‹«
So erzählte er mir Märchen. Wir waren beide glücklich.
»Ich geh jetzt rauf«, sagte er plötzlich entschlossen.
Und er kam ganz animiert zurück. »Die champagnisieren immer noch da oben. Ich mußte auch gleich mitmachen. Übrigens war er ganz begeistert von meiner Erfindung. Er will ein Modell anfertigen lassen.« Und dann vorwurfsvoll zu meiner Mutter: »Er ist ein sehr feiner, gebildeter und intelligenter Mann.«
Meine Mutter sah madonnenhaft zur Decke.
Ein paar Tage später war der Mann über uns ausgezogen. Niemand wußte wohin.

Die paar Möbel, die er gehabt hatte, ließ er stehen und wurde nie mehr gesehen.
Die Uhr machte »tack«. Das erste Intervall war vorbei.
Das erste »tick« hatte sie an einem 31. Oktober kurz vor Mitternacht gemacht.
Meine Mutter hatte sich sehr bemüht. Sie wollte nicht, daß ich zu Allerheiligen oder Allerseelen zur Welt komme. Sie wollte ein lustiges Kind. Auch der Geburtshelfer war lustig. Er hieß I. Brings, und er brachte mich.
»A Mäderl haben S', a fesches«, sagte er zu meiner Mutter.
Sie lächelte mich an. »Also gut, dann halt a Dreimäderlhaus.«

»Du spielst wie der Moissi«

Freiplatz an der Oberschule in Döbling — Marx, Engels und Frau Dr. Baum — Ein Krippenspiel mit Folgen

Von der Volksschule kam ich in eine private Mädchenoberschule in Döbling, ein Mittelding zwischen Lyzeum und Gymnasium. Die Direktorin war vor der Schulgründung einige Male nach Amerika gefahren und hatte selbst ein System nach den neuesten und modernsten Gesichtspunkten ausgearbeitet. Die Räume waren elegant und chic eingerichtet, und für jedes Mädchen mußte sehr viel Schulgeld bezahlt werden. Das konnten sich meine Eltern nicht leisten. Sie reichten eine Bitte um ein Stipendium ein und wiesen darauf hin, daß mein Vater Offizier sei.

Ich wurde aufgenommen. Aus Reklamegründen mußte die Frau Direktor auch Freiplätze vergeben.

Das wichtigste Fach in unserer Schule war Körperertüchtigung, und die Turnlehrerin wurde von uns allen geschätzt und verehrt. Sie war ein sehr hübsches junges Mädchen und gab ganz modernen Gymnastikunterricht nach amerikanischem Muster, den Idealen des Turnvater Jahn entgegengesetzt. Einmal in der Woche gingen wir ins Jörger Bad, ins Diana-Bad oder an die Donau zum Schwimmen. Wir lernten kraulen und Startsprung. Jeden Winter wurden in einem Sportheim bei Mariazell gemeinsame Skiferien unternommen.

Die erste Fremdsprache war Latein, in der dritten Klasse

konnte zwischen Englisch und Französisch gewählt werden.
Der Typ der Lehrerin hatte sich geändert. Es war nicht mehr wie in der Volksschule die freundliche Mutti mit Lüsterschürze, sondern es waren junge, intelligente Frauen, die einen Lippenstift benutzten oder auch mal in der Pause rauchten.
An meine Mitschülerinnen kann ich mich noch mit Vornamen erinnern. Wir waren ein lustiger Haufen, hielten gegen die Lehrer fest zusammen, sagten uns gegenseitig ein und steckten uns Spickzettel zu. Nur in den Religionsstunden wurden wir getrennt. Die evangelischen Mädchen schoben zum Religionsunterricht immer das Harmonium hin und her, und wir hörten sie laut singen von der festen Burg, die ihr Gott ist. Bei ihnen bekam die mit der lautesten Stimme die beste Religionsnote. Bei den Jüdinnen war Religion nicht irgendein Nebenfach wie Gesang oder Turnen, sondern es war das gefürchtetste und schwerste Fach. Das Hebräisch machte ihnen große Sorgen. Sie zitterten vor dem Unterricht, lernten Vokabeln und hörten sich gegenseitig ab. Wir Katholikinnen hatten einen Geistlichen, der für eine Mädchenschule viel zu jung und hübsch war. Schwarze, große Augen saßen in einem männlichen und braungebrannten Gesicht, das vom weißen Kragenstreifen noch hervorgehoben wurde. Wir Mädchen hatten es darauf abgesehen, mit ihm zu flirten und ihn in Verlegenheit zu bringen. Eines Tages wurde er versetzt. Er soll sich in einer höheren Klasse zu lange und zu intensiv über den Sündenfall unterhalten haben. Danach bekamen wir einen alten Herrn. Er hielt vor Demut seinen Kopf schief und war so langweilig, daß wir immer nur Briefchen schrieben und schwätzten.
Die interessanteste Lehrkraft war Frau Dr. Baum. Im dunklen Kostüm, schlank und elegant, mit Eton-Kopf und kleinen Perlen in den Ohrläppchen setzte sie sich immer auf die erste Bank und überkreuzte ihre hübschen Beine. Damit wollte

sie eine von uns sein. Niemals saß sie oben auf dem Katheder. Sie las mit uns *Die Weber* von Gerhart Hauptmann, *Das Postamt* von Rabindranath Tagore, *Die Geschwister* von Goethe, die sie reichlich antiquiert fand. Schiller lag ihr mehr, er war revolutionär.

Sie sagte, das unmoralischste Spiel sei Tennis. Sie hatte geradezu einen Abscheu gegen dieses Spiel.

»Warum?« fragten wir sie.

Wir kannten das Spiel kaum. Es war nicht so populär wie heute, und in Wien gab es damals nur wenig Tennisplätze.

»Warum?« wiederholte sie streng. »Weil Erwachsene spielen und Kinder arbeiten. Wohl das Unsozialste, was man sich vorstellen kann.«

»Aber sie bekommen doch Geld fürs Aufheben der Bälle«, meinten wir.

»Geld macht keine Sache moralischer, im Gegenteil. Sklaverei bleibt, auch wenn sie bezahlt wird, immer noch Sklaverei. Der Mißbrauch von Unterentwickelten ist unverantwortlich, ein für allemal.«

Das gefiel uns, denn keine von uns wollte arbeiten. Bei den meisten spielte Geld auch gar keine Rolle. Die Familien waren aus Polen, Ungarn oder der Tschechei eingewandert, und die Väter hatten in kürzester Zeit so viel Geld verdient, daß viele meiner Mitschülerinnen mit dem Chauffeur zur Schule gefahren wurden. Trotzdem waren sie alle nette Kameradinnen.

Die Frau Direktor kam manchmal mit einem Journalisten oder einem Schulinspektor mit männlichem Schwung zur Tür herein, und um zu beweisen, daß sie die Schule der Entwicklung halber und nicht des Geldes wegen führt, fragte sie in die Klasse: »Wer hat hier einen Freiplatz?«

Natürlich wußte sie das ganz genau, aber sie wollte mit ihrer sozialen Gesinnung renommieren. Ich mußte aufstehen und auch die Herta, die die Tochter eines Professors war und mehrere Geschwister hatte.

Heute würde jeder Schulpsychologe feststellen, daß ein so behandeltes Kind sicher Komplexe bekommen wird. Aber ich glaube, ich habe keinen Komplex dadurch bekommen. Ich empfand es höchstens als Taktlosigkeit und so auch die Mitschülerinnen, denn keine drehte sich nach uns um. Herta und ich waren die besten Handballspielerinnen, die besten Turnerinnen und Skifahrerinnen. Und das galt mehr als Geld.

Frau Dr. Baum erklärte uns auch die Unmoral des ererbten Kapitals. Jeder Mensch sollte bei der Geburt die gleiche Chance haben. Ein Kind, das als Millionär geboren werde, sei benachteiligt, es verfette durch den Mangel an Daseinskampf, und das arme Kind wieder verhungere oder bekomme die englische Krankheit. Bei gleichen Bedingungen beim Start ergäben sich natürlich verschiedene Leistungen, die dann aber wieder dem Staat zufallen müßten.

Ganz empört kam ich nach Hause. Wie konnte eigentlich der Großvater so unmoralisch sein und seinen Töchtern Häuser vererben? Die Villa in St. Andrä-Wördern müßte sofort verkauft und zu einem Waisenhaus oder einem Altersheim umgebaut werden.

Meine Mutter war über ihre radikale Tochter entsetzt. »Wo hast du denn das her? Wer sagt denn so was?«

»Marx und Engels und die Frau Dr. Baum.«

»Und was sagen die anderen Mädchen dazu? Die immer mit dem Auto zur Schule gebracht werden?«

»Die finden das auch.«

»Gut«, sagte meine Mutter, »dann find's halt auch.«

Ich wurde gegen die sehr verehrte Lehrerin erst mißtrauisch, als sie eines Tages von sich gab, wir hätten den Krieg nur deshalb verloren, weil die Offiziere alle in der Etappe saßen und sich vollgefressen hatten, während die Soldaten draußen totgeschossen wurden.

Das traf mich mitten ins Herz. Das kränkte mich, gab mir zu denken, und ich rückte von ihr ab. Was war mit meinem On-

kel, der am Isonzo gefallen war und dessen Leiche mein Vater holen mußte? Was war mit meinem Vater selbst und all meinen Vettern, die als Leutnants eingerückt waren und verwundet wurden?
Meine Sympathie kam ins Wanken, und mein absolutes Vertrauen wurde erschüttert. War vielleicht doch nicht alles die reine Wahrheit, was man in der Schule lernte? Wurde einem vieles gefärbt untergejubelt?
Zu Weihnachten führte die Schule im Turnsaal ein Krippenspiel auf. Ich war einer der Heiligen Drei Könige, und wieder empfand ich dieses angenehme Gefühl, eine Wirkung hervorzurufen, die elektrisch-magisch war.
Beim nächsten Elterntag war die Frau Direktor mit meinen Schulleistungen sehr unzufrieden.
»Und außerdem«, sagte sie ärgerlich zu meiner Mutter, »hat sie so ein theatralisches Auftreten. Sie spielte da eine Figur im Krippenspiel — wie der Moissi.«
Meine Mutter kam begeistert nach Hause. »Die Frau Direktor hat gesagt, du spielst wie der Moissi.«
Nun war es für mich klar, daß ich zur Bühne gehen wollte.

»*Gut hast mir g'falln!*«

Auf der Schauspielschule — »Wie war ich?« — Zwei lehrreiche Erkenntnisse — Als Elevin am Deutschen Volkstheater — Karl Schönböck, Herbert Berghof, Rudolf Beer

Ich ging auf die Akademie für Musik und darstellende Kunst. Darstellende Kunst, nämlich Schauspiel, erlernt man theoretisch in drei Jahren. Das erste Jahr als Anfänger, das zweite Jahr als Fortgeschrittener, und im dritten Jahr erreicht man die Meisterklasse.

Es gehörten auch Nebenfächer dazu wie Bürgerkunde, Italienisch, Tanzen und Fechten. In Bürgerkunde war ich nicht ein einziges Mal, und ich weiß daher auch nicht, wie sie war. Im Italienischunterricht lernten wir »il caffè« und »dal caffè«.

Bei Professor Dubois, der Tanzunterricht gab, wurde auf das Grüßen großer Wert gelegt. Er gab Kommandos: »Jetzt gehen die Herren auf die Damen zu und grüßen sie, die Damen erwidern hoheitsvoll.« Dann mußten die Damen die Herren spielen und die Herren die Damen.

Bei Wertnick, dem pensionierten österreichischen Fechtmeister, lernten wir fechten.

Die Männer brauchten es nur für Hamlet und wir für irgendwelche Hosenrollen.

Jeder Jahrgang bestand aus zehn Schülern, wir wurden gemeinsam unterrichtet und saßen alle dreißig in einem Unterrichtsraum.

Jeder Schüler konnte sich eine Rolle zum Studium selbst aus-

suchen. Ich lernte die Hedwig aus *Die Wildente* von Henrik Ibsen. Und irgendeiner meiner Kollegen sollte mir als Vater Hjalmar Ekdal die Stichworte geben.
Ich ging, bevor der Professor kam, zu Karl Schönböck, einem langen, schmalen Burschen — er war der hübscheste in der ganzen Klasse und damals, glaube ich, schon ein Meisterschüler: »Schampi, gibst du mir die Stichworte?«
Er war bereit und nahm das Buch in die Hand, um die Rolle des Hjalmar Ekdal zu lesen.
»Also«, sagte ich, »du sitzt hier und ich sitz auf deinem Schoß.«
Schampi Schönböck lächelte. »Ich finde es sehr reizend, daß du auf meinem Schoß sitzen willst, und weiß die Ehre zu schätzen. Aber Ibsen schreibt hier: Sie stehen beide am Fenster.«
»Ja, ja, der Ibsen«, sagte ich ungeduldig, »der schon. Aber weißt du, der Hjalmar Ekdal ist in Wirklichkeit wie mein Vater, und ich erinnere mich genau, daß ich auf seinem Schoß gesessen habe und wir fast genauso gesprochen haben.«
»Also, verzeih, Ulli«, sagte der Lange — ich wurde von allen in der Klasse Ulli genannt —, »da machst du, glaub' ich, einen kapitalen Fehler. Wenn du Ibsen spielst, dann mußt du dein eigenes Leben vergessen und Ibsen spielen bis zur völligen Selbstaufgabe. Das wär' ja genauso, wenn ich den Hamlet spielen würd' und mir dabei immer meine Stiefmutter vorstellte. Das wär' doch ganz abwegig.«
Er lachte und die anderen auch.
Der Professor war noch immer nicht da, und alle mischten sich ein und machten sich wichtig. Willy Hufnagl, der älteste unter uns, meinte mit Nestroyscher Weisheit: »Ich glaub', das ist keine prinzipielle Frage, sondern richtet sich nach dem Typ. Die Ulli ist nämlich sehr weiblich, und weibliche Mädchen sind subjektiv. Und deshalb kann die Ulli immer nur von sich ausgehen. Und immer nur sich selber spielen.«
»Geh, geh, geh«, sagte ich, »laß dich nicht auslachen! Ich bin

doch nicht weiblich. Das wär' ja scheußlich. Komm her, Herbert, dann gibst du mir eben die Stichworte.«
Ich nahm Karl Schönböck das Buch weg, der froh darüber war, und gab es Herbert Berghof. Der strahlte und sagte mit erotisch verhangener Stimme: »Komm!« Er zog mich auf seinen Schoß und rieb aus Gaudi seinen schwarzgelockten Kopf an meiner Schulter.
»Hör auf, du spielst doch meinen Vater!« schimpfte ich.
»Dein Vater war, glaub' ich, Offizier, gell? Da brauch' ich einen Säbel. Rosel, komm her und soufflier' uns!«
Herbert spielte die Szene, weil er sich in meine Situation hineinfühlte oder weil er eine weiche, warme Stimme hatte, sehr gut. Er war der begabteste von uns allen.
Ich hatte das Gefühl, die Rolle richtig angelegt zu haben.
Frau Strumm, einzige Mitschülerin, die schon verheiratet war und nur auf die Akademie ging, um sich die Zeit zu vertreiben, hatte zugehört und umarmte mich. »Du hast keine Ahnung, wie gut du bist, du Küken«, sagte sie exaltiert.
Der Professor war noch immer nicht da.
Ein zukünftiger junger Komiker betrat das Zimmer, Karl Krüger. Er war Eintänzer in einer Bar gewesen, wollte aber doch noch Schauspieler werden.
Er begann, den Mortimer zu rezitieren:

»Ich zählte zwanzig Jahre, Königin,
in strengen Pflichten war ich aufgewachsen,
im finstern Haß des Papsttums aufgesäugt,
als mich die unbezwingliche Begierde
hinaus trieb auf das feste Land.
Es war die Zeit der großen Kirchenfeste. —

Kinder, kennt ihr das? Ein Schauspieler kann die Rolle nicht, er versteht die Souffleuse immer falsch und rezitiert den Mortimer so:

Ich *quälte* zwanzig Paare, Königin,
mit engen *Nichten* war ich aufgewachsen,
im *finstern Faß* mit Papst*rum* aufgesäugt,
als mich die unbezwingliche *Naive*
hinaus trieb auf das feste Land.
Es war die Zeit, *drum aß ich Kirschen feste.*«

Hertha Maurer folgte ihm. Schlank, langbeinig, mit dicken Klunkern an den Ohren, blau geschminkten Lidern, zitierte sie sofort die Cleopatra.

»Alter Herr«, rief sie zu Schönböck hin, der damals achtzehn war, »lauf nicht weg, alter Herr!«

Und Schampi antwortete: »Lauf nicht weg, alter Herr? Das zu Julius Cäsar.«

»Alter Herr!«

»Du spottest deiner Jahrhunderte, ich bin jünger als du. Mag deine Stimme auch eines Mädchens Stimme sein.«

Das hatte Leben, das hatte Zauber. Alle unsere Hoffnungen, unsere Träume, unsere ganze Begeisterung war in diesem Raum und auf der Probebühne.

Dann kam der Professor mit dicker Zigarre und grantigem Gesicht. Von da an wurde es ernst, starb die Begeisterung, kam die Hemmung wie eine Jalousie und verdunkelte unsere jungen Gemüter. Ich glaube, gelernt habe ich nur von den Kollegen.

Wir gingen oft zusammen zum Heurigen oder in den Prater. Uns verband ein Gefühl, die Verliebtheit in unseren Beruf, in die Rollen, ins Leben und in unsere Zukunft.

In einer lauen Sommernacht gingen wir durch den Prater. Die anderen voraus, ich folgte mit Franzl Reichert. Die Frösche quakten, und aus den Donauauen kam ein feuchter Geruch nach Schlamm und Gras. Wir hielten uns an der Hand und schlenkerten hin und her, ganz albern.

»Also, du fängst an.«

»Ich, wieso ich?«

»Na ja, mit lieber Gott.«
»Ach so, du meinst das Hannele. Ich dachte, ich spreche das Käthchen und du den Grafen vom Strahl. Also, das Hannele.« Ich ließ seine Hand los und konzentrierte mich. Leise fing ich an zu weinen: »Lieber Gott, mich hungert. Lieber Gott, mich dürstet. Lieber Gott, mir ist es so bitter kalt.« Aber unvorhergesehen platzte ich vor Lachen heraus.
Der Franzl wurde ärgerlich. »Entweder du nimmst es ernst oder gar nicht.«
Ich schlang meine Arme um seinen Hals und lachte drauflos. »Weil alles so gar nicht paßt«, sagte ich. »Erstens haben wir grad ein Hendl gegessen, und ich hab' einen vollen Bauch. Zweitens war der Heurige gut, und drittens schwitz' ich in der warmen Sommernacht.«
Der Franz war unzufrieden. »Das ist doch kein Standpunkt. Deshalb sind wir ja Schauspieler. Sonst müßten wir auch immer sterben, wenn wir eine Sterbeszene spielen.«
Ich streichelte begütigend seine glatte Wange. Er war ungefähr neunzehn.
»Ich weiß was anderes. Heb mich einmal auf und trag mich ein bissel rum!« befahl ich.
Er war sehr überrascht, hob mich mit Leichtigkeit auf und trug mich ein Stück.
Ich empfand nichts Besonderes dabei. Im Tagebuch meiner Schwester hatte ich gelesen, daß ihr Freund Sven sie in Schweden im Mondschein am Strand herumgetragen hatte. Hier konnte ich nichts empfinden, vielleicht lag es an der Donau.
»Kannst mich wieder runterlassen, Franzl.«
Er tat es.
»Und darf ich dir gratulieren? Es war deine erste tragende Rolle.«
Im Akademietheater gab es jährlich eine Abschlußvorstellung. Unser Professor Schulbaur hatte sich drei Einakter ausgesucht. Der erste war von Hofmannsthal, *Der weiße Fä-*

cher, der zweite ein Lustspiel, *Die Lügenbrücke*, und der dritte eine Bauernkomödie.
Ich war im zweiten Schuljahr und war in allen drei Einaktern sehr gut eingesetzt. In dem melancholischen Hofmannsthal spielte ich ein bleichsüchtiges junges Mädchen voll sentimentaler Wehmut. Den Text meiner Rolle habe ich vergessen, aber der Prolog des Stückes war:

> Merkt auf, ihr guten Herrn und schönen Damen:
> Nun kommt ein Spiel, das hat nicht größre Kraft
> Als wie ein Federball. Sein ganzer Geist ist dies:
> Daß Jugend gern mit großen Worten ficht
> Und doch zu schwach ist, nur dem kleinen Finger
> Der Wirklichkeit zu trotzen.

In der *Lügenbrücke* war ich eine junge Magd, die eine halbe Stunde lang in allen Schattierungen lachen mußte, und in der Bauernkomödie ein Urahndl, das so alt war, wie kein Mensch jemals sein kann.
In meiner Garderobe lag ein Etui mit einem goldenen Armband. Es war von Frau Strumm, und auf einem dabeiliegenden Kärtchen stand: »Sei genauso gut wie bei der Generalprobe. Du bist zum Hinknien.«
Der erste Einakter war vorüber. Ich zog mein weißes Stilkleid aus, in dem ich aussah wie eine Seerose, und wollte mich für die Rolle der Magd umziehen. Ohne zu klopfen, stürmte Frau Strumm herein: »Sag mal, was ist los mit dir? Bist du betrunken? Oder hast du ein Schlafmittel genommen? Warum bist du denn so schlecht heute abend?«
Ich fiel aus allen Wolken und mit einem Knall auf die Erde, daß das Hirn weh tat. Ich mußte mich wehren. »Was meinst du denn? Ich bin doch nicht anders als sonst.«
»Nein, du warst lustlos, mechanisch, eben schlecht. Mein Mann sagt es auch. Wir sind beide so enttäuscht. Du weißt, wie gut ich dich gefunden habe.«
Völlig verdattert zog ich mich fertig um.

Veranstaltendes Komitee der Vereinigung Universitas

Programm

für den Theaterabend am 2. Februar 1927
in der Pan-Bühne
Beginn ½8 Uhr

*

Bela Kéler: Lustspielouvertüre
Das Universitasorchester unter der Leitung von J. C. Knaflitsch

Doktor Klaus

Lustspiel in fünf Aufzügen von Adolphe L'Arronge
Regie: Eduard Volters

Leopold Griesinger, Juwelier	Erich Nikowitz
Julie, dessen Tochter	Sylvia Devez
Max von Boden, deren Gatte	Ernst Krug
Dr. Ferdinand Klaus	Karl Weyrich
Marie, Griesingers Schwester, seine Frau	Lieselotte Wimmer
Emma, deren Tochter	Louise Ullrich
Paul Gerstel, Referendar	Franz Reichert
Marianne, Haushälterin bei Griesinger	Hella Nemetz
Lubowski, Kutscher } bei Dr. Klaus	Amandus Hauke
Auguste, Dienstmädchen } bei Dr. Klaus	Hanna Krickl
Anna	Elli Stoi
Behrmann	Erik Masel
Kolmar } Bauern	Ernst Weißenberger
Jakob } Bauern	Hugo Novak
Eine Kammerjungfrau	Gabriele Krickl
Ein Stubenmädchen	Lotte Reichert
Ein Lohndiener	Otto Devez

1. Akt: Zimmer bei Griesinger. 2. Akt: Zimmer bei Dr. Klaus. 3. Akt: Vorraum zum Salon bei Griesinger. 4. Akt: Ordinationszimmer bei Dr. Klaus. 5. Akt: Auf dem Landgut bei Max von Boden

Nach dem zweiten Akt:
J. C. Knaflitsch; Valse Boston
Unter Leitung des Komponisten

*

Nach dem dritten Akt eine größere Pause

*

Anschließend Tanz

Rabeck-Druck Wien 8.

Besetzungszettel Adolph L'Arronge, »Doktor Klaus«, Vereinigung Universitas in der Pan-Bühne Wien, 2. Februar 1927

Als nächste kam die Szene, in der ich so herzlich lachen mußte. Ich glaubte, keinen einzigen Lacher heraus zu bekommen, so verzweifelt war ich. Und dann kam das Phänomen. Ich hörte mich so lachen, wie ich bei der Generalprobe gelacht hatte. Und als die Leute mitlachten lachte ich noch viel besser als je auf einer Probe.
Zwei Erkenntnisse waren lehrreich für mich. Zum einen, daß ein Schauspieler niemals selbst weiß, ob er gut oder schlecht war und immer erst fragen muß: »Wie war ich?« Nicht aus Eitelkeit, sondern weil er wirklich nicht beurteilen kann, wie er angekommen ist. Sehr oft kann es geschehen, daß er selbst ein gutes Gefühl hat, aber nicht gut angekommen ist. Und die zweite Erkenntnis: Wenn durch die Proben eine gute Form erarbeitet ist, kann sich der Schauspieler dieser Form anpassen, sie ausfüllen und dabei seine augenblickliche Verfassung überspielen.
Das Ahndl spielte ich verfaltet wie einen alten Elefanten. Alles war voll von dicken, schwarzen Strichen. Die Leute lachten sehr, weil sie wußten, daß eine Fünfzehnjährige in dem Kostüm steckt. Es gab viel Applaus.
Als ich mich abschminkte, kam Direktor Beer vom Deutschen Volkstheater in die Garderobe. Er behielt die Hände in den Hosentaschen und drehte sich unvermittelt einmal um sich selbst. »Gut warst du. Ich engagier' dich fürs Deutsche Volkstheater als Elevin. Morgen kommst ins Theater und unterschreibst für zwei Jahr. Gut hast mir g'falln.«

»So können Sie nie eine Rolle spielen«

Komparsin bei Max Reinhardt in der Pantomime »Das Mirakel« — Ein Ritter überschätzt sich — Lady Diana Manners, Rosamond Pinchot, Erik Frey

Ich stand allein in der Zelle. Die Nonnenkleider lagen vor mir. Das Fenster war offen, und vom Prater wehte ein warmer Sommerwind voller Rosenduft herein. Es war Juni.
In jedem Leben gibt es viele Möglichkeiten. Aber für gewöhnlich wird nur eine zur Wirklichkeit und diese dann zum Alltag.
Im ungewöhnlichen Leben des Schauspielers gibt es viele Wirklichkeiten. Und jede von ihnen ist er selber, der sich darstellt.
Meine Kleider lagen achtlos auf dem Boden. Ich dachte nach. Es war ein großer Entschluß.
Schwarze, derbe Strümpfe lagen da, schwarze Schnürstiefel, ein langes, weißes Wollkleid, darüber eine schwarze Tunika. Ein weißer Schleier, der das Gesicht eng einrahmte, und darüber ein schwarzer Schleier. Auf dem kleinen Tischchen lagen ein Rosenkranz und ein Gebetbuch.
Ich hörte die Worte des Offiziators:
»Versprechen Sie, Ihr Leben zu leben in Armut?«
»Amen.«
»Versprechen Sie, Ihr Leben zu leben in Gehorsam?«
»Amen.«
»Versprechen Sie, Ihr Leben zu leben in Keuschheit?«
»Amen.«

Sechzehn Jahre war ich, drahtig und sportlich, ich dehnte und streckte mich, meine Haut atmete den Sauerstoff ein und freute sich am Licht und an der Luft. Unvorstellbar heiß würden diese Wollstoffe sein und bis zum Verrücktwerden jucken. Aber kratzen durfte ich nicht. Hat man schon jemals eine Nonne kratzen gesehen?

Wer den Schleier nimmt, hinter dem versinkt das Leben. Die Vergänglichkeit wird unwichtig, das ewige Leben leuchtet. Warum Haare zeigen? Eines Tages sind sie doch weg. Warum sich seiner Haut freuen? Eines Tages wird sie runzlig.

Ich hatte noch wenig erlebt. Ein paar Küsse beim Pfänderspiel. Sollte ich es nicht doch vorher versuchen?

Meine Mutter hatte gesagt, Moral und Keuschheit seien keine spießigen Begriffe, sondern sie seien da zum Schutz der Jugend. »Sei nicht dumm, fall nicht darauf rein, auf diesen Text: ›Ich liebe dich.‹ Es ist Theater, den nächsten Tag haben sie dich vergessen. Dich und die Nacht. Und du hast vielleicht dein Leben verpfuscht. Halte dich für eine Kostbarkeit.«

Ein hübsches junges Mädchen hat es nicht leicht. Es kann heiraten, es kann in ewiger Angst schweben, ob es ein Kind bekommt. Oder es kann eine Nonne werden.

Ich hatte noch niemanden geliebt.

»So wollen Sie eine Schauspielerin werden?« fragten die Regisseure, die auf mich flogen.

»So können Sie nie eine Rolle spielen«, sagten die Direktoren, die gern mit mir ins Bett gehen wollten.

»Bist du immer noch eine Jungfrau? So wirst du es nie schaffen«, sagten die Kollegen.

Ich war auf der Hut. Es war schön, sich allein zu gehören und niemand anderem.

»So werden Sie nie eine gute Schauspielerin.«

Ich hatte so genug von diesen Dialogen.

»Amen«, sagte ich. Ich schlüpfte in die dicken, juckenden Strümpfe, Schuhe, Tunika, Schleier, Haube.

Ja, jetzt war ich geschützt. Jetzt war ich sicher. Ich verließ die Zelle. Mit Gebetbuch und Rosenkranz.
Draußen roch es nach Weihrauch.
Mehr als hundert Nonnen liefen in den Gängen herum, um ihren Auftritt zu suchen. Es waren zum Teil Studentinnen oder Kolleginnen von mir. Aber nun waren sie plötzlich alle Nonnen, eingehüllt in eine anonyme Unpersönlichkeit.
Wir waren Komparsen in *Das Mirakel*, das Reinhardt im Wiener Zirkus Renz aufführte. Mehr als 2000 Zuschauer hatten Platz, und alle zehn Vorstellungen waren schon ausverkauft.
Es war Generalprobe.
Statt des Anfangsgongs läuteten tiefe Kirchenglocken. Die Prozession begann. Kleine Jungen in roten Gewändern mit weißen Spitzenkragen gingen voran und läuteten. Sie waren als Ministranten verkleidet. Dann kam der Zug der Nonnen. Einige Nonnen waren aus der Staatsoper, sie sangen herrliche Choräle, und wir murmelten Gebete, teils deutsch, teils lateinisch.
Die Prozession ging an einer Säule vorbei, an der die Madonna lehnte. Sie wurde gespielt von Lady Diana Manners, der Frau von Duff Cooper. Sie war die schönste Frau der Welt und eine vielfache Millionärin. Bestimmt bekam sie keine Gage, sondern tat es, weil es »exciting« war, die Madonna zu spielen. Sie war toll geschminkt, und ihr Gesicht sah aus wie Marmor.
Plötzlich gab sie ihre gotische Madonnenstellung auf, die Prozession blieb stehen, und sie rief zur Beleuchterbrücke, von der das Licht kam, hinauf: »Give me more pink, please. You always give me to much yellow, it doesn't fit me. Always the same«, setzte sie ärgerlich hinzu. Dann trat sie zurück und wurde wieder demütig. Und wir gingen weiter. Wir zogen einmal rund um die Arena und blieben dann als Chor im Hintergrund stehen.
Die Kirchentür öffnete sich, Rosamond Pinchot erschien. Sie spielte die Nonne.

Sie war die Tochter eines Gesandten aus Pennsylvania, 21 Jahre alt, 1 Meter 80 groß, langbeinig und zart. Der Schleier umrahmte ihr Kindergesicht.
Mit raumgreifenden Schritten eilte sie zur Madonna, der Nonnenschleier wehte hinter ihr her, mit unnachahmlicher Grazie kniete sie nieder und versank in ein Gebet.
Es klopfte am Tor.
Das Tor flog auf, der Ritter trat ein. Alle Scheinwerfer wurden auf ihn gerichtet. Ein großer, breitschultriger Mann in einem silbernen Kettenpanzer stand da. Seine Schuhe hatten dicke Sohlen, damit er überdimensional groß und mächtig wirkte. Er trug einen Schild mit einem blauen Wappen. Ein silbernes Schwert hing an seiner Seite. Ein Supermann.
Die Orgel spielte. Der Weihrauch zog blaugraue Wolken im Scheinwerferlicht. Die Glocken läuteten. Der Chor sang. Und hundert Nonnen murmelten ihre Gebete. Ein Spectaculum sanctum größten Ausmaßes.
Reinhardt wußte, was er machte.
Er, ein Nicht-Katholik, verstand die Hypnose und die Faszination, die von Weihrauch, Musik und Farben ausging, und machte sie sich zunutze.
Der Ritter war von der Schönheit der Nonne verzaubert worden und ihr in die Kirche gefolgt. Er wollte sie in die Welt mit hinausnehmen. Die Nonne legte den Schleier zu Füßen der Madonna und ging mit ihm. Zögernd sah sie zurück zur Madonna. Sie zögerte, bis der Ritter sie aufhob und weitertrug.
Er muß furchtbar stark gewesen sein, denn Rosamond war wie gesagt 1 Meter 80 groß, und es war nicht die leiseste Anstrengung in seinem Gesicht zu erkennen, als er sie an uns Komparsen vorbeitrug. Wir waren natürlich alle verliebt in den Ritter.
Dann geschah das Wunder. Die Madonnenstatue nahm ihre Himmelskrone ab — »Please, more pink«, schrie sie noch

einmal hinauf —, legte den Schleier der Nonne um und besorgte deren Dienst, während die Nonne draußen in der Welt Schiffbruch erlitt und eines Tages wiederkam.

Die Premiere am 7. Juni 1927 verlief sensationell gut. Danach stellten wir Komparsinnen uns alle an, um von dem Ritter ein Autogramm zu bekommen. Auch mein Kollege Erik Frey, der einen Jäger im Gefolge des Ritters spielte, stellte sich mit mir an. Er war neunzehn.
»Nur so«, sagte er wegwerfend. »Ich mag den Schönling eigentlich nicht.«
Als ich endlich drankam, sagte ich bescheiden: »Kann ich bitte ein Autogramm haben?«
Der Ritter hörte meine Stimme, sah auf und lächelte mich an.
»Bitte?«
Ich wiederholte.
Der Ritter fragte mich: »Was machen Sie?« Seine Stimme klang verträumt.
»Komparserie. Ich spiele eine Nonne.«
»Nein, ich meine nicht hier. Sonst.«
»Ich bin Elevin im Deutschen Volkstheater.« Ich reichte ihm ein Stückchen Papier hin.
Aber er unterschrieb es nicht. Er dachte kurz nach. »Ich bringe Ihnen morgen eine Bildkarte. Melden Sie sich wieder bei mir.«
Inzwischen war es spät geworden und die letzte Straßenbahn, »die Blaue« hieß sie, war nicht mehr zu erreichen.
Erik Frey brachte mich nach Hause. Das bedeutete etwas, vom Prater nach Döbling sind es zu Fuß 2 Stunden Gehzeit. Und dann mußte er zurück nach Währing zur Wohnung seiner Eltern.
Wir empfanden es nicht als lang. Es war eine warme Sommernacht. Wir lachten und blödelten. Wir spielten Frühlings Erwachen unter Forsythienbüschen am Ring, spielten Romeo und Julia im Hofgarten und malten uns die Zukunft aus,

wenn wir berühmt sein würden. Er berühmt wie Conni Veidt und ich wie Elisabeth Bergner. Nur besser selbstverständlich. Viel besser. Wir fanden überhaupt alle Stars nicht besonders gut. Lady Diana Manners zum Beispiel, die gotische Nocken aus USA, die schon so uralt war, daß sie immer pink brauchte. Erik Frey lief und bewegte sich wie sie. Wir fanden es saublöd, so zu laufen. Wir waren im Kommen. *Wir* waren die Stars von morgen. Wir führten Gespräche, wie sie alle Eleven der Welt führen.

An der Haustür gab er mir einen scheuen Kuß auf die Wange. Ich glaube, er hatte schreckliche Angst, ich könnte sagen: »Komm rein.« Und ich war froh, daß er gleich ging. »Also, Servus, bis morgen.«

Er trat seine Heimwanderung an. Ich war sehr müde. Vormittags die Generalprobe, abends die Premiere. Die ungeheuren Reize, die auf mich einstürmten, die laue Sommernacht, die Nonnenkleidung, alles war mir unter die Haut gegangen.

Ich schlief tief und fest ein. Ich träumte nichts. Ohne Grund wachte ich auf. Mein Zimmer war in blaue, morgendliche Dämmerung getaucht. Der Ritter saß an meinem Bett. Ich träumte nicht, ich war vollkommen wach. Ich erkannte alle Gegenstände in meinem Zimmer. Aber an meinem Bett saß der Ritter. In voller Rüstung.

Ich dachte: Grad heute hab' ich das scheußliche Nachthemd an. Ich fürchtete mich nicht. Ich lächelte ihm zu, aber er lächelte nicht zurück. Ich nickte ihm zu, aber er nickte nicht zurück. Ich konnte keinen Kontakt zu ihm bekommen. Ich schloß die Augen und machte sie nach einer Weile wieder auf. Er saß immer noch da. Als die Sonne über die Dächer stieg, zerlief er wie ein Aquarell.

Den ganzen Tag ging ich wie auf Eiern. Ich wartete auf den Ritter. Ob er plötzlich neben mir in der Straßenbahn sitzen würde? Ob die anderen Leute ihn dann auch sehen könnten? Ich hatte Angst, verrückt zu werden. Waren es Halluzinatio-

nen? War es eine Vision? Sollte ich meiner Mutter etwas davon erzählen?
Das *Mirakel* war ein Sensationserfolg. Die Leute prügelten sich an der Kasse. Ich erzählte niemandem etwas von meinem Erlebnis. Ich dachte, daß ich eben einmal gesponnen hätte, und daß es vorüber sei. Ich ging mir nicht die Bildkarte abholen.
Erik Frey brachte mich nach der nächsten Vorstellung wieder nach Hause. Ich schlief wieder fest ein, aber am Morgen in der Dämmerung saß der Ritter an meinem Bett. So ging es nach jeder Vorstellung.
Eines Nachts, als mich Erik Frey wieder nach Hause begleitete, sagte er: »Du, der Ritter scheint ja ganz verrückt nach dir zu sein. Er fragt jeden im Deutschen Volkstheater, wie denn die kleine Elevin heiße, die als Nonne engagiert ist. Und heute war er auch bei mir in der Komparsengarderobe, um nach dir zu fragen.«
»Und was hast du gesagt?«
»Daß es gar keine Nonne gäbe, die als Elevin am Deutschen Volkstheater sei.«
»Du bist gemein.«
»Warum denn? Was will denn dieser alte Kerl von dir? So ein alter Knochen. Halt dich lieber an mich, ich bin im Kommen. Hast du überhaupt Beziehungen? Hast du irgendeine Protektion?«
»Nein.«
»Was? Keine Beziehungen? Keine Protektion? Siehst du, mein Vater ist Zahnarzt, der behandelt alle Leute vom Burgtheater, und die haben immer schreckliche Angst, daß es weh tut. Da kann er es leicht schaffen, daß wir beide engagiert werden. Er braucht nur zu versprechen, daß er ihnen nicht weh tun wird. Ich würde nämlich alles für dich tun.«
»Alles, das kann man leicht sagen.«
»Bitte, stell mich auf die Probe.«

Wir waren schon in der Döblinger Hauptstraße. Die Straßenlaternen brannten noch. Es war menschenleer.
»Würdest du zum Beispiel für mich auf diesen Baum steigen?«
Erik zog wortlos sein Jackett aus und kletterte hinauf.
Ich genierte mich.
»Reicht's dir?« fragte er von oben herunter.
»Ja, komm!«
»So, der Anzug muß in die Reinigung. Alles für dich. Also, Servus!«
»Servus!« Wieder ein flüchtiger, verlegener Kuß.
Der Ritter kam wieder an mein Bett und zerlief wie ein Aquarell, wenn die Sonne erschien.
Es kam die letzte Vorstellung. Ich saß in meiner kleinen Zelle und schminkte mich. Da klopfte es an die Tür. Ich hörte die schweren Schritte des Ritters. Der Vorhang meiner Zelle flog auf, und der Ritter stand davor.
War er echt oder Vision?
»Sie sind Fräulein Ullrich, nicht wahr? Warum sind Sie nicht gekommen? Ich wollte Ihnen doch ein Bild geben.«
Er gab mir eine Karte mit Unterschrift.
»Und dann hätte ich Sie gern gesprochen. Hier geht es so schlecht.«
Hinter dem Vorhang, hinter seinem Rücken, tauchten die Gesichter anderer Komparsen auf, die hereinglotzten. Es war unüblich, daß ein großer Star in die Komparsengarderobe kam.
Wir verabredeten uns nach der Vorstellung in einem Kaffeehaus am Schwedenplatz.
»Ich gehe heute nicht mit dir«, sagte ich zu Erik Frey, »ich gehe heute mit dem Ritter.«
Als ich das Café betrat, stand ein eleganter Herr auf. Zum ersten Mal sah ich ihn in Zivil. Ungeschminkt und ohne Toupet. Er war mindestens zehn Zentimeter kleiner als im Kostüm und hatte einen englischen Sportanzug an, der natürlich nicht glitzerte.

Ich bestellte mir ein Eis.
»Fräulein Ullrich«, sagte er, »ich mache eine Tournee. Ich spiele da *Der arme Heinrich* von Gerhart Hauptmann, und ich möchte, daß Sie die Ottegebe spielen. Ich habe noch nie ein Mädchen gesehen, das so für die Ottegebe paßt wie Sie. Sie haben so gläubige, große Kinderaugen. Die Proben beginnen in vierzehn Tagen. Sie müßten sich sofort entscheiden. Ich habe mich erkundigt. Im Volkstheater haben Sie gar keine Chance. Und wie ich höre, leben Sie immer noch bei Ihren Eltern. Sie haben eine große Karriere vor sich. Sie müssen hinaus in die Welt. Sie können mit mir im Auto fahren. Die anderen fahren mit dem Zug. Es ist eine ganz große Chance, die ich Ihnen anbiete, entscheidend für Ihr Leben. Kommen Sie mit mir in die Welt hinaus, Sie bekommen eine gute Gage.«
So sprach der Ritter.
Gemächlich aß ich mein Eis.
Dann sagte ich: »Ich habe einen Vertrag am Deutschen Volkstheater als Elevin und kann diesen Vertrag nicht brechen. Ich danke Ihnen sehr für Ihr phantastisches Angebot, aber es ist noch zu früh für mich. Vielen Dank und auf Wiedersehen!«
Der Ritter sah mir nach. Diese Nonne kam nicht mit.
Die andere Nonne, die er jeden Abend in der Vorstellung wegtrug, brachte sich um. Rosamond Pinchot hatte sich, wie ich später in der Zeitung las, Auspuffgase in ihr Auto geleitet und vergiftet.
Man sagt, sie sei verrückt geworden. Sie habe unter Visionen gelitten.
Für meine Abendgage nahm ich mir ein Taxi nach Hause.

»Frau Ullrich, bitte zum Auftritt!«

Debüt als Tochter eines Offiziers — Premieren-Panik oder Der Mut zur Pause — Leopoldine Konstantin

Gleich nach *Mirakel* bekam ich meine erste Rolle am Deutschen Volkstheater, in *Heimat* von Hermann Sudermann. Das Stück war vor der Jahrhundertwende uraufgeführt worden. Es war also erst dreißig Jahre alt und doch in der Thematik entfernter als sämtliche Klassiker und griechischen Autoren. Die bürgerliche Moral der viktorianischen Zeit wurde lächerlich gemacht, aber auch das Lächerlichmachen war lächerlich.

Die Tochter eines Offiziers will zur Bühne. Ihr Vater verstößt sie, als sie wieder in die Heimat zurückkommt, reich und berühmt, aber mit einem unehelichen Kind. Der Vater kann diese Ehrlosigkeit nicht auf sich sitzen lassen, er will sie und sich erschießen. Zum Glück trifft ihn kurz vorher der Schlag.

Als Tochter eines Offiziers spielte ich die jüngere Tochter dieses Offiziers auf der Bühne. Aber *mein* Vater reagierte ganz anders. Er ging in der Stadt herum und kontrollierte die Litfaßsäulen, ob auf den Plakaten auch der Name Ullrich genügend groß und deutlich geschrieben stand.

Er war glücklich und erzählte im Kaffeehaus seinen Kameraden: »Meine Tochter ist Schauspielerin und der Name Ullrich steht auf allen Litfaßsäulen, und zwar an dritter Stelle.«

Die Kollegen im Deutschen Volkstheater waren alle sehr

nett, aber meine ersten Freunde waren der Inspizient, die Souffleuse und die Garderobiere. Der Inspizient hieß Rudolf Beer, da aber der Direktor des Theaters auch Rudolf Beer hieß, wurde er in Richard Betz umgetauft. Zu meinem Auftritt holte er mich mit den Worten: »Frau Ullrich, bitte zum Auftritt.«

Ich sagte: »Betzl, spinnst du? Ich bin doch erst sechzehn. Ich bin doch nicht verheiratet.«

»Du spinnst«, meinte er. »Wenn ein Mädchen einen Beruf hat und diesen Beruf ernst nimmt und damit Geld verdient, dann ist es für mich ein vollwertiger Mensch und kein ›kleines Fräulein‹ oder ›Fräuleinchen‹. Warum soll es erst durch den Mann irgendeinen Titel bekommen? Ich nenne alle weiblichen Personen beim Theater ›Frau‹. Sie verdienen sich das Recht dazu selber und nicht erst durch die Heirat.«

Mein Vater schenkte mir für die Premiere seine blecherne Tabaksdose. Er malte sie blau an, und ich konnte meine Schminken hineingeben. Ich hatte mir sehr viele Farben gekauft und bei der ersten Hauptprobe fast alle ins Gesicht geschmiert. Die Souffleuse, Frau Radlberger, die ich »Radlbutz« nennen durfte — ganz gute Freunde nannten sie »Häuslratz« —, kam gleich gelaufen und sagte besorgt: »Kinderl, du hast dich ja g'schminkt wie eine Straßendirne. Du schaust ja aus wie eine alte Hur' und nicht wie ein Mädchen aus bürgerlichem Haus. Schau her, nimm die ganz zarten Farben aus deiner Tabaksdos'n.«

Sie soufflierte mir nie ein Wort.

»Des wär noch schöner, einem Kind soufflieren. G'wöhn dir des ja net an. Lern dei Roll'n! I bin für dich nicht vorhanden.«

Leopoldine Konstantin spielte die große, berühmte Tochter, die in die Heimat zurückkommt. Sie war eine der größten Salondamen der damaligen Zeit, chic, mit ganz kurz geschnittenem Bubikopf, einem rassigen Gesicht, sportlicher Figur und einem frischen, ironischen Ton, der sich immer so an-

hörte, als würde sie gerade vom Schwimmen aus der Nordsee oder aus einer eiskalten Dusche kommen.
Das Spielen mit ihr fiel mir leicht. Ich hatte ein gutes menschliches Verhältnis zu ihr, fast wie ich es zu meiner wirklichen Schwester hatte. Als ich die Rolle lernte, setzte ich oft statt des Namens Magda den Namen meiner Schwester Gertl ein, weil dann der Ton echter kam.
»Fahr doch nicht weg, Gertl! Bleibe bei mir!« schrie ich.
Dann kam meine Schwester aus dem anderen Zimmer gelaufen und sagte: »Ich fahr' ja gar nicht weg. Reg dich doch nicht so auf, ich bleib' ja da.«
Bis sie merkte, daß es nur die Rolle war.
Die Garderobiere hieß Roserl, eine liebe, kleine alte Jungfer mit einem roten, faltigen Hals. Sie achtete darauf, daß die Schleiferln, die Banderln, die Strumpferln, die Schürzerln richtig saßen. Sie war immer heiter, bescheiden und selbstlos. Wir Elevinnen setzten Roserl manchmal auf den Schrank hinauf und ließen sie einen ganzen Akt oben sitzen.
»Bös san s'«, schimpfte sie lachend.
Ich fiel ihr oft um den Hals und sagte unglücklich: »Roserl, aus mir wird nie was.«
»Aber ja«, sagte sie dann, »irgendwas wird scho aus dir.«
Meine Mutter durfte schon zur Generalprobe kommen, nicht erst zur Premiere. Sie klopfte an und fragte: »Störe ich?« Sie war noch nie in einer Theatergarderobe gewesen. Sie gab mir eine kleine Schachtel.
»Ich schenk dir das. Ein Ring, nichts Besonderes. Kein Iffland-Ring, aber er soll dir Glück bringen. Ich wär selber gern auf der Bühne g'standen, jetzt hast du's g'schafft. Wir sind sehr stolz auf dich und deinen Beruf. Der Ring soll dich beschützen, es gibt genug Gefahren. Du bist allen Schwierigkeiten gewachsen.«
Sie steckte ihn mir an den Finger, er paßte.
Es klopfte.
»Frau Ullrich, bitte zum Auftritt.«

»Ja, ich komme«, sagte meine Mutter und stand auf. »Wieso soll ich zum Auftritt?«
»Nein, er meint mich. Er nennt mich immer Frau Ullrich.«
Ich küßte sie, ihre Wangen waren ganz heiß.
»Du weißt, daß man sich für einen Talisman nicht bedanken darf. Jetzt geh rein und schau ganz kritisch zu und sag mir dann alles!«
Die Generalprobe war in Ordnung.
Bei der Premiere passierte etwas Unvorhergesehenes: Ich stand schon auf der Bühne. Der Eiserne und der Samtvorhang waren noch unten. Ich sah zum Erkerfenster hinaus, um meine berühmte, heimkehrende Schwester zu erwarten. Ich war ganz ruhig und sprach in Gedanken meine Rolle durch. Da hob sich der Eiserne Vorhang, und ich hörte im Zuschauerraum tausend Menschen sprechen, lachen und kichern. Das Geräusch schwoll an, ebbte ab und wurde wieder laut. Ein wildes Tier, das auf der anderen Seite des Samtvorhangs saß, eine Riesenhummel, bereit, mich zu vernichten. Es waren Tiger, Löwen, Bestien, die sich auf mich stürzen würden, wenn der Samtvorhang hochging. Mein Hals ging zu, die Stimmbänder waren wie gelähmt. Mir blieb die Spucke weg, sie blieb wirklich weg. Ich wollte um Hilfe rufen »Betzl, komm her!«, aber es kam kein Ton, die Stimme war weg.
Der Gong ertönte dreimal.
Ich räusperte mich, aber auch das Räuspern war unhörbar.
Der Samtene rauschte auseinander, und unzählige Augenpaare sahen mich an. Operngucker glitzerten, ein merkwürdiger, unbekannter Geruch kam zu mir herauf, ein Gemisch aus Parfüm und Bestie.
Ich schaute immer wieder in den Zuschauerraum und dann zum Erkerfenster hinaus. Ich hatte Angst. Die Radlputz hing halb aus ihrem Kasten heraus und flüsterte, so laut es möglich war: »Sie ist da, Magdalena, Magda ist da. O möge doch der Wagen bloß nicht weiterfahren.«

Ich sah sie verdutzt an und verstand kein Wort.
Mein Blick ging wieder zum Erkerfenster hinaus. Betz stand draußen. »Bist du verrückt? Warum red'st denn nicht, Frau Ullrich?«
Ich schüttelte den Kopf. Am liebsten wäre ich abgegangen.
Die Souffleuse zischelte: »Sie ist da, Magdalena, Magda ist da. O möge doch der Wagen bloß nicht weiterfahren.«
Der Zuschauerraum mit den Leuten sah fremd aus, ganz anders als bei den Proben. Ich drehte mich wieder dem Erkerfenster zu. Ich wollte von den Leuten gar nichts wissen. Da stand nun Leopoldine Konstantin, meine große Schwester. Bereit zum Auftritt, elegant, schlank, souverän.
Sie kam ganz nah an das Erkerfenster heran und sagte heiter, frisch und kühl: »Nun sprich schon, Kind, und mach keine Wissenschaft draus!«
Ihre Ruhe und Ironie gaben mir die Balance wieder. Ich legte los wie bei allen Proben — und war noch besser.
Als sie dann auf die Bühne kam, wurde sie mit großem Applaus begrüßt. Sie spielte ihre Auftrittsszene blendend, und als sie mich dann mit unendlicher Wärme umarmte und mir echte Tränen über die Wangen liefen, flüsterte sie in mein Ohr: »Was war das, Kind? Ich dachte schon, du seist krank. Ich habe eine scheußliche Erkältung. Hoffentlich steckst du dich nicht an, Kind.«
Dann ging sie zurück und schneuzte sich. Die Zuschauer dachten, vor Rührung, aber es war der Schnupfen. Und mit tiefer, tränenerstickter Stimme stammelte sie: »Meine Mieze, mein kleines Schoßkind, mein geliebtes Schwesterlein.«

Die Premierenfeier fand in ihrer Villa in Hietzing statt. Es war eine Feudalvilla, die sie mit ihrem Mann, dem sehr erfolgreichen Bühnenautor Geza Herczeg, bewohnte. Alle berühmten Leute Wiens seien eingeladen, sagte sie.
Sie haben mir keinen Eindruck gemacht, ich kannte sie nicht.

Um einen großen, blonden Mann drängten sich die meisten Gäste. Er war Russe, sehr groß, mit breiten Backenknochen. Er konnte kein Deutsch, sondern nur Französisch.
»Weißt du, wer das ist? Schaljapin!«
»Schaljapin, wer ist denn das?«
»Der berühmteste Sänger der Welt.«
Ich dachte: So ein ungebildeter Mensch, der kein Deutsch kann. Und dann bloß Sänger.
Es wurde viel von der Premiere und der langen Pause am Anfang gesprochen.
Rudolf Beer, dem Direktor, hatte gerade die Pause gut gefallen. Er fand, das schlechte Stück habe dadurch gewonnen. Die Pause habe eine Spannung gebracht, die das Thema überhöhte.
Leopoldine strich mir mit ihrer manikürten sportlichen Hand über den Kopf. Sie sah mich nachdenklich an.
»Für einen Schauspieler ist nichts so schwer und undankbar, als mit kleinen Kindern, jungen Hunden oder auch Anfängern zu spielen. Man hat Angst um sie, man will ihnen helfen, man denkt, sie bleiben hängen und sie machen dies oder jenes falsch, und man vergißt, daß sie junge, kräftige Ellbogen haben. Und ehe man sich versieht, wird man an die Wand gespielt und bleibt dort kleben. Stimmt's?«
Es gab ihr niemand unrecht.
Am nächsten Tag beschäftigten sich die Zeitungen ausschließlich mit der jungen Schauspielerin, frisch und unbekümmert, aber stark genug, um den Mut zur Pause zu haben.

Nichts ist getan für meine Unsterblichkeit

»Die Dreigroschenoper« am Raimund-Theater oder Polly möchte geküßt werden — 1931: Engagement nach Berlin — Ein ungewöhnlicher Start — Peter Lorre

Die weiße Kinderzimmeruhr mit dem Kranz von Röschen war nicht nur eine Ticktack, sondern auch ein Chronometer, der unwiederbringlich die Augenblicke ausspuckte.

Die Erkenntnis der Vergänglichkeit verjagte mich aus dem Paradies der Kindheit.

»Laß dir Zeit, Zeit, renn doch nicht so verrückt mit mir davon. Ich bin doch nur einmal im Leben sweet seventeen. Das Jahr wird vergehen, und nichts ist getan für meine Unsterblichkeit.«

Ich hatte Angst, das Leben zu versäumen. Meine beiden Schwestern waren schon verheiratet. Gertl war nach Budapest gezogen, wo mein Schwager Janos eine ungarische Bank leitete. Und meine Schwester Edith lebte mit ihrem Mann, einem österreichischen Kaufmann, in Daressalam in Südostafrika.

Nur ich, ich war noch zu Hause.

Die Oktaven, Dreiklänge, Intervalle fehlten mir. Der logische Aufbau in der Musik meiner Schwester hatte auch meinem Leben ein Gerüst gegeben. Und jetzt?

Ich war sterblich verliebt oder vielmehr unsterblich unglücklich verliebt. Mein Puls tickte im Gleichklang mit der Uhr. Mein Blut, meine Schläfen, alles war in Unruhe, war in Fie-

Raimund-Theater

Direktion: **Dr. Rudolf Beer** — Künstlerische Leitung: **Ferdinand Exl**

Tel. der Tageskasse I., Rotenturmstraße 16 (Basar), 76.050. Tel. der Tageskasse im Theatergebäude 7465

3 Uhr — **Samstag den 3. Dezember 1927** — **3 Uhr**

Zum **25.** Male:

Schneewittchen und die sieben Zwerge

Märchenspiel mit Musik, Gesang und Tanz in drei Akten (7 Bildern) von **Emil [redacted] Jankó**

Spielleitung: **Emil Jankó**

Die Königin vom Bösenland	Vilma Wiegand
Schneewittchen	Louise Ullrich
Der Hofmarschall	Wilhelm Dunkl
Die Hofdame	Alice Heisey
Der Jäger	Albin Skoda
Der Hofgärtner	Emil Jankó
Der Küchenmeister	Bernhard Pankl
Der Stallmeister	Ludwig Blaha
Der Prinz vom Goldlande	Otto Soltau
Hans, sein Knappe	Felix Krones
Flock (Die sieben Zwerge)	Guido Palter
Fleck (Die sieben Zwerge)	Magda Gröbner
Schleck (Die sieben Zwerge)	Ludwig Koranda
Schlag (Die sieben Zwerge)	Trude Kammerzell
Schluck (Die sieben Zwerge)	Trude Winternitz
Putz (Die sieben Zwerge)	Hubert Nemitz
Stutz (Die sieben Zwerge)	Hermi Gröbner
Fee (Stimme des Spiegels)	Gerda Walt

Hofdamen, Hofherren, Knappen, Pagen, Landsknechte und Engel

Im 1. Akt (zweites Bild): **Balletteinlage,** entworfen und einstudiert von Professor **Karl Godlewsky,** Ballettmeister der Staatsoper

Tänzerinnen: **Grit Jellinek, Rose d'Orena, Anny Nowotny, Trude Brunner, Frieda Gangelhofer, Herta Preiß, Berta Schneider**

Nach dem dritten Bild eine größere Pause

Kassen-Eröffnung ½3 Uhr **Anfang 3 Uhr** **Ende ½6 Uhr**

Sonntag den 4. Dezember. Nachmittags 3 Uhr: Märchenvorstellung. **Schneewittchen**
Donnerstag den 8. Dezember. Nachmittags 3 Uhr: Märchenvorstellung. **Hänsel und Gretel**
Freitag den 10. Dezember. Nachmittags 3 Uhr: Märchenvorstellung. **Hänsel und Gretel**

Über behördliche Anordnung sind Oberkleider, Schirme und Stöcke an den Garderoben abzugeben. Nach den Bestimmungen der behördlich genehmigten Hausordnung haben Damen und Herren im Zuschauerraume (Logenplätze ausgenommen) die Hüte abzunehmen. Belegen der Sitzplätze ist behördlich untersagt.

„Elbemühl", Wien IX

Besetzungszettel Emil und Leontine Jankó, »Schneewittchen und die sieben Zwerge«, Raimund-Theater Wien, 3. Dezember 1927

Raimund-Theater

Direktion: **Dr. Rudolf Beer** — Künstlerische Leitung: **Ferdinand Exl**

Telephon der Tageskasse I., Rotenturmstraße 16 (Basar), 76.050
Telephon der Tageskasse im Theatergebäude B 27466

3 UHR | **3 UHR**

Samstag den 28. April 1928

Kleine Preise

Wiener Märchenspiele

Spielleitung: **Emil Jankó**

Prinzessin Übermut

oder: Der König Drosselbart

Ein lustiges Märchen mit Gesang und Tanz in drei Akten, einem Vor- und Nachspiel von
Leontine und **Emil Jankó**

Tante Ella, Kindergärtnerin	Edith Berger
Ilse (ihre Kinder)	Magda Gröbner
Trude (ihre Kinder)	Frieda Borger
Fritz (ihre Kinder)	Martha Schaschek
Elli (ihre Kinder)	Elly Jankó
Anna (ihre Kinder)	Frieda Helfer
Grete (ihre Kinder)	Herma Gröbner
Der alte König vom Waldlande	Louis Groß
Prinzessin Uebermut, seine Tochter	Louise Ullrich
Die schläfrige Hofdame	Rolla Anston
Der taube Minister	Hugo Brady
Der kurzsichtige Hofmarschall	Felix Krones
Der König vom Sonnenland (König Drosselbart)	Heinrich Sallaba
Piff-Paff-Puff, ein Hofnarr	Emil Jankó
Prinz Longinus aus dem Magerlande	Walter Simmerl
Fürst Plutzer aus dem Kugellande	Maximilian Balter

Vor- und Nachspiel in einem modernen Kindergarten

Balletteinlagen gestellt von Karl Godlewsky, Ballettmeister der Staatsoper

Tänzerinnen: Aglaja Behrens, Eva Berger, Trude Bornitta, Trude Brunner, Rose D'Orena, Ilse Hye, Hilde Perko, Lidia Pollak, Trude Stark, Herta Totz

Nach dem zweiten Akt eine größere Pause

Kassen-Eröffnung ½3 Uhr | **Anfang 3 Uhr** | **Ende 5 Uhr**

Samstag den 5. Mai. Nachmittags **3** Uhr: **Prinzessin Uebermut**
Samstag den 12. Mai. Nachmittags **3** Uhr: **Schneewittchen und die sieben Zwerge**

„Elbemühl", Wien IX.

Besetzungszettel Emil und Leontine Jankó, »Prinzessin Übermut«, Raimund-Theater Wien, 28. April 1928

ber. »Es schwindelt mir, es brennt mein Eingeweide. Nur, wer die Sehnsucht kennt, weiß, was ich leide«, zitierte ich vor mich hin. Es war ein echtes Leiden, ein wirklicher körperlicher Schmerz.

Natürlich aß ich auch nicht, denn, wem schmeckt es schon mit einem brennenden Eingeweide? Auch von meinen Eltern wandte ich mich ab. Sie fanden meine Verliebtheit lächerlich, und daher waren sie Gegner, Feinde.

Ich belauschte ein Telefongespräch, das meine Mutter mit ihrer Schwester führte: »Hallo Paula«, sagte sie, »ja, meine Luisl ist grad nicht zu Hause, also, was sagst du? Entsetzlich, nicht? In eine schreckliche Gesellschaft ist sie da geraten. Lauter Huren, Zuhälter und Gangster. Und jeden Abend kommt sie spät in der Nacht nach Haus, mit siebzehn! Kannst dir vorstellen, was ich mir für Sorgen mache, wenn sie sagt: ›Ja da muß man sich doch einfach hinlegen.‹ Das paßt gar nicht zu ihr. Sie ist doch ein sauberes, junges Mädchen, hat überhaupt noch keinen Mann gehabt, und jetzt so etwas. Und verliebt ist sie in diesen Boß, diesen Gangsterkönig, bis über beide Ohren, rettungslos. Sie ißt nichts, sie magert ab. Ach, ich sag' dir, es ist hoffnungslos. Gottlob ist die Liebe unglücklich. Er ist ja zum Glück verheiratet, das ist das einzig Gute daran.«

Ich hatte eine echte Wut, daß meine Mutter ihrer Schwester alles erzählte und sie noch froh über mein Unglück war. Ich hatte diese olle Jungfräulichkeit ohnehin schon so satt, aber es gefiel mir niemand gut genug. Jetzt hätte ich sie gern geopfert, aber nun wollte der Mann nichts von mir wissen.

Ich spielte im Raimund-Theater in der *Dreigroschenoper* die Hauptrolle, die Polly.

Und hundertmal hoffte ich, daß Harald Paulsen, der den Mackie Messer spielte und dem alle meine Gefühle galten, mich im letzten Akt küssen würde. Ich war im Hochzeitskleid, und als es soweit war, fing mein Herz zu klopfen an. Ich ging auf ihn zu, er stand auf der Treppe oben. Meine Augen sagten: »Ich lieb' dich. Ich lieb' dich wirklich, nicht nur in der Rolle, verstehst du denn das nicht?« Katzenartig wie ein Tänzer lief er die Treppe herunter, nahm mich in seinen Arm, zog den Brautschleier mit stilisierter Scham vor unsere Gesichter, und ich dachte: Jetzt könnte er es wirklich tun. Aber er wartete nur auf sein Stichwort.

Mr. Peachum, der Bettlerkönig, der von Kurt von Lessen gespielt wurde, sang: »Horch, wer kommt! Horch, wer kommt!« und dann der ganze Chor: »Des Königs reitender Bote kommt, Bote kommt, Bote kommt.«

Ach, wenn der Bote doch nur einmal nicht käme! Und schon war es vorbei, der Schleier fiel, und ich wartete wieder vierundzwanzig Stunden auf die Chance, von Herrn Paulsen geküßt zu werden. Ein Vierteljahr unglücklich verliebt zu sein, das reichte mir. Als die Serie zu Ende ging, war der Bart ab. Und von des Königs reitendem Boten wollte ich nie mehr etwas hören.

Ich war Partnerin von vielen großen Schauspielern der damaligen Zeit. Ich spielte mit Albert Bassermann *König Lear*, mit Max Pallenberg *Eins, zwei, drei* von Molnár, mit Emil Jannings *Geschäft ist Geschäft*, und mehrere Male spielte ich mit Alexander Moissi: in *Der lebende Leichnam*, in *Der Idiot* und *Im Spiel der Sommerlüfte*, dem letzten Stück von Arthur Schnitzler.

Schnitzler war auf allen Proben. Seine nachdenklichen Augen verfolgten jede Geste von uns, jeden Schritt. Er saß auf der Bühne, weil sein Gehör nicht mehr ausreichte, dem Text vom Zuschauerraum aus zu folgen.

Kurz vor seinem Tod hatte er noch dieses Stück geschrieben. Es handelt nicht von Offizieren oder Leutnants, es kommen keine kleinen Mädchen, keine Modistinnen, kein Duell und kein Ehebruch vor, sondern es ist das Problem eines Priesters, der sich in eine ältere Frau verliebt. Das Problem des Zölibats.

Der Frauenarzt Schnitzler, bekannt als triebhafter, erotischer Mensch, sagte, daß er gerade über dieses Problem sein

ganzes Leben nachgedacht habe. Über die Kraft der Entsagung. Und daß der schmale und dornige Pfad der Entsagung der einzige Pfad sei zum Glück, war die Erkenntnis kurz vor seinem Tod.
Das Stück war nur für ihn ein Erfolg.
Tonio Riedl und ich waren die jungen Gegenspieler des älteren Paares Alexander Moissi und Moggerl Terwin.

Ich steckte in einer Krise. Ich fühlte die Zeit in Wien beendet. Ich mußte weg, mußte weg aus der Heimat. Und auch weg aus dem Elternhaus, so leid es mir tat.
Ich unterschrieb einen Vertrag mit der Volksbühne am Bülowplatz in Berlin, wo ich mit Peter Lorre in *Nebeneinander* von Georg Kaiser spielen sollte.
In *Komparserie*, einem Schauspielerstück von Richard Duschinsky, konnte ich mich vom Wiener Publikum verabschieden. Als der Vorhang bei der letzten Vorstellung fiel, umarmten wir Kollegen uns. Mitten in der Umarmung hob sich der Vorhang. Auch das Publikum wußte, daß es meine letzte Vorstellung in Wien war. Beer kam mit einem großen Blumenstrauß auf die Bühne. Der Vorhang fiel, und die Wiener riefen: »Bravo, Luise!« und applaudierten stürmisch.
Beer sagte: »Geh vor den Vorhang und sag den Leuten was!« Auch er hatte Tränen in den Augen.
»Geh raus und sag was!« wiederholte er.
Ich ging zögernd vor den Vorhang, denn ich hatte das Publikum noch nie angesprochen. Ohne Rolle stand ich wie nackt da.
Ich bedankte mich für die Liebe der Wiener. Und für das freundliche Verstehen, das sie meinen ersten Schritten auf den Brettern entgegengebracht hatten. Ich erzählte, daß ich jetzt nach Berlin ginge, daß ich sie aber niemals vergessen und immer in herzlicher Zuneigung an sie denken würde.
Improvisiert fing im Orchester ein Klavierspieler an: »O wonnevolle Jugendzeit, wohin bist du entschwunden?

Nie kehrst du wieder, goldne Zeit, so schön, so ungebunden«, und alle sangen mit.
Die Garderobiere, das Roserl, kam auf die Bühne, die Radlbutz, der Betzl und alle Kollegen sangen und weinten und lachten. Das Publikum war längst nach Hause gegangen, da standen wir immer noch eng umschlungen auf der Bühne.
Ich dachte damals nicht, daß ich erst vierzig Jahre später wieder in Wien auf einer Bühne stehen würde, als Madame Hortense in *Sorbas* im Theater an der Wien.
Und ich ahnte auch nicht, was alles kommen würde. Niemand konnte das schreckliche Ende von Rudolf Beer vorausahnen, der 1939 durch die Nazis umgebracht wurde.
Im Juni 1931 verließ ich Wien.

An der Volksbühne in Berlin empfing mich mein alter Freund aus der Akademiezeit, Herbert Berghof. Er gehörte zum Ensemble der Volksbühne.
»Ja, wie schaust denn du aus?« rief ich ihm erschrocken entgegen.
Er hatte seine schwarzen Locken abgeschnitten, abrasiert, fast kahlköpfig. Er trug ein Arbeiterhemd ohne Krawatte, sah ungepflegt und unrasiert aus. Ein total anderer Mensch.
»Ja, wie denn? So wie alle. So sieht man eben jetzt aus als Schauspieler.«
Die Proben begannen. Peter Lorre und ich hatten den gleichen Weg zum Theater. Wir trafen uns in der U-Bahn. Er wohnte am Kurfürstendamm und ich in der Lietzenburger Straße, in einem dunklen Untermietzimmer. Als wir zusammen ausstiegen, merkte ich mit Entsetzen, daß uns Kinder nachliefen und hinter uns herschrien: »Mörder, Mörder, Kindermörder.«
Gelegentlich kam auch ein Stein geflogen.
Peter Lorre schien es gewöhnt zu sein. Er hatte den Film *M* von Fritz Lang gedreht und war stolz auf seine Publicity. »Da kannst du mal sehen, wie populär ich bin«, sagte er. »Das

wirkt sich natürlich auch auf meine Gage aus. Ich bin froh darüber.«

Dafür hatte ich Verständnis, aber ich richtete es so ein, daß ich ihn nicht mehr in der U-Bahn traf.

Herbert saß aus Freundschaft zu mir in jeder Probe. Er war unglücklich und unzufrieden mit mir. »Dein Ton paßt überhaupt nicht nach Berlin. Du sprichst so piepsig und unschuldig. Das paßt auch gar nicht in diese Pfandleihanstalt und in diese ganze Elendsatmosphäre. Du hast überhaupt nichts wirklich Proletarisches an dir. Ich hab Angst, Ulli, daß du in Berlin nicht ankommst. Der Lorre mit seinen Glubschaugen hat's natürlich gut.«

Peter Lorre hatte in seiner Jugend Skorbut gehabt als Folge von Unterernährung. Nicht jeder konnte mit so etwas aufwarten.

Wir waren beide verzweifelt, Herbert und ich. Karl Heinz Martin als Regisseur wußte auch nichts mit mir anzufangen.

Da half mir das Schicksal. An den rostigen Eisenstäben der Pfandleihanstalt, die das Milieu so richtig trostlos machten, holte ich mir eine Blutvergiftung. Ich bekam einen bösen Furunkel am Hals und mußte geschnitten werden. Ein Verband machte nun meine Kopfhaltung schief, meinen Körper gedrungen, und ich hatte das richtige proletarierhafte Image, das für meine Rolle gefordert wurde und das damals modern war.

»Junges Gemüse muß auch sein«

Musterung vor Adele Sandrock — Erste Begegnung mit Victor de Kowa — Nach der Premiere allein und todunglücklich — Das Glück aus vier Buchstaben: Kerr — Oskar Homolka, Hans Brausewetter

Adele Sandrock saß mitten auf der Bühne. Wie eine Königin. Wilhelmine, ihre Schwester, bediente sie.
Wilhelmine war eine sehr hübsche alte Dame mit weichem, rosigem Gesicht, das von dichtem weißen Haar eingerahmt war. Liebevoll brachte sie eine Tasse Tee aus der Thermosflasche oder ein kleines Brötchen, appetitlich auf einem Glasteller serviert, oder einen geschälten Apfel. Huldvoll nahm Adele es entgegen, ohne sich zu bedanken.
Der Direktor des Lessing-Theaters, Herr Klein, hofierte die große Schauspielerin. Sie war sein Kassenmagnet. Ihr Name bürgte für ein gutes Geschäft. Die meisten Theater in Berlin waren leer.
»Darf ich Sie jetzt mit dem Ensemble bekanntmachen, Frau Sandrock?« fragte er devot.
Sie nickte wie Queen Victoria mit greisem Bulldoggengesicht.
»Ach, was macht ihr denn für'n Zirkus?« zischelte ärgerlich Oskar Homolka, der sich als Star des Abends fühlte. »Macht schnell, sonst verlieren wir ja furchtbar viel Zeit.«
Direktor Klein begann: »Für die Hauptrolle ist es uns gelungen, Herrn Homolka zu gewinnen.«
Widerwillig trat Homolka vor und verbeugte sich ein wenig. »Tag, gnä' Frau.«

Die Hand, die ihm zum Kuß hingereicht wurde, schüttelte er fest, und Adeles Kopf wackelte.
»Sehr freue ich mich auch über die Besetzung von Herrn Brausewetter.«
Brausewetter stand hinter mir und murrte: »Mich hat sie auf dem Kieker, die Alte, mir hängt sie bestimmt was an. — Küß die Hand, gnä' Frau, schön, daß wir wieder einmal miteinander arbeiten.«
Er kniff die Augen zusammen und drückte einen eiligen Kuß auf ihre knöcherne Hand, die übersät war mit dunkelbraunen Sommersprossen.
»Ja, und dann Victor de Kowa — Victor, wo bist du denn?«
Victor eilte zu ihr wie Romeo zur Julia. »Jetzt paßt mal auf, jetzt werdet ihr was erleben«, flüsterte er uns zu und wandte sich an Adele: »Adelchen« schrie er und hielt sich beide Hände an das Herz, »daß ich dich wieder einmal sehe, welch ein Glück.«
Adele strahlte. »Komm her, mein Junge. Du bist der Schönste und Beste, den ich kenne. Deinetwegen will ich das Stück überhaupt nur spielen.«
Victor nahm ihren Mumienkopf in seine Jünglingshände und küßte ihre faltigen Wangen. Die Szene schien es ihm wert zu sein.
Adele wehrte sich lachend. »Nun sei nicht gleich unverschämt, mein Kleiner«, krächzte sie überglücklich.
Die Stimmung war gerettet, Adele bester Laune.
»Dieser Victor hat einen Römerkopf«, erklärte sie dem Direktor. »Hoffentlich zahlen Sie ihm auch genügend Gage. Der Brausewetter hingegen« — sie hielt die Hand vor den Mund und tat so, als ob sie es leise sagen würde, aber jeder konnte es hören —, »dieser Brausewetter hat einen Bullkopf.«
Brausewetter bekam einen Wutanfall. »Peng, da hat sie's mir wieder gegeben.«
»Und hier eine Nebenrolle — Fräulein Ullrich.«
Ich trat vor.

Sie sah mich verächtlich durch ihr Lorgnon an. »Aha«, grollte sie, »junges Gemüse, muß auch sein.«
»Sie kommt aus Wien«, ergänzte Direktor Klein.
»Junges Gemüse aus Wien also.«
Sie wandte sich ab. Junge Mädchen konnte sie nicht ausstehen.
Als sie in *Bunbury* von Oscar Wilde in Wien gastierte und ich die Cecily spielte, hatte sie mich auch keines Blickes gewürdigt. Sie erkannte mich also nicht.
Damals hatte sie sich in Wien einen guten Auftritt gemacht. Sie kam mit ihrer Schwester am Westbahnhof an, nahm aus Sparsamkeit kein Taxi, sondern fuhr mit der Straßenbahn ins Volkstheater. Alle Leute blieben stehen und umjubelten sie. Mit tiefer Stimme sagte sie zu ihnen: »Ihr habt recht, ihr lieben Leute, ich bin euer Adelchen, und ich bin hergekommen um im Volkstheater bei Rudolf Beer *Bunbury* zu spielen. Ich hoffe, ihr kommt alle in die Vorstellung.«
Den Straßenbahnschaffner befahl sie zu sich: »Junger Mann, kommen Sie einmal her.«
Geistesgegenwärtig antwortete er: »Sofort, Herr General.«
»Ich habe hier noch Geld von der Gage, die ich am Burgtheater verdiente. Nehmen Sie diese Scheine noch an?«
Der Schaffner betrachtete das Geld. »Tuat ma leid, gnä' Frau, aber do is no der Kaiser Franz-Joseph drauf, und den ham mer nimmer.«
»Tempi passati«, sagte sie.
Sie hatte einen großen Lacher, und die Geschichte wurde in allen Zeitungen wiedergegeben. Sie war eine Meisterin der Publicity.
Nun stand sie auf.
»Ich hoffe, Kinder, ihr könnt alle eure Rollen. Adelchen nämlich ist studiert.«
Wilhelmine mußte die Rollen mit ihr lernen, und sie war schon auf der ersten Probe völlig sicher. Es durfte nichts mehr geändert werden. Umlernen konnte sie nicht mehr.

Die Proben waren termingemäß schwierig. Die Schauspieler hatten alle entweder Filmaufnahmen oder Proben an anderen Theatern oder für das Kabarett. Klein hatte fast nur Stars, und die waren alle gut im Geschäft. Adele probierte nur bis 12.30 Uhr, weil sie sich dann ausruhen mußte. Sie hatte abends Vorstellung. Sie kam morgens um 10 Uhr zur Probe. Die anderen Kollegen wieder hatten andere Termine. In Wien hatte es damals noch nicht die vielen Verdienstmöglichkeiten für Schauspieler gegeben, aber Berlin war das kulturelle und kommerzielle Zentrum Deutschlands, da tat sich was.

Das Stück, das wir probierten, *Der letzte Equipagew* von Valentin Katajew, war sozialkritisch, aber nicht besonders gut. Meine Rolle war klein. Ich spielte eine Straßenbahnschaffnerin.

Ich sah kein Problem in dem Ganzen, aber Homolka begann zu deigertsen, wie es in der Theatersprache heißt: »Soll der Satz gestrichen werden oder soll er nicht gestrichen werden? Oder soll man ihn vielleicht nur kürzen? Oder vielleicht nur ein Wort von dem Satz sagen und das andere streichen?«

Zum Schluß sagte er doch den ganzen Text.

Ich war froh über jeden Satz, der gestrichen wurde. Er konnte nicht mehr durchfallen.

»Und der Koffer, mit dem ich in dieser Szene auf die Bühne kommen muß? Was mag wohl in dem Koffer drin sein? Wo ist das wohl gekauft worden, was da drin ist? Wurde es bezahlt oder auf Schulden gekauft?«

Alle wurden nervös. Sie nannten Homolka die Probenbremse.

Aber an manchen Tagen wollten auch sie »künstlerisch« wirken. Und dann fingen sie alle an zu deigertsen, natürlich erst, wenn Adele schon weg war.

Ich war für Homolka ein Dorn im Auge. Es ärgerte ihn, daß

ich alles so leicht nahm und so ehrgeizlos war. Er hatte ständig etwas an mir herumzunörgeln. »Viel zu laut«, sagte er näselnd. Oder er fuhr zusammen, wenn ich auftrat, und sagte: »Sie stürzen ja da herein und erschrecken mich. Treten Sie doch ganz normal auf, nicht so schnell.« Oder: »Bitte langsam den Satz und deutlich, damit ich ihn auch verstehe.«
Auch die anderen fanden mich ziemlich provinziell, weil ich meinen Text unproblematisch brachte und nichts hineingeheimniste, und weil meine Stimme frisch und laut war. Sie flüsterten nämlich alle. Das galt damals in Berlin als natürlich. Aber für mich war es unnatürlich, denn im Leben flüstert ja auch niemand. Der Stil wurde der »Leckmichimarschstil« genannt.
Nach der Probe ging ich ins Café Wien und aß dort ein kleines Menü. Dann spazierte ich in mein Pensionszimmer in der Lietzenburger Straße.
Im Vorraum saß ein großer, schwarzer Kater. Vor dem fürchtete ich mich. Ich hatte Angst, er würde mir ins Genick springen und mich beißen.
Es gab da eine Tafel »Fräulein Ullrich ausgegangen« und »Fräulein Ullrich zu Hause«. Diese Tafel mußte ich entsprechend verschieben, denn der letzte, der nach Hause kam, mußte die Tür versperren.
Ich bewohnte das »Berliner Zimmer«. Es war dunkel und stank.

Die Probenzeit ging zu Ende. Es war ein schöner, sommerlicher Herbstvormittag, als ich im Lessing-Theater auf dem Fensterbrett saß. Die Sonne warf ihre Strahlen durch die bunten Blätter, und Victor de Kowa war überflutet von diesem Licht wie eine Figur von Renoir oder Degas.
Wir waren allein im Konversationszimmer. Er sah mich prüfend an. »Sie kommen also aus dem kleinen Städtchen an der Donau, wie heißt es nur gleich? Wean?«
»Genau so«, sagte ich und streckte ihm ein bißchen die Zun-

ge heraus. Seine Art, alle Leute zu necken und zu verulken, mochte ich.

Der Film *Die andere Seite* lief im Capitol, und sein Foto mit Conrad Veidt — beide mit Stahlhelm — blickte von allen Litfaßsäulen und Kinoplakaten. Das machte ihn sehr sicher.

»Würden Sie dem kleinen Mädchen aus dem kleinen Städtchen an der Donau vielleicht ein paar Weintrauben holen?«

Ich drückte ihm ein Geldstück in die Hand.

»Wie bitte?« Er war sprachlos. Ein Star wie er sollte Weintrauben holen!

»Ja, haben Sie denn Radieschen in den Ohren?«

Schließlich konnte ich ihn genauso necken wie er mich. »Da unten steht ein Mann mit einem Obstwagen, hören Sie nicht?«

»Trauben, scheene Trauben ham wa zu verkoofen!« rief der Obsthändler.

»Also schnell, hopp, hopp, sonst kommen wir wieder dran.«

Versteinert sah er mich an. Dann brummelte er einiges vor sich hin und setzte sich in Bewegung.

Von unten sah er zu mir hinauf und tippte mit dem Finger an seine Stirn. Ich nickte und deutete auf ihn.

Das Klingelzeichen kam.

»Schnell«, rief ich, »schnell, wir müssen auftreten.«

Atemlos kam er zurück. »Also ich muß mich wirklich wundern.«

Ich steckte ihm ein paar Trauben in den Mund. »Vielen Dank!«

»Ich muß mich wirklich wundern«, sagte er mit vollem Mund.

»Worüber denn?«

Der Inspizient kam herein. »Die Herrschaften vom 1. Bild bitte schnell auf die Bühne.«

Wir gingen gemeinsam hinter die Kulissen.

»Ich muß mich wirklich wundern.«

»Sagen Sie doch schon endlich worüber«, sagte ich ungeduldig.
»Über mich selbst«, antwortete er. »Ich habe noch keiner Obst geholt.«
»Bitte um Ruhe«, rief der Inspizient.
An dem Tag brachte er mich mit seinem kleinen DKW nach Hause. Er hatte einen braunen Künstlerhut auf und einen dicken Teddymantel an, das war damals modern. Ich hatte kaum Platz neben ihm. Er gab mächtig an. »Jetzt häng' ich schon in den Seilen wie ein ausgeknockter Boxer. Zur Zeit dreh' ich einen Film, habe hier die Proben mit Adele, stehe abends auf der Bühne und mache nachher noch Kabarett.«
»Und mit den Ohren können Sie gar nichts?« fragte ich.
Er brachte mich zur Haustür.
»Sie sind reichlich keß, junge Dame, auch auf der Bühne machen Sie 'n bißken ville.«
»Ich habe diese russische Schaffnerin, die ich spiele, persönlich gekannt, und die war eben so.«
»Wissen Sie, das Stück ist so schlecht, da muß man nuscheln. Wenn man da so deutlich spricht wie Sie, merkt man, wie doof es ist.«
»Da bin ich anderer Ansicht.«
Endlich kam die Premiere. Schon beim Schminken hatte ich ein so merkwürdig ruhiges Gefühl. Auch das Klingelzeichen machte mich nicht nervös. Der Vorhang ging auf, zwei Betten waren übereinander gebaut. Ich lag schlafend auf dem Oberbett. Homolka heizte einen eisernen Ofen ein und unterhielt sich mit Adele. Fast den halben Akt. Dann ging Adele ab, und Homolka weckte mich. Mit einem Ruck setzte ich mich auf und sprang vom Bett hinunter.
Ich hatte ein kurzes schwarzes Unterhöschen an und ein ärmelloses Turnhemd. Ich hatte keine besondere Figur, aber ich war ein frisches, junges Mädchen mit sportlichen, braun gebrannten Beinen und einem durchtrainierten Körper. Die Berliner waren die Bergner und die Mosheim gewöhnt, zart-

gliedrige, zerbrechliche Geschöpfe. Und da sprang plötzlich so etwas Vitales auf die Bühne, unvoreingenommen, unkompliziert. Es ging etwas durch das Publikum, als würden die Berliner sagen. »Ach, da ist sie ja endlich.«
Es spielte sich leicht auf dieser Welle der Sympathie. Dadurch war ich besser als auf irgendeiner Probe. Jeder dieser wirklich unbedeutenden Sätze kam an. Die Menschen nickten sich zu und murmelten »nett«. Mein frischer Ton gefiel.
Als wir uns am Schluß verbeugten, hatte Adele den größten Applaus. Homolka wurde herzlich beklatscht und ebenso alle anderen Kollegen. Aber als ich mich verbeugte, fiel der Applaus keineswegs ab, obwohl ich nur so eine kleine Rolle hatte.
Die Kollegen standen hinter der Bühne, und der Applaus wurde von ihnen wie mit einem Seismograph gemessen. Meinen Applaus registrierten sie mit Erstaunen.
»Guckt euch doch mal die Berliner an«, sagte Brausewetter, »heute gefällt ihnen anscheinend alles.«
Wir schminkten uns ab. Brausewetter hatte nach der Premiere alle zu einer kleinen Feier eingeladen. Bloß mich nicht. Sicher wollten sie mich nicht kränken, aber ich war eben ein Fremdkörper für sie. Provinziell. Ich hatte schon vorher gehört, daß sie eine Feier machen wollten und hatte mein schönstes Kleid mit. Aber sie gingen alle weg.
»Tschüschen«, sagten sie und »auf morgen.«
Ich saß allein in der Garderobe. Allein in Berlin. Wo sollte ich bloß hingehen?
Ich nahm mir eine Taxe und fuhr ins Café Wien. Dort bestellte ich mir ein paar Wiener Würstl und einen Schoppen Heurigen. Der Geiger spielte »Wien, Wien nur du allein« und »Donau so blau, so blau, so blau«. Ich dachte überhaupt nicht an meinen Erfolg, sondern ich zerbrach mir den Kopf, weshalb sie mich nicht eingeladen hatten. Und was ich möglicherweise im Umgang mit Menschen falsch machte, daß ich so ein Outsider wurde. Ich war zum Kotzen unglücklich.

Zu Fuß ging ich den Kurfürstendamm hinunter bis zur Lietzenburger Straße. Die Herbstnebel fielen ein und der Asphalt glänzte trostlos. Ich wurde oft angequatscht, aber ich schüttelte so streng und energisch den Kopf, daß die Männer erschrocken verschwanden.
In der ungemütlichen, dunklen Pension zog ich das Schild »Fräulein Ullrich ausgegangen« auf die Seite »Fräulein Ullrich zu Hause« und verschloß die Tür.
Der große schwarze Kater saß einsam auf dem Sims. Ich überwand meine Angst und streichelte ihn.

Morgens wurde ich geweckt. »Fräulein Ullrich, Telefon!« Und wieder: »Telefon, bitte«, und nochmals und nochmals. Alle riefen an. Peter Lorre, Karl Heinz Martin und zum Schluß mein Freund Herbert Berghof.
»Menschenskind, Ulli, hast du denn die Kritiken nicht gelesen?«
»Nein.«
»Ich lese sie dir vor. Die wichtigste! Der Kerr im ›Tageblatt‹ schreibt — also über die anderen nett, aber nicht besonders — über das Stück bla, bla, bla — aber jetzt kommst du: Römisch vier Punkt Nachwuchs Punkt Die junge Luise Ullrich tritt nach vorn Punkt Mit flinker Anmut Punkt Unbekümmert Punkt Unversehrt, unbefangen Punkt Als wäre kein Publikum da Punkt Dies ist der Weg Klammer auf für Mimen wie für Kritiker Klammer zu Ein Gesicht hat sie auch Punkt Also Punkt.« Berghofs Stimme kippte fast um vor Freude. »Hallo, Ulli, jetzt bist du gemacht. Jetzt kannst du alles spielen, was du willst, wenn der Kerr dir so was schreibt. Freust du dich?«
»Ja schon, Herbert, ich war nur gestern so allein und hatte Heimweh.«
»Heimweh? Wo die Berliner dir so einen Empfang bereiten? So einen Empfang hatte überhaupt noch keine Schauspielerin — im Verhältnis zu dieser miesen Rolle, die du gespielt

hast. Eine kleine, undankbare Rolle. Und so ein Riesenerfolg.«
Am Abend in der Vorstellung gratulierten mir auch die Kollegen sehr herzlich.
»Ja, so ist Berlin«, sagte Homolka etwas bitter, »unberechenbar.«
»Berlin liebt das Neue«, meinte Brausi. »Kommen ist leicht, aber den Erfolg halten, das ist schwer.«
Er hatte recht.
Victor schenkte mir eine große Amaryllis. »Für so'n großen Erfolg muß man auch 'ne große Blume schenken, aber unter uns, so toll, wie die alle tun, waren Sie eigentlich gar nicht.«
Er hatte recht. Er war aufrichtig. Die Angst vor der nächsten Premiere saß mir schon in den Knochen.

». . . *damit ein Stern geboren wird*«

Bertolt Brecht und Walter Hasenclever — Geburtstag mit Sekt und Kaviar — »Rauhnacht« unter Jürgen Fehling am Staatstheater — Maria Koppenhöfer, Bernhard Minetti

Auf so einen großen Erfolg folgte in Berlin vieles. Ich war sofort Mittelpunkt der Planungen. Die Ufa machte Probeaufnahmen von mir, das Staatstheater engagierte mich für *Rauhnacht* von Richard Billinger mit Werner Krauß, Lothar Müthel, Bernhard Minetti, Maria Koppenhöfer und Maria Schanda. Jürgen Fehling hatte Regie.

Bert Brecht verabredete sich mit mir. Er wollte, daß ich seine Heilige Johanna der Schlachthöfe spielte. Als ich mich mit ihm traf, dachte ich, ein Sträfling käme auf mich zu. Kahlgeschorener Schädel, bleich, schwarzes Hemd ohne Krawatte. Er brachte mich in seine Wohnung. Oben unter dem Dach hatte er sich einen Bodenraum ausgebaut. Es war mir recht ungemütlich, aber er vergaß mich sehr bald und las nur sein Stück vor — sich selbst. Trocken, sachlich, mit eigenartigen Betonungen und einer Realität, die mir neu war. Am Schluß wollte er gar nicht meine Meinung hören, sondern brachte mich wortlos nach Hause. Ich war froh. Es war zu fremd für mich. Ich hätte keine Meinung äußern können.

Hasenclever wollte ein Stück für mich schreiben. Wir trafen uns bei Kempinski.

»Wollen Sie Austern essen?«

Ich war begeistert. »Gern, aber wie macht man das?«

Einem jungen Mädchen die große Welt zu zeigen, das war

schon immer ein Genuß für richtige Männer, wie Hasenclever einer war. Er war entzückt, er war hingerissen. Er lachte herzlich über mich. »Sie sind erfrischend wie ein Bergwasser«, sagte er. Ich tat noch eine Spur naiver, als ich war. Ich war natürlich auch ein Aas. Meine Wirkung zu spüren machte mir Spaß.

»Wo wohnen Sie denn?« fragte er.

Ich erzählte von dem dunklen Zimmer und der Tafel »Fräulein Ullrich ausgegangen« und »Fräulein Ullrich zu Hause«, dem Kater, vor dem ich immer noch Angst hatte, und daß ich keinen Besuch empfangen durfte. Besonders das ärgerte ihn.

»Hören Sie mal zu. Eine Bekannte von mir, eine sehr schicke, geschiedene Frau, ist die Freundin von Ernst Toller. Sie hat ein Haus an der Riviera, sie vermietet ihre Wohnung hier nur, damit jemand drin wohnt. Sie hat auch eine Köchin, die Sie bekochen könnte. Auf Geld kommt es ihr überhaupt nicht an. Da können Sie wohnen. Wann wollen Sie da einziehen?«

»Ende des Monats«, sagte ich. »Am 31. Oktober habe ich Geburtstag.«

Hasenclever war Feuer und Flamme.

»An Ihrem Geburtstag müssen Sie schön wohnen. Das haben Sie sich wirklich verdient. Ich werde alles für Sie richten, und am 31. Oktober nach der Vorstellung rufen Sie mich an, dann komme ich zum Gratulieren.«

Ich war begeistert. Jemand tat etwas für mich. Jemand wollte mir helfen. Ich war kein Outsider.

Am 31. Oktober nachmittags packte ich meine beiden Koffer, bezahlte, schob die Tafel auf »Fräulein Ullrich ausgegangen« und bezog die neue Wohnung. Es waren zwei reizend möblierte Zimmer. Ein Eßraum und ein Wohnzimmer mit einer Schlafcouch. Überall standen Blumen, und auf dem Tisch war ein Buffet gerichtet von Kempinski. Für zwei Personen. Eine Sektflasche war kalt gestellt, Hummer lag auf

dem Eis und Kaviar. Daneben lag eine Visitenkarte »Mit Geburtstagsgrüßen von Hasenclever. Der Unterzeichnete möchte gerne gratulieren und bittet um Anruf«.
Ohne die geringsten Skrupel rief ich an, bedankte mich für die wunderschöne Geburtstagsüberraschung, die herrlichen Sachen. Aber leider, leider hätte ich Probe. Eine Rundfunksache, die ich übernehmen mußte, könne wegen der anderen Kollegen nur nachts probiert werden. »Also vielen Dank und bis bald.«
»Morgen?«
»Morgen habe ich den ganzen Tag Probe im Staatstheater.«
»Schade, es wäre so nett gewesen. Also auf bald!«
Er tat mir nicht leid. Sicher hätte er ein schönes Stück für mich geschrieben. Aber es gibt ja so viele Stücke. Ich habe ihn ganz kühl abserviert.
Abends sagte ich in der großen Pause zu Victor de Kowa: »Wollen Sie nach der Vorstellung ein Glas Sekt mit mir trinken und eine Kleinigkeit essen? Ich habe heute Geburtstag. Es ist mein neunzehnter.« In Wahrheit war es mein einundzwanzigster.
Das Buffet von Hasenclever fand Victors ganze Begeisterung. Wir haben es restlos aufgegessen.

Die Proben zu *Rauhnacht* begannen. Im Konversationszimmer des Staatstheaters stand Bernhard Minetti, bleich und zitternd.
»Was haben Sie denn? Sind Sie krank?« fragte ich ihn.
»Nein«, sagte er und wischte sich mit dem Taschentuch den Schweiß von der Stirn. »Ich habe bloß Angst.«
»Angst?«
»Ja, schreckliche Angst.«
»Wovor denn?«
»Wovor?« Er ging hin und her und auf und ab. »Vor Fehling natürlich.«
»Unserem Regisseur? Was kann er denn mit uns machen?«

Minetti war ein erfolgreicher, arrivierter Berliner Schauspieler. Meine Fragen machten ihn nervös.
»Ach, Kind, ich kann es Ihnen auch nicht sagen. Sie werden es schon selbst sehen.«
Aber dann tat es ihm leid, daß er mich so anschnauzte. Er blieb vor mir stehen und versuchte zu erklären; »Er ist ein Gigant, verstehen Sie? Und man selbst ein Zwerg. Man ist so fürchterlich verletzlich auf der Bühne, und er trifft genau den Punkt, wo man verletzlich ist, und sägt darauf herum.«
Es klingelte.
»O Gott, das bin ich, halten Sie mir den Daumen, spucken Sie mich an.«
Ganz verdattert sagte ich »toi, toi, toi«, denn eigentlich tut man das alles erst bei der Premiere. Er eilte hinaus.
Ein tiefes Seufzen kam aus einer Ecke. Maria Koppenhöfer saß dort in einem Lederfauteuil und rauchte.
»Frau Koppenhöfer, was sagen Sie dazu?« Ich war ratlos.
»Frau Koppenhöfer, Frau Koppenhöfer«, machte sie mich mit tiefer Stimme nach. »Sag doch Koppi zu mir und ich sag' Luisl, basta. Was ich dazu sage? Er hat recht. Aber glaub' mir, du hast ein Mordsschwein, daß du in so jungen Jahren einem solchen Mann wie Fehling begegnest. Du kannst es wahrscheinlich gar nicht ermessen, was das für ein Schwein ist.«
»Aber wenn er einen zersägt und kaputt macht?«
»Na und? Was soll's? Er krempelt einen um. Ist es dir lieber, du kommst aus einem Stück genau so raus, wie du reingegangen bist? Das ist banal und fad. Laß alles mit dir machen, ich rat's dir gut, er bringt dich in die optimale Form.«
Seitdem ich in Berlin war, verehrte ich diese Frau. »Ich habe Sie im Deutschen Theater gesehen ...«
Von Koppi kam eine Handbewegung.
»Verzeih, ich meine dich — bei Reinhardt in einem Stück *Das schwache Geschlecht*. Der Curt Bois spielte einen Eintänzer, und du warst toll als männliche Gräfin.«
»Ja, ja«, sagte sie, »das ist mein Schicksal, immer diese mas-

kulinen Weiber, nur wegen meiner Stimme. Jetzt spiele ich wieder diese Roßmagd, einen Trampel, und dabei ist meine größte Sehnsucht das Käthchen von Heilbronn. Innerlich bin ich es nämlich.«

Und sie sagte ganz leise und zärtlich ein paar Sätze von »süßduftendem Holunder«. Ich dachte erst, sie mache einen Witz, aber ihr interessantes Gesicht blieb ganz ernst. Sie schüttelte den Kopf.

»Der Reinhardt ist auch so ein Gigant. Mir ist der Fehling lieber. Der Reinhardt war der letzte Repräsentant der Romantik, des Jugendstils. Aber Fehling ist der erste einer neuen Epoche, einer triebhaften, erotischen Zeit.«

Wieder ein Klingelzeichen.

»Du! Jetzt laß dich anspucken, mach's gut.«

Ich kam mir vor wie bei der Französischen Revolution, wo einer nach dem anderen abberufen wurde zur Guillotine.

Als ich auftrat, entstand eine Pause. Fehling saß unten hinter dem Regiepult, sein Gesicht war grell von einer Lampe beleuchtet. Er glotzte mich geistesabwesend an, sein Unterkiefer hing herunter, und er hatte dadurch einen idiotischen Gesichtsausdruck.

Er sagte »Hä?«

Der Inspizient erklärte: »Auftritt der Kreszenz, Herr Fehling — Fräulein Ullrich.«

Fehling kam zu sich. Er war noch ganz eingesponnen in die vorherige Szene. Die Schauspieler standen verschwitzt herum, aufgelöst. Die Frauen waren zerrauft, die Männer hatten die Hemdkragen geöffnet.

»Besetzungsliste«, sagte Fehling.

Um ihn herum saßen Regieassistenten, der Bühnenbildner, der Requisiteur, die Souffleuse. Alle Augen hingen an ihm. Sofort wurde ihm die Liste gereicht. Er fand meinen Namen.

»Aha, ja. Also die Kreszenz kommt herein — Requisite«, sagte er leise. »Das Mädchen trägt einen runden schwarzen Kinderhut, so aus Lackleder. Ich möchte, daß der morgen zur Probe schon da ist.«

»Jawohl.«

Er wandte sich wieder mir zu. »Also, die Kreszenz tritt auf und wirft ihren Internatshut in die Luft und ruft . . .« — er sah noch einmal im Buch nach — »›Es schneibt!‹«

Dann wandte er sich weit zu mir vor und sprach mich direkt an: »Die Situation ist klar. Die Weihnachtsferien liegen vor ihr, die Schule ist zu Ende. Sie kommt nach Hause, aus dem Internat. Der Geruch vom Kramerladen weht ihr entgegen. Ihre Mutter ist da, ihr Bruder, sie kann sich ausschlafen. Und dann der erste Schnee. Es ist kalt, sie hat rote Backen, sie ist voll Lebensfreude und ruft« — er warf einen imaginären Hut in die Luft — »›Es schneibt!‹«

Von dem Mann ging eine ungewöhnliche Faszination aus. Der Ruf war kurz wie das Knallen einer Peitsche bei einer Schlittenfahrt. Die ganze Rolle lag transparent vor mir und auch der Künstler Fehling.

Ich hatte keine Angst vor ihm, sondern ich hatte Angst um ihn. Für mich war er kein normaler Mensch. Er hatte ein enthemmtes Gehirn. Schon damals am Rande des Wahnsinns. In diesem Ruf lag das ganze Schicksal des Kindes, das so tragisch endet — und auch Fehlings eigenes Schicksal.

Es soll nie im ersten Akt schon klar sein, wie der Schluß wird, aber trotzdem, der Ring schließt sich. Im Alter werden die Menschen wieder zu Kindern, und die Krokusse gleichen den Herbstzeitlosen. Wie er dieses Bauernkind führte, das voll Neugierde, voll Triebhaftigkeit war, war es eine meisterliche Choreographie eines Tanzes vom Leben zum Tod. Auch in seinem Gesicht sah ich das tragische Ende. Ich versuche, ehrlich zu sein und nichts zu vermischen mit dem, was ich später erfuhr.

So viel Lebenshunger, das konnte nicht normal enden.

»Stütz dich doch mit dem Ellbogen hinten auf den Kramer-

laden und schaukle mit dem Becken nach vorn und zurück und wieder nach vorn ...«
»Schlittere über die Bühne, über die ganze Bühne ...«
»Steig hinten auf den Tisch und spring bei dem Satz herunter, und im Sprung streck dich, streck dich so fest du kannst ...«
»Setz dich auf den Boden und trommle mit den Fäusten auf die Bretter in diesem Rhythmus ...«
»Zieh den Hansel auf deinen Schoß, streichel ihn und wirf ihn, daß er über die Bühne fliegt ...«
»Hüpf die Treppe hoch und spring runter ...«
»Und wenn du den Satz sagst ›Ich geh als Nackade‹, dann dehn dich und halt dir deine Brüste, geh dabei auf den Zehen, höher, noch höher. Streck dich, streck dich noch mehr ...«
Zehn Minuten ließ er mich auf Zehen gehen, bis ich blaß wurde und mir der Schweiß auf der Stirne stand. Aber dann saß der Satz.
»Ein Verrückter«, schimpfte Werner Krauß.
»Ein Sadist«, lachte Lothar Müthel.
Zu den beiden sagte er gar nichts. Sie hatten ihre Form gefunden, was sollte er da noch? Bei ihnen gab es nichts mehr zu formen. Aber bei uns, da mußte er ein Chaos schaffen, damit ein Stern geboren wurde.
Die Proben wurden für mich zum Erlebnis. Seine Menschen auf der Bühne hatten nicht nur Köpfe und redeten oben im Gesicht einen Text, sie hatten auch Beine, einen Rumpf, eine Brust und Arme und Geschlechtsteile, die waren bei ihm nicht unwichtig. Kein Weinglas, kein Stuhlbein, das ihm nicht Symbol war. Seine Ideen und Gedanken kamen aus dem ganzen Körper, nicht aus dem Kopf, eher noch aus dem Bauch. Wenn ich das Glück gehabt hätte, mehrere Stücke unter seiner Regie zu machen, wäre ich vielleicht hinter das Geheimnis gekommen, wie man Theater spielt. So ist es für mich ein Rätsel geblieben. Ich versicherte zwar immer bei

Vertragsabschluß, daß ich es weiß, aus kommerziellen Gründen, aber im Grunde habe ich keine Ahnung.
Ich habe Fehling eine kleine Erkenntnis abgeluchst, die ich zwar theoretisch weiß, aber nur selten in die Praxis umsetzen kann: Wir Menschen haben nur ein einziges Instrument, und das ist unser Körper. Nur über ihn können wir uns entwickeln und Geist und Seele in Wechselwirkung beeinflussen.
Ich habe Karajan beobachtet. Mit seiner zarten Gestalt stellt er sich breitbeinig hin wie ein Seemann. Er bohrt sich mit den Füßen in den Boden und sucht einen festen Stand für seinen Körper. Er sucht mit dem Kreuz den Schwerpunkt des Körpers, bis er die richtige Balance hat, den richtigen Stand. Der Geist und die Inspiration folgen.
Furtwängler hatte die Musik so im Körper, daß er selbst die Achtelnoten mit lockerem Nacken und Bewegungen des Kopfes angab.
Yehudi Menuhin steht vor seinen Geigenkonzerten auf dem Kopf. Die Peripathetiker bei den Griechen konnten nur im Gehen philosophieren. Das Knien der Christen belastet Nervenpunkte, die Spannungen im Kreuz lösen und dadurch das Gehirn befreien.
Fehlings Faszination war so groß, daß mein Bedürfnis nach seinen Regieanweisungen und seinem Interesse immer mehr wuchs. Auch waren meine Nerven durch die anstrengende Arbeit überreizt. Je weiter die Proben fortschritten, desto mehr hatte ich in hysterischer Angst das Gefühl, daß er von mir abrücken und sich nicht mehr für mich interessieren könnte. In diese Vorstellung steigerte ich mich so hinein, daß ich nach der Generalprobe richtig zusammenbrach und in meiner Garderobe so laut schluchzte, daß Koppi zu mir kam.
»Ja Putzerl, was hast denn?« fragte sie.
»Er kümmert sich nicht um mich, er sagt nichts mehr, mit allen anderen redet er und bessert sie aus, und mich läßt er einfach stehen.«

»Weil er dich gut findet«, tröstete mich Koppi.
»Er findet mich nicht gut«, schluchzte ich. »Er hat mir immer noch keinen Vertrag gegeben.«
Jetzt war die Koppenhöfer sprachlos.
»Die ganze Zeit arbeitest du ohne Vertrag? Siehst du, auf diese Weise schikaniert er dich. Das macht er nur, um dich unsicher zu machen und in seiner Gewalt zu haben. Daran kannst du erkennen, was dieses Genie für ein Teufel ist. Aber das kann dir egal sein, du bist großartig durch ihn geworden.«

»Warum lesen Sie denn wie der erste Mensch?«

Desdemona auf Probe unter Leopold Jessner — Ein Publikum mit Herzenstakt — Heinrich George, Werner Krauß

Den Othello spielte Heinrich George, den Jago Werner Krauß, Regie führte Leopold Jessner, und die Desdemona sollte ich spielen.

Die Besetzung mit mir hatte George 1932 erzwungen. Er saß viele Abende vorher in der ersten Reihe bei einer Vorstellung von *Rauhnacht*, ohne ein Auge von mir zu lassen. Wie ich gehört hatte, wollte er niemanden anders als mich für die Rolle der Desdemona. Seiner Meinung nach sollte Othello Desdemona wie ein Kind lieben, wie ein zerbrechliches Etwas, das er nur behutsam angreifen durfte, wie eine junge Frau mit gläsernen Gliedern, die dann doch zerbricht unter der Wucht seiner elementaren afrikanischen Leidenschaft.

Jessner aber sah die Desdemona ganz anders. Für ihn war sie eine mondäne Erscheinung, eine Salondame voll von kaltem Egoismus, eine Schönheit, kühl und liebesunfähig, die in dieser Intrige zugrunde geht, da sie sich ohne Intuition und Liebesbereitschaft nur mit sich selbst beschäftigt.

Aber Georges wegen wurde das Stück überhaupt vom Staatstheater gespielt. Er war der große Star, und deshalb wollte man seinem Wunsch entgegenkommen. Aber Jessner war auch da.

Die Unstimmigkeiten gingen hin und her, und man gab mir — gegen den Willen Jessners — erst kurz vor der Arrangierprobe das Rollenbuch. Ich stand völlig unvorbereitet auf der Bühne. Und neben mir die drei Theatergiganten George, Krauß, Jessner.

Ich kannte das Stück nicht und las stockend meine Rolle, ohne zu wissen, um was es ging, ohne die geringste Ahnung zu haben, wie diese schwere Rolle anzupacken sei.

George und Krauß hatten beide ihre Rollen schon einmal gespielt, irgendwann in ihrer Jugend, irgendwo in der Provinz. Jedenfalls waren sie studiert und schon bei der Arrangierprobe so hervorragend, daß ich — ganz verschüchtert — keinen Ton herausbrachte.

Nach einem längeren Satz, den ich mit vielen Versprechern vor mich hingenuschelt hatte, sagte Jessner zu George: »Na bitte, da hören Sie es, viel zu dünn, viel zu dünn.«

»Bitte?« fragte ich ängstlich.

»Ach was«, polterte George los, der sich für mich verantwortlich fühlte. »Warum lesen Sie denn auch wie der erste Mensch? Sie waren doch in *Rauhnacht* so gut und mutig. Lispeln Sie doch nicht so wehleidig vor sich hin. Reden Sie doch darauf los, wie Ihnen die Schnauze gewachsen ist.«

»Ich habe ja die Rolle gerade erst bekommen«, wollte ich mich entschuldigen.

»Aber lesen werden Sie doch können, das dürfen wir von einer Schauspielerin, auch wenn sie noch so jung ist, doch erwarten.«

Mein Gestammel wurde dadurch nicht besser. Ich versuchte, mich am Nachmittag mit der Rolle vertraut zu machen, aber das ging nicht. Vom ersten Tag bis heute konnte und kann ich mir von einer Rolle kein Bild machen, wenn ich nicht weiß, wo meine Partner, die ich anrede, stehen, und ob ich selbst sitze oder liege oder gehe, während ich spreche. Ich konnte nie und kann auch heute nicht eine Rolle rein technisch herunterlernen, ganz allein auf mich gestellt, ohne den räumlichen Bezug zu meinen Partnern.

Ich war auch bei der nächsten Probe nicht besser. Ich bin

kein Schausteller, der mit Brillanz und Routine etwas vorzeigen kann, sondern ich muß hineinwachsen in eine Situation, zögernd und zaghaft, ohne irgend jemand davon überzeugen zu müssen, daß ich Talent habe. Immer wenn ich das mußte, dann hatte ich keines.

Am Schluß der zweiten Probe kam Jessner zu mir und sagte, so nett er nur irgend konnte: »Fräulein Ullrich, Sie sehen wohl selbst, die Rolle liegt Ihnen nicht. Ich habe es dem George ja gleich gesagt. Sie müssen natürliche und unproblematische junge Mädchen spielen, möglichst im Wiener Dialekt. Wir täten Ihnen mit dieser Rolle keinen Gefallen nach Ihrem großen Erfolg in *Rauhnacht*.«

Dann kam George. Er nahm meine Hand ganz vorsichtig in seine beiden riesengroßen Hände. »Ich danke Ihnen, daß Sie diese beiden Proben mitgemacht haben.« Sicher wußte er noch von seiner Anfangszeit her, wie schmerzlich es ist, wenn einem jungen Schauspieler eine Rolle weggenommen wird. »Meiner Ansicht nach hätten Sie es bestimmt geschafft, aber Jessner meint, wir haben nicht genug Proben dafür. Ich hoffe, wir spielen noch einmal miteinander.« Er drückte herzlich meine Hand. Ich sagte »au«. Wir lachten beide, ich ging auf die Toilette und heulte mich aus.

Bei der Premiere saß ich in der Proszeniumsloge.

Krauß und George waren genauso gut, wie sie schon bei der Arrangierprobe gewesen waren. Sie waren durch Jessner nicht gewachsen. Ihre Form war verfestigt worden und nicht mehr so unmittelbar. Die Desdemona war kaum vorhanden. In diesem heißen Drama der Leidenschaften und Intrigen wirkt eine kühle und schöne Salondame langweilig. Jessners große Zeit war vorbei. Der Kubismus war vorbei, und Jessner ohne Würfel war nur mittelmäßig.

Das große Mißgeschick aber war die Hautfarbe des Mohren von Venedig. George schwitzte bei der Premiere sehr viel mehr als bei der Generalprobe. Vielleicht hatte er auch sehr viel mehr getrunken. Jedenfalls löste sich die dunkle Schminke, mit der er von Kopf bis Fuß angestrichen war, vollkommen auf, und schwarze Bäche rannen über seine weiße Toga. Wenn er die Desdemona streichelte, blieben dunkle Flecken auf ihrem Gesicht.

Ich stellte mir vor, ich stünde da oben als Desdemona, und es lief mir kalt über den Rücken. Wenn ich, gekränkt von seiner Eifersucht, George angeschaut, die schwarze Sauce bemerkt hätte und davon unberührt den schweren Text hätte sprechen müssen, ich glaube nicht, daß ich das geschafft hätte. Die Gewißheit, als Rauchfangkehrer aus seiner Umarmung herauszukommen, hätte mich vielleicht in einen Lachkrampf versetzt, und ich hätte die Vorstellung geschmissen. Mit feuchten Händen vor Angst um die Kollegen dachte ich: Das ist die Strafe dafür, daß mir die Rolle weggenommen wurde.

Ich wartete jeden Augenblick darauf, daß von der Galerie ein Ruf »Gott, wie komisch« oder »doof« käme und der Vorhang fallen müßte. Aber nichts davon geschah. Die Vorstellung lief weiter, präzis, konzentriert. Niemand nahm von dem leidigen Mißgeschick Notiz.

Ich dachte: Bemerken die denn gar nichts? Was sind denn das für Leute? Und ich drehte mich unauffällig zur Seite, um die Zuschauer im Parkett zu beobachten. Die Herren im Smoking, die Damen im Abendkleid saßen unberührt von diesem unliebsamen Zwischenfall und hörten zu. Sie sahen sich nicht gegenseitig an, nickten oder schüttelten die Köpfe, sie zischelten nicht hinter der Hand: »Guck mal, die Farbe.« Nichts davon. Auch auf der Galerie blieb alles ruhig und verfolgte mit Spannung die Handlung, als ob die Vorstellung normal abliefe.

Das Haus war ausverkauft, mehr als tausend Menschen verschiedenen Charakters saßen da, aber sie hatten sich geeinigt auf Herzenstakt, auf Liebe zu den Schauspielern, die für sie Götter waren, auf Hochachtung vor der Leistung und abso-

lute Treue gegenüber dem Künstler. Sie waren tabu. Das Verhalten des Publikums war unheimlich. Es war nicht normal, nicht real. Das Publikum hatte eine Größe Shakespeareschen Ausmaßes und beschämte mich.
Voll Bewunderung applaudierte ich. Besonders der Desdemona galt mein Beifall. Und ich rief: »Bravo«, weil sie es mir abgenommen hatte, da oben zu stehen.
Auch die Presse erwähnte kein einziges Wort von diesem Pech.
Die Aufführung war kein Erfolg. Ich nahm mir vor, in Zukunft mit meinen Tränen sparsamer umzugehen.

Deutsches Schauspielhaus
Sonntag, 3. April, abends 8 Uhr
Gastspiel
Luise Ullrich vom Berliner Staatstheater
Erstaufführung
ROULETTE
Lustspiel von Fodor.
Inszenierung: Bruno Harprecht.
In den Hauptrollen:
Elly Burgmer, Luise Ullrich,
Willy Eichberger, Alfred Haase,
Karl Wüstenhagen
Nächste Wiederholungen:
Montag, 4., Mittwoch, 6., Sonnabend, 9.,
Sonntag, 10. April.

Zeitungsanzeige Ladislaus Fodor, »Roulette«, Deutsches Schauspielhaus Hamburg, 3. April 1932

Ein Mann mit Hintergedanken

Intermezzo an der Berliner Staatsoper — Wer ist eigentlich Hitler? — Erich Kleiber, Benno von Arent

Generalmusikdirektor Erich Kleiber dirigierte die Operette *Wiener Blut* an der Berliner Staatsoper. Es sangen Vera Schwarz, Margarete Slezak, Marcel Wittrisch und Oscar Karlweis. Für die Rolle der Pepi verlangte er meine Besetzung. Darüber herrschte in der Staatsoper große Überraschung. Vera Schwarz sagte: »Die kann ja gar nicht singen, die ist doch eine Schauspielerin.« Kleiber soll dazu gelacht haben: »Bei mir kann sie schon singen.«

Ich hatte viele Proben mit dem Korrepetitor. Er war Wiener, hieß Dr. Jockel oder so ähnlich und brachte mir viel Schwung und Selbstvertrauen bei. Es war eine herrliche Zeit. Erstens war Mai; ganz Berlin stand in Blüte, Unter den Linden duftete es, denn damals gab es dort wirklich noch Linden. Und zweitens begeisterte mich das von Musik erfüllte Haus.

Schon morgens, wenn ich zur Probe kam und beim Bühnenpförtner vorbeiging, wurde ich empfangen von den Tönen der Klarinetten, Baßgeigen und Trommeln, trällernde Sänger liefen treppauf und treppab, Tänzerinnen drehten musikalische Pirouetten, alles tönte, sang und tanzte. Eine neue Welt für mich. Nur der Orchestergraben, der zwischen mir und dem Publikum lag, machte mir Schwierigkeiten. Über zehn Meter mußte man hinüberreden, um die ersten Leute im Parkett zu erreichen.

Ich spielte eine Soubrette, eine junge Modistin, deren erster Auftritt mit viel Hutschachteln auf dem Arm auf einer Treppe stattfinden sollte. Ich mußte oben erscheinen und meinen Einsatz abwarten. Dann sollte ich singen: »Wünsch gut'n Morgen, Herr von Pepi.« Karlweis antwortete dann von unten: »Ah, die Peperl, so a Freud.« Daraufhin mußte ich ausrutschen und mitsamt den Schachteln die Treppe hinunterkullern.
Ich sagte sofort: »Das tu' ich auf keinen Fall.«
Der Regisseur, ein erfahrener Opernmann mit weißen Haaren, war sprachlos. »Warum denn nicht?«
»Weil ich es blöd find'.«
Das war dem Regisseur noch nie passiert. Ein junges Mädchen hatte das Glück, an der Berliner Staatsoper spielen zu dürfen, und fand etwas blöd, was vor ihr schon Hunderte gemacht hatten.
»Moment, Fräulein Ullrich«, er kam mit seinem Libretto an die Rampe — uns trennten zum Glück noch die zehn Meter Orchestergraben —, »hier im Buch steht: Die Pepi tritt auf, stolpert und rutscht die Treppe hinunter. Also werden Sie es gefälligst bitte auch tun.«
»Warum denn?« mischte sich Kleiber ein, der vor seinem Dirigentenpult stand und sich zum Regisseur umdrehte. »Wenns' nicht stolpern will, solls' halt nicht stolpern. Ich find's auch blöd, wenn einer auftritt und gleich komisch sein will.«
Und dabei blieb es. Ich *ging* die Treppe hinunter.
Kleiber war immer auf meiner Seite, er lachte über alles, was ich vorschlug. Am meisten lachte er über ein Duett, das ich mit Wittrisch sang. Er hatte einen ganz roten Kopf vor Freude und sagte: »Sie singt das mit ihrer Naturstimme wie eine Sennerin auf der Alm, und der Wittrisch mit seinem Operntenor dazu! Kinder, das ist köstlich.«
Das Bühnenbild machte Benno von Arent und auch die Kostüme. Für das Maskenfest am Schluß des dritten Aktes zog

er mich als Tambourmajor an, mit einem kurzen Röckchen, einem geschnürten Husarenwams, nackten Beinen in Stiefeln, dazu einen Helm mit einem großen Federbusch. Er legte gerade auf dieses Kostüm den allergrößten Wert. Nach der Kostümprobe lud er mich zu einem Kaffee ein. Er war ein eleganter junger Mann, dunkelhaarig, mit schmalem Kopf. Sein scharf geschnittenes Gesicht war eckig und ehrgeizig.
Im Café Kranzler unter den Linden bestellte er mir ein Eis und für sich einen ganz besonders starken Kaffee. »Ich brauche ihn«, erklärte er mir, »ich habe die ganze Nacht nicht geschlafen.«
»Das ist aber schlimm«, sagte ich, »während der Arbeit darf man doch nicht flirten. Da muß man sich schon zurückhalten.«
»Nein, nein, nicht was du meinst.« Er strich sich etwas affektiert über die Stirn. »Ich gehöre da einer Organisation an, vorläufig ganz geheim. Hast du schon etwas von Nazis gehört?«
»Nein.« Ich dachte an Pfadfinder oder Stahlhelmer oder wie bei uns in Wien an die Hahnenschwänzler.
Das Fräulein brachte Kaffee und Eis.
»Was macht ihr denn da?« Ich hatte den Eindruck, er fühlte sich wichtig und wollte mir gern davon erzählen.
»Ach, wir treffen uns da außerhalb von Berlin in einem Keller, verstehst du, ganz heimlich, und dann halten wir Reden über das neue Programm und drucken Zettel und verteilen sie.« Er trank hastig seinen Kaffee. »Weißt du, die ganze alte kitschige Operette, dieses olle *Wiener Blut*, interessiert mich einen großen Dreck, das kannst du dir ja vorstellen. Nur das, wo du als Tambourmajor die Treppe herunterkommst, finde ich dufte. Diese ganze Einlage habe ich dem Intendanten und dem Kleiber eingeredet, und eigens deshalb habe ich auch diese Treppe gebaut, damit du kurz vor der Pause da einmarschierst. Also, ich bin ja neugierig.«
Ich hatte keine Ahnung, was er meinte. Ich wollte meine Rol-

le spielen, so gut ich konnte, und war ganz überrascht, daß irgend jemand Hintergedanken haben könnte oder gar einen Test machen wollte.

»Wir haben nämlich auch tolle Uniformen an«, erzählte er weiter. »Ich bin bei der SS, da haben wir den Totenkopf auf der Kappe vorn. Ich mache dir auch einen Totenkopf auf den Helm, und paß auf«, er klopfte auf Holz, »es wird sensationell. Die ganze Zeit wird Walzer gespielt, doof und langweilig rumsdada, rumsdada, rumsdada, und dann kommt der Marsch, die Einlage, verstehst du, für die ich die Treppe gebaut habe. Und du mit dem Tambourstab gibst zackig den Rhythmus an und marschierst runter. Das ganze Ballett hinter dir her, alle in Uniform, das wird *die* Sache, glaub mir. — Kennst du Hitler?«

»Nein.«

»Na egal, er führt diese Organisation, die Nazis, verstehst du? Er hat gesagt, wir kommen ins Zeitalter des Marsches, und ich glaube alles, was der sagt, verstehst du? Deshalb habe ich mich da so hineingekniet. Er ist ein Prophet, sag ich dir. Du wirst sehen, er hat recht. Es kommt etwas ganz Neues, du wirst staunen. Also bittschön, gnä' Frau, geh 'ma, küss' die Hand.« Er machte sich lustig. (Sein begeisterter Optimismus sollte belohnt werden: Einige Jahre später wurde er »Reichsbühnenbildner«.)

Nach der Premiere kam Kleiber zu mir in die Garderobe, um sich zu bedanken. Ich hatte einen Einsatz gerettet, den Vera Schwarz vergessen hatte, und es wäre einfach nicht weitergegangen, wenn ich ihren Satz nicht übernommen hätte. Kleiber lachte: »Das Küken, ich sag's ja. Aber, was sagen S' bloß zu dem Riesenapplaus bei Ihrem Einmarsch? Nicht zu fassen. Keiner hat seine Arien oder Lieder wiederholen müssen, und das sind doch wirklich hervorragende Künstler, aber Sie mit dem Ballett mußten noch einmal einmarschieren. Also, so was ist mir auch noch nie passiert. Spricht ei-

gentlich nicht fürs Publikum, denn musikalisch ist's keine berühmte Stelle. Na ja«, sagte er und klopfte mir auf die Schulter, »man soll solche Sachen nicht so intellektuell nehmen. Eine Operette ist eine Operette, und die Leut' sehen halt gern hübsche Mädchenbeine. Servus, kleines Fräulein!«
Ich erkundigte mich überall: »Wer ist eigentlich Hitler?«

»Sie haben viel zu viel Ausdruck im Gesicht«

Erste Filmerfahrungen als Partnerin von Luis Trenker — Anuschka und Apfelstrudel — Wie war Ödön von Horváth? — Siegfried Breuer, Vilma Banky, Kurt Bernhardt, Francesco von Mendelssohn

Ich erinnere mich noch, als 1929 der erste deutsche Tonfilm zu uns nach Wien kam. Er hieß *Atlantic*. Die Stimmung im Konversationszimmer des Volkstheaters war nach der Premiere des Films ganz in Moll. Die Kollegen, die sonst voll Witz und Humor meisterlich blödelten und die Theaterprobe nur als unliebsame Unterbrechung ihrer privaten Scherze nahmen, die damals Anekdoten lieferten und nicht nur erzählten, ließen die Köpfe hängen. Sie waren der Verzweiflung nahe. Besonders die älteren, die eine Familie zu ernähren hatten, weinten fast.

Kurt von Lessen, der in Wirklichkeit Baron von Lützow hieß, verkündete mit seiner schnarrenden Stimme: »Ka Zweifel, mir san am End.«

Siegfried Breuer, wie ich Eleve, wagte zu fragen: »Warum eigentlich?«

»Warum? fragt er, der Sigi«, ereiferte sich von Lessen.

»Ja, weil ich des net glaub. Der Film war gar net gut.«

»Weils d' nix vastehst«, herrschte ihn von Lessen an. Damals waren die Älteren noch die Gescheiteren. »Wer, glaubst, wird noch in so a Vorstellung gehn wie bei uns, wenn man für den Drittelpreis, für a paar Groschen sehen und hören kann: Erstens den Willi Forst, wie er Heurigen-Lieder singt, zweitens den Fritz Kortner, wie er's Vaterunser betet, drittens das Meer mit an untergehenden Schiff, eine erstklassig gemachte Katastrophe, die die Leut immer gern sehen, dazu das Krachen vom Eisberg. Wo kann ma im Theater so a Krachen herstellen? Und das Schluchzen vom Willi Forst, bevor er dasauft. Und mir wern« — Schluchzer — »nimmer sein. Und der Kortner, mitten im Vaterunser rinnt ihm's Wasser in' Mund rein. Wo können mir so was bieten? Nein, nein, mir san am End. Mir müss'n umlernen.«

Alle nickten verzweifelt. Sie sahen sich schon arbeitslos und bettelnd auf der Kärntner Straße.

Der Direktor des Theaters, Rudi Beer, hatte die Hände tief in seine Hosentaschen vergraben. Er drehte sich auf dem Absatz einmal um sich selbst, verlor fast die Balance, nahm die Hände aus den Taschen und strich sich über seine unrasierten Wangen: »Also wirklich, Lessen, i bin da auch andrer Auffassung. Ich glaub', es wird folgendermaßen kommen: Jetzt ham s' den fotografierten Manderln eine Stimm geben, dann wern se s' vielleicht auch noch bunt anmalen, dann wird ma vielleicht den ganzen Film ins Haus schicken per Telefon oder was weiß ich. Aber dann wird einer kommen und sagen: ›Ich weiß an Platz, da können S' diese Menschen in Wirklichkeit sehen und hören. Nicht aus einer Konserve.‹ Dann werden wir wieder ausverkauft sein. Es wird eine Renaissance des Theaters geben.«

Victor Kutschera, der Älteste des Volkstheaters, der noch aus der Vor-Kainz-Zeit stammte und mit echtem, großem Pathos sprach, nahm seinen breitkrempigen Hut vom Haken, richtete seine schwarze Künstlerschleife vor dem Spiegel und sagte: »Meine Herrn«, ich zählte für ihn nicht, »meine Ansicht ist: Wer do mitmocht, bei so an Tonfilm, is a Verrbrrecherr an der Kunst. Mahlzeit.« Er hatte seinen Abgang.

Sigi Breuer und ich lachten diskret. Der Sigi flüsterte mir ins Ohr: »I wollt, i wär a Verbrecher, die zahlen nämlich gut.«

Ich nickte begeistert. »Ja, ich auch.«

1932 gehörte auch ich zu den »Verbrechern an der Kunst«. Die amerikanische Filmgesellschaft Universal drehte in Berlin den Film *Der Rebell* mit Luis Trenker in der Titelrolle. Ich wurde als seine Partnerin für die deutsche Version engagiert.

Da man noch keine Synchronisation kannte, wurde der Film in der gleichen Dekoration in englischer und deutscher Sprache gedreht. Alle Rollen waren doppelt besetzt. Nur Luis Trenker spielte beide Versionen.

In der amerikanischen Version wurde das Mädchen Erika von Vilma Banky, einem berühmten Stummfilmstar, gespielt. Für sie, die eigentlich für die Rolle schon zu alt war, war es die letzte Filmarbeit und das Ende ihrer Karriere. Für mich war es der Anfang. Rod la Roque, Ehemann von Vilma Banky und ebenfalls berühmter Stummfilmstar, begleitete seine Frau ständig. Er hoffte, Anschluß an den Tonfilm zu bekommen. Er war Spanier und ohne Engagement, da sein Englisch für den Tonfilm nicht ausreichte.

Die neue Technik brachte vielen Karrieren das Ende. Zu dieser Zeit wurde sogar der Vertrag von Emil Jannings in Hollywood nicht mehr verlängert. Wahrscheinlich hatte auch er Schwierigkeiten mit der englischen Sprache. Er ging zurück nach Europa und kam nach Wien ans Deutsche Volkstheater, wo ich bei seinem ersten Bühnenauftritt in dem Stück *Geschäft ist Geschäft* seine Tochter spielte. Er ließ sich von starken Scheinwerfern anstrahlen und agierte auch auf der Bühne wie im Stummfilm. Er verdrehte die Augen, rollte sie und sah schief zur Decke hinauf. Er überzog die Spieldauer des Stückes um eine Stunde. Das war 1928.

1932 also hatte ich in Berlin den Vertrag mit der Universal bekommen und rief ganz stolz meine Mutter in Wien an, um ihr das mitzuteilen.

»Hast du einen Vertrag, der gilt?«

»Freilich, ich bekomme dafür 5000 Mark.«

»Für einen Film so viel? Du, wart' einen Moment — Richard«, rief sie, »die Luisl macht einen Film und bekommt 5000 Mark.« Sie redeten aufgeregt miteinander, dann wieder zu mir: »Der Vater sagt, du sollst zu einem Rechtsanwalt gehen, das sind bestimmt Gangster.« Die Eltern kannten Amerika nur aus den Zeitungsgeschichten über Jack Diamond, Al Capone und Bonny und Clyde.

Der Regisseur Kurt Bernhardt, der die deutsche Version inszenierte, war mit meiner Besetzung nicht glücklich. Er sagte: »Die Ullrich ist eine Bühnenschauspielerin und keine Filmschauspielerin. Ihre Sprache und Stimme mögen ja gut sein, aber optisch kommt sie nicht an.«

Es gibt Menschen, denen die Umwelt mit offenen Armen entgegenkommt. Ich gehöre nicht zu ihnen. Ich muß immer Zweifel zerstreuen und Leistungen hervorbringen.

Die Bedenken des Regisseurs waren mir unverständlich. Bühnenschauspieler — Filmschauspieler, dieser Gegensatz existierte für mich nicht. Ich kannte nur gute oder schlechte Schauspieler. Ein guter Schauspieler war für mich derjenige, dem es gelang, einen Menschen zu zaubern, der zwischen der erdichteten Figur und dem eigenen Ich und den eigenen Möglichkeiten lag. Ich war nie Stummfilmschauspieler gewesen und gehörte zur neuen Generation. Das Medium war für mich egal.

Bernhardt hatte die deutsche Produktion so sehr verunsichert, daß sie auf seine Forderung einging, seine Freundin, eine sehr hübsche und erfolgreiche Filmschauspielerin, zu den Außenaufnahmen in die Schweiz mitzunehmen, um sie bei meinem Versagen einspringen zu lassen.

Der Maskenbildner Willy Grabow tat alles, um dem Geschmack der Produktion zu entsprechen, die sich für die Rolle der Erika ein sanftes Puppengesicht vorstellte und mich zu herb fand. Er kam mit einem großen Album in den Schminkraum und machte verschiedene Versuche mit meinem Make-up. »Sie haben viel zu viel Ausdruck im Gesicht«, sagte er.

»Zu viel Ausdruck? Ich denke, davon kann man gar nicht genug haben.«
Er betrachtete mich mit Kameraaugen, um eine optimale Schminklösung zu finden. »So jung sie ist, so dickköpfig ist sie. Das macht den herben Ausdruck, und den müssen wir wegschminken.« Er schlug das Album auf und zeigte mir Madonnenköpfe von Botticelli, Tiepolo und Leonardo da Vinci. »So weich und sanft und süß muß man aussehen, meine Gnädigste.«
»Gnädigste« sagte er nur aus Scherz.
Er nahm sein großes Rasiermesser aus dem Schminkkoffer. »Darf ich bitten, einen Augenblick stillzuhalten?« Ritsch ratsch hatte er meine Augenbrauen abrasiert.
Er trat zurück.
»Schon viel besser. Die Haare färben wir blond.«
Wo ich Schatten im Gesicht hatte, hellte er sie auf. Und die hellen Stellen machte er durch sanftes Ocker noch heller. Zum Schluß nahm er meinen Kopf zwischen seine beiden Hände, als ob es ein künstlicher wäre, und war zufrieden: »Jetzt ist das Gesichterl schon ganz ausdruckslos.«
Ich ließ alles mit mir geschehen. Die Branche war neu für mich.
Vor unserer Abreise nach Zuoz in der Schweiz bat ich noch meinen alten Freund aus der Akademie-Zeit in Wien, Herbert Berghof, zu mir. Er sollte das Drehbuch lesen und mir »Eizes« geben.
Er lachte, als er mich hellblond und ohne Augenbrauen sah. »Du bist und bleibst die Ulli. Sie können versuchen, was sie wollen, du bekommst kein Puppengesicht.«
Ich erzählte ihm, daß ich eine kleine, möblierte Wohnung gemietet hatte, zwei Zimmer, Küche, Bad, und daß ich jetzt jemanden suchte, der für mich kocht.
»Du, Ulli, da weiß ich jemand ganz Netten, und zwar ist das die Anna. Die war bei meiner Mutter in Wien. Weißt du, die

kann wunderbar Apfelstrudel machen. Ißt du gern Apfelstrudel?«

»Ja!«

Wir leckten uns beide die Lippen.

»Das ist ja toll.«

Und dann beschäftigte er sich mit dem Drehbuch. Es gefiel ihm gut, auch meine Rolle.

»Der Trenker und du, ihr paßt gut zusammen. Ihr seid ein Stück Natur und eigentlich Anti-Schauspieler. Spiel nur recht unbekümmert, eher plump und ungeschickt. Und sei nicht so furchtbar edel und schön, wie es im Film üblich ist.«

Dann las er: Kamera nah, Kamera fern, Kamera fährt, Großaufnahme... »Damit weiß ich auch nicht Bescheid«, sagte er.

Ich zerstreute seine Bedenken. »Weißt du was, Herbert, die Technik ist mir einfach Wurscht.«

Und sie war mir auch Wurscht. Ich spielte mit Unbekümmertheit, Naivität und jugendlicher Unschuld, wie ich sie später nie mehr erreichte, diese erste Filmrolle.

Später mußte ich immer so tun, als wäre mir die Technik Wurscht. Aber ich wußte ganz genau, wo die Kamera steht: ob es eine Großaufnahme, eine Halbtotale oder eine Fahrt gibt. Aber diese scheinbare Wurschtigkeit kostete mich Kraft und einen Teil meiner Unbekümmertheit.

Erst wenn Erfahrungen und Erfolge kommen, und sie wiederholt oder sogar übertroffen werden sollen, erst wenn Wirkungen bekannt und bewußt werden, entstehen die wirklichen Klippen, an denen viele stranden.

Eine Kopie seiner selbst zu werden, ist die größte Gefahr in unserem Beruf.

Anna Widmeier kam. Sie betreute mich, war ein paar Jahre älter als ich und hatte ein liebes und gütiges Gesicht. Ich nannte sie zwölf Jahre lang »Anuschka« und sie mich »Lady«, und manchmal sagte sie »Schaumgeborene« zu mir. Sie hatte einen österreichischen Humor und hatte mich in Wien in der *Dreigroschenoper* gesehen. Sie war glücklich, bei einer Schauspielerin zu sein. Das fiel ein bißchen aus dem Alltag heraus.

Das Mädchen Erika, das von Vilma Banky und mir gespielt wurde, hatte sich laut Drehbuch in Luis Trenker verliebt. Bei einer Szene soll sie neben dem Pferd stehen, an Luis denken und traurig sein.
Zuerst spielte dies Frau Banky. Träumerisch lehnte sie sich an das Pferd, senkte ihre dunkelblau geschminkten Lider. Die schwarz getuschten Wimpern lagen wie Schleier auf ihren blassen Wangen. Langsam sah sie wieder hoch. Ihr Blick verlor sich in der Ferne, um dann mit Verachtung mitten in den Scheinwerfer hineinzusehen. Sie drückte ein wenig, und zwei dicke Tränen rollten über ihre Wangen. Ihr kleines Näschen blähte sich. Der Busen wogte. In Zeitlupe senkten sich die Augendeckel.
»Cut«, sagte ergriffen der amerikanische Regisseur, Mr. Knopf. »Thank you, Vilma. You were just great. The Germans, please.«
Bernhardt genierte sich, weil nun nach dieser großen Leistung ich kommen sollte. Er gab mir den Rat: »Spielen Sie es einfach nach!«
Aber ich ließ mich überhaupt nicht aus dem Tritt bringen. So wie Vilma Banky konnte und wollte ich die Szene nicht spielen. Ich stellte mich also auch neben das Pferd.
»Kamera ein. Ton.« Der Regisseur sagte: »Bitte.«
Als erstes schneuzte ich mich. Dann streichelte ich traurig und liebevoll den Hals des Pferdes, als wäre es der Hals von Luis persönlich. Ich klopfte und boxte das Pferd, bis es sich zu mir umdrehte, und gab ihm ganz überraschend einen schnellen Kuß auf die Schnauze. Bernhardt war ganz überrascht und vergaß »Aus« zu sagen. Daher zupfte ich das Pferd noch einmal und sagte in sein Ohr hinein: »Ich liebe ihn.«

Da sagte der Regisseur aber: »Aus!«
»Wo bleiben die Tränen?« herrschte er mich an.
Doch er wiederholte die Szene nicht, denn er war ohnehin sicher, daß alles in den Papierkorb kommen und seine Freundin die Rolle spielen würde. Aber den Beleuchtern hatte es ganz gut gefallen. Sie nickten mir freundlich zu.
Heute würde ich so eine Situation nicht ertragen können. Ich bekäme bestimmt einen Nervenzusammenbruch, wenn ständig neben der Kamera eine andere Frau lehnen würde, die der Regisseur besser findet.
Die Überraschung kam. Die Muster hatten Erfolg bei der Produktion, und die Schönheit reiste ab.

Nach Beendigung der Außenaufnahmen fuhren wir alle zurück nach Berlin. Die Atelieraufnahmen begannen. In der Württembergischen Straße hatte Anuschka zum Willkommen einen herrlichen Apfelstrudel gemacht. Victor war zu Besuch, und wir tranken Kaffee.
Anuschka nannte Victor »Monsieur«, und er nannte sie die »Baronin«, weil sie eine so liebenswürdige österreichische Art hatte. Den Gästen erklärten wir, sie sei verarmter Adel und mache nur bei mir Dienst, um Geld zu verdienen. Obwohl wir Theater spielten und filmten, konnten wir es nicht lassen, auch im Leben Szenen aufzubauen.
Als wir beim Apfelstrudel saßen, klingelte es.
Anuschka flüsterte: »Das wird wieder dieser Francesco von Mendelssohn sein. Hat die Lady schon das Buch gelesen von *Kasimir und Karoline*, von diesem Horváth? Er will unbedingt, daß die Lady das spielt. Der Herr Aufricht war auch schon deswegen da, und der Ödön von Horváth auch. Sie rennen uns die Bude ein. Was soll ich denn sagen?«
Victor winkte sie heran: »Liebe Baronin, jetzt wird es sich zeigen, ob Sie von altem Adel sind oder nicht. Sie sagen einfach kühl, die Lady ist nicht zu Hause. Aus.«
»Das ist wirklich peinlich!«

Victor machte die entsprechende Geste: »Raus!«
Da Anuschka auch ein wenig in Victor verliebt war, verschwand sie.
Am nächsten Morgen wurde ich ganz früh ins Atelier abgeholt.
Vor meiner Wohnungstür sagte jemand: »Guten Morgen!«
Francesco von Mendelssohn saß ohne Schuhe auf dem Fensterbrett und hatte sich mit seinem Mantel zugedeckt.
»Ich habe hier übernachtet, weil ich Sie endlich einmal treffen wollte.« Er schlüpfte in seine Halbschuhe. »Entschuldigen Sie, daß ich nicht rasiert bin, aber ich hatte nichts dabei. Der Nachtbesuch war improvisiert.«
Ich war sehr nervös. »Ich habe jetzt keine Zeit. Das Filmauto wartet unten.«
Ich wollte meine Ruhe haben. Ich hatte jetzt gerade einen Film beendet. Ich wollte nicht wie ein Automat ständig arbeiten.
»Kennen Sie Ödön von Horváth?« fragte Francesco mit Tempo und Nachdruck, nahm meinen kleinen Koffer, in dem ich Kaffee und eine Kleinigkeit für den Lunch hatte, und lief mir nach. »Sie können es sich als junge Schauspielerin nicht leisten, so etwas Fabelhaftes abzulehnen. Sie können uns das nicht antun. Ödön will unbedingt, daß Sie die Rolle der Karoline spielen, sonst zieht er das Stück zurück. Ödön von Horváth ist *der* moderne Dichter. Zuckmayer, Hauptmann, Knittel, das sind alles Epigonen von Johann Wolfgang, aber Odön ist neu. Ödön bittet Sie also, Aufricht bittet Sie, ich bitte Sie …«
Wir gingen die Treppe hinunter, er trug immer noch meinen Freßkoffer. »Sie können mich nicht wegschicken. Ich habe die ganze Nacht auf Sie gewartet.«
Francesco war ein Nachkomme des großen Komponisten Mendelssohn-Bartholdy und ein Sohn des reichen Bankiers. Seine Schwester Eleonore, auch Schauspielerin, hatte Eleonora Duse als Taufpatin. Beide liebten das Theater fanatisch,

wie es nur Leute lieben, die keinen echten Kontakt dazu finden können. Sie waren Theoretiker des Lebens.
»Ich garantiere Ihnen einen großen Erfolg. Sie bekommen die höchste Gage, die möglich ist. Was soll ich noch machen? Soll ich vielleicht niederknien?«
Mit dem Freßkoffer in der einen Hand kniete er im Eingang nieder und hielt die freie Hand auf sein Herz. »Kommen Sie in den Garten Ödön!«
Lucas Cranach hat solche fanatischen schwarzhaarigen Jünglinge gemalt.
Es war mir peinlich. »Machen Sie doch keinen Quatsch!«
»Ich stehe erst auf, wenn Sie ja gesagt haben.«
Draußen hupte das Auto, die Kollegen wurden ungeduldig.
»Verdammt noch mal, Sie machen mich wirklich nervös. Geben Sie den Koffer her, schnell. Gut, ich spiele die Rolle. Sagen Sie es Ödön von Horváth.«
Ich verschwand ins Auto.
»Danke, danke, tausend Dank!« rief mir Francesco noch nach.

Eine junge Studentin aus Wien schrieb mir vor einiger Zeit: »Ich muß eine Doktorarbeit über Ödön von Horváth machen, und ich weiß, daß Sie *Kasimir und Karoline* uraufgeführt haben und mit ihm befreundet waren. Möchten Sie bitte so nett sein, mir alles über ihn zu schreiben, was Sie wissen.«
War ich mit ihm befreundet? Was weiß ich eigentlich über ihn?
Ich war ihm sympathisch gewesen, ja, denn die Karoline war ihm auch sympathisch. Er hätte mir sonst die Rolle nicht gegeben.
Seine Frauenfiguren waren fast immer positiv. Nur die Männer sezierte er ziemlich. Vielleicht war es das weibliche und männliche Prinzip in ihm selbst, wobei ihm die männliche Komponente mehr Schwierigkeiten bereitete.

Er sagte von sich: »Wenn sie mir einen Matrosenanzug mit kurzen Hosen und einer Matrosenmütze anziehen, dann schau ich aus wie ein rausgefressener Konfirmand in einer Riesenfamilie.«
Das war Ödön. Das war skurril, und es stimmte.
Er hatte ein dickes, breites Kindergesicht mit großen braunen, ängstlichen Augen. Ängstlich? Nein, eigentlich mit erstaunten Augen, erstaunt über die Menschen und sich selbst. Er schloß sich nicht aus. Er sah nur die grotesken Eigenschaften und lachte über sie, aber er fürchtete sie auch. Seine Stücke waren makaber.
Man könnte denken, er hatte dünne, schmale, rassige Hände. Nein, er hatte gutmütige, dicke, weiche, weiße Kinderhände. Und viele seiner Figuren waren kindlich, fast infantil. Aber irgendwo hatten sie immer eine gefährliche Macke.
Er auch? Vielleicht, ich weiß es nicht. Was für eine könnte er gehabt haben? Vielleicht die, daß er alle Menschen skurril sah. Seine verzinkte Art zu denken gab seinen Menschen eine Sprache, trocken und real, aber doch surreal. Sie sprachen so, wie sie dachten.
Heute wird er viel von jungen Autoren kopiert, die seinen Rhythmus zu äußerlichem Manierismus degradieren.
Sein Körper war schwerfällig, seine Bewegungen tolpatschig wie seine Hände. Das machte ihn älter, als er wirklich war. Er rauchte immer Zigarren, obwohl er nur die Spießer in seinen Stücken Zigarren rauchen ließ. Er wirkte behäbig und bürgerlich, obwohl er nichts so sehr haßte wie das Bürgerliche.
Wenn mein Vater zu Besuch in Berlin war, spielte er gern mit ihm Schach. Meinen Vater dabei zu beobachten, war ihm wichtiger als das Schachspiel, ich glaube, er ließ ihn immer gewinnen. Die österreichische Art gefiel ihm, und er konstruierte sich aus allen Bemerkungen, aus jedem kleinsten Detail das Weltbild meines Vaters, das genau stimmte und aus der k.u.k.-Zeit war.
Seine Mutter liebte er über alles.

»Kommst du mit zu meiner Mama?« fragte er mich. »Die kann fabelhaft Kümmelkartoffeln machen.«
»Wie gehn die denn?« fragte ich ihn.
»Die Kartoffeln müssen roh geschält werden, ins Rohr geschichtet, etwas gesalzen, viel Kümmel darauf und dann gebacken, ganz trocken gebacken. Und zum Schluß saure Sahne drüber.«
War das ein Intellektueller, der so genau wußte, wie man Kümmelkartoffeln macht?
Er haßte alle Sentiments, aber er wollte ein Stück über die Unbekannte aus der Seine schreiben.
Zu mir sagte er: »Für dich schreib ich das Stück«, und er wollte die ganze Sehnsucht nach Romantik hineinlegen.
Er ging oft zur Wahrsagerin, aber er machte sich über jeden Aberglauben lustig.
Er soll auf seinen Tod gewartet haben. Ich kannte ihn nur als Optimisten.
Hitler und das Dritte Reich haben ihn gelähmt. Aber meiner Ansicht nach verabscheute er alle Politiker, und er wußte, daß kein Mensch Macht vertragen kann, ob er links oder rechts steht.
Den Blitz, der in einen Baum auf den Champs-Elysées einschlug und ihn tötete, soll er vorausgeahnt haben. Er lebte gern, er lachte gern, er aß gern, er war ein Hypochonder, er war ein Optimist. Wie war er?
Ich schrieb der Wienerin: »Es tut mir furchtbar leid, aber ich kann über Ödön von Horváth keine präzisen Aussagen machen.«

»Du bist zu schnell berühmt geworden«

Ein Guru namens Schmitt — Weinen, wachsen, reifen — »Die Jungfrau von Orleans« unter Heinz Hilpert — Empfang bei Hitler

Es war noch dunkel. Mein neuer großer Horch-8-Zylinder fuhr vor, Giesebrechtstraße 10. Mein Chauffeur Paul in blauer Livree sprang heraus und lief um den Wagen herum. Er riß die vordere Tür auf, stand stramm und ließ den Star aussteigen.

Ich stieg aus. Ein blasses, junges Mädchen, ohne Hut, mit blondem, kurzgeschnittenem Haar, in einem blauen Tuchmantel, über den der Matrosenkragen der Bluse hing. Matrosenlook war damals modern. Ich sah eher aus wie die Tochter des Portiers, die vom Chauffeur spazierengefahren wird.

Paul hielt seine Mütze in der Hand und wartete auf den Auftrag. Bescheiden und unsicher wartete ich auf seine Anweisungen. Von ihm kam aber nichts. Er wartete auf die Anweisungen seiner Chefin. »Ja, Paul, um 10 Uhr habe ich Probe, wie Sie wissen.«

»Jawohl, gnädige Frau.«

Er hielt immer noch seine Mütze vor dem Bauch.

»Wie lange wird es schätzungsweise dauern?«

»Wenn Sie vielleicht um 9 Uhr 30 wieder hier sein könnten?«

»Jawohl.«

Er ging vor und öffnete das Haustor. Es war nur angelehnt.

»Praxis Dr. med. Ludwig Schmitt« stand auf dem Schild neben dem Tor und an der Tür im zweiten Stock. Auch diese Tür war nur angelehnt. Auf dem Kleiderrechen in der Garderobe hingen Berge von Mänteln und Jacken. Viele lagen auch schon auf den Stühlen herum. Es waren einfache Mäntel billigster Konfektion aus dem KaDeWe, aber auch schicke englische Trenchcoats und teure Pelzmäntel.
Nach all diesen Mänteln roch es. Billig und teuer, verschwitzt und parfümiert, dazu der Duft von Pfefferminz und Kamille, von Melisse und Johanniskraut. Überall brannte noch elektrisches Licht. Draußen wurde es schon ein wenig hell. Das Wartezimmer war übervoll.
Ich ging zur Küche, klopfte an und öffnete.
Verärgert sah die Haushälterin Anni hoch und ihr Gesicht verklärte sich. »Ach, Sie sind's« sagte sie verzückt. »Kommen S' nur.«
Sie rückte einen Schemel hinter die Tür. »Setzen Sie sich nur. Der Doktor hat schon gesagt, daß Sie kommen werden.«
Zwei junge Mädchen trugen Eimer herein. Sie leerten sie in den Ausguß und füllten frisches, kochendes Wasser aus einem großen Kessel nach. »Grüß Gott!« sagten sie zu mir in die Ecke.
»Ich bin die Marille.«
»Und ich heiß' Hilde.«
Sie gaben mir nicht die Hand. Sie waren zu eilig. Marille schwitzte bereits, sie wischte sich die Stirn mit dem Taschentuch.
Eine dritte kam dazu. Mit weißblonden Haaren und lustigen hellblauen Augen. »Ich bin Dr. Richter, guten Morgen. Sie kommen gleich dran, nur noch zwei vor Ihnen.« Sie lächelte sanft und vielversprechend.
Der Doktor sah herein. »Kann's weitergehen?«
Alle drei liefen ins Ordinationszimmer zurück.
»Guten Morgen.« Ich stand auf wie in der Schule.
Er beachtete mich kaum. »Anni, den Tee.«

Er schlürfte seine Tasse Tee, ohne mich anzusehen. Er war ein untersetzter Mann, so um die vierzig. Mit breiten, athletischen Schultern, auf denen fast ohne Hals der Kopf saß. Dieser mächtige Kopf wäre auch für jeden Hals zu schwer gewesen. Er hatte eine hohe, weiße Stirn und einen Mund, der für diesen Typ fast zu voll und feminin war. Seine schwarzen Haare hingen bis zum Kragen seines offenen, weißen Sporthemds hinunter. Er machte eher den Eindruck eines Bergsteigers als den eines Arztes. Die Augen waren ernst und eindrucksvoll, forschend und von ungewöhnlicher Tiefe. Sie sahen auf einen Punkt, den man nicht kannte, vielleicht zwischen den Augenbrauen seines Gegenübers. Dort schien er etwas zu beobachten. Etwas, das ihn mit Liebe oder Traurigkeit erfüllte, oft aber auch mit Spott und beißender Ironie.

»Halten Sie mir hier bloß keinen Cercle, Sie kommen gleich dran«, sagte er im Hinausgehen zu mir.

Nach einer Weile hörte ich Schläge wie bei einem Boxmatch, Faustschläge und dann das Wimmern eines Patienten und einen Schrei.

Anni lächelte mir freundlich zu. »Wird Ihnen schon angst und bang? Sie müssen nur an nachher denken. Erst tut's weh, aber dann ist es wunderbar.«

Dann kamen wieder die Mädchen mit den Eimern hereingeeilt und holten frisches heißes Wasser.

Ich bekam Angst. Noch ein Patient, und ich war dran. Am liebsten wäre ich weggelaufen. War ich denn verrückt geworden? Mir fehlte ja gar nichts. Warum saß ich denn hier? Nur weil mir berühmte Kollegen gesagt hatten: »Geh zu dem. Der macht einen besseren Menschen aus dir. Er nimmt dich auseinander und setzt dich wieder zusammen. Sogar der Furtwängler dirigiert nur, wenn ihn der Schmitt vorher gelockert hat.«

Ich wollte eben aufstehen und mich verdrücken, da kam der Doktor um die Ecke und winkte mir.

Im Ordinationszimmer stand nur eine Massagebank mit einem weißen Leintuch darüber. Ein Schreibtisch, ein großer Stuhl dahinter und ein Hocker davor. An der Wand waren lauter Bücher bis hinauf an die Decke.
Die Mädchen führten mich hinter einen Paravent. »Bitte ausziehen, bis aufs Höschen.«
Inzwischen hatten sie in den Eimern frisches Wasser geholt. Alles mußte sehr schnell gehen, denn das ganze Wartezimmer war ja voller Patienten. Ich mußte mich auf die Massagebank legen, auf den Bauch. Marille machte mir Kompressen, so heiß ich sie vertragen konnte. Eine quer über die Schulterpartie und eine längs dem Rückgrat bis zum Steißbein. Und das dreimal nacheinander.
Dann kam der Doktor.
Die Mädchen hielten mich an den Händen, seine Assistentin, Frau Dr. Richter, an den Beinen fest. »Ist nicht schlimm«, sagte sie heiter, »nichts dagegen tun, gar nichts tun, nur lassen, einfach lassen.«
Der Doktor streifte mit seinen kurzen, breiten Händen über die Muskulatur, um zu fühlen, ob sie durch die Kompressen weich genug geworden war. Dann legte er seine linke Hand auf den untersten Teil des Rückgrats und drückte mit der rechten mit aller Kraft drauf. Ratsch, ratsch, ratsch, ratsch. Jetzt war ich auseinandergenommen.
Er seufzte. »Mein Gott, hart und verkrampft bischt, Mädle.«
Dann bohrte er mit seinen kräftigen Fingern zwischen die Rippen. Es war sehr schmerzhaft. Mir blieb die Luft weg. Ich fing an zu röcheln. Da hörte er auf.
»Schnaufen!« sagte er befehlend. Ich atmete durch. Dann nochmals und nochmals.
Er ging auf die andere Seite. Dasselbe.
Dann bearbeitete er die Stelle zwischen der letzten Brustrippe und dem Hüftknochen. Er griff so tief hinein, daß es nicht mehr kitzlig war, sondern auf die Nerven ging, den Charakter anpackte, die Seele. Hätten mich die Mädchen nicht ge-

halten, so hätte ich mich umgedreht, um ihm an die Gurgel zu springen. Es überkam mich ein Widerwillen, eine grenzenlose Wut.

Dann kam wieder der temperamentlose Befehl: »Schnaufen!«

»Ich mag nicht, verdammt noch mal.«

Niemand hörte darauf.

Frau Dr. Richter hob ein Bein von mir hoch, und er holte mit seiner Faust weit aus, um sie mit aller Macht auf mein Gesäß niedersausen zu lassen. Mein dünner Mädchenkörper schwankte wie ein Rohr. Ich war fassungslos über soviel Brutalität. Nach einem neuen Befehl zu schnaufen wurde die andere Seite behandelt, ich mußte wieder schnaufen.

»So, das reicht für heute, bringt sie rüber!«

Die Mädchen drückten mir schnell meine Wäsche und meine Kleider in die Hand, warfen mir ein Leintuch um, führten mich in ein anderes Zimmer und betteten mich auf irgendeine Liege.

Mich fröstelte. Die Zähne klapperten aufeinander. Jemand brachte mir heißen Tee. Ich zitterte, und dann fing ich an zu weinen. Die Tränen liefen aus meinen Augen. Ich wurde nicht vom Weinen geschüttelt, sondern ich löste mich auf. Alle Schleusen waren durch die Erschütterung geöffnet, und langsam, sanft und undramatisch, liefen die Tränen wie ein warmer Strom über meine Wangen. Es hätte ewig dauern können, dieses Gefühl der Weichheit, des krampflosen Ohne-Anfang-und-ohne-Ende-Seins.

Die Tür ging leise auf und der Doktor kam. Er setzte sich zu mir aufs Bett.

»Is scho recht«, sagte er freundlich, und seine dunklen Augen waren mit großer Wärme auf mich gerichtet oder vielmehr auf die Stelle zwischen meinen Augen, als würde er dort etwas kontrollieren. »Bei dir muß man viel rausholen, weischt, du bist zu schnell berühmt geworden. Das is scho a große Gefahr, da is scho viel festg'legt oder festg'fahren, auch Unnatürliches, Verlogenes, was nicht zu dir g'hört. Das g'hört alles wegg'räumt. Sonst wär's schad um dich.«

»Herr Doktor, ich weiß gar nicht, was das Ganze bedeutet.«

»Du mußt halt zu deinem Atem kommen.«

»Ja, aber ich atme doch.«

»So, glaubscht?« Er sah spöttisch auf die Stelle zwischen meinen Augenbrauen.

»Jedenfalls danke ich Ihnen.«

»Des brauchst net. Is scho gut. Nächste Woch' kommst wieder.«

Er nickte mir zu und verschwand eilig.

Ich wäre gern noch liegengeblieben, ich hatte plötzlich das Gefühl, ganz nah an etwas herangekommen zu sein, das man vielleicht als Wahrheit oder Echtheit bezeichnen konnte. Aber die Liege wurde gebraucht, der nächste Patient kam, und ich mußte zur Probe.

Die Probe fand im Deutschen Theater statt. Auf Wunsch des Führers wurde *Die Jungfrau von Orleans* probiert, mit mir in der Titelrolle. Paul brachte mich hin. Ich war von der Behandlung noch ganz benommen. Ein paar Minuten blieb ich sitzen. Ich hatte ein herrlich schwimmendes Gefühl. Keinerlei Festigkeit. Aber der Text, wo war der Text geblieben? Ich wußte kein Wort. Ich fühlte mich wie in einem Niemandsland.

Als ich ausstieg und auf die Bühne kam, war es 10 Minuten nach 10.

Hilpert saß unten im dunklen Zuschauerraum. Die Kollegen standen herum und sagten: »Du Arme, jetzt wird's gleich was geben.«

Ich fühlte mich so fröhlich, locker und harmlos und sagte: »Guten Morgen.«

»Haben Sie nicht gewußt, wann Probe ist?«

»Doch, um 10 Uhr.«

»Jetzt ist es 10 nach 10. Was fällt Ihnen eigentlich ein, uns warten zu lassen? Glauben Sie, Sie können kommen, wann

Sie lustig sind? Wenn um 10 Uhr Probe ist, dann bitte ich mir auch aus, daß Sie um 10 Uhr kommen. Haben wir uns verstanden?«

Meine Aggression war durch die Massage völlig weg. Der Tränenstrom hatte mich so leer gemacht, daß mir keine Antwort einfiel. Ich fühlte mich wie ein Sträfling, der im Scheinwerferlicht steht und von unten aus der Dunkelheit angebrüllt wird. Immer weiter ging das Donnerwetter. Die anderen hätten kein Auto, müßten mit der U-Bahn fahren und seien pünktlich. Er selbst, der wohl ein bißchen mehr zu tun habe als ich, sei auch pünktlich. Ob ich glaubte, daß ihm Starallüren Spaß machten?

Für Hilpert war alles, was nach Star klang, ein rotes Tuch. In seinem Theater wurden alle gleich groß genannt und im Programm und auf den Plakaten in alphabetischer Reihenfolge aufgeführt. Nur oben drüber stand in dicken, fetten Buchstaben »Regie: Heinz Hilpert«.

Endlich kam meine Reaktionsfähigkeit wieder. Ich überlegte. Sollte ich sagen: Spielen Sie doch Ihren Dreck allein? Dann hätte ich drei Wochen umsonst probiert, das wäre falsch gewesen. Da hörte ich eine Stimme in mir: »Locker bleiben, und lassen, einfach lassen.« Und dann hörte ich jemanden sagen: »Schnaufen.« Beides tat ich. Ich wurde plötzlich ganz ruhig, das verlegene Lächeln wich aus meinem Gesicht, und als Hilpert endlich seinen Ärger losgeworden war, sagte ich mit ganz normaler Stimme: »Gut, ich bin 10 Minuten zu spät gekommen. Bedauerlich. Sie haben jetzt 10 Minuten geschimpft. Auch bedauerlich. Die Kollegen haben 20 Minuten nicht probieren können. Am bedauerlichsten. Wäre es nicht gut, wenn wir jetzt anfingen?«

Es war ein kleiner Sieg für mich.

Die Besetzung war fabelhaft. Hans Brausewetter spielte den Dauphin, Albin Skoda den Lionel, Elisabeth Flickenschildt die Isabeau, Paul Dahlke einen Boten und Siegfried Breuer den Herzog von Burgund.

Hilpert als genialer Theatermann gab uns großartige Stellungen und erstklassige Striche. Dann interessierte ihn der Ablauf der Vorstellung nicht mehr. Er hatte schon zuviel inszeniert in seinem Leben, und das Stück war nicht nach seinem Geschmack. Er probierte von 10 Uhr bis 11 Uhr 30 und weiter von 12 Uhr bis 13 Uhr 30. Dazwischen gingen wir alle in die Kantine.

Da saß Hilpert an einem Tisch, und das ganze Ensemble hörte ihm zu, wenn er seine Theateranekdoten erzählte. Er tat dies mit viel Charme und Humor. Alle lachten wie die Schüler beim Herrn Lehrer.

Und dann erzählten die anderen Anekdoten. Siegfried Breuer erzählte, wie sie Werner Krauß als Michael Kohlhaas in seine Socken Ruß gestreut hatten und er, als er die Socken vor seinem Tod auf der Bühne auszog, ganz schwarze Füße hatte. Und Albin Skoda erzählte von Eugen Klöpfer. Er mußte auf der Bühne telefonieren. Aber die Kollegen hatten einen richtigen Anschluß hergestellt, und es meldete sich die Polizei. Er mußte aber für das Publikum sein Gespräch im Text weiterführen und bekam von dem Polizisten die Antwort: »Sie Arschloch.« Brüllendes Gelächter der Kollegen von allen Seiten. Sie schienen sich nicht konzentrieren zu müssen und konnten sich auch noch in der Pause produzieren.

Die Anekdoten machten mich müde im Gesicht, und die Jungfrau lag mir so im Magen, daß ich lieber wieder auf die Bühne ging und versuchte, mich nach der Methode Stanislawskis in die Dekoration einzuleben. Ich setzte mich unter den Baum, aber der Baum blieb immer nur aus Pappmaché, und der Zuschauerraum verschwand nie für mich. Die Johanna blieb eine Rolle.

Zweimal wöchentlich ging ich zur Behandlung zu Dr. Schmitt.

Je näher die Premiere kam, um so mehr erfaßte mich ein

schreckliches Lampenfieber. Die Premiere sollte ganz groß aufgezogen werden. Die ganze Regierung war eingeladen worden. Die Besetzung mit mir wurde mit großem Interesse erwartet. Die Verantwortung, die Leute nicht zu enttäuschen, machte mich ganz schwach.

Zu Dr. Schmitt sagte ich: »Ob ich wohl gut sein werde als Jungfrau von Orleans?«

»Ja, ja«, sagte er. »Du wirst schon recht. Aber ob du jetzt die Jungfrau spielst oder net, des isch ganz unwichtig. Wichtig isch, daß du a bestimmte Breite kriegst, das isch alles so eng und spitz bei dir, zu schmal, zu kindlich. Du hascht einen Körper wie eine Vierzehnjährige. Du kannst schon die Jungfrau spielen, aber wichtiger wär' jetzt für dich a Kind. A Kind würd' dich real machen und dehnen. Dann wär' die Stimm' auch anders. Gut, jetzt bist a großer Star und verdienst ein' Haufen Geld. Aber wenn du nicht bereit bist, dich selbst aufzugeben, wenn du nur ehrgeizig bleibst, wirst du dich nie selbst finden und deiner Berühmtheit nie froh werden. Eines Tages wirst du wissen, wie wichtig es ist, eine Familie zu haben, ein Nest. Nur aus der Nestwärme heraus kann eine Frau was leisten. Alles andere kostet sie zuviel Kraft. Dann wird sie streitsüchtig, dann wird sie maskulin und hat überhaupt keine Daseinsberechtigung.«

»Aber Doktor, Sie sehen alles in der Rollenverteilung zwischen Mann und Frau. In erster Linie ist man doch ein Mensch. Der Mensch ist wichtig und dann erst das Geschlecht.«

Er hatte solche Diskussionen ungern. Über Wahrheiten konnte man nicht diskutieren. Wahrheiten mußten verstanden werden. Mit Worten konnte er Menschen nicht überzeugen, wenn sie nicht reif dafür waren. Er hielt mich für unreif. Ich erkannte ihn an als meinen Lehrer, meinen Meister, meinen Guru. Aber ich behielt doch meinen eigenen Kopf.

Ein andermal wieder sagte er: »Eine Frau gehört überhaupt nicht auf die Bühne. Das weibliche Prinzip muß, so wie es ist, anerkannt werden und soll sich keiner Kritik aussetzen.«

Die Proben mit Hilpert, der mir keine Sympathien entgegenbrachte, und die Massagen von Dr. Schmitt machten mich unsicher und durchsichtig wie Pergamentpapier. Der Glaube an mich selbst war sehr in Frage gestellt. Ich konnte vor Lampenfieber nicht schlafen. Schließlich rief ich meinen Freund Herbert Berghof in Wien an und bat ihn, doch zur Generalprobe zu kommen, weil ich so scheußliches Lampenfieber hätte.

»Ich soll kommen?« fragte er am Telefon. »Aber Ulli, du weißt doch, wie gefährlich das für mich als Jude ist.«

»Du bist als Österreicher doch Ausländer«, beruhigte ich ihn, »dir kann doch niemand etwas anhaben. Komm bitte sofort, ich bin total unsicher.«

Er kam und wohnte bei mir in Dahlem. Ich ließ ihn keinen Augenblick allein. Paul mußte ihn begleiten, denn ich hatte Angst, er könnte angepöbelt werden.

Die Generalprobe gefiel ihm gut.

»Du«, sagte er, »man merkt der Inszenierung an, daß Hilpert kein Nazi ist.«

»Nein, an dem Theater ist überhaupt niemand Nazi.«

»Wieso, was sind sie denn?«

»Ich weiß es nicht. Wir reden nicht darüber. Sie waren halt früher mal Kommunisten. Aber sag, wie hat es dir gefallen?«

Er dachte lange nach.

»Die beste Szene von dir, Ulli, ist die, wo du deine Geschwister wiedertriffst. In Reims vor der Kathedrale. Diese einfache Landbevölkerung, diese Bauernmädchen mit den runden Gesichtern und du, das spielst du sehr gut. Du bist zwar eigentlich der Star des Dorfes, aber doch die Lackierte. Du umarmst und küßt sie, und man hat das Gefühl, daß du in deiner Kindheit, als du noch so einfach warst wie sie, noch keine Stimmen gehört hast, nichts von Kommunismus und Nationalsozialismus wußtest — ich meine das auf heute projiziert —, daß du glücklicher warst. Und gleich am Anfang zieh dir noch derbere Schuhe an, mach sie recht schmutzig, ganz voll Lehm, und sei so unklassisch wie du kannst, pack den Helm an mit einer übermenschlichen Kraft, und schrei wie ein Idiot, wie ein Kretin, wie eine Besessene: ›Mein ist der Helm und mir gehört er zu!‹ Das kommt gut raus. Da kommt dieser nationale Dämon über dich, und von dem Augenblick an geht's bergab mit dir.«

»Was, bergab?«

»Na ja, mit Menschen, die vom Dämon befallen werden, geht's immer bergab. Du wirst schon sehen, mit ihm auch. Sei nur so unheldisch, wie du kannst. Damit tust du gerade jetzt ein gutes Werk. Aber es ist ja von Hilpert sowieso schon so angelegt.«

Die Premiere kam. Alle Schauspieler, die im ersten Bild vorkamen, standen schon bei geschlossenem Vorhang auf der Bühne. Es hieß: »Der Führer kommt.« Hacken wurden zusammengeschlagen.

Ich rannte vor zur Souffleuse.

»Halt mir den Daumen und paß auf mich auf!« flüsterte ich.

Wir sahen durch das Guckloch. Tausend Leute standen auf, drehten sich zum Führer um und erhoben die Hand zum Gruß. Er stand vorn in der Loge, von einem Scheinwerfer beleuchtet, die Mütze bis unter die Augenbrauen, nur sein Schnurrbart war zu sehen. Er dankte mit hoch erhobener Hand und senkte den Arm mit einem femininen Schnörkel. Dann setzten sich alle. Gong.

Wir rannten zu unseren Stellungen.

Der Vorhang rauschte auseinander.

Der erste und der zweite Akt gingen gut vorbei.

Im dritten Akt, bei der Krönung des Dauphin, wendete ich mich plötzlich, ohne mir dies zu überlegen, von meinem Partner Brausewetter ab und sprach statt zu ihm in Richtung der Loge Hitlers: »Ihr Könige und Herrscher, fürchtet die Zwietracht, wecket nicht den Streit aus seiner Höhle, wo er

Rollenporträt als Jungfrau von Orleans, Zeichnung zu einer Premierenbesprechung in einer Berliner Zeitung, Januar 1935

schläft, denn einmal erwacht, bezähmt er spät sich wieder. Fort zündet an dem Brande sich der Brand.«
Ich hatte die Augen sehr weit aufgerissen, ich wurde sehr laut und überzeugend. Ich bekam so eine echte, schreckliche Angst um alle Menschen, um Deutschland, um mich selbst. Ich schrie richtig, und die Adern schwollen mir am Hals. Irgendwann kickste ich mit der Stimme vor Erregung. Mein ganzer Körper war eine einzige Gänsehaut. Es war keine Hellseherei. Ich sah nicht das brennende Hamburg vor mir, die zusammenstürzende Gedächtniskirche, das zerbombte Würzburg oder den zerstörten Stephansdom. Ich sah mich nicht als Flüchtling, verarmt, heimatlos. Aber irgend etwas Schreckliches sah ich doch, erregte mich tatsächlich. Die Person, die Weltgeschichte machte, die alle Fäden in der Hand hatte, konnte angesprochen werden.

Dann verhüllte ich mein Haupt und schluchzte in meinen Mantel hinein: »Verlangt nicht mehr zu wissen.«
Zum Ende lag ich als sterbender kleiner Soldat unter einem Wald von Fahnen. Ein kleiner Held, aber tot. Der Applaus war stark. Hitler klatschte lange und wie in Gedanken.

In der Reichskanzlei war anschließend eine kleine Premierenfeier.
Hilpert sagte ab wegen Übermüdung.
Als ich eintrat, kam mir sofort Hitlers Adjutant entgegen und brachte mich zu ihm.
Er streckte mir seine Hand hin, die weich und kraftlos war. Er sah mir tief in die Augen. Das tat er bei allen. Diesmal sah er mich nicht an wie ein Feldherr, nicht wie ein Reichskanzler oder ein Politiker oder das Oberhaupt eines Staates, sondern er sah mich an wie ein Mensch, der selten ins Theater geht, forschend, was wohl an der Johanna gespielt und was daran ich war. Dann legte er seine Hand auf meine Schulter, als wäre ich einer seiner SS-Männer, und sagte befehlend: »Setzen Sie sich dorthin!«
»Jawohl.«
Ich mußte erst Dr. Goebbels, dessen Frau und dessen Schwester und die anderen alle begrüßen und setzte mich neben den Adjutanten.
»Der Führer liebt dieses Stück von seiner Schulzeit her«, sagte Schaub. »Ja, ja, es gibt gewisse Parallelen, er und die Johanna sind aus einfachen Kreisen, volksverbunden, auserwählt, ihre Nation zu retten. Sie hörte Stimmen und er die Vorsehung.« Dann sah mich Schaub mit großen, gläubigen Augen an. »Unser Führer wäre absolut in der Lage, eine neue Religion zu gründen, wenn er die Zeit hätte.«
Wenn er die Zeit hätte? Ist das eine Frage der Zeit?
Aber nun richtete der Führer das Wort an alle. »Eine gute Inszenierung von Hilpert. Erstaunlich ist für mich nur, daß

man heutzutage die Johanna von Schiller spielt, als wäre sie von Shaw.«
Niemand wußte, ob es ein Verriß oder ein Lob sein sollte.
Frau Goebbels übernahm das Wort: »Das stimmt, mein Führer, es kommt sicher daher, weil unser historisches Empfinden anders geworden ist. Wir wissen ja alle, wie die französische Nation reagierte und Johanna dem Flammentod ausgeliefert hat, um sie später wieder heilig sprechen zu lassen. Die Shawsche Johanna kommt der Wirklichkeit näher und liegt uns mehr, weil wir zuviel wissen vom Undank der Völker.«
Hitler sah sie lächelnd an. »Das war typisch weiblich gesprochen. Dem Heldentum geht es nicht um Dank oder Undank. Ein Held ist man zwangsläufig. Aber es ist symptomatisch, daß Schiller das Heldentum der Johanna an ihrer Weiblichkeit scheitern läßt. Während die Johanna bei Shaw ein Neutrum bleibt. Ein Kind, von seinen Stimmen verunsichert. So, wie die Johanna eben auch von Ihnen gespielt wurde. Wie ich schon so oft prophetisch sagte, werden auch wir in die Geschichte eingehen. Aber wie die gefärbt werden wird, weiß man heute noch nicht.«
Es war nur ein kurzer Empfang. Zum Abschied sagte Dr. Goebbels zu mir: »Und sagen Sie Ihrer Johanna, es ist eine Utopie anzunehmen, daß es keinen Krieg gäbe. Der Friede ist nur die Pause zwischen zwei Kriegen.«

Ganz Gefühl sein, hinströmendes, verlöschendes Gefühl . . .

Knut Hamsuns Viktoria, eine Wunschrolle — Tribut an die Technik — Ein Heiratsantrag — Mathias Wieman, Gustaf Gründgens

Hamsuns *Viktoria*, das kühle, nordische Mädchen, das seine Liebe nicht zeigen konnte, voll Ablehnung war und alle Menschen verletzen mußte aus Stolz oder aus Hemmungen, liebte ich mehr als alle anderen Rollen. Wahrscheinlich, weil sie das Gegenteil von mir war. Ich war offen, warmherzig, problemlos und oberflächlicher. Damals.

Der Film *Regine* war ein außergewöhnlicher Erfolg und ein großes Geschäft, und man ist in der Filmbranche immer so gut wie der letzte Film, beziehungsweise wie das Geschäft des letzten Films. Der Produzent von *Regine* war Erich Waschneck. Er war aus kommerziellen Gründen bereit, mir die Sterne vom Himmel zu holen. Ich wollte aber nichts anderes als *Viktoria* drehen. Und so kaufte er die Rechte für den Stoff und gab mir die Rolle.

Ich war glücklich, denn ich ahnte nicht, welche Schwierigkeiten auf mich zukamen. Aus der Novelle ein ebenso gutes Drehbuch herzustellen, erwies sich als unmöglich. Das epische Werk konnte nicht zum Leben erweckt werden. Vielleicht hätte ein Genie von Drehbuchautor es gekonnt — aber wo war ein solches Genie? Wir hatten es nicht.

Erich Waschneck war ein lieber, guter Papi, der sein Handwerk beherrschte, der brauchbare Geschichten brauchbar erzählte. Aber diese gebrochene, diffuse, zerquälte nordi-

sche Geschichte einer unglücklichen Liebe war dem Familienvater aus Leipzig fremd. Er sagte »Na scheen, mir gefällt's nich, wenn ihr mich fracht, aber wenn Luischen es äben machen will, dann machen mer's äben. Een Geschäft wird's allemal, des ham mer ja an *Regine* gesähn. Das Mädel macht's schon.«
Von meiner Angst und meinem Verantwortungsgefühl dem großen Dichter gegenüber wußte er nichts. Er hätte sie auch nicht verstanden. Er hätte sie als hysterische, alberne Starallüren empfunden.
Weshalb ich diese Viktoria wirklich so liebte, weiß ich nicht. Denn ich war eine Fehlbesetzung. Dieses hochmütige, nordische Schloßfräulein mit gesellschaftlichem Dünkel hatte so gar nichts mit mir zu tun. Sie war eine unglückliche Liebe von mir, ebenso wie das Stück von unglücklicher Liebe handelt.
Viel später erst hätte ich die Reife gehabt, diesen Gletscher mit Vulkan zu verstehen, die innere Glut bei äußerer Glattheit. Später bin ich ihnen öfter begegnet, diesen Menschen, die Eisenringe um sich tragen und ihre Gefühle nicht zum Ausdruck bringen können. Heute hätte ich die Reife dazu, sie zu spielen; aber heute fehlt mir die Unreife.
Alles stand unter einem schlechten Stern. Die Außenaufnahmen machten wir aus Sparsamkeit nicht in Norwegen, sondern an der Ostsee. Die Besetzung meines Partners Johannes mit Albert Lieven war ebenfalls unglücklich. Albert hatte ein helles, freundliches Jungengesicht, das nichts mit dem Gesicht des zerquälten, grüblerischen Johannes zu tun hatte, mit dem Hamsun sich selbst meinte.
Meine Maske war unmöglich. Ich wollte nicht wieder aussehen wie Regine oder wie die Mizzi in *Liebelei*. Ich wollte weg von diesem Wiener Mädchentyp — Greta Garbo schwebte mir vor. O Gott, welch Unterfangen! Ich ließ mir eine Perücke machen mit langem, blondem Haar. Damals machte man aber Perücken noch nicht so gut wie heute. Die Haare

wurden auf dicken Stoff geknüpft und an einem dicken Perückenband befestigt. Ich hatte einen Riesenkopf. Auch die Kleider waren ungünstig. Sie hatten keine Linie.
Als ich nach den ersten Außenaufnahmen die Muster ansah, liefen lauter Hühner auf der Leinwand herum und eine Kellnerin — ich glaube, es war Carsta Löck — verscheuchte sie oder fing sie wieder ein.
»Was sollen denn diese Hühner und die Kellnerin? Die kommen ja gar nicht in *Viktoria* vor.« Ich war völlig überrascht.
»Nein«, sagte der Aufnahmeleiter, »Herr Waschneck hat nur schon alles für den nächsten Film *Krach um Jolanthe* mitgedreht.«
Ich war enttäuscht. So billig wollten sie das Thema verheizen? So lieblos? So konnte man doch ein Werk der Weltliteratur nicht behandeln.
Das Propagandaministerium überprüfte die Muster der wichtigsten Filme. Die Muster von *Viktoria* wurden als schlecht bewertet. Der Film wurde abgebrochen, und Erich Waschneck bekam als Produzent alle Unkosten ersetzt.

Die Ufa fing mit neuer Besetzung den Film nochmals an. Die Außenaufnahmen wurden in Norwegen gedreht. Regie hatte Carl Hoffmann, der meisterliche Kameramann des *Nibelungen*-Films. Die Wortregie bekam Alfred Abel. Diese Lösung war auch nicht ideal. Ich wäre am liebsten — ausgestiegen, aber mein Name war ein Garant für ein gutes Geschäft.
Ich weiß heute noch keine ideale Besetzung für dieses merkwürdige Mädchen. Vielleicht Hamsuns Tochter selbst, die in Deutschland lebte und erzählte, wie feige ihr Vater, was für ein schlechter »Schreiberling« er sei und wie sehr sie ihn hasse. In Wahrheit aber liebte sie ihn vielleicht.
Diese Selbstquälerei, dieser Masochismus, diese Haßliebe waren das Thema der Novelle.
Die Besetzung des Johannes mit Mathias Wieman geschah in

einer Sternstunde der Filmgeschichte. Er war der einzige, der genauso war, wie Hamsun ihn geschrieben hatte. Er war der Johannes schlechthin. Wenn er neben mir, dem Schloßfräulein, mit plumpen, langen Schritten, mit großen derben Schuhen herging und, als würde er eben erst den Text langsam finden, mit schwerer Zunge sprach, dann war er wirklich der Sohn des Müllers.

Wir drehten an den Fjorden Norwegens, die silbern in der Sonne glänzten, und in den schmalen Gassen der Stadt Bergen hoch oben im Norden.

An einer kleinen Steintreppe stand ich in einem gelben Kleid mit einem Sonnenschirm — so wollte es der Dichter. Johannes hielt meine Hand in der seinen und sah zu mir herunter, die hellblonden buschigen Augenbrauen hingen über seine blauen Augen, traurig und melancholisch.

»Ich sehe, Sie tragen einen Ring«, er lächelte und sah gleichgültig aus, »darf man gratulieren?«

Ich wandte mich ab, öffnete mein Kleid ein wenig vorne an der Brust und zog ein Papier heraus. Der Dichter schrieb dazu: Der Duft ihres Körpers stieg von dem Papier auf.

»Ja«, sagte Johannes, »das habe ich geschrieben. Dank, daß Sie es verwahren. O Viktoria, ich möchte Ihnen versprechen, etwas zu werden, viel zu werden, unerhört viel sogar. Ich bin voll ungeschehener Taten. Verzeihen Sie, wenn ich zuviel hoffe und zuviel glaube. Es ist der glücklichste Tag, den ich je erlebt habe.«

Mathias Wieman hatte Mut zum Pathos. Sein Ton ergriff mich. Ich nahm seine Hand und zog ihn in das Tor.

»Ich will nicht mit hinein«, sagte er.

Ich wandte mich ihm zu. »Ich liebe Sie, verstehen Sie? Sie sind es, den ich liebe.« Ich schlang meine Arme um ihn und zog seinen Kopf zu mir herunter. »Sie sind es, den ich liebe.« Ich eilte die Treppe hinauf.

Als ich Mathias Wieman sechs Jahre später in Wien bei der Premiere von *Annelie* traf, sah er auf meine Hand mit melan-

Filmprogramm »Viktoria«, 1935, mit Mathias Wieman

cholischem Blick: »Ich sehe, Sie tragen einen Ring.« Er lächelte und sah gleichgültig aus. »Darf man gratulieren?«
»Ja, danke«, sagte ich, »ich habe mich verheiratet.«
Alfred Abel wollte natürlich nicht ganz umsonst da sein. Er kam auf die Idee, daß mein »r« nicht richtig sei. Er meinte es gut, aber gut meinen hilft wenig, wenn es nicht gut tut. Er kam nach jeder Szene aus der Tonzelle und monierte: »Du mußt das ›r‹ hinten im Rachen sprechen und nicht vorne mit der Zunge, das ist so österreichisch. Du spielst doch hier nicht die Regine oder einen Schnitzler, Kind, das ist doch Hamsun.«
Was sollte ich tun? Ich konnte doch meine Sprache nicht ändern. Er hatte schon recht, aber das war ja mein großes Problem.
Ich hätte natürlich sagen können: Geben Sie doch hier keinen Schauspielunterricht. Lassen Sie mich doch zufrieden mit diesem lächerlichen »r«, darauf kommt es ja nun wirklich nicht an. Aber dann hätte er natürlich gesagt: Entschuldigen Sie — und er hätte mich sicher nicht mehr geduzt —, ich bin hier als Wortregisseur engagiert und habe dafür die Verantwortung übernommen. Sie werden also meine Kritik akzeptieren müssen.
Ich nickte nur, lächelte und bekam zu hören: »Also bitte, noch einmal die Szene, und vergiß nicht das ›r‹.«
Was zwischen den Zeilen lag, was so wichtig war bei Hamsun, ein Blick, ein Zittern der Stimme, ein zaghaftes Streicheln, ein Lächeln, das in Trauer überging, dabei half mir niemand. Immer nur dieses gottverdammte »r«. Aber ich durfte mich durch diese Wortregie nicht stören lassen, ein Krach hätte jede Schwingung kaputtgemacht und meiner Viktoria mehr geschadet als genützt. So lächelte ich nur müde und sagte: »Ach, schon wieder dieses blöde ›r‹, ich werde daran denken.« Und ich versuchte, es so schnell wie möglich zu vergessen. Hilfe gab es keine für mich.
Der Brief, den Viktoria vor ihrem Tod an ihren Geliebten

schrieb, dieser Brief wurde von mir gesprochen, in Großaufnahme, viele Meter. Nur manchmal wurde der Brief durchgeblendet. Die Kamera fuhr unmerklich auf mich zu, immer näher, kroch in mich hinein, das Licht wurde dunkler, Schweißperlen traten auf meine Stirn, Tränen in die Augen. Ein kleines Husten, ein Ringen nach Luft, ein Lächeln — nicht zu lange, denn die Meterzahl mußte genau eingehalten werden. Dann das Keuchen einer Sterbenden — aber nicht zu leise, sonst hörte es der Tonmeister nicht, aber auch nicht zu laut, sonst klang es wie ein Donner.

Ich bin viele Tode gestorben.

Ein Teil meines Gehirns war verantwortlich für den körperlichen Verfall, die anderen Gehirnzellen mußten den Text bringen, klar wie gestochen. Es waren die Worte eines großen Dichters. Und eine dritte Schicht meines Denkens schließlich achtete auf die Technik, auf bestimmte Momente, bei denen der Kopf rechts kommen mußte, weil die Kamera schwenkte, bei denen die Tränen ausbrechen mußten, weil der Scheinwerfer auf meine Augen gerichtet war, und bei denen ich langsam über die Stirn streichen mußte, wie um meine Gedanken zu sammeln, weil es das Kommando für die Weiterfahrt der Kamera war.

Mein ganzes Ich aber mußte die Technik vergessen und ganz Gefühl sein, hinströmendes, verlöschendes Gefühl.

Eleonora Duse, die größte Schauspielerin aller Zeiten, verdunkelte schon nachmittags ihr Zimmer, wenn sie abends eine traurige Rolle spielen mußte. Gegen 17 Uhr fing sie an, sich einzuweinen. Sie weinte bis abends. Das war damals.

Im technischen Zeitalter müssen wir funktionieren. Unsere Gefühle müssen einfach klappen. Ein Schalter wird angeknipst, ein Licht leuchtet auf. »Alles fertig?«

Meine liebe, alte französische Garderobiere Alice, die schon im *Rebell* bei mir war, zupfte an meinem Nachthemd herum: »Madame, vorsichtig bei Bewegung, sonst kommt Busen raus.«

Der Maskenbildner Willy Grabow betupfte mit der Puderquaste mein Gesicht. »Beim Weinen nicht so viele Falten machen«, flüsterte er.
Ich nickte nur und atmete schwer.
Der Mann mit der Klappe kam. »Können wir?«
Mein Herz klopfte wie verrückt, mein Blut hämmerte in den Schläfen vor Aufregung. Drei Sirenentöne erbaten absolute Ruhe. Der Klappenmann hielt mir die Klappe vor die Nase.
»Nicht so laut klappen«, der Regisseur meinte das verständnisvoll.
»Nicht so laut? Dann hör ich doch nichts«, brüllte aus der Tonzelle der Tonmeister.
»Also gut, dann laut«, schrie Carl Hoffmann sofort verärgert.
»Ton ab«, brüllte nun der Kameramann, der sich übergangen fühlte.
Sterbebereit lag ich da. Innerlich stellte ich mich auf den Text und auf die Stimmung ein: »Lieber, lieber Johannes ...«
Der Klappenmann hielt die Klappe vor meine Nase. Darauf stand »*Viktoria* — Sterbeszene 1. Mal«.
»Nicht so nah«, sagte Carl Hoffmann.
»Näher«, schrie der Kameramann, »ich sehe ja nichts!«
»Los jetzt«, schrie der Regisseur.
Es klappte so wütend vor meinem Gesicht, daß ich zusammenzuckte. Der Staub der Kreideschrift rieselte auf mein Gesicht, kitzelte mich in der Nase. Die Luft war erfüllt von dem Kreidestaub, der Hals wurde davon trocken.
»Lieber, lieber Johannes ...«
Der Kameramann unterbrach.
»Herrschaften, so geht das doch nicht. Ich seh' ja ihr Gesicht nicht vor lauter Staub. Man muß eben dünner schreiben, sonst dauert es so lang mit dem Kreidedreck. Ick bin ja schon losjefahrn.«
Dann kam »*Viktoria* — Sterbeszene 2. Mal, 3., 4., 5., 6. Mal.«

Dann konnte ich nicht mehr weinen. Ich bekam Tropfen in die Augen. Sie brannten furchtbar. Die Schminke wurde verwischt, ich mußte neu geschminkt werden. Die Augenränder wurden immer dunkler und tiefer, und das Gesicht verfiel immer mehr.
Endlich, beim zehnten Mal, hatten wir die Szene im Kasten. Ob sie die beste war? Das weiß ich nicht. Die Technik war in Ordnung, und die »r« gefielen Herrn Abel.
Ich lag einsam und ausgelaugt im Bett und wiederholte für mich allein noch einmal den Text, ohne Technik. Da war ich gut.

> »Lieber, lieber Johannes, wenn Sie diesen Brief hier lesen, bin ich tot, und wir werden uns nie mehr sehen können. Ich bereue jetzt, daß ich Ihnen nicht zeigen konnte, wie unbeschreiblich ich Sie liebte. Johannes, es ist merkwürdig zu denken, daß ich nichts anderes ausgerichtet habe, als auf die Welt zu kommen, um Sie zu lieben und jetzt vom Leben Abschied zu nehmen. Lieber Gott, Sie sollten wissen, wie ich Sie geliebt habe. Das konnte ich Ihnen niemals zeigen, es stand soviel im Weg, vor allem meine eigene Natur. Lieber Freund, mein einziger Geliebter auf dieser Erde, ich habe nur Sie geliebt in meinem ganzen Leben. Viktoria ist es, die dies schreibt, und Gott liest es über meine Schulter. Leben Sie wohl, Johannes, für immer leben Sie wohl, ich kann nicht mehr, mein Geliebter ...«

»Madame, Madame«, Alice zupfte mich sanft, »fini, komm, Madame, wir gehen.«
»Alice«, rief ich, »jetzt weiß ich, wie die Szene sein muß. Wo sind denn alle?«
»Wo alle sind? Die meist' in der Kantine. Die Beleuchter ess' Mittag.«
»Können sie nicht noch mal kommen? Hol sie doch zurück! Ich muß die Szene unbedingt noch einmal spielen.«

Alice sprach mit mir wie mit einem Kind.
»Madame, sei vernünftig. Wir haben Szene zehnmal gedreht. Alle haben Nase voll. War très bien. Busen ist nicht rausgerückt.«
Der Maskenbildner packte seine Sachen zusammen. »Mahlzeit«, sagte er.
»Willy« rief ich, »wie war die Szene?«
»Gut«, sagte er, »Sie haben fast keine Falten gemacht.«
Aus der Tonzelle kam Alfred Abel. Er nickte mir im Vorbeigehen zu. »Die ›r‹ waren fast in Ordnung.«
Der Regisseur war schon an der Türe. Er hatte sich eine Zigarette angesteckt.
»Carlchen«, schrie ich ihm nach, »wie war's denn?«
»Was denn?«
»Die Szene.«
»Gut«, sagte er, »mit dem Schnitt werden wir es schon hinkriegen, aber es war recht ordentlich.«
Er konnte nicht zurückkommen. Die Zigarette brannte schon, und rauchen war im Atelier verboten.
»Nein, ich meine, wie ich gespielt habe?«
Er dachte nach: »Ehrlich gesagt, darauf habe ich gar nicht geachtet, mir war nur wichtig, daß die Kamera klappte und die war 1a. — Mahlzeit.«
Mathias Wieman war sensationell gut als Johannes. Er war der große Erfolg des Films. Mein Erfolg war groß — für mich selbst. Ich bekam eine Ahnung vom bittersüßen Stachel des Lebens, von Dimensionen außerhalb meiner Möglichkeiten, von einem Weltschmerz, der die Menschheit, seit sie aus dem Paradies vertrieben wurde, befällt wie ein wildes Tier, und der sie quält wie eine Art Heimweh. Und ich bekam eine Ahnung von der menschlichsten aller Eigenschaften, sich selbst im Weg zu stehen und alles kaputtzumachen bis zur Selbstzerstörung. Ich bekam eine Ahnung von der tödlichen Kraft der Liebe und dachte nicht mehr an *Liebelei*.
Nach der Premiere in Berlin bekam ich ein großes Foto von

Knut Hamsun in einem Silberrahmen: »Meiner Viktoria Luise Ullrich Dank und Gruß, Knut Hamsun«.
Ein Jahr später spielte ich am Berliner Staatstheater *An des Reiches Pforten* von Hamsun. Lothar Müthel war mein Partner und Gründgens führte Regie. Die Arbeit war genauso quälend wie bei *Viktoria*. Seine halben Töne herauszubekommen, das Unausgesprochene transparent zu machen, das ging an die Nerven.
Nach der Generalprobe kam Gustaf Gründgens auf die Bühne, küßte mich und sagte: »Ich danke dir, du warst fabelhaft.«
Ich war glücklich. »Hat es dir gefallen?« fragte ich spontan. Ich vergaß für einen Moment, daß er der Intendant war.
Gründgens richtete sich auf, wurde kühl, ablehnend und sagte eisig: »Ja, Sie waren sehr gut.«
Auch ein Hamsun-Mensch.
Er las ein Telegramm vor, das er gerade von Knut Hamsun erhalten hatte, mit dem Inhalt: »Bitte mein Stück *An des Reiches Pforten* sofort zurückziehen. Bin zu der Erkenntnis gekommen, daß es sich zur Aufführung nicht eignet.« Die Vorstellungen waren ausverkauft, wie stellte er sich das vor?
Natürlich spielten wir das Stück, und es wurde ein großer Erfolg.
Nicht nur mir machte Hamsun Schwierigkeiten, sondern auch dem Hamsun war der Hamsun nicht geheuer.
Die Begegnung mit solch einem Dichter, mit solch einer Figur wie der Viktoria kostete Kraft. Ich zitterte, ich schlief nicht, ich schreckte nachts hoch und weinte grundlos.
Mein Freund Victor de Kowa verstand das nicht. Er hatte eine ganz andere Auffassung von unserem Beruf. Ich glaube, alle Schauspieler haben von ihrem Beruf unterschiedliche Auffassungen.
Er sagte: »Wie du das machst, wie du dich aufregst, das ist überflüssig und übertrieben. Zieh dir ein enges Blüschen an, daß man deine nette Figur richtig sieht, schmink dir die Lip-

pen knallrot, Parfüm hinter die Ohrläppchen, hohe Hackenschuhe, damit du 'nen schicken Gang bekommst, und dann sag deinen Text. Das reicht für die Gage.«
Ich ließ ihn reden. Da war keine Verständigung möglich. Vielleicht hatte er recht, aber es war eben nicht mein Weg. Ich mußte meinen Weg gehen, wenn auch manches übertrieben oder überflüssig schien.

Um mich endgültig von der Rolle der Viktoria zu trennen, ging ich in den »Weißen Hirsch« nach Dresden. Ich wollte mich in diesem berühmten Sanatorium erholen.
Bei einem Cocktail, den Professor Dr. Störmer, der Chefarzt der Klinik, gab, wurde mir der Primarius der Frauenklinik vorgestellt, Professor Dr. Warnekros. Er war der Typ des Mannes mit den grauen Schläfen, ein sehr gut aussehender, breitschultriger Mann. Vielleicht war es auch nur sein gutgeschnittenes Jackett, das ihn so breitschultrig wirken ließ. Seine dichten schwarzen Haare — nur an den Schläfen meliert — waren glatt und fest an den Kopf frisiert.
Er neigte sich zu meiner Hand herunter und küßte sie fast. Seine großen Augen blickten intelligent, kühl und abschätzend.
»Meine angebetete Viktoria«, sagte er mit tiefer Stimme.
Mir wurde gleich heiß und kalt. »Wieso? Der Film lief doch noch gar nicht in Dresden.«
»Ich habe Ihre Bilder gesehen. Ist denn diese Novelle überhaupt zu verfilmen? Es ist mein Lieblingsbuch.«
Ich wunderte mich. Weshalb liebt so ein Primarius ausgerechnet Hamsun? Er sah aus wie Clark Gable und Stewart Granger zusammen. Angeblich bekamen Frauen eigens Kinder, um bei ihm zu entbinden. Er soll gesagt haben: »Das größte Problem eines Frauenarztes ist nicht die Patientin, sondern wie man aus dem Zimmer der Patientin wieder hinauskommt. Wenn die Frauen so verführerisch in entsprechender Beleuchtung daliegen und ihr Blick ›nimm mich‹

sagt, wie soll man da gehen, ohne sie zu verletzen?« An diesen Ausspruch mußte ich denken.
»Sie haben leicht lachen. Sie fahren zurück nach Berlin. Aber dieses Dresden ist doch furchtbar. Ich halte es hier nur aus, weil ich jedes Wochenende nach Paris fahren kann. Ich habe ein Laisser passer, damit kann ich Deutschland verlassen, wann ich will. Zum Glück habe ich an der Riviera eine Patientin, nach der ich jede Woche sehen muß — offiziell.« Er lächelte ein bißchen zweideutig. »Hier wäre ich schon längst eingegangen, in diesem Spießernest. Ununterbrochen ›Heil Hitler‹, ›Heil Hitler‹, ›Heil Hitler‹.«
Er war eine internationale Kapazität und wurde von den Nazis geschätzt und verwöhnt. Die griechische Königin war seine Patientin, und man hatte mir erzählt, seine Freundin sei Baronin Rothschild.
Er fuhr fort: »Ich fahre jeden Freitag nach der Abendvisite mit dem Schlafwagen nach Paris. Dort holt mich ein schwarzer Cadillac mit Chauffeur ab. Mittags bade ich schon an der Riviera und Montag früh stehe ich wieder im OP und sage ›Heil Hitler‹. — Wollen wir morgen zusammen essen? Ich schicke Ihnen meinen Fahrer.« Er hatte eine so selbstsichere, weltmännische Art zu sprechen; ich fühlte mich ganz geehrt.
Das Kleid, das ich anzog, war raffiniert. Lang, dunkelblau, eng, mit einer goldenen Borte vorne über dem Dekolleté und hinten hinunter bis zum letzten Rückenwirbel. Der nackte Rücken, das Dekolleté und die Arme waren mit durchsichtigem, blauem Tüll bedeckt. Ich war ganz schlank, wie ... wie meine Töchter heute.
Als wir durch den Speisesaal des Hotels gingen, hörten die Leute auf zu essen. Sie verstummten, flüsterten sich meinen Namen zu, sahen uns nach, und einige applaudierten leise. Der Professor verneigte sich galant ein wenig zu ihnen hin. Die Ober kamen gelaufen und standen um unseren Tisch. Der Geschäftsführer begrüßte uns, obwohl ich keine griechi-

sche Königin und keine französische Millionärin war. Ich sah, wie stolz der Professor war.
»Es ist ganz entzückend, mit Ihnen auszugehen, mein Kleines.«
Noch nie hatte jemand »mein Kleines« zu mir gesagt.
»Von einem leuchtenden Star fällt auch ein wenig Licht auf den kleinen Provinzarzt.«
Er bestellte ein raffiniert ausgedachtes Souper und dazu einen Chambertin, nicht zu kalt, leicht vorgewärmt. Der Mann war Weltklasse.
Meine Art zu kokettieren bestand darin, die Männer zum Lachen zu bringen. Das gelang mir sehr gut bei ihm, denn für ihn war ich ein neuer Typ. Er war nur etwas dickliche Majestäten gewöhnt, die schön und edel waren, vor Erotik glühten und ihre Augen auf- und zuschlugen, keine Spur von Humor oder Esprit.
Zum Abschluß tranken wir Kaffee.
»Was machen Sie als nächstes?« fragte er interessiert.
Ich erzählte von dem Plan, in Wien Theater zu spielen, eine Komödie mit dem Titel *Die unentschuldigte Stunde*. In diesem Stück geht es um einen berühmten Professor, der ein junges Mädchen heiratet, das noch in die Schule geht. Die Haushälterin bringt ihr das Frühstück nach und ruft manchmal: »Frau Professor, bitte schlittern Sie nicht«. Und so gibt es eine Menge lustiger Situationen.
Er wurde immer ernster und sah mich mit großen Augen an.
»Es gibt nur zwei Möglichkeiten. Entweder ich nehme hier Urlaub und spiele diese Rolle mit Ihnen in Wien als Ihr Partner. Ich bin sicher kein schlechter Schauspieler, und man sagt, ich wäre eine Bühnenerscheinung. Bei unserem Abiturfest habe ich einmal Triumphe gefeiert.«
»Oder?«
»Ja, das wäre eigentlich die bessere Lösung. Sie fahren nicht nach Wien, sondern ...« Er machte eine Kunstpause und lachte so tief wie Clark Gable.

»Sondern?«
»Sie heiraten mich und wir spielen dieses Stück im Leben. A votre santé!«
Er tupfte den Wein mit der Serviette von seinen Lippen. »Sie lachen, aber ich meine es ernst. Sie sind auf dem Höhepunkt Ihrer Karriere, ich bin es auch. Jeder ist in seiner Art etwas geworden. Wir müßten es eigentlich jetzt genießen. Das könnten wir doch gut miteinander tun, was meinen Sie?«
Ich war etwas ärgerlich. Ich konnte mit all dem nichts anfangen.
»Mein liebes Kleines«, sagte er, »eigentlich können Sie stolz sein, Sie sind die erste Frau, der der alte Professor einen Heiratsantrag macht. Denken Sie darüber, wie Sie wollen. Wir könnten ein paar herrliche Jahre miteinander verleben. Später erben Sie alles und sind eine lustige Witwe. — Herr Ober, die Rechnung, bitte.«
Er brachte mich hinauf zum »Weißen Hirsch«, zu der Dependance, in der ich wohnte. Er stieg mit mir aus.
Ich sah ihn fragend an.
Er beruhigte mich: »Ich muß mir doch das Theaterstück holen, Kleines, damit ich meine Rolle lernen kann.«
Auf dem Tisch stand eine Vase mit 100 Rosen.
»Von wem sind die Rosen denn?« fragte er eifersüchtig.
»Von Victor.«
»Was für einem Victor?«
»Wissen Sie das nicht? Von Victor de Kowa, meinem Freund, den liebe ich nämlich.«
Es berührte ihn nicht. »Das hört ab jetzt auf«, sagte er lachend.
Er zog mich so fest an sich, daß meine Rückenwirbel krachten.
»Aha«, sagte er, »da siehst du mal, Kleines, was ein richtiger Mann ist.«
Dann bog er mich nach hinten und küßte mich.
Sein Ruf als weltberühmter Frauenarzt, als Mann mit unge-

heurem Sex-Appeal gab ihm ein Image, daß ich ganz hingegeben in seinen Armen hing. Das genoß er eine Weile. Dann setzte er sich auf die Couch, zog mich auf seinen Schoß, lehnte sich an und schaukelte mich hin und her. Ich spürte, daß er gewöhnt war, von Frauen verführt zu werden und jetzt eigentlich nicht wußte, was er tun sollte, und ich wußte es auch nicht. Da merkte ich, wie sehr er ein Hamsun-Mensch war. Er zögerte, er hatte Angst, er stand sich im Weg. Er küßte mich sanft und verlegen auf die Wange und stand schnell auf.

»Jetzt muß der Herr Professor aber ganz schnell gehen, sonst ist er noch morgen früh bei seiner Schülerin, oder wie es in deinem albernen Theaterstück so geht.«

Er zog seinen Mantel an, setzte sich den Hut auf und ging ohne zu grüßen. Aber die Haustür war zugesperrt. Er kam wieder, legte seinen Hut auf den Tisch und den Mantel dazu.

»Ein echter Don Juan springt aus dem Fenster. Wie hoch sind wir eigentlich?«

Er öffnete das Fenster und schwang sich geschickt hinaus. Es war nicht hoch. Hut und Mantel reichte ich ihm nach. Er warf mir eine Kußhand zu.

»Es war die Nachtigall und nicht die Lerche, Kleines. Ich habe alles ernst gemeint, was ich gesagt habe. Morgen fahre ich nach Paris. Am Wochenende bin ich an der Riviera und werde an dich denken. Am Montag sehen wir uns.«

Ohne sich umzusehen, ging er.

An der Tapete, wo er seinen Kopf angelehnt hatte, glänzte ein dunkler Fleck von seiner Haarpomade.

Es war alles nicht so ernst gemeint. Es war nur ein Scherz, ein komischer Scherz. Statt mit mir das Wochenende zu verbringen, fuhr er also doch zu seiner Baronin Rothschild.

Ich ging zu dem Fleck an der Tapete und sagte: »Und übrigens, Herr Professor, könnten Sie mein Vater sein.«

Am Montag war ich wieder in Berlin.

»Sehnsucht, wohin führst du mich?«

Lehrmeister Paul Verhoeven — Unruhe des Herzens — Reise nach London — Ein Hollywoodvertrag — Abschiedsbrief in Gedanken an Victor de Kowa — Rio de Janeiro — Adolf Wohlbrück, Robert Taylor, Louis B. Mayer

Das Propagandaministerium war nicht mehr in der Lage, alle Filmvorhaben nach Inhalt, Moral und volkspolitischer Wichtigkeit zu überprüfen.

Unter der Leitung von Emil Jannings und Veit Harlan wurde ein Kunstausschuß gegründet, der diese Aufgabe übernehmen sollte. Aber auch dieser Ausschuß war überfordert und konnte keine rechtzeitigen Zu- oder Absagen mehr geben.

Die Ufa und die Tobis mußten aber eine bestimmte Anzahl Filme fertigstellen und frühzeitig mit dem Aufbau der Dekorationen beginnen.

Der oberste Mann der Tobis, Otto Lehmann, reichte das Drehbuch für *Der Tag nach der Scheidung* ein. Er bekam monatelang keinen Bescheid und entschloß sich, da es sich um eine harmlose Komödie handelte, auf eigene Verantwortung anzufangen. Als die Bauten fast fertig waren, fanden die Herren des Ausschusses den Film zu harmlos und verboten die Arbeit. Die Tobis aber hatte schon viele große und politische Filme, sie brauchte ein kleines Lustspiel dazwischen, und Otto Lehmann war sicher, im Nachhinein die Zustimmung der Herren zu finden. Er bestellte Paul Verhoeven, der schon damals ein sehr erfolgreicher, von Einfällen sprühender Theaterregisseur war, und fragte ihn, ob er es wagen würde, diese kleine Komödie zu bearbeiten und in ganz kurzer Zeit zu drehen. Paul Verhoeven wagte es. Er schrieb nur Dialoge ohne Kameraführung, bestand aber auf der Besetzung von Hans Söhnker für die Rolle des Liebhabers, Johannes Riemann für die Rolle des Ehemanns, und ich sollte die junge Frau spielen. Friedl Behn-Grund wurde Kameramann. Wir gingen ins Atelier und begannen den Film.

Eine scharfe Auseinandersetzung zwischen Veit Harlan und Paul Verhoeven folgte. Harlan fühlte seine Autorität übergangen. Verhoeven sagte ihm: »Sie sind Regisseur, und ich bin Regisseur. Ich würde Ihnen auch nicht vorschreiben, welche Filme Sie machen dürfen und welche nicht.« Paul Verhoeven blieb Sieger.

Es war ein Vergnügen, mit ihm zu arbeiten.

Ich bevorzuge immer Schauspieler als Regisseure. Sie haben mehr Verständnis. Sie kennen unsere Probleme. Paul Verhoeven hat eine leichte Hand. Er improvisiert voll Humor. Seine Regie ist leise, voll Anmut. Der Zuschauer soll den Eindruck bekommen, als belausche er durch ein Schlüsselloch ein paar Menschen.

Was Verhoeven mir sagte, war wesentlich:

Wir probierten eine Szene. Ich saß mit Hans Söhnker in einem Restaurant, plötzlich trat Riemann, der meinen Ehemann spielte, ein. Ich sollte ihn erblicken und erschrecken. Es war keine wichtige Szene, und der Kameramann wollte sie schnell drehen. Aber Paul winkte ab.

»Würdest du einen Augenblick mit mir kommen?«

Wir gingen beiseite, wo uns niemand hören konnte. Er wollte mich nicht blamieren und sagte leise: »Erschrick doch nicht so furchtbar deutlich. Hör mal zu, Luise, jeder im Publikum weiß, daß du erschrecken mußt, wenn du von deinem Ehemann überrascht wirst. Du mußt das nicht demonstrieren, das Publikum ist sehr routiniert. Guck nur einfach hoch, und jeder denkt: Aha, die erschrickt. Die Kunst, wegzulassen im Ausdruck, ist die wichtigste. Verlaß dich auf die Dramaturgie der Begebenheiten!«

In voller Harmonie beendeten wir den Film, und als er durch die Zensur ging, bekam er das Prädikat »Künstlerisch wertvoll«.

Der Film *Der Tag nach der Scheidung* war beendet. Aber der Tag der Scheidung hatte begonnen. Ich konnte es in Deutschland nicht mehr aushalten. Eine Unruhe hatte mich ergriffen. Alles beengte mich. Ein Drehbuch glich dem anderen. Der nächste Vorschlag der Ufa war wieder die Rolle einer jungen Frau zwischen Ehemann und Geliebtem. Ich kannte jeden Gesichtsausdruck von mir, jede meiner Möglichkeiten zu lächeln oder zu weinen. Ich konnte sie numerieren. Ich wollte diese Form sprengen. Der Wind sollte mir um die Nase pfeifen oder besser noch der Sturm. Ich hatte ja noch gar nicht richtig gelebt, immer nur aus zweiter Hand, immer nur Schicksal auf der Bühne oder im Film dargestellt. Eine Rolle nach der anderen. Sollte das das Leben sein? Ich fühlte mich so »gesettled«. Ich hatte Haus, Chauffeur, Auto und Bankkonto. Es war der Lebensstandard eines Menschen auf dem Gipfel seiner Möglichkeiten, aber nicht der eines jungen Mädchens. Ich hatte Angst zu stagnieren. Alle Leute auf der Straße drehten sich nach mir um. »Guck mal, das ist doch die Luise Ullrich.« Nichts konnte ich unbeobachtet tun. »Wir haben Sie heute bei Habel gesehen, oder dort — oder — dort . . . Das Kleid, das Sie anhaben, hatten Sie schon in diesem oder jenem Film an . . .«
Dies alles beengte mich.
Ich wollte weg, solange es noch ging.
Bob Ritchie, mein amerikanischer Manager, ließ mich wissen, daß er zur Zeit mit Louis B. Mayer in London sei. Dort sollte ich ihn besuchen.
Jetzt wollte ich den schon lange besprochenen Vertrag mit Hollywood unterzeichnen.
Victor brachte mich mit seinem Wagen zum Flugplatz Tempelhof. Er redete die ganze Fahrt und gab mir Ratschläge. Ich sagte kein Wort.

»Ich finde es ganz gut, daß du mal hinfliegst und dir anhörst, was sie dir anbieten. Seit drei Jahren geht das nun schon mit diesem Bob Ritchie. Hockt bei uns rum, ohne je einen Vertragsvorschlag zu machen. Wenn sie jetzt deine Forderungen hören, machen sie bestimmt einen Rückzieher.«
Das war seine große Hoffnung.
»Ich würde nie nach Hollywood gehen. Ich bin zufrieden. Hier kennt mich jeder. Ich hätte keine Lust, wieder als Null ouvert anzufangen. Unsere Sprache ist nun mal deutsch. Ich käme auch in keiner anderen Sprache an, weil ich nicht Schnauze reden könnte, und dann wäre ich nicht mehr ich. Aber nun flieg nur mal, du wirst schon sehen, was dabei rauskommt.«
Seine größte Angst war, ich könnte nach Hollywood gehen, dort Erfolg haben und ihn vergessen.
»Was sollst du dort zwischen den Emigranten? Ein Fremdling wärst du, ein unangenehmer Outsider. Was meinst du, wie gerne die alle wieder hier wären, wenn man sie nur ließe. Aber nun flieg nur, sonst machst du mir mal Vorwürfe, ich hätte dir deine große Chance vermasselt.«
»Stimmt.« Ich meinte es ernst.
Der Abschied fiel uns schwer, ich hatte das sichere Gefühl, daß sich etwas Endgültiges ereignet. Irgend etwas kam ins Rollen und war nicht mehr aufzuhalten. Wir umarmten uns.
»Ich halt' die Daumen, wofür, das sag' ich nicht.«
Ich wußte, er hielt Daumen, damit es nicht klappen sollte.
Es war zum Heulen. Je mehr er merkte, daß ich weg wollte, desto mehr wollte er mich halten. Und um so stärker drängte ich weg. Ich fühlte mich auch durch ihn beengt. Es war eben das verflixte siebente Jahr. Ich hatte ein schlechtes Gewissen, weil ich ihn nicht mehr liebte. Er tat mir leid. Und wenn ein Mann einer Frau leid tut, dann ist es aus.

In London holte mich ein kleiner, graziöser Mann, Mr. Tau, der Reklamechef der MGM, mit einer großen Limousine am Flughafen ab.

»Wie ich höre, werden Sie morgen den Vertrag bei uns abschließen«, begrüßte er mich fröhlich.
»Aber nein«, sagte ich erschrocken, »ich muß es mir erst noch überlegen. Halten Sie es nicht für ein großes Risiko?«
Er schüttelte seinen kurzgeschorenen Igelkopf voll Staunen über soviel Unsicherheit. Mit unnachahmlicher Logik, zu der nur Amerikaner fähig sind, stellte er fest: »In Deutschland sind Sie ein Topstar. Viel mehr können Sie da nicht mehr machen. Wollen Sie sich mit Ihren 25 Jahren schon zur Ruhe setzen?«
Er hatte recht.
Vor dem Ritz-Hotel stiegen wir aus. Ich hätte mir das teure Hotel nicht leisten können, ich hatte ja keine Devisen. Aber ich war Gast der MGM. Hinter uns hielt ein Taxi, aus dem ein junger Mann stieg.
Der kleine Mr. Tau stupste mich an. »Kennen Sie den?«
Wir blieben stehen und warteten, bis er gezahlt hatte. Es war ein großer Bursche mit breiten Schultern und unglaublich schmalen Hüften. In Europa hatten die Männer damals noch nicht solche Schultern und Hüften. Es muß mit dem Essen oder mit dem Training zusammenhängen, denn heute sieht man auch bei uns solche Figuren. Er trug ein Sporthemd, vorn offen, und sein helles Jackett lässig unter den Arm geklemmt. Sein dunkelbraunes, welliges Haar zeichnete einen spitzen Ansatz in seine helle Stirn, seine Augen leuchteten sanft wie brauner Samt, und sein Mund war verträumt und schön wie der Mund des Dorian Gray. Alles an Robert Taylor war überirdisch schön.
Vor einigen Tagen hatte ich ihn mit Greta Garbo in der *Kameliendame* gesehen, aber in Wirklichkeit war er noch viel schöner, jünger, menschlicher. Das Kostüm hatte ihn steif gemacht und ihm den modernen Charme genommen, den er trotz seiner Romantik hatte.
Mr. Tau beobachtete mich. Er schien eine Idee zu haben und rief: »Hi Bob!«

Die beiden begrüßten sich, und Mr. Tau erzählte ihm etwas über mich. Ich sah, wie Robert Taylor interessiert zuhörte und mir ein paar schnelle Blicke zuwarf, voll Hochachtung und voll Interesse. Ich hörte nur: »The greatest — just wonderful — she is unbelievable good.« Der Reklamechef verstand sein Handwerk.

Sie kamen beide zu mir her. Mr. Tau stellte mir Robert Taylor vor.

Wir gaben uns die Hand. Voll Bewunderung sah er mich an, und voll Bewunderung sah ich ihn an. Wir ließen unsere Hände nicht los und bewunderten uns wortlos.

Sicher war er nie auf eine Theaterschule gegangen, sie hatten ihn von irgendeiner Highschool geholt und ihm durch einen Coach die Rolle eintrainieren lassen. Und nun imponierte ihm alles, Schauspiel war für ihn Können, war Kunst.

Mit tiefer Stimme begrüßte er mich. »Louise.«

Die Stimme war auch getrimmt für den Tonfilm. Er legte alles in den Namen. Seine ganze Jugend, seine Schönheit. Ich hatte bis dahin nicht gewußt, daß ich einen so klangvollen Namen habe.

Plötzlich waren wir umringt von Autogrammjägern. Sie wollten Robert Taylor berühren, rissen ihm das Hemd auf, schrien und fotografierten ihn. Ich wurde weggedrängt. Der Portier bildete mit Polizisten eine Gasse, durch die Taylor mit Gewalt ins Hotel gezogen wurde. Er winkte mir noch zu und rief: »See you tomorrow!«

Abends kam Bob Ritchie in mein Hotelzimmer. Man sagt von ihm, er sei früher Matrose gewesen. Er selbst sprach nie davon. Nur beim Schwimmen hatte ich einmal seine tätowierten Oberarme gesehen. Auf dem einen war ein Anker, auf dem anderen eine Sonne. In den USA konnte jeder alles machen, wenn er sich nur bewährte. Wenn er es aber nicht schaffte, wurde er erbarmungslos »gefired«. Ritchie war schon jahrelang bei der MGM und Alleinmanager von Jean-

nette McDonald. Sie tat nichts ohne ihn. Auch in punkto Liebe. Nur heiraten wollte sie ihn nicht. Dazu war er ihr nicht gut genug. Das kränkte Ritchie.
Wir gingen in dem Feudalzimmer auf und ab. Wortlos. Ich war nervös und er ärgerlich. Er redete lange nichts. Ich ließ ihn stehen und setzte mich in einen Fauteuil.
»You are a bad girl«, sagte er. Er behandelte mich, als wäre ich ein Kind und er der Onkel aus Amerika.
Ich wippte mit der Fußspitze trotzig auf den Boden. »So what.« Das hatte ich von ihm gehört.
Er lachte. Der Slang klang komisch aus meinem Mund. Dann wurde er wieder ernst.
Es paßte ihm nicht, daß ich jetzt gekommen war, um selbst mit Mr. Mayer zu sprechen und über den Vertrag Klarheit zu haben. Ich hatte die Reise forciert. Ich wollte jetzt den Vertrag erzwingen, über den so viel gesprochen worden war.
»Louise, warum glaubst du, habe ich soviel Zeit und Geld in dich investiert? Hä? Seit drei Jahren bin ich hinter dir her, habe jede Premiere auf der Bühne gesehen und jeden Film. Well, diese Reisen kosten doch Geld. Ich habe dich beobachtet und kenne deine Gedanken besser, als du sie selbst kennst.«
Ich lachte spöttisch, stand auf und hängte mich bei ihm ein. Wir gingen wie Geschwister durch den Raum auf den weichen Teppichen hin und her.
»Warum also glaubst du, habe ich das gemacht? Doch nicht, um Zeit totzuschlagen. Ich wollte einen optimalen Vertrag für dich rausholen. Ich wollte einen Weltstar aus dir machen.«
Warum spricht er in der Vergangenheit? dachte ich. Er hat das Interesse an mir verloren und hat wahrscheinlich jemand anderen, den er managt.
»Seit ich mit L. B. Mayer den Film *Unfinished Symphony*« — er meinte den Schubert-Film *Leise flehen meine Lieder* —

»gesehen habe und er zu mir sagte: ›Bob, am meisten von den ganzen Schauspielern interessiert mich dieses kleine Mädchen mit den großen Augen, das den Schubert so unglücklich liebt. Bring sie mir, die und keine andere will ich unter Vertrag haben.‹ Seit L. B. das zu mir sagte, habe ich dich nicht mehr aus den Augen gelassen.«

»Hör mal, Bob«, meine Stimme war ziemlich scharf, »du redest immer in der Vergangenheit, sag doch gleich, du hast jemand anderen für die MGM.«

Ich war dem Weinen nahe.

Er hob seine großen Seemannshände.

»Ruhe, Ruhe, Ruhe!« sagte er. Dann ging er zum Eisschrank und nahm sich Whisky und Eiswasser heraus. »Jetzt ist der falscheste Augenblick, jetzt willst du es erzwingen. Die Situation ist gespannt, undurchsichtig und schwierig.«

Er goß sich viel Whisky ein und wenig Wasser darauf. »›The second war‹ steht vor der Tür.« Er wurde so leise, als würde er wirklich vor der Tür stehen.

»Hör mal, Bob ...« Ich war gereizt. »Ich bin in ›the first war‹ geboren, und seit ich auf der Welt bin, wartet man ständig auf ›the second war‹.«

»Jetzt ist es soweit. Die Politik ist verfahren, die Lage ist schlimm. Sie ist hoffnungslos für Deutschland.«

Ich holte mir ein Glas Eiswasser. »Mag sein oder mag nicht sein, was geht mich die Politik an. Ich habe nur ein einziges Leben und auch nur eine einzige Jugend. *Jetzt* fühle ich mich stark und mutig, um den Kampf aufzunehmen mit der fremden Mentalität, dem fremden Kontinent und der fremden Sprache. Jetzt bin ich noch stark genug, um mir dies alles zuzumuten und zu erobern. Wenn ich aber warte und warte, bis die Politik günstig ist, bis weit und breit kein Krieg in Aussicht ist, dann bin ich eine Großmutter und brauche nicht nach Hollywood zu gehen, denn Großmütter habt ihr genug. Die Rollen, die ich spielen will, die jungen Mädchen, die muß ich heute spielen. Heute ist meine Chance.«

Ich warf mich auf das Bett und starrte in den Kristalllüster. Tränen liefen mir die Wangen hinunter. Zornig wischte ich sie weg. Wie ein Bär stand Ritchie vor mir.
»Hör mal, Louise, ich bin früher einmal als Matrose zur See gefahren, als ich noch jung war. Wir waren alle dem Kapitän ausgeliefert. Keiner konnte sagen: Ich will das nicht, was der Kapitän will. Mich geht das nichts an. Ich möchte einen anderen Kurs fahren. Genauso ist es mit der Politik und mit Hitler. Du sitzt nun einmal auf dem Dampfer.«
Ich ärgerte mich über mein Weinen. »Man muß doch aussteigen, umsteigen können. Ich kann nicht mehr warten, sonst werde ich zu alt. Willst du nun den Vertrag für mich machen oder nicht?«
Bob setzte sich zu mir aufs Bett. »Du bist ein Kind, wirklich, a crazy girl. Man sollte dich übers Knie legen und dir deinen Po ausklopfen, statt ernst mit dir zu reden.«
Er trank seinen Whisky aus, stand mit einem heftigen Ruck wieder auf und stellte das Glas zurück auf den Tisch. »Du kommst mir vor wie ein Amokläufer, der losrennt, egal ob er ins Unglück läuft oder nicht. Aber es ist meine Aufgabe, dich zu warnen. Ich will den Vertrag nicht nur machen, um Prozente zu bekommen, sondern mir liegt das Glück meiner Schützlinge mehr am Herzen. Ich habe viele Verträge gemacht für Hollywood, das kannst du mir glauben. Und viele sind sehr reich und berühmt geworden. Aber glücklich sind sie dadurch nicht geworden. Hollywood ist kein Platz, an dem man glücklich wird. Das darfst du nicht vergessen, Louise! Du nimmst alles so leicht, aber denk dran: Wenn du jetzt nach Hollywood gehst, dann sind die Brücken hinter dir abgebrochen, abgebrochen für immer. Es gibt kein Zurück! Hast du dir das überlegt? Was ist denn mit deinen Eltern? Mit Victor? Und mit deiner Heimat?«
Ich erschrak über sein Pathos. Das war ungewöhnlich für einen Amerikaner. »Bitte, laß das meine Probleme sein.«
»Okay, okay, morgen machen wir den Vertrag. Ich habe alles

vorbereitet. Du bekommst 800 Dollar die Woche und eine Option auf fünf Jahre. Wenn du Erfolg hast, wandert der Vertrag in den Papierkorb, und es wird ein neuer gemacht. Das habe ich schon so formuliert. Auch in meinem Interesse.« Er küßte mich wie ein Vater seine Tochter. »Überschlaf alles, noch kannst du zurück. And be a good girl.«

In der Kantine der Filmgesellschaft traf ich Adolf Wohlbrück, mit dem ich *Regine* gemacht hatte. Ich freute mich, ihn zu sehen. Aber er war sehr distanziert.

»Bitte, nenn mich nicht Adolf. Ich heiße jetzt Anton Walbrook. Der Name Adolf ist hier nicht beliebt.«

Er stellte mich nicht den anderen vor, sondern er zog mich in eine Ecke. »Verzeih, aber ich kann nicht lang mit dir sprechen. Man hört unsere Sprache nicht gern. Ich bin froh, wenn sie mich als Engländer werten und meine deutsche Herkunft vergessen. Ich habe es schwer genug. Übrigens sind wir ja Österreicher, das ist um Klassen besser. Überleg dir's noch mit dem Vertrag. Der Deutschenhaß ist groß. Servus.«

Im Direktionszimmer stand Robert Taylor. Er erwartete mich schon. »Louise«, sagte er, »ich höre, Sie unterschreiben jetzt den Vertrag, touch wood.« Er klopfte an seinen Kopf. »Ich mache als übernächstes eine Story, in der ist eine glänzende Rolle für Sie. Eine Liebesgeschichte, die in China spielt. Sie wollen uns als Couple groß rausbringen. Ich finde auch, wir passen gut zusammen.«

Er kam ganz nah an mich heran, um zu testen, ob ich in der Größe zu ihm passe. »Ich muß Sie nämlich auf einer Flucht ein paarmal über einen Fluß tragen.«

Er umfing mich mit seinen Armen und drückte mich an sich. Wie eine Feder hob er mich hoch. Die Garbo hatte er sicher nie so aufgehoben. »How petite you are.«

Wir drückten uns ganz fest aneinander. Ein Zauber lag zwischen uns. Ein Rausch von Jugend und Ästhetik.

In dem Augenblick öffnete sich die Tür, und Mr. Mayer mit seiner Sekretärin traten ein. Sie hatte meinen Vertrag in Händen. Diskret verschwanden sie wieder.
Bob stellte mich auf den Boden. »Ich freue mich richtig auf unsere Arbeit«, sagte er und verschwand.
Als Mr. Mayer kam, brachte er mir den Vertrag. Die Gage war ausgebessert. Ich bekam nicht 800, sondern 1000 Dollar die Woche.
»Sagen Sie es Bob«, sagte er stolz, »ich zahle Ihnen mehr, weil ich merke, Bob liebt Sie. Ich tue alles, to make him happy. Er ist mein bestes Pferd im Stall. Er macht mehr als Gable und Cooper zusammen.«
Ich spuckte den Vertrag an und unterschrieb.

Während des ganzen Rückflugs nach Berlin überlegte ich, wie ich es Victor klarmachen sollte, daß ich den Vertrag nun doch abgeschlossen hatte. Oder sollte ich überhaupt nichts sagen? Wie konnte ich allen Fragen entgehen? Ich wollte Victor nicht verletzen. Schließlich entschloß ich mich, keine präzise Auskunft zu geben, auszuweichen und alles auf mich zukommen zu lassen.
In Tempelhof stand Paul, mein Fahrer. Er strahlte über das ganze Gesicht: »Wissen Sie schon das Neueste? Unser Führer ist heute in Österreich einmarschiert.«
Paul war begeisterter Nationalsozialist. Er ist in Stalingrad gefallen.
Auf dem Weg von Tempelhof nach Dahlem erlebten wir das politische Geschehen mit. Lautsprecher, die überall auf den Straßen montiert waren, brachten Reportagen von den einzelnen Stationen des Einmarsches, Sprechchöre wiederholten »Wir danken unserem Führer« in hysterischer Begeisterung ungezählte Male, immer wieder denselben Satz »Wir danken unserem Führer«. Sie kreischten und brüllten. Schuschnigg sprach, Seyß-Inquart sprach, dann Hitler selbst. Ein ganzes Land siedete und brodelte vor Erregung.

Der historische Augenblick berührte mich nicht. Ich dachte an meinen Vater, wie er wohl diese Besetzung aufnehmen würde, und wie seine Offizierspension jetzt aufgewertet werden würde. An meine Mutter dachte ich, die viele Klavierschülerinnen verlieren würde, weil sie jüdischer Abstammung waren. Und Herbert Berghof? Ob er wohl noch ins Ausland flüchten konnte?

Auch in Berlin waren die Leute erregt. Die Straßen waren verstopft. Wir kamen nur sehr langsam vorwärts.

Erst als wir mein Haus in Dahlem erreichten, wurde mir klar, wie sehr auch ich betroffen war. Mein Vertrag mit Hollywood war in Frage gestellt. Ich hatte meinen österreichischen Paß verloren.

Meine Überlegungen, wie ich das Vorhaben, nach USA zu gehen, tarnen sollte, waren überflüssig. Niemand interessierte sich dafür. Jeder war überwältigt, geschockt von den Ereignissen dieser Tage. Das Einzelschicksal wurde untergebuttert. Wer unmittelbar betroffen war, wußte im Augenblick keinen Ausweg. Die allgemeine Devisensperre betraf nun auch mich. Wie sollte ich mir für die Reise nach Hollywood fremde Währung beschaffen?

1937 hatte ich in einer Artikelserie in der BZ über eine abenteuerliche Reise durch Island berichtet. Seitdem kannte ich Dr. Pausback, den Leiter des Ullstein Verlages, der von den Nazis in Deutscher Verlag umbenannt worden war. Wenn ich nun im Auftrag des Verlages beispielsweise nach Südamerika fahren würde, würden die dafür bewilligten Devisen auch für die Weiterreise nach Hollywood reichen.

Die Islandreise war gut angekommen, und Dr. Pausback versprach sich von einem Südamerika-Tagebuch einen Erfolg. Der Verlag hatte in Südamerika überall Filialen, in Brasilien, Argentinien, Chile und Peru. Dort sollten für mich die nötigen Devisen deponiert werden.

»Wie wollen Sie denn das Büchlein nennen?« fragte mich Dr. Pausback.

Filmprogramm »Der Tag nach der Scheidung«, 1938, mit Johannes Riemann, Hilde Hildebrand, Hans Söhnker

»Ich weiß es noch nicht«, sagte ich voll Dankbarkeit für seine Hilfsbereitschaft. »Ich habe bloß so Sehnsucht, rauszukommen, Sehnsucht nach Freiheit, Sehnsucht nach dem echten Leben und danach, mich so zu entwickeln, wie ich wirklich bin.«

Er lächelte freundlich. »Dann nennen Sie es doch: ›Sehnsucht, wohin führst du mich?‹«

Offiziell wollte ich drei Monate wegbleiben. Für den 28. Oktober 1938 hatte ich die Rückreise von Callao nach Hamburg gebucht auf dem Elektroschiff »Patria«. Das war die offizielle Version. In Wahrheit aber wollte ich mich absetzen, die Ostküste mit dem englischen Dampfer »Alcantara« hinunterreisen bis Rio, die Anden mit dem Flugzeug überqueren und von Santiago nach Hollywood wieder per Schiff reisen. Dort wollte ich meinen ersten amerikanischen Film mit Robert Taylor drehen. Ich sprach auch mit Victor nicht darüber, um ihn nicht zu belasten.

Wie oft machen Männer Schluß. Sie können es besser. Sie sagen einfach: »Liebes Kind, ich empfinde nichts mehr. Es ist aus. Wir wollen Freunde bleiben.«

Mir fiel es entsetzlich schwer.

Der Tag der Trennung war da. Wir standen vor Victors Haus in Grunewald.

»Lu-i-se«, sagte Victor und machte einen Flunsch, »unmeechlich, daß du so allein drei Monate verreisen willst. Ich könnte das nie.«

Wir umarmten uns. Sieben Jahre waren eine lange Zeit. »Victor, ich bin dir sehr dankbar für alles, für alle Liebe und Fürsorge, für all deine Aufmerksamkeit. Du hast mir immer geholfen, du hast mich nie enttäuscht.«

»Nanu, nu wolln wer aber och nich weich werden. Die drei Monate gehen ja vorüber. Leb wohl, Lu-i-se, bleib gesund und behalt mich lieb.«

Wir küßten uns. Ich weinte.

Dann stieg er in seinen Wagen. Seine häßliche, preisgekrönte englische Bulldogge setzte sich schnaufend neben ihn. Sie sah mich gar nicht an. Sie fühlte, was los war. Sie mochte mich nie. Sie liebte ihren Herrn über alles und war ihm treu.

»Nun guck dir mal den Hund an, komisch, daß er dich gar nicht anschaut. Du, Susi, wir werden Frauchen lange nicht wiedersehen.«

Die Dogge gähnte und legte ihren schweren Kopf auf das Knie ihres Herrn.

»Als ob sie beleidigt wäre.«

Victor warf mir eine Kußhand zu. An der Ecke hielt er noch einmal. »Ich freu' mich schon auf das Wiedersehen, drei Monate vergehen schnell. Gib acht auf dich und bleib mir treu.«

»Leb wohl und danke für alles.«

Winkend verschwand er.

In Southampton bestieg ich das englische Luxusschiff, die »Alcantara«.

Eine unerfreuliche Nachricht erwartete mich. Mein großer Schiffskoffer, den ich schon Tage vorher aufgegeben hatte, war nicht da. Ich selbst war mit dem Flugzeug gekommen und hatte nur mein Beautycase dabei. Ich rannte die Treppen auf und ab, in den Gepäckraum hinunter und zur Abfertigung hinauf. Überall wurde ich vertröstet: »Vielleicht kommt er noch.« Endlich kam die Antwort auf ein Telefonat. Ein englischer Feiertag hatte das Frachtgut aufgehalten. Der Schiffskoffer war in London stehengeblieben. Die Sirene heulte auf. Die Besucher mußten von Bord.

Die Schiffsgesellschaft fühlte sich für das Versehen verantwortlich und schlug mir vor, die Reise zu verschieben. Aber die nächste Überfahrt ging erst in zwei Monaten. Was sollte ich zwei weitere Monate in Europa tun? Die Devisen waren für bestimmte Tage in Rio, Buenos Aires und Santiago bereitgelegt. Die Hotels waren gebucht.

Ich entschloß mich, ohne Gepäck zu reisen. Nur mit dem Kostümchen, das ich in dem Film *Der Tag nach der Scheidung* getragen hatte. Ich wollte bewußt einen Strich ziehen. Daß nun auch meine Koffer in Europa blieben, war fast symbolisch. Meine wertvollen Abendkleider, Capes, die handgearbeitete Seidenunterwäsche, nichts davon war da. Vierzehn Tage in einem Kostüm zwischen Millionären, beladen mit Brillanten und Hermelinen.
Ich hatte mir eigens ein englisches Schiff ausgesucht, weil ich möglichst schnell in der Fremde sein wollte, untertauchen als ganz Unbekannte. Aber ich merkte sehr bald, daß ich auffiel.
»Was will diese junge Deutsche auf unserem Boot?« hörte ich sie fragen. Man behandelte mich mißtrauisch und von oben herab. Sicher wären sie netter gewesen, wenn ich nicht immer in ein und demselben Kostümchen herumgelaufen wäre.
Zwei Jünglinge, die Söhne von Lord Fonda und Lord Beltom, hatten es besonders auf mich abgesehen. Sie wollten mich unbedingt ärgern und forcieren. Gelegentlich fragten sie mich abends: »Wie geht's denn Ihrem Mr. Hitler?« oder »Ist das Kostüm vom BDM?« und »Tragen die Deutschen alle immer nur Kostüme?« oder »Dürfen Sie überhaupt diesen Lambeth Walk tanzen? Hitler hat ihn doch verboten. Werden Sie da nicht ins KZ kommen?«
Es war sehr unangenehm für mich. Ich hatte es nicht erwartet. Ich wußte in Deutschland nicht, wie unbeliebt wir im Ausland waren.
Auch die Rückbehaltung der Koffer schien englische Schikane gewesen zu sein. Ich kam mir selbst bald sehr schäbig vor unter den aufgeputzten Leuten und fragte den Kapitän, ob er mir einen Overall und eine Matrosenmütze gäbe und mich mit den Matrosen mitarbeiten ließe. Er erlaubte es. Da fragte mich keiner nach Hitler. Die Matrosen erzählten mir nur deftige Witze, das heißt, ich fand sie deftig, soweit ich sie ver-

stand. Wir latschten alle gemeinsam über das Deck, auf dem die Lords sich sonnten, und strichen dieses und jenes an. Ich glaube, es war eine ganz gute Matrosenrolle, die ich da gespielt habe.
Das tat ich täglich am Vormittag. Danach ging ich mit einem Badeanzug, den mir die Schiffsgesellschaft gekauft hatte, an den Swimmingpool, legte mich in die Sonne oder las in meiner Kabine über die Inkas, die ich in Peru besuchen wollte. Oder ich lag auf meinem Bett und dachte nach. Der Ventilator wehte kühle Luft über meinen Körper. Draußen brannte die Äquatorsonne unerbittlich heiß auf das glatte Wasser des Atlantiks wie auf eine Silberplatte, die das Licht grell blendend reflektierte. Ich hatte den Vorhang vor die Luke gezogen. Trotzdem war ich naßgeschwitzt vor Hitze, aber auch vor Angst und Unruhe.
Immer wieder sah ich Victor vor mir, wie er im Auto saß, mir eine Kußhand zuwarf und rief: »Ich freue mich auf ein Wiedersehen und bleib gesund!« und dann verschwand. Aus meinem Leben für immer verschwand. Ich wollte kein Wiedersehen. Das wußte ich. Er war mir genauso zugetan wie an dem Tag, als ich ihn zum Obstholer degradierte.
Wie war das eigentlich alles gekommen?
»Lieber, lieber Victor!« begann ich in Gedanken einen Abschiedsbrief zu schreiben. »Wir werden uns nicht mehr wiedersehen. Oder nicht mehr so wiedersehen, wie wir uns getrennt haben. Vielleicht wirst Du dann schon verheiratet sein und Dich fragen: ›Ist das nicht dieses Mädchen aus Wean an der Donau?‹ Ich hoffe, Du wirst es tun. Du bist der Victor, der Sieger, und ich überlege oft, warum mein Gefühl für Dich jeden Glanz verloren hat. Mein Freund, ich liebe Dich nicht mehr. Und ich werde nie mehr zu Dir zurückkommen.«
Ich sah ihn vor mir in der Garderobe des Lessing-Theaters, vom Licht der Herbstsonne überflutet. Heiter, voll jünglingshafter Grazie, eine impressionistische Erscheinung, aber

doch von einer Unnahbarkeit und snobistischen Exklusivität wie alle Figuren von Oscar Wilde. Immer einen Hauch von Glamour um sich. Immer bereit, durch alle Operngucker beobachtet zu werden. Selbst im Schlaf auf Schönheit bedacht — auf einem kleinen Kissen ruhend wegen des Doppelkinns.

»Ich habe viel von Dir gelernt. An ästhetischem Empfinden. An Lebensform und Diplomatie im Umgang mit Menschen. Aber es ist aus. Ich kann es nicht ändern. Ich empfinde nichts mehr für Dich.«

Warum, warum war das so gekommen? Wo war die Faszination plötzlich geblieben? Es gab wohl viele Gründe. Einer davon, nicht der unwichtigste: Ich war kein Show-Mensch, ich war auch kein Theater-Mensch, ich fühlte mich einfach als Mensch.

»Wir dachten über vieles grundverschieden. Du wolltest immer heiraten oder wenigstens in ein Haus zusammenziehen. Und wir sollten Auto und Bankkonto gemeinsam haben. Und eine Filmgesellschaft gründen und dann immer miteinander filmen.

Mein lieber, alter Freund! Dazu bin ich viel zu emanzipiert. Ich muß allein mein Leben meistern, in meinem eigenen Haus. Und meine eigenen Freunde haben. Und meinen Rhythmus leben und meine Entscheidungen selbst treffen. Wenn sie auch zehnmal falsch sind. Ich kann mich nicht an Dich anpassen oder anschmiegen. Ich bin ja viel härter und männlicher als Du. In unserer Beziehung vertrat ich immer das männliche Prinzip.«

Ich sah ihn so deutlich vor mir, daß ich mir ein Taschentuch holen mußte, um mir die Tränen wegzuwischen — weil ich so männlich war.

Die »Alcantara« stampfte südwärts, mit 18 Stundenkilometern zerteilte sie den Atlantik, es gab kein Zurück. Ich wollte auch nicht zurück. Die Entscheidung war getroffen.

Von Deck kam die Musik des Five o'clock tea, ein langsamer

Walzer. Victor tanzte natürlich nicht besonders gern. Natürlich, weil es keinen Schauspieler gibt, der gern tanzt. Aber wenn er einen Smoking anhatte und ich ein Abendkleid, dann tanzten wir doch. Und gut. Dann legte ich meinen Kopf zärtlich und wegen der Schminke vorsichtig auf sein blütenweißes Hemd, und er lächelte selig und schloß die Augen. Dann hörten die anderen langsam auf zu tanzen und sagten: »Sieh mal, der Victor und die Luise.«
Sie nannten uns »das anmutige Paar« oder »das heitere Paar«. Das waren wir auch, im Leben und im Film. Wir wollten den Menschen Leichtigkeit vorleben, in allen Theaterstücken und Filmen, die wir spielten. Wir wollten sie heiter und mit einem Schmunzeln auf den Lippen entlassen: »Das Leben ist eigentlich gar nicht so schlecht.« Wir wollten ihnen nicht mit dem Hintern ins Gesicht springen und problemschwanger heulen und jammern, schreien und uns auf den Teppich werfen, mit vielen Ausbrüchen, die Schauspieler so gerne spielen. Wir hätten es auch gekonnt. Vielleicht hätten dann die Leute von uns gesagt »das tolle Paar«, weil ihnen ja Brüllen immer so imponiert. Goethe sagte schon: »Zwar ist es leicht, doch ist das Leichte schwer.« Gründgens machte als Mephisto diesen Satz zum Mittelpunkt seiner Rolle. Auch er wußte, wie schwer es ist, Menschen heiter zu stimmen.
»Lieber, lieber Victor! Warum ich Dich nicht mehr liebe, weiß ich nicht. Ich kann nichts dafür, und es tut mir leid. Denn Du bist sehr liebenswert.
Aber wenn über uns beide etwa ein Stück geschrieben würde, dann hätte es nur einen einzigen Akt. Einen bezaubernden, heiteren, verliebten ersten Akt. Das Leben hat aber auch eine Dramaturgie. Und sieben Jahre lang kann man nicht einen ersten Akt spielen. Der zweite wäre längst fällig gewesen, aber er kam nicht.
Leb wohl! Ich meine es echt, nicht nur als einen Gruß. Leb wirklich sehr, sehr wohl! Und danke für alles!«
Ich merkte, ich kam immer mehr in den Abschiedsbrief von

Viktoria hinein. Nein, so konnte ich nicht schreiben. Tag für Tag schob ich es hinaus ...

Nach ein paar Tagen erkannte mich anscheinend einer von den Jünglingen in meiner Matrosenrolle. Er ging zum Kapitän und sagte, es sei sehr verdächtig, ich sei sicher eine deutsche Spionin. Der Kapitän bat mich, nicht mehr mit der Crew mitzumarschieren.

Dafür wollte ich mich bei den Jünglingen rächen. Die Crew hatte mir erzählt, daß der zweite Rauchfang der »Alcantara« nur als Attrappe gebaut sei, da die Passagiere zwei Rauchfänge bevorzugten. Er sei leer, und oft würden sich Liebespaare dort treffen.

Am letzten Abend sagte ich zu einem der beiden Jünglinge während des Tanzes, daß ich ihn und seinen Freund gern um einen dringenden Rat fragen würde, da ich ein schwieriges Problem zu lösen hätte und Hilfe bräuchte. Es sei aber etwas ganz Geheimes, und wir müßten uns heimlich treffen. Er dachte an Mata Hari und sah mich schon in der Falle. Ich nannte das Versteck. Er verständigte seinen Freund, und ich beobachtete, wie die beiden durch die kleine Tür in den leeren Schornstein schlüpften. Dann legte ich den Riegel vor und verschwand. Sicher waren sie nicht lange drin, aber ein wenig geschwitzt werden sie schon haben.

Um 6 Uhr morgens lief die »Alcantara« Rio an. Dort wurde ich von Gesandtschaft zu Gesandtschaft gereicht, von Botschaft zu Botschaft, von Cocktail zu Cocktail. Freiheit, wo warst du?

Die Diplomaten lächelten diplomatisch und vielversprechend, sie waren wie eh und je, und ich wunderte mich, daß Deutschland im Ausland ganz anders vertreten wurde, als es war. Sie lächelten und lächelten und waren ungeheuer vornehm, während Hitler andere Töne hatte und schon längst sagte: »Dieser Mr. Eden, dieser Vollidiot ...«

Das war schon nicht mehr diplomatisch.

Vom zehnten Stock des Hotels Copa Cabana blickte ich weit über den Atlantischen Ozean. Der Wind wehte die Meerluft ins Zimmer. Sie war algig und salzig.
Drei große Wellen rollten in regelmäßigen Abständen heran, überschlugen sich vor der Küste und lösten sich in kräuselndes, perlendes, schäumendes Wasser auf, in dem Negerkinder herumhüpften. Ihr Lachen und Schreien drang zu mir herauf. Die Geräuschkulisse war fremd, ich hörte langgezogene Iomiomiomo miomiomioio. Ganz anders als zu Hause. Es waren nur Lautfetzen, vermischt mit dem Donnern der Brandung und dem Autohupen auf der Avenida Niemeyer.
Was mache ich eigentlich hier?
Die Sinnlosigkeit meines Entschlusses, aus der Geborgenheit heraus in einen fremden Kontinent vorzudringen, ohne Sprachkenntnisse, ganz allein, ohne einen einzigen Menschen zu kennen, kam mir plötzlich zu Bewußtsein.
Ich werde schlafen — und ich hätte viel darum gegeben, in Deutschland aufzuwachen und die ganze Reise wäre nur ein Traum gewesen.
Ich schlief fest.
Doch als ich wieder aufwachte, roch es immer noch nach Algen und Salz, und von unten kam das Geräusch der Brandung, und die Negerkinder schrien immer noch: Iomiomioio mioio.
Ich zog schnell den Badeanzug an, hing mir ein Frotteetuch um und lief hinunter an den Strand. Ich schwamm mit den Negerkindern und badete mir das ganze Europa ab. Ich schrie mit ihnen, ohne zu wissen, was es heißt: Ioiomioiomio. Sie lachten über mich: »gringa loca.«

»Verweile doch, du bist so schön!«

Isla Victoria — Von Huemulen, Creollios, Guanacos und Kolibris — Der vergessene Dienstag

Die deutsche Kolonie in Buenos Aires gab vor meiner Abreise ein Essen für mich. Ein Teil der Gesellschaft begleitete mich zum Bahnhof und half mein inzwischen aus London eingetroffenes Gepäck zu verstauen. Ich hielt Papierschlangen in der Hand und war durch sie mit den Zurückbleibenden verbunden. Aber bald bekam der Zug Tempo und die Schlangen zerrissen.

»Gute Reise!« hörte ich sie noch rufen und »Buen viaje!«, und die ganz Korrekten riefen »Heil Hitler«. Ich lächelte, solange sie mich sehen konnten. Dann wurde ich ernst.

Heil Hitler — was hatten diese Auslandsdeutschen damit zu tun? Sie vertraten ein Land, in dem anscheinend jemand ganz anderer regierte, Kaiser Wilhelm oder Bismarck vielleicht, oder Hindenburg.

Der Zug brauste mit mir durch die Nacht. Als ich aufwachte, sah ich nichts als gelben Sand. Wir durchquerten Patagonien von Ost nach West, 48 Stunden lang, Nacht — Tag — Nacht — Tag. Bei Sturm war auch der Himmel gelb, die Farbe war auf ein Minimum reduziert. Ein gelber Streifen am Horizont trennte den Sand vom Blau des Himmels. Manchmal aber war alles ganz gelb.

Gelegentlich ritt ein Gaucho mit dem Zug um die Wette, das Pferd blieb mit einem Ruck stehen und glotzte uns nach. Alle

Gauchos sahen gleich aus, den braunen Hut vorn aufgebogen, das Halstuch hinten zusammengeknüpft, Stiefel, Silbersporen und Revolver im Gürtel.

Sand kam durch die Fensterritzen, saß in den Kleidern, in Büstenhalter und Schlüpfer, und wenn der Schaffner das Essen brachte, knirschte der Sand zwischen den Zähnen.

Außen und innen Sand, Eintönigkeit umgab mich. 48 Stunden hörte ich nur das Geräusch des Zuges, immer nur denselben Ton: Rumba di bumba di — rumba di bumba. Die Eintönigkeit schläferte mich ein.

Endlich hielt der Zug in Bariloche. Ich wollte auf einer Insel die Reise unterbrechen, wo ich von einer zoologischen Station eingeladen worden war.

»Der ist es«, sagte ich, als der Zug in Bariloche einfuhr. Eine schmale Jungengestalt lehnte an der Bretterwand der Bude, die sich Bahnhof nannte. Seine kupferfarbenen, dünnen Beine überkreuzte er ebenso wie die dunklen Arme. Ein schwarzweißer Poncho hing über den schmalen Schultern, und eine Pullmankappe verdeckte fast die schräg geschnittenen Augen, die halb geschlossen auf seine Hakennase gerichtet waren. Ein Indianer.

»Hallo«, rief ich ihm zu und winkte. Aber der Lärm des einfahrenden Zuges war zu groß. Er rührte sich nicht.

Der ist es also nicht.

In Eile sah ich mich um, wer so aussah, als ob er mich abholen und in einem Motorboot auf die Insel bringen sollte. Es schien niemand da zu sein. Ich gab dem Schaffner ein Trinkgeld, er reichte mir die zwei schweren Koffer zum Fenster hinaus, den kleinen nahm ich selbst. Der Zug fuhr weiter.

Niemand kam.

Bevor ich etwas anderes unternahm, rief ich nochmals zu der verschlungenen Figur hin: »Nachuel huapi? Isla Victoria?«

Lässig löste sich der Junge aus seinen Verknüpfungen. »Si, Señora.«

Langsamen Schrittes kam er auf mich zu, setzte vorsichtig wie auf einem Seil einen Fuß vor den anderen. Schmächtig stand er vor mir.

»De Usted?« Er deutete auf mein Gepäck. Als er mich für einen kurzen Augenblick ansah, merkte ich, daß er schielte.

»Si.«

Das war ja viel zu viel für diesen schmächtigen Jungen. Aber schon hatte er meinen kleinen Koffer unter den Arm geklemmt, nahm mit energischem Ruck die beiden schweren Koffer hoch, benützte diesen Schwung als Anlauf und lief mit kleinen Schritten davon, wobei sich der Oberkörper nicht bewegte. Er rollte wie auf Rädern vorwärts, eine runde Bewegung ohne Anfang und Ende wie bei einer Kugel. Ich dachte an die Nachrichtenläufer der Inkas, die von Nord nach Süd und von Ost nach West Nachrichten ebenso schnell beförderten wie unsere heutigen Telegramme, und deren Lauftechnik bis heute nicht erklärt werden kann.

Der Junge war verschwunden. Da fiel mir ein, daß es meine Koffer waren, die er wegschleppte. Ich hetzte ihm nach.

In einem kleinen Hafen am See hatte er mein Gepäck in einem Motorboot verstaut. Er reichte mir seine braune Knabenhand herauf mit dem Handrücken nach oben wie zum Kuß. Ich sollte mich darauf stützen. Ölmantel und Regenhut lagen im Boot bereit. Ich wollte sie nicht anziehen, aber der Junge deutete hinaus auf den See. Weiße Schaumköpfchen zeigten sich. Wir tuckerten los. Bald waren wir im Wind. Das Boot wurde hochgeworfen, stand geräuschlos in der Luft, der Motor setzte aus, und es klatschte wie ein Brett auf das Wasser. Der Junge war ohne Mütze. Der Sturm fuhr in sein Haar, das wie eine schwarze Fahne hin und her wehte.

Kein Haus war am Ufer zu sehen, kein Schiff. Einsam auf diesem stürmischen See, der unendlich war wie ein Meer. Wenn der Motor jetzt kaputtginge? Der See war eisig kalt, die Ufer steil.

Plötzlich aber wurde das Wasser ruhig. Wir kamen in den

Windschatten eines Dreitausenders, dessen Gletscher sich bis zum See hinunterzogen. Das Wasser glasklar, keine Algen, keine Seepflanzen, keine Vögel, keine Fische. Abstrahierte Natur. Blaues Wasser, blauer Himmel.
»Isla Victoria!« Der Junge zeigte auf ein Stück Land vor uns. Ein bittersüßer Geruch wehte mir entgegen. Auf dem Landungssteg sah ich einige Menschen und Tiere.
»Patrón.« Der schielende Blick des Jungen traf mich. Als wir näher kamen, erkannte ich ein Lama und eine große, schwarze Dogge. Ein Mann mit blondem Vollbart kam uns mit kleinen, abgehackten Schritten entgegen. Ein Gaucho. Ein Gauchissimo. Großer, brauner Hut, kariertes Hemd, Halstuch hinten gebunden, faltige Stiefel, einen Revolver im Gürtel. Es war der deutsche Zoologe.
»Willkommen auf Isla Victoria!« Seine Stimme klang sächsisch. »Hat Ihnen der Junge geholfen? Ich hatte alles vorher mit ihm geübt.«
Der Junge reichte den anderen Männern meine Koffer.
»Das sind meine Mitarbeiter.«
Ich nickte ihnen freundlich zu, Indianer, breite Backenknochen, Hakennasen und Schlitzaugen. Sie bewegten ihre Gesichter nicht. Sie tippten zum Gruß an ihre Hüte, die vorn aufgebogen waren.
Die große, schwarze Dogge drängte sich heran.
»Das ist Ada. Sie will auch vorgestellt werden. Sie ist die gescheiteste Dogge der Welt und kann fünfzig Worte.«
Fast unhörbar sagte er »Platz!«, worauf der Hund, der so groß war wie ein Kalb, auf den Boden plumpste.
»Und das Lama?« fragte ich.
Der Patron lächelte. »Wuuti, komm her. Sag, daß du kein Lama, sondern ein Guanako bist.«
Er gab den Männern, die mein Gepäck nahmen, ein paar herrische Befehle, wie vielleicht Pizarro seinerzeit mit den Indianern gesprochen haben mag.
Inzwischen hüpfte Wuuti affektiert zu mir heran, stand still

und machte zum Schluß ein paar kleine, abgehackte Schritte wie der Patron. Es schnupperte an mir auf und ab. Das war mir unangenehm. Ich drehte mich weg. Da legte es die Ohren zurück, stellte sich auf die Hinterbeine, und ein Sprühregen wie aus einer Gießkanne kam auf mich herunter. Mit den Vorderhufen trampelte es auf mich los und erwischte mich am Kopf.

»Au!«

»Wuuti«, schrie der Patron, »bist du verrückt geworden?«

Er boxte das Tier in sein weiches Fell. »Huotenao venga.«

Er gab einen energischen Befehl, der schielende Junge packte das Guanako am Hals und hüpfte, wie er es mit meinen Koffern getan hatte, mit ihm davon.

»Verzeihen Sie, das hat es bis jetzt noch nie getan. Eine schöne Begrüßung.«

»Macht doch nichts.«

Ich wischte mir die grüne Spucke vom Gesicht. Sie war ekelhaft klebrig, und es würgte mich beinahe. Mein Kopf tat mir weh.

»Wir werden es einsperren, dieses Halunkentier. Es ist Eifersucht. Wuuti ist nämlich ein Weibchen, und es riecht das andere Weibchen, das hier eindringen will.«

Es war mir peinlich, daß das Guanako das Weibchen roch. So ungewaschen war ich doch gar nicht.

»Vamos!«

Der Patron ging voraus, ich folgte ihm.

»Übrigens muß ich mich bei Ihnen entschuldigen.« Er drehte sich zu mir um. »Ich habe keinen einzigen Film von Ihnen gesehen, und Ihr Name sagt mir überhaupt nichts. Ich bin außerdem ein ausgesprochener Gegner von Filmen. Ich halte die meisten Filme für ein Mittel zur Volksverdummung. Wenn ich ins Kino gehe, dann nur in Kulturfilme.«

Auf einer Anhöhe lag ein Blockhaus.

»Dort wohne ich, und im Gästehaus werden Sie wohnen.«

Ich fühlte eine Beule an der Stirn und hörte ihm nur undeutlich zu. Er erzählte mir, daß er der Chef dieser zoologischen Station sei. Alle Tiere der Insel seien ausgestorben, und es sei seine Aufgabe, wieder Leben auf die Insel zu bringen. Besonders die Huemule ...

Er drückte meinen Arm und blieb stehen.

»Dort!« sagte er.

»Was ist?«

»Ein Huemul.«

Im Gebüsch sah ich ein Reh mit großen Ohren und rundem Rücken ziehen. Es sah unscheinbar aus. Es knabberte an einem Gras oder zupfte an einem Mayténblatt.

Ich fand nichts Besonderes an dem Tier.

»Michimumu, venga, toco, toco, toco.«

Das Reh sah hoch, es hatte seine Stimme erkannt und trat langsam mit kleinen Schritten aus der Lichtung. Die Augen des Huemuls standen schief in seinem schmalen Kopf und die Nase dominierte. Es schielte. Vertraut kam es näher. Da bekam es meine Witterung, stutzte, nahm den Kopf hoch und rannte mit vielen kleinen Schritten, ohne den Körper zu bewegen, davon.

Der Patron strahlte vor Glück, als hätte er seine Geliebte gesehen.

»Das war so ein Andenhirsch, das Wappentier der Chilenen. Sie können von Glück sagen, daß es sich gleich gezeigt hat, dieses sagenumwobene Tier.«

»Warum sagenumwoben?«

»Die Araukaner glauben an Zauber und schreiben dem Huemul Kräfte zu, eine Ausstrahlung. Es besteht ein Zusammenhang zwischen den Tieren und den Eingeborenen.«

Er zog seine Augen an den äußeren Winkeln hoch, um besser sehen zu können. Er bekam Schlitzaugen wie ein Indianer.

Ich hatte immer noch Kopfschmerzen.

Das »Gästehaus« bestand aus einem Raum, bäuerlich eingerichtet, und einem kleinen Bad mit Toilette.

»Ich erwarte Sie dann drüben zum Mate.«
Als ich hinüberkam, spielte der Patron Klavier. Er saß wie ein braver Schüler ganz nah an den Noten und spielte kurz und abgehackt, genauso wie er ging. Ich applaudierte, obwohl das Klavier verstimmt klang. Vielleicht aber war es atonal, was er spielte.
»Es war Rimski-Korsakow«, erklärte er. »Wollen wir jetzt Mate trinken?«
Er goß heißes Wasser in den Kürbis auf die trockenen Yerbablätter, die eine grüne Schaumkrone bildeten. Der Patron machte es mit der spanischen Grandezza der Eingeborenen. Mit der Bombilla zog er den Saft hoch. Er schüttelte sich und spuckte die Flüssigkeit über das Geländer der Terrasse auf den Boden. Die Spucke war grün wie die des Guanako.
»Der erste Schluck ist immer etwas bitter«, sagte er.
Er füllte nach und gab mir das Gefäß mit der Bombilla. »Por favor!«
Ich zögerte, es war mir nicht angenehm, das Röhrchen nach ihm in den Mund zu nehmen, aber ich wagte nicht, es abzuwischen. Es hätte unhöflich gewirkt. Mit Überwindung nahm ich die Bombilla in den Mund und saugte den Saft hoch. Er schmeckte herb und bitter. Ich gab dem Patron das Gefäß zurück, aber er nahm es nicht. Er zeigte auf den See.
»Eine Lancha kommt. Sehen Sie, die Lancha kommt. Ich hole das Fernglas.«
Er lief in das Zimmer, kam wieder und sah durch das Glas.
»Bitte, sehen Sie doch selbst. Gleich links. Ist die Duplizität der Ereignisse nicht merkwürdig? So lange kommt niemand und dann gleich zwei Gäste nacheinander.«
Ich versuchte, die Schärfe einzustellen, und sah nach rechts und nach links. Ich sah keine Lancha auf dem See.
»Sehen Sie nichts? Bitte, darf ich noch einmal? Tatsächlich, ich habe mich geirrt. Oder die Lancha ist untergegangen.« Er machte einen Scherz. »Vielleicht war es auch der Abendstern, der sich im Wasser spiegelt.«

Ich merkte, wie enttäuscht er war.
Die Dunkelheit kam schnell, ohne Übergang wurde es kalt.
»Wollen wir hineingehen? Setzen wir uns doch an den Kamin.«
Wir konnten die Wärme brauchen. Die Dogge und ein paar Angorakatzen lagen schon da. Der Patron stopfte sich eine Pfeife. Es war gemütlich.
»Ich wage gar nicht zu fragen, wie lange Sie eigentlich bleiben wollen.«
Er sah mich neugierig an.
»Ich denke, acht Tage.«
»Ach, das ist wunderbar. Da kann ich Ihnen doch einiges zeigen, was Touristen normalerweise nicht sehen.«
»Nächsten Dienstag gibt es eine Möglichkeit weiterzureisen, nicht wahr? Ich möchte an die Westküste nach Santiago.«
»Bitte, wie Sie wollen. Sie können auch bleiben. Wir würden uns freuen, die Tiere und ich. Leider werde ich Sie nicht immer begleiten können, meine Arbeit geht vor, das verstehen Sie. Und deshalb möchte ich Sie auf zwei Gefahren aufmerksam machen: die Stiere und die Indios. Es gibt hier Stiere, Creollios, Nachkommen des gestohlenen Viehs aus der Indianerzeit. Sie sind wild und leben auf der Insel.«
»Wieso leben sie hier auf der Insel? Wie kommen hier verwilderte Stiere her?«
»Ja, das ist eine mysteriöse Geschichte. Vor ungefähr hundert Jahren soll hier ein Farmer gelebt haben, der von den Indianern aus Rache getötet wurde, weil er ihre Creollios gestohlen hatte. Als der Farmer tot war, brachen die Tiere aus, vermehrten sich und verbreiteten sich über die ganze Insel. Ihre Wildheit ist weder die der Tiger noch die der Löwen, aber sie sind nicht ungefährlich und haben schon einigen Peonen den Bauch aufgeschlitzt. Sie sind stark und so gut genährt, daß die Einheimischen fest davon überzeugt sind, der Farmer füttere sie täglich mehrmals.«
»Der Farmer? Der ist doch vor hundert Jahren gestorben.«

»Ja ja«, lachte er. »Sie dürfen nicht so logisch fragen. Hier gelten andere Gesetze, die Leute sind abergläubisch und haben ihre eigenen Erklärungen.«
Er klopfte seine Pfeife aus.
»Die zweite Gefahr für Sie sind die Indios, ziemlich wüste Gesellen, die von Argentinien nach Chile reisen oder von Chile nach Argentinien und sich unterwegs Geld verdienen wollen. Es sind Tagelöhner, Lohnarbeiter, die ohne Vertrag arbeiten. Sie sind polizeilich nicht gemeldet.«
»Sind sie auch nicht versichert gegen Krankheit oder Unfall oder Tod?«
»Sie leben in einem rauhen Land, das wichtigste für sie ist, gesund und stark zu bleiben. Zum Glück werden ihnen die Schußwaffen abgenommen, bevor sie auf die Insel dürfen. Aber sie haben noch ihr Messer und die Macheta, das genügt. Ich sage Ihnen das nur, weil ich die Männer beobachtet habe, als Sie vorhin mit dem Hund spielten. Sie kennen keine Frauen, die sich so unbekümmert bewegen und lachen, und halten es für eine Aufforderung. Das könnte gefährlich werden für Sie. Das gilt übrigens nicht für Huotenao, der Sie abgeholt hat. Er ist schon seit Jahren bei mir, und ich vertraue ihm.«

Gegen Morgen weckten mich drei Gongschläge. Ich schlüpfte in meine Leinenhose, zog die Reitstiefel darüber. Ich nahm ein buntkariertes Hemd, mein Halstuch knotete ich hinten, und den braunen Sonnenhut schlug ich vorne hoch. Jetzt sah ich aus wie die anderen.
Hier sahen alle gleich aus. Hier war alles gleich. Tiere und Menschen gingen gleich, kurz und abgehackt, oder sie rollten wie eine Kugel. Die Weißen und die Roten hatten schiefe Augen. Alle spuckten, vom Patron bis zum Guanako.
Es machte mich nachdenklich. Der Begriff des Atoms als Baustein, das Neutron, die Ionen und Protonen als kleinste Einheiten der Materie, sind alle gleich. Nur die äußere Form ist verschieden.

Der Patron stand auf der Terrasse und schaute mit dem Fernglas auf den See.

»Habe ich Sie mit den Gongschlägen geweckt? Es gibt keine Zeit auf der Insel. Niemand hat eine Uhr. Die Gongschläge bedeuten Arbeitsanfang. Aber nun kommt die Lancha wirklich.«

»Mit dem Farmer?«

Er sah mich erstaunt an.

»Erwarten Sie einen Farmer? Was für einen Farmer meinen Sie denn?«

»Sie haben mir doch gestern eine Geschichte mit einem Farmer erzählt.«

»Die weiß ich nicht mehr.«

Er reichte mir das Fernglas. Ich sah nichts.

»Ich sehe nur eine einheitliche blaue Soße, Himmel und Wasser, alles gleich.«

Und dann erklärte ich ihm das merkwürdige Phänomen, daß mir hier auf der Insel alles gleich erscheine.

»Haben Sie schon die Inselkrankheit?«

»Wie ist die?«

»Bei jedem anders.«

Er fuhr sich mit dem Taschentuch über die Augen.

»Aber Sie haben recht, es war ein Irrtum. Es ist nicht die Lancha, sondern ein Sonnenreflex auf dem Wasser. — Vamos! Kontrollieren wir die Arbeit der Peonen.«

Hundertjährige Baumriesen rauschten zu Boden. Die Indianer sprengten ihre Wurzeln mit Dynamit, zersägten und zerhackten die Stämme. Ochsen zogen sie mit dicken Ketten zu einer Feuerstelle, wo sie verbrannt wurden. Vor hundert Jahren, als die Bäume noch klein gewesen, waren die Indianer hier die Könige. Jetzt arbeiteten sie wie die Sklaven. Und wir saßen auf den Pferden und kontrollierten sie wie weiße Götter von oben herunter. Es wurde für die zoologische Station gerodet. Von hier aus sollten Schneisen in den Urwald geschlagen werden, der auch der Regenwald genannt wurde.

Tausende von Kolibris tauchten im Flug ihre spitzen langen Schnäbel in die Blüten des Quintral. Wir ritten durch Fuchsienwälder, die sich bis zur Pampa hinaufzogen. Dort oben standen oft die wilden Stiere, man sah ihre dunklen Schatten, und ich fürchtete sie.

Die Stiere waren die Hauptnahrungsquelle der Inselbewohner. Die Steaks, die wegen des Ungeziefers viel zu frisch gegessen werden mußten, wurden einfach auf die heiße Herdplatte gelegt und dort à la plancha gebraten. Oder das frische Fleisch wurde durch den Wolf gedreht und als Tatar gegessen.

Der scheue Chucao lachte aus dem Gebüsch, das war sein Warnschrei.

Mit reiten, jagen und schwimmen verging die Woche. Als der Dienstag kam, packte ich meine Koffer. Aber es war so stürmisch, daß der Indianer sich weigerte, über den See zu fahren. Er sagte, die Lancha würde an den Felsen zerschellen. Ich forschte nicht nach, vielleicht war es nur eine Ausrede. Ich blieb gern.

Am nächsten Dienstag war es wieder dasselbe, wieder zu stürmisch. Und nach weiteren acht Tagen vergaß ich, daß es Dienstag war.

Und dann hatte ich gar keine Lust mehr wegzufahren. Alles war mir unwichtig geworden. Ich hatte Europa, meine Existenz und meinen Vertrag mit Hollywood vergessen. Ich dachte nicht mehr an meine Eltern. Ich versank in die Zeit wie in Watte. Die Idee, mir jemals wieder Schminke ins Gesicht schmieren zu müssen, war mir unvorstellbar. Meine blond gefärbten Haare wuchsen aus und die eigenen, dunklen hingen mir wirr und ungepflegt in mein braungebranntes Gesicht. Ich schnitt sie einfach mit einer großen Schere rund um den Kopf gleichmäßig ab. Und als ich mich dazu im Spiegel betrachten mußte, merkte ich, daß ich schielte. Der Lack auf den Nägeln war abgeblättert und der Rest im Fläschchen eingetrocknet. Der Hauch von Parfüm, der noch in manchen Kleidern steckte, war mir fremd.

Ich war zufrieden. Ich lebte ganz im Augenblick und sagte zu ihm: »Verweile doch, du bist so schön!«
Ich blieb. Ich ritt oft allein durch die Waldschneisen. In einem Myrtenwald balancierten glatte, zimtbraune Bäume grüne Kränze auf ihren ausgestreckten Armen.
Wenn ich einen Stier sah, kehrte ich mit dem Pferd um und ritt durch eine andere Schneise zurück zum Haus der Peonen. Dort band ich das Pferd an den Zaun.
»Buenas dias«, sagte ich mit finsterem Gesicht zu den Knechten und lachte nicht. Denn, wenn ich lachte, hatte ich Grübchen in den Wangen, und es war nicht gut, als einzige Frau auf der Insel Grübchen zu haben. Ich zog meinen Hut tiefer ins Gesicht, sah weder rechts noch links und stolperte hinauf zum Blockhaus. Auf der Terrasse stand der Patron mit seinem Fernglas.
»Jetzt kommt die Lancha ganz bestimmt.«
Ich versuchte, auf der blauen Fläche etwas zu entdecken.
»Dort!« zeigte er.
Ich sah nichts.
»Doktor Lynch, mein Chef, kommt, um die Huemule zu besichtigen. Wir sind die einzige Station der Welt, die zahme Huemule hat.«
Ich gab ihm das Fernglas zurück.
»Weshalb zittern Sie denn?« fragte er.
»Es ist so schrecklich kalt hier.«
»War es wieder eine Täuschung? Aber kalt soll es sein? Ich schwitze. Trinken wir Tee, dann wird Ihnen gleich heiß.«
Die Bombilla klapperte an meinen Zähnen. Es schüttelte mich vor Kälte. Auf meiner Oberlippe standen Schweißperlen. Die Stimme des Patrons konnte ich fast nicht verstehen. Dann wieder brüllte er, daß mir die Ohren schmerzten. Ich wollte aufstehen, aber ich hatte Gummiknie und sackte zusammen.
»Sie haben die Inselkrankheit.«
Der Patron stellte seine Diagnose.

»Ich gebe Ihnen die bewährte Medizin der Indianer, die wird Ihnen helfen.«

Ich lag im Bett, ein bittersüßer Geruch nach Zimt, Vanille und Myrte erfüllte das Zimmer. Huotenao hockte am Boden und verbrannte Kräuter auf einem Blech. Der Patron reichte mir mit einem Löffel die Medizin. Sie schmeckte bittersüß. Danach fühlte ich mich wohler. Die Angst war vorbei. Ein angenehmer Schlaf befiel mich. Ich träumte von kühlem Wald und Moos, und ich roch Walderdbeeren.
Als ich wieder aufwachte, ging es mir besser. Die Medizin der Indianer löscht Erinnerungen aus. Erinnerung sei Sünde, sagen sie. Wenn die Erinnerung weg sei, werde man zufrieden und glücklich. Das war ich.
Die Tage vergingen gleichmäßig.
Die Sorge um die Huemule stand im Vordergrund. Der Patron schlief nachts bei ihnen im Gatter auf seinem Sattelzeug, um sie anzuzähmen.
Wir waren unglücklich, denn das kostbarste Tier, der einzige Huemulhirsch, starb trotz sorgfältiger Pflege an den Verletzungen, mit denen er schon vom Fänger auf die Insel gebracht worden war. Wir hatten so sehr gehofft, ihn gesund pflegen zu können. Mit ihm wurde die Hoffnung begraben, die Tiere vermehren zu können. Die Chance, einen anderen Huemulhirsch in den Anden lebend fangen zu können, war gering, fast aussichtslos.
Michimumu, das zahme Tier, war immer mit in dem Gatter und half, die anderen fünf Weibchen an den Menschen zu gewöhnen.
Täglich wurde die Einzäunung inspiziert, denn man nahm an, daß die degenerierten Tiere in der freien Wildbahn nicht mehr lebensfähig seien. Nicht mehr lebensfähig ohne fremde Hilfe, wie die Araukaner, denen sie ähnlich waren im Gang und im Aussehen.
Nicht alle Schuld trifft den Menschen, in diesem Fall die Con-

quistadores. Auch das Mammut ist ausgestorben, ohne daß der Höhlenmensch beteiligt war. Es scheint manchmal an der Balance in der Natur zu fehlen. Trotzdem ist die Balance da, wir erkennen sie nur nicht. Wenn die Hasen aussterben würden, gäbe es keine Füchse mehr ... Die inneren Zusammenhänge sind uns unbekannt.

Die Araukaner und die Huemule stimmten mich nachdenklich und melancholisch. Was kann eine zoologische Station gegen den Rhythmus des Kosmos ausrichten? Aber ich sprach nicht darüber.

Wenn ein Torro erlegt war, luden uns die Peonen zu einem Azado, einem Spießbraten am offenen Feuer, ein. Sie hatten keinen Herd in ihren Hütten, sie grillten jeden Abend im Freien. Dann spielte einer von ihnen Gitarre und sang traurige Lieder von den Conquistadores, die schuld an ihrem Elend seien.

Am 18. Oktober war das Fest der heiligen Rosalie, ein großes Indianerfest. Das Datum kam mir bekannt vor.

»Da war doch noch etwas am 18. Oktober«, sagte ich zum Patron.

Aber er wußte es nicht. Natürlich wußte er es nicht.

»Luise, unmeechlich«

Jungfernfahrt der »Patria« — Ein prominenter Passagier — Wann ist denn die Hochzeit? — Ein Parfüm namens »Sans adieu«

Mit 18 Knoten rauschte das Elektroschiff »Patria« südwärts. Vom Heimathafen Hamburg fuhr es über den Atlantik, durchquerte den Panama-Kanal, fuhr die Westküste Südamerikas abwärts über Guiaquil, Antofagasta, Valparaiso, drehte dort, und zurück ging es über Arequipa, Callao, Buenaventura, Panama und dann über die »große Chaussee«, wie die Crew es nannte, nach Hamburg. In Callao würde die »Patria« einen Tag bleiben, am 18. Oktober 1938.

Es war die Jungfernfahrt des sehr schick ausgestatteten Schiffes, das nach dem Vorbild der »Bremen« gebaut worden war, nur viel kleiner und intimer. Wichtige Leute aus Partei und Wirtschaft waren an Bord. Sehr elegante Frauen, gut angezogene Männer und viele Fotografen und Presseleute.

Der prominenteste Passagier aber war Victor de Kowa. Der beliebte Filmschauspieler wurde als Alleinreisender von den Damen sehr umschwärmt und belagert und flüchtete manchmal in seine Kabine. Er bat Schwester Hanna zu sich, eine ältere Dame und Angestellte der Hapag, die als Gesellschafterin und Krankenpflegerin mitreiste. Sie mußte ihm den Kopf massieren, denn er litt unter starker Migräne. Das heiße Klima am Äquator bekam ihm nicht.

Schwester Hanna saß lange bei ihm in der Kabine. Sie sprachen über seine Vorhaben, seine Film- und Theaterverpflichtungen und vor allem über die bevorstehende Hochzeit.

Er war glücklich.

»Das Ganze hat sich der Victor allein ausgedacht. Als Überraschung. Luise weiß nicht, daß ich an Bord bin, und auch nichts davon, daß geheiratet wird. Aber ich finde, es ist jetzt an der Zeit. Wir sind seit sieben Jahren befreundet, Schwester Hanna, denken Sie nur, seit sieben Jahren. Wir werden zusammen alt werden und glücklich sein.«

Schwester Hanna hatte Bedenken. »Sie sind ein Schwärmer, ein Träumer. Könnte es nicht vielleicht sein, daß sie Sie gar nicht heiraten will?«

Victor lachte laut auf.

»Oder wäre es vielleicht möglich, daß sie gar nicht kommt?«

Mit einem Ruck setzte er sich hoch. »Hören Sie doch auf, so miesepetrig zu reden. Sie hat doch gebucht. Sie wird doch ihre Schiffskarte nicht verfallen lassen. Sie hat ja gar keine Devisen, um sich noch eine zweite zu kaufen. Außerdem hat sie einen Vertrag mit der Ufa für den Herbst. Also muß sie auf alle Fälle mit diesem Schiff zurückfahren. Und daß sie mich nicht heiraten will? Wie kommen Sie denn auf so 'ne Schnapsidee?«

Aber dann wurde er plötzlich unsicher. »Sie haben schon recht, ein gewisses Risiko ist bei so einer Überraschung schon dabei.«

Pünktlich am 18. Oktober 1938 lief die »Patria« den Hafen von Callao an. Victor hatte seine Kabine umbuchen lassen, um aufs A-Deck in eine Doppel-Luxus-Kabine umzuziehen. Das Schiff machte schon Landemanöver, und es war keine Zeit mehr zu verlieren. Der Steward trug die Koffer, und Victor kam mit einem Korb voll Geschenken und Blumen nach.

Die Luxuskabine war ein Schmuckkästchen, die Wände bespannt mit blauem Chintz, das Bettzeug aus zartrosa Batist, blaurosa geblümte Vorhänge ließen den Blick aufs Meer frei.

Victor zog die Wolkenstores vor, damit keiner der Spaziergänger auf dem A-Deck auch nur einen Blick hineinwerfen konnte. Ein sanftes, dämmeriges Licht erhellte den Raum, während draußen unerbittlich grell und heiß die Äquatorsonne vom Himmel brannte.

Die »Patria« hatte inzwischen angelegt, und die peruanische Hitze und der trockene Wind drangen durch die Fensterluken. In der Kabine war es kühl, ein großer Ventilator über dem Bett trieb in regelmäßigem Rhythmus summend einen sanften, kühlen Luftzug vor sich her. Der Steward hatte die Koffer ausgepackt, die maßgeschneiderten Anzüge und den Smoking in den Schrank gehängt und die Wäsche so ordentlich eingeräumt, wie es nur ein deutscher Steward kann. Er ging wieder.

Victor nahm die Geschenke aus dem Korb. Auf das Bett legte er ein fließendes, weißes Seidennachthemd mit schmalen Trägerchen und bunt applizierten Blumen. Dazu gehörten kleine rosa Pantoffel mit Marabufell eingefaßt. Die Blumen ordnete er in die Vasen. Er nahm aus dem Korb ein Etui und stellte es halb offen auf den einen Nachttisch. Ein Ehering war zu sehen. In dem Ring stand: »Von Victor für Luise« und ein Datum. Auf dem Toilettentisch prangte eine große Flasche Parfüm »Sans adieu«.

Er hatte nichts vergessen. Er warf seinem Spiegelbild einen prüfenden Blick zu. Der weiße Tropenanzug stand ihm gut, dazu ein dunkles Hemd, weit offen. Es ließ kokett die braune Brust und den Hals sehen, um den eine dicke Goldkette glitzerte.

»Du bist ein ganz feiner Pinkel«, sagte er zu seinem Spiegelbild, »du brauchst dich wirklich nicht zu verstecken.« Dann pfiff er zufrieden: »Komm auf die Schaukel, Luise.«

Es klopfte. Es war der Fotograf.

»Herr de Kowa, ich wollte nur fragen, wie viele Schnappschüsse ich von Ihnen beiden machen darf?«
»Ach Mensch, nu quäl mich doch nicht so.« (Victor spielte manchmal aus Spaß den ablehnenden Star, in Wahrheit war seine Einstellung: Klappern gehört mit zum Handwerk.)
»Das Programm kennste ja. Erst kommt sie den Landungssteg hoch, ich schrei ›Luise‹, peng, erstes Foto. Sie sieht mich, reißt den Mund auf, schreit ›Victor‹, peng, zweites Foto. Sie läuft rauf, ick nehm se in die Arme, Kuß, peng, drittes Foto. Na ja, und dann wird nachmittags auf hoher See geheiratet, peng, peng, peng, das gibt doch Fotos, Menschenskind. Das Harmonium spielt ›Treulich geführt‹, der Kapitän läßt Urkunden unterschreiben, der Pfarrer gibt uns die Ringe, sie sagt ›ja‹, ich sag ›ja‹, ein Knüller nach dem anderen. Zum Abschluß gibt die Reederei einen Cocktail. Menschenskind, du hast wirklich Schwein, so was aufnehmen zu können.«
»Stimmt schon. Das populärste Filmliebespaar heiratet auf offener See. Is schon 'n Aufhänger, das kann man verkoofen.«
Es klopfte wieder.
Der Steward: »Herr de Kowa, die Landungsbrücke wird angelegt.«
»Danke, ich komme.«
Der Fotograf notierte lächelnd: »Von der Jungfernfahrt in den Ehehafen. Guter Aufhänger!«
Die beiden gingen hinaus.
Passagiere, die eine Landfahrt machen wollten, verließen die »Patria«. Besucher kamen und neue Gäste. Victor klemmte sein Monokel ein und übersah mit einem Blick den Quai.
Sie war nicht da.
Es gab ihm einen Stich ins Herz. Eigentlich hatte er gehofft, sie würde als erste mit einer großen schwarzen Limousine der deutschen Gesandtschaft angefahren kommen.
»Sie wird etwas später kommen«, beruhigte er sich. »Es ist ja noch Zeit.«

Victor war plötzlich so nervös, daß er nicht mehr ruhig stehen konnte. Er ging auf und ab und auf und ab.
Sie kam nicht.
Er ging in die Bar und bestellte sich einen Kaffee.
Der Fotograf und der Zweite Offizier setzten sich zu ihm. Sie würfelten und sprachen davon, daß es immer so eine Sache und doch ein bestimmtes Risiko mit diesen Überraschungen sei. Es könne klappen oder auch nicht.
Victor mußte sich mit seinem Taschentuch die Hände trocknen, sie waren klitschnaß.
»Herr de Kowa, in einer halben Stunde legen wir ab«, sagte der Kapitän im Vorbeigehen.
»Sie kommt, sie kommt bestimmt, Käptn. Frauen kommen doch immer etwas spät. Können wir nicht ein bißchen später starten?«
Er wirkte trotz seiner Sonnenbräune ganz blaß. Der Kapitän mochte den jungen Schauspieler, der immer voll Witz und Spott war. Er sagte zögernd: »Gut, eine halbe Stunde gebe ich zu, aber mehr kann ich nicht verantworten.«
»Danke.«
Aber plötzlich war Victor ganz sicher, daß sie nicht kommen würde, und diese Erkenntnis machte ihn schrecklich müde. Er wünschte sich: Jetzt ein Schlafmittel nehmen und die ganze Rückreise verschlafen.
Nochmals ging er an Deck, klemmte das Monokel ein und guckte, dann holte er sein Fernglas aus der Kabine, als ob er sie damit herbeiziehen könnte. Er blähte seine Nasenlöcher weit und atmete ganz intensiv.
»So eine Warterei ist wirklich zum Kotzen«, sagte der Fotograf, »aber vielleicht ist sie krank, vielleicht ist sie verunglückt« und zögernd: »Vielleicht ist sie tot.«
Der Fotograf wollte ihm helfen, seine Enttäuschung in Schmerz zu verwandeln, aber er kam damit nicht an.
»Wenn du mich fragst«, antwortete Victor, »dann ist sie mir weggelaufen. Sie mag mich nicht mehr, so ist das.«

Er hielt das Fernglas fest vor seine Augen, nicht um besser sehen zu können, sondern um die feuchten Augen zu verdecken. »Sie hat jemanden gefunden, der reicher ist als ich, denn schöner oder berühmter als ich kann ja wirklich keiner sein.«

Es war ihm nicht zum Scherzen zumute.

Der Fotograf merkte es und stahl sich weg.

Die Sirene der »Patria« heulte, die Landungsbrücke wurde eingezogen, die Kapelle spielte: »Muß i denn, muß i denn zum Städtele hinaus, Städtele hinaus, und du mein Schatz bleibst hier.«

»Und du mein Schatz bleibst hier«, wiederholte Victor leise und bitter, »Luise, unmeechlich.«

Er nahm seine goldene Tabatiere aus der Tasche, die ihm Gustaf Gründgens nach einer Premiere geschenkt hatte, und versuchte, sich eine Zigarette anzuzünden. Der Seewind war schon stark, das Feuer ging immer wieder aus. Endlich klappte es. Victor war im Kadettenkorps auf Disziplin erzogen worden. Nie das Gesicht zu verlieren, war das Haupttraining gewesen. Der Rauch seiner Zigarette wehte landwärts. Vorsichtig tastend schob das Schiff sich vom Land weg.

Wenn sie jetzt käme, malte er sich aus, dann würde ich den Kapitän veranlassen, noch einmal zu drehen. Ich würde die Kosten übernehmen. Ja, das würde ich tun.

Unvermutet waren sie weit draußen auf offener See. Es war aus. Eine widerliche, karge Wahrheit. Der Weg zurück zur Luxuskabine war ein Spießrutenlaufen.

»Ist sie da?«

»Kann man die glückliche Braut begrüßen?«

»Wann ist denn heute die Hochzeit?«

Er lächelte charmant. »Die Hochzeit findet nicht statt, gnädige Frau, die Braut hat mich versetzt. Der Kleine ist noch zu haben, Gnädigste, wie wär's?«

Er verschwand in der Kabine und stand eine Weile still. Das Zwerchfell tat ihm weh oder das Herz oder der Hals oder der

Magen. Oder alles. Er war sehr gekränkt. Er war krank vor Kränkung. Stumm warf er sich auf sein Bett.
Schwester Hanna trat leise ein. Sie setzte sich zu ihm und streichelte wie eine Mutter seinen Kopf.
Er drehte sich auf den Rücken und verdeckte sein Gesicht mit seiner schmalen Hand.
»Mir ist speiübel«, seufzte er leise. »Ich kann mir gar nicht vorstellen, wie ich jetzt die lange Überfahrt werde ertragen können. Scheißblamage.«
»Das gibt sich alles«, meinte Schwester Hanna überlegen. »Wenn Sie wollen, bitten wir den Kapitän, er soll bekanntgeben, daß er aus irgendeinem Krankenhaus ein Telex bekommen hat, Blinddarmoperation oder so was. Junge! Frauen und Straßenbahnen soll man nie nachweinen. Und nachher, wenn die Leute beim Essen sind und nicht neugierig herumstehen, soll vielleicht der Steward wieder einen kleinen Umzug machen, zurück in die Einzelkabine. Finden Sie nicht?«
Victor hatte sich schon wieder in der Hand. »Klar, so alleene in der Doppelkabine zu sitzen wie Matz am Pflaumenkuchen macht ja miesetimpig. Pack mal all den Kram ein, der hier rumliegt, und schmeiß die ganzen Klamotten über Bord, ich will nichts mehr davon sehen.«
Schwester Hanna packte alles in den Korb. Sie murmelte: »Der Ring kann umgraviert werden, über das Nachthemd freut sich so manche.«
Dann ging sie zum Toilettentisch, holte die große Parfümflasche und las: »Sans adieu. Was heißt denn das?«
»Ohne Abschied.«

Ich wurde plötzlich ganz wach

Abendkleid und Smoking — Senorita Ulrik weiß wieder, wann Dienstag ist

Da war doch noch etwas am 18. Oktober«, sagte ich zum Patron. Aber er wußte es nicht. Natürlich wußte er es nicht.

Wir saßen um das Feuer, um den Azado. Der goldgelbe Halbmond lag wie das Boot eines Canoa auf dem Himmel.

Wie üblich kreiste der Mate mit der Bombilla in der Runde.

Die Indianer hatten sich an die Gringa rubia gewöhnt und ich mich an sie.

Mate trinken ist ein Ritual, man trinkt ihn mit Freunden. Bei den nordamerikanischen Indianern ist es die Friedenspfeife.

Die Insel, der Regenwald, die Pampa hatten mich aufgenommen. Inzwischen war es mir egal geworden, wer vor mir die Bombilla im Mund gehabt hatte.

Weihnachten kam, wir zündeten keine Kerzen an. Das Kreuz des Südens leuchtete vom Himmel, und viele, viele tausend Sterne funkelten im See. Im Gleichmaß vertropfte die Zeit.

Wenn die Phantasie nichts hat, womit sie sich beschäftigen kann, erfindet sie sich Dinge.

»Da kommt die Lancha«, sagte ich und holte das Fernglas. Ich sah die Lancha. Ich sah auch einen Mann in der Lancha, einen Farmer aus dem vorigen Jahrhundert.

Wo wird er anlegen, wo das Futter für die Torros hinbringen? dachte ich. Dann war die Lancha wieder weg.
Aber zweimal in der Woche kam die Lancha wirklich. Indianer brachten Lebensmittel von Bariloche, und nach Silvester brachten sie eine Einladung für den Patron und für die Senorita Ulrik mit. Die Einladung war zur Eröffnung eines großen Hotels auf dem Festland, Llao Llao. Eine große Party mit Abendkleid und Smoking.
Der Patron war glücklich. Noch nie war er eingeladen worden. Er glaubte, die Einladung gelte seiner Tätigkeit und sei eine Ehrung seiner Person. Er war außer sich vor Freude. Jetzt konnte er endlich wieder einmal seinen Smoking anziehen. Seit Jahren hatte er wegen der Huemule nicht mehr die Insel verlassen.
Ich versuchte, meine Nägel zu bearbeiten. Aber der Ruß in den Rillen ließ sich nicht mehr entfernen. Dann zog ich mein Abendkleid an. Es war monatelang im feuchten Schrank gehangen, und der feine französische Batist hing an mir herunter wie ein Fetzen. Aber es gab kein Bügeleisen.
Auch der Smoking des Patrons hätte ein Bügeleisen benötigt. Der Stoff hatte die Fasson verloren, der altmodische Kragenknopf war hinten zu sehen und die Schleife saß schief. So zogen wir los. Nach einer Stunde Fahrt bei starkem Wellengang über den See waren wir auch noch durchnäßt.
Als wir in den Saal des neuen Hotels kamen, drängten sich Zeitungsleute zu uns heran, und Blitzlichter und Fotolampen leuchteten auf. Wir sahen uns überrascht an.
Der Patron nickte mir zu. »Endlich! Alles wegen der Huemule.«
Das Interesse an uns klärte sich aber auf, als ein Journalist mit dem Patron sprach. Der Patron verstand perfekt spanisch und dolmetschte für mich.
Eine deutsche Filmschauspielerin, Senorita Ulrik, halte sich in der argentinischen Wildnis versteckt und sei von ihrem Verlobten, der in Südamerika gewesen war, nicht gefunden

worden. Dies war in einer deutschen Zeitung gestanden und in Buenos Aires nachgedruckt worden. Sie hatten herausgefunden, daß ich diese Person bin. Und nun wollten sie eine Erklärung.

Ich erschrak. Ich wurde plötzlich ganz wach. Etwas, was ich versäumt hatte, fiel mir ein. Ich hatte den Abschiedsbrief nicht geschrieben. Aber wieso sollte Victor in Südamerika gewesen sein? Davon wußte ich nichts.

Ein argentinischer Filmproduzent sprach uns an. Er hoffte, mit mir einen Film drehen zu können. Der Patron schien wie verwandelt. Er war Mittelpunkt der Geschehnisse und schlug für den Film ein Thema vor: seine Huemule und die Dogge Ada, die fünfzig Worte verstehen konnte. Die beiden zahmen Guanakos sollten die Grundlage für eine Story bilden. Dazu eine Filmschauspielerin, die in dieser echten, großartigen Natur den eigentlichen Sinn des Lebens erkennt.

Die Gleichgültigkeit fiel von mir ab. Ich machte mir Vorwürfe. Was wollte ich eigentlich auf dieser Insel? Die ganze Fragwürdigkeit meines Unterfangens wurde mir klar.

Auf der Heimfahrt war der Patron glücklich und zufrieden. Im Morgennebel sahen wir die Peonen mit Fackeln am Landungssteg stehen. Ihre Rufe klangen in der Dämmerung unheimlich.

»Schnell, schnell, es muß etwas mit den Huemule passiert sein.«

»Venga, venga. Los Huemules son partidos.«

»Die Huemule sind weg. Der Sturm muß ein Loch ins Gatter gerissen haben. Sie sind fort, einfach fort.«

Durch die Huemule war für mich der letzte Bann gebrochen. Mein Gedächtnis war wieder da.

Ich fand in der Seitentasche meines Koffers den Vertrag mit Hollywood. Alles fiel mir wieder ein. Es war Dienstag. Ich packte meine Koffer.

Ich hatte keine Chance, dem Patron richtig zu danken. Er

war ganz abwesend. Seine jahrelange Arbeit als Zoologe war sinnlos geworden. Er drückte mir die Hand wie einem Fremden und sagte ganz in Gedanken: »Buen viaje!«
Dann hörte ich ihn wieder rufen: »Michimumu, venga, venga, michimumu.«
Huotenao hatte meine Koffer hinuntergetragen und in der Lancha verstaut. Er reichte mir seine braune Knabenhand mit dem Rücken nach oben. Ich sollte mich darauf stützen.
Am Bahnhof lehnte er sich an die Bretterwand, genauso unbeteiligt wie damals, als ich angekommen war. Als der Zug wegfuhr, winkte ich. Aber er blieb unbeweglich stehen.

Filmprogramm »Ich liebe Dich«, 1938, mit Victor de Kowa

Auf dem Weg nach Hollywood?

Am Scheideweg — Ein ehrliches Gespräch und eine entscheidende Begegnung — Tyrone Power

Mit meinem Gepäck stand ich an der Westküste. Frei von allem. Aber was sollte ich mit soviel Freiheit anfangen? Ursprünglich war ich auch in Santiago bei der deutschen Botschaft angemeldet, aber was sollte ich bei den deutschen Diplomaten? Ich hatte fast ein dreiviertel Jahr auf der Insel gelebt und fand den Anschluß nicht. Mit den gepflegten, frisierten Dialogen hätte ich jetzt nichts anfangen können.

Ich besuchte zuerst einmal den Friseur des Hotel Bolivar, in dem ich wohnte. Ich ließ mir den Kopf waschen, die Haare blondieren und dauerwellen. Auch meine Hände hatten eine gründliche Pflege nötig. Nun sah ich wieder aus wie alle. Auch mein Blick war wieder normal geworden — eigentlich hatte mir das Schielen ganz gut gestanden. Meine äußere Form war wiederhergestellt, aber die innere Form hatte sich verändert.

Ich lag in meinem Zimmer auf der Couch und dachte nach. Die innere Stimme, das Daimonion, begann, lebendig zu werden. Die Griechen nennen sie die innere Stimme, die nur abrät.

Tu's nicht! sagte das Daimonion. Geh nicht nach Hollywood! Was willst du denn dort mit deinem deutschen Paß? Du bist nicht politisch verfolgt, du bist auch keine Jüdin. Du bist seit kurzem eine Deutsche und trägst das Schuldpaket deiner Nation mit. Was für Rollen willst du denn spielen mit deinem deutschen Akzent? Deine lieben, freundlichen, jungen Mädchen? Die sympathischen wird man dir wohl kaum geben. Und andere? Eine Jüdin vielleicht? Dafür gibt's geeignetere. Und kannst du dich mit deiner Unsicherheit überhaupt gegen eine Mauer von Ablehnung behaupten? Was hat Bob Ritchie gesagt? Die Brücken werden hinter dir abgebrochen. Du wirst nicht mehr zurückkönnen. Was haben deine Eltern gesagt? Und Victor?

Ach, sei still, dachte ich, hör doch auf, mir mies zu machen. Mies machen ist leicht, ist immer einfach. Man muß Courage haben, man muß eben einfach etwas riskieren. Das ganze Leben ist ein Risiko. Aber ich sah mich selbst nicht in Hollywood. Ich hatte viel zu viel Lebensangst.

Ich erkundigte mich beim Portier nach einer Schiffsverbindung nach Los Angeles. Er nannte mir die Johnson Line und einen genauen Termin. Von ihm erfuhr ich auch, daß der Filmstar Tyrone Power ebenfalls im Hotel Bolivar wohne.

Da ich niemanden hatte, den ich um Rat fragen konnte, und so unsicher war, ließ ich mich durch den Portier bei ihm melden. Er sollte ihn für mich um ein Gespräch bitten.

Tyrone Power empfing mich in seinem Appartement. Seine Frau und er waren außerordentlich liebenswürdig zu mir. Ich erzählte ihm alles und zeigte ihm meinen Vertrag. Er las ihn aufmerksam.

»Das ist ein besonders guter Vertrag für jemanden, der noch nie in Amerika gearbeitet hat. Wer hat den Vertrag gemacht?«

»Bob Ritchie.«

»Ach ja, der Manager von Jeannette McDonald.«

Er wandte sich an seine Frau.

»Der Vertrag ist glänzend«, sagte sie.

Und er sagte zu ihr: »Aber trotzdem.«

Sie nickte mit dem Kopf: »Trotzdem.«

Sie sahen mich nachdenklich an, wie Menschen, die ehrlich bemüht sind, dem anderen zu raten.
»Wissen Sie, trotz allem würde ich nicht hingehen. In Deutschland kennt man Sie, und Sie haben Deutschland viel zu verdanken. Es ist Ihre Heimat. Wenn Sie jetzt nach Hollywood gehen, müssen Sie hundertprozentig gegen Ihre Heimat reden. Man würde Sie sonst für einen Nazispitzel halten. Die ganzen Emigranten, alle, würden Sie ganz genau beobachten. — Gut, das kann man für die Karriere tun, aber ich weiß nicht, ob es Ihnen das wert ist. Es wäre alles okay, wenn Sie ankommen würden, aber bedenken Sie diesen Haß, wenn Sie nicht ankommen. Man wird Sie wie eine heiße Kartoffel fallen lassen. Das ist doch klar. Verzeihen Sie meine Direktheit, aber Sie haben mich um Rat gefragt. Und ich möchte wirklich ehrlich sein.«
»Wir kennen die Situation«, sagte seine Frau, »wir wollen wirklich ehrlich sein.«
Sie sprachen wie das Daimonion und wie Bob Ritchie.
Zeit gewinnen, dachte ich, das Beste ist jetzt Zeit gewinnen.

Ich fuhr mit der Johnson-Linie bis Antofagasta und dann über den Titicaca-See, über Cusco nach Lima. Dort nahm ich mir ein Auto. Der Chauffeur hieß Julio, und fuhr ins Amazonasgebiet.
Immerfort dachte ich hin und her. Soll ich nach Hollywood gehen, oder soll ich nach Europa zurückkehren? Ich war sicher, daß eine Entscheidung fallen würde.
Im Amazonasgebiet war ich in einer Gegend, in der es keine Hotels gab. Ich wurde auf einen deutschen Emigranten hingewiesen, der eventuell Gäste aufnehmen würde. Es war ein Arzt in einer malariaverseuchten Gegend.
Er freute sich, jemanden aus der Heimat zu treffen. Er hatte furchtbares Heimweh und war sehr verbittert. Das Gespräch kam schnell auf Nazi-Deutschland, und ich konnte nicht ein-

fach sagen: »Ich hin Österreicherin. Ich kann nichts dafür. Ich bin unschuldig an allem.«
Hatte ich nicht durch viele bezahlte Steuern mitgeholfen, diesen Staat zu finanzieren?
Seine Frau erzählte, ihr Mann bete jeden Tag, daß ein Krieg Deutschland vernichte, denn das sei die einzige Chance für sie, wieder in ihre Heimat zurückzukommen. Nur ein Krieg könne diesen Hitler beseitigen. Deutschland müsse in Grund und Boden zerschlagen werden, müsse in Trümmern und Flammen aufgehen als gerechte Strafe.
Es klang wie ein Fluch.
So sprachen sie überall in der Welt. Wo soviel Feindschaft und Flüche hintreffen, gibt es keine Chance.
Ich erschrak. Ich dachte an meine Eltern.
Ich mußte zurück. Die Hoffnung, durch Hollywood zum Weltstar zu werden, war begraben.

Plötzlich wußte ich, wo ich hingehöre

Wulf-Diether Graf zu Castell und eine Kirche in Lima — Frostiger Empfang bei der Rückkehr nach Deutschland — Triumph in Venedig mit »Annelie« — Goebbels gibt auf der Pfaueninsel ein Fest — Wilhelm Furtwängler

Nur durch langjährige Meditation konnte der Zustand erreicht werden, in dem ich schwebte: die absolute Leere. Nichts wünschen, nichts hoffen, nichts lieben, nichts wollen. Ich war selbst überrascht.

Diese Leere war aber nicht das Nichts, es war eine Spannung in ihr, ein Vakuum voll Kraft, bereit, sich zu verändern. Ein Zwischenzustand. Hätte dieser Zustand länger angedauert, wäre ich vielleicht an Kontaktlosigkeit erfroren.

Vor dem Abflug meiner Maschine von Arequipa nach Lima kam ein kleiner Mann mit einem lustigen Jungengesicht in einer blauen Lufthansa-Uniform zu mir.

Er stellte sich vor. »Ich bin Toni Stuiss. Ich fliege mit meinem Kapitän die Strecke Lima—Arequipa—La Paz. Sie fliegen jetzt mit der Gegenmaschine nach Lima, aber der Kommandant meiner Maschine hätte Ihnen gern ›Guten Tag‹ gesagt. Wäre das möglich?«

Er grinste fröhlich, und ich hatte den Eindruck, diese Formalität sei eingelernt.

»Hier ist er«, sagte er. »Bitte, Graf Castell, alles vorbereitet.«

Ein großer, schlanker Mann im Anzug der Lufthansa küßte mir die Hand. Seine Augen waren blau. Mehr fiel mir nicht auf.

Meine Maschine wurde abgerufen. Ich flog nach Lima und er nach La Paz.

Zu meiner Überraschung bekam ich am nächsten Tag in Lima eine Einladung zur deutschen Gesandtschaft. Sie gaben mir zu Ehren ein Essen, zu dem auch der Lufthansa-Kapitän erschien. Er war der Veranlasser dieser Einladung.
Das Besondere an ihm war seine unaufdringliche Selbstverständlichkeit, mit der er vom ersten Augenblick an unser beider Leben in die Hand nahm. Ich kam mir plötzlich gar nicht mehr männlich und überlegen vor. Die lange Zeit auf der Insel hatte mehr in mir verändert, als mir bis dahin bewußt geworden war. Diese lange Zeit hatte meinen Sinn für Qualität und Echtheit geweckt und die innere Erfahrung meinen Blick für das Menschliche geschärft.
Plötzlich wußte ich, wo ich hingehöre. Ich hatte meine Balance.
Und er sagte: »Jetzt hat das Leben wieder einen Sinn.«
Wir besichtigten die Kirche in Lima. Es hieß, der Altar sei wundertätig. Hinter dem Altar konnten die Gläubigen sich etwas wünschen, das in Erfüllung gehen würde. Orgelmusik erfüllte die Kirche, ein Organist übte eine Tokkata von Bach. Draußen schien grell die Äquatorsonne, die bunten Kirchenfenster dämpften das Licht.
Wir standen hinter dem Altar und hielten uns an der Hand. Dann entnahm er einem Etui zwei Ringe; im kleinen stand: »Wulf-Diether Lima 1939« und im großen: »Luise Lima 1939.«
Wir steckten uns die Ringe an.
»Bis daß der Tod uns scheidet.«
Wir sagten: »Ja.«
Das war unsere kirchliche Trauung. Auf die standesamtliche mußten wir noch zwei Jahre warten.

Die Hapag zeigte sich großzügig. Mein Ticket war nicht verfallen, sondern hatte ein Jahr Gültigkeit, um nach Europa zurückreisen zu können.
Natürlich mußte ich mir einige Erzählungen anhören, zu denen ich keinen Kommentar gab.

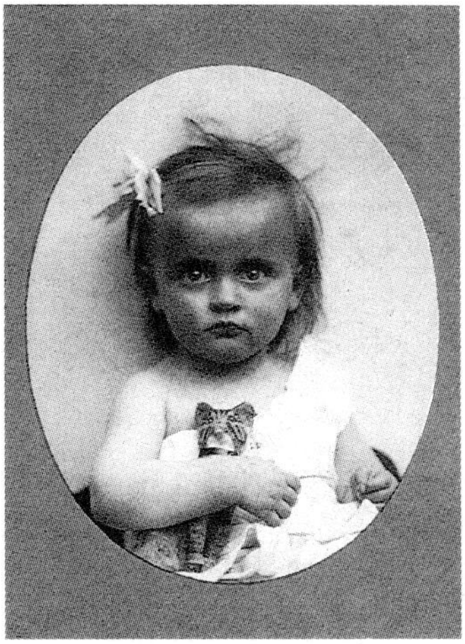

1/2 Die Eltern Ullrich und ihre kleine Tochter Luise

3 Mit den Schwestern Edith und Gertl

4/5 Oben: Besprechung nach der Generalprobe zur Uraufführung von Arthur Schnitzlers »Im Spiel der Sommerlüfte« mit (v.l.n.r.) Johanna Terwin, Rudolf Beer, Arthur Schnitzler, Tonio Riedl, Mihail Xantho, Alexander Moissi, Marietta Ellinger, Deutsches Volkstheater Wien, 1929. Links: Szenenfoto aus dieser Aufführung mit Tonio Riedl

6 Als Cordelia mit Tonio Riedl in der Rolle des Königs von Frankreich in »König Lear« von William Shakespeare, Deutsches Volkstheater Wien, 1931

10/11 Links: Abstecher zum Musiktheater: Als Pepi Pleininger mit Margarete Slezak in »Wiener Blut« von Johann Strauß, Staatsoper Unter den Linden, Berlin 1932. Rechts: Mit Karl Stepanek in »Kasimir und Karoline« von Ödon von Horváth, Komödienhaus Berlin, 1932

◁ ◁ Vorhergehende Seite. 7–9 Oben: Mit Peter Lorre in »Nebeneinander« von Georg Kaiser, Volksbühne Berlin, 1931. Mitte: Mit Rudolf Platte und Paul Hörbiger in »Die Braut von Torozko« von Otto Indig, Deutsches Künstlertheater Berlin, 1932. Unten: Mit Victor de Kowa in »Die goldene Uhr« von Ernö Szep, Volksbühne Berlin, 1932

12 Mit Karl Stepanek und Hans Moser in »Essig und Öl« von Geyer/Frank, Deutsches Theater Berlin, 1932

13 Die ersten Filme: Mit Luis Trenker in »Der Rebell«, 1932 …

14 … und als Mizzi Schlager mit Willy Eichberger, Magda Schneider, Wolfgang Liebeneiner in Max Ophüls' Schnitzler-Verfilmung »Liebelei«, 1933

15/16 Zweimal »Heimkehr ins Glück«, 1933, oben mit Paul Hörbiger und Heinz Rühmann

Gegenüberliegende Seite ▷
18–20 Mit Hermann Erhardt in »Stille Nacht« von Richard Billinger, Deutsches Theater Berlin, 1934 (oben); unten zwei Szenen aus dem Film »Regine«, 1935, nach Gottfried Keller, links mit Adolf Wohlbrück

17 Mit Harry Liedtke in »Zwischen zwei Herzen«, 1934

21 In »Vorstadtvarieté«, 1935, der Verfilmung von Felix Saltens Theaterstück »Der Gemeine«, in einer Szene mit Hans Moser und Mathias Wieman

22 Carl Hoffmann führte Regie bei »Das Einmaleins der Liebe«, 1935, nach Johann Nestroys »Einen Jux will er sich machen«. Szene mit Paul Hörbiger

23 Ein Wunsch ging in Erfüllung mit der Titelrolle in dem Film »Viktoria«, 1935, nach Knut Hamsuns Novelle

24 Am Staatstheater Berlin in Knut Hamsuns Schauspiel »An des Reiches Pforten« mit Lothar Müthel, 1936

25 In der Titelrolle von Friedrich Schillers »Die Jungfrau von Orleans« am Deutschen Theater Berlin, 1937 …

26 … und in einer Szene dieser Aufführung mit (v.l.n.r.) Erich Musil, Siegfried Breuer, Bruno Hübner, Hans Brausewetter, Erika Dannhoff und Hans Halden

27 Mit Gustav Diessl in »Schatten der Vergangenheit«, 1935 ...

28 ... und in einer Revueszene dieses Films

29/30 Die Dialoge des Films »Ich liebe Dich«, 1938, schrieb sich ihr Partner selbst: Zwei Szenen mit Victor de Kowa

31 Regisseur Paul Verhoeven gibt letzte Anweisungen zu einer Szene des Films »Der Tag nach der Scheidung«, 1938, mit Hans Söhnker

32 Sehnsucht nach Freiheit: Flug nach London zu einem Gespräch mit Hollywood-Tycoon Louis B. Mayer, 5. August 1938

33 »Plötzlich wußte ich, wo ich hingehöre. Ich hatte meine Balance«: Begegnung mit Wulf-Diether Graf zu Castell in Lima, Sommer 1939

◁ Gegenüberliegende Seite
34 Der erste Film nach der Rückkehr von der Weltreise: »Liebesschule«, 1940, mit Viktor Staal

35 Mit Paul Hubschmid in dem Film »Der Fall Rainer«, 1942

36 Rechts: In »Annelie«, 1941. »Sie spielte vorausahnend ein ganzes Lebensschicksal zwischen Erwachen und Untergang, Unschuld und Erfahrung mit einem Reichtum an Tönen und Zwischentönen, der zur Melodie einer unterirdischen Seele wird.« (K. H. Ruppel)

37 Unten: Mit Karl Ludwig Diehl in »Annelie«

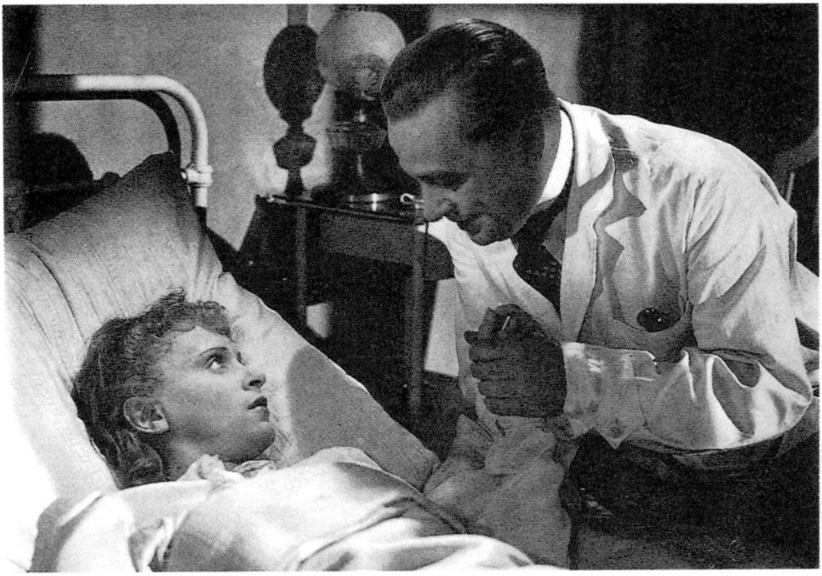

38 Das Hochzeitsfoto, 16. Februar 1940: Die Nichten Christine und Marille, Prinzessinnen zu Schaumburg-Lippe, und ihr Bruder, Neffe Albrecht Wolfgang, die Mutter und Schwester Gertl, Anuschka, Schwägerin Alexandra zu Schaumburg-Lippe und der Vater (v.l.n.r.)

39/40 Das junge Paar auf dem pommerschen Besitz Seeläsgen

41/42 Die Familie nach dem Krieg in Garmisch

43 »Der Krieg ist aus«: Als Sabina in »Wir sind noch einmal davongekommen« von Thornton Wilder, Bayerisches Staatsschauspiel München, 1946

44 Als Antigone in der Tragödie des Sophokles bei den Bamberger Festspielen, 1947

45 Mit Martin Urtel in J. B. Priestleys Komödie »Seit Adam und Eva«, Kleine Komödie München, 1949

46 Als Eliza Doolitle in G. B. Shaws »Pygmalion« mit Paul Dahlke als Professor Higgins, Kleine Komödie München, 1951

47 In der Titelrolle des Erfolgsstückes »Mrs. Cheneys Ende« von Frederick Lonsdale, Kleine Komödie München, 1951. Szene mit (v.l.n.r.) Käthe Haack, Walter Janssen, Isebil Sturm, Leo Siedler und Richard Häußler

48 Mit René Deltgen in ihrem ersten Nachkriegsfilm »Nachtwache«, 1949

49 Vor dem Grünwalder Haus, ca. 1951

50 Im eigenen Swimmingpool

51 Der erste von zahlreichen Familienfilmen nach dem Krieg war Paul Verhoevens »Vergiß die Liebe nicht«, 1953 – ein Riesenerfolg. Szene mit dem »Verführer« Will Quadflieg

52 »Regina Amstetten«, 1954, nach einer Novelle von Ernst Wiechert mit Paul Hartmann und Carl Raddatz

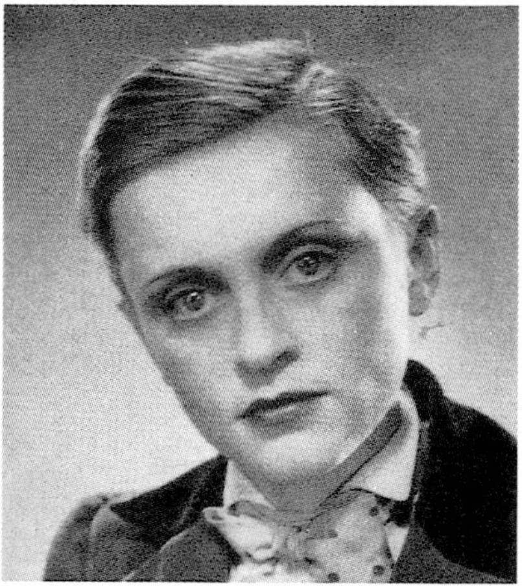

53–63 Rollenfotos aus vier Jahrzehnten Theater und Film

Linke Seite v.l.o.n.r.u.: »Regine«, 1935; »Der Rebell«, 1932; zweimal »Das Einmaleins der Liebe«, 1935; »Annelie«, 1941; »Viktoria«, 1935

Rechte Seite v.l.o.n.r.u.: »Regina Amstetten«, 1954; »Nachtwache«, 1949; »Ich weiß, wofür ich lebe«, 1955; »Regina Amstetten«, 1954; »Plaza Hotel«, 1970

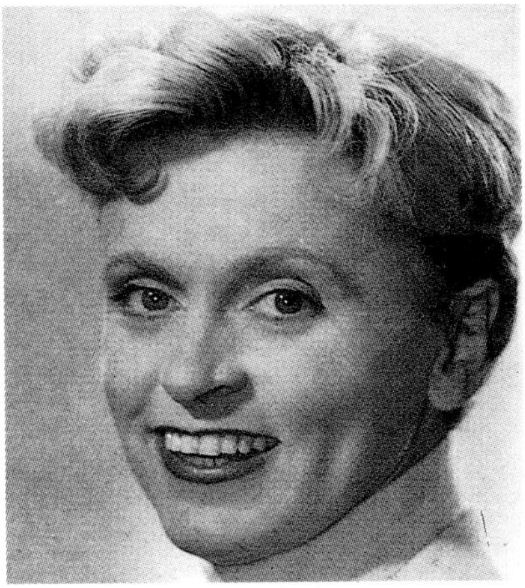

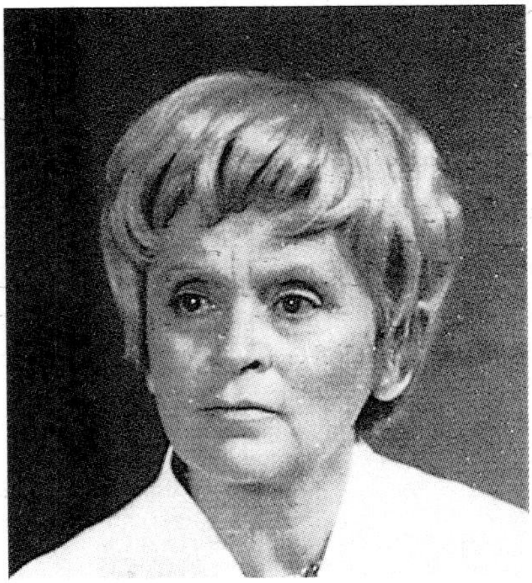

64 Mit Ewald Balser in dem Fritz-Kortner-Film »Sarajewo«, 1955

65/66 »Nach dem Krieg brachte ich es zu einer gewissen Vollendung in der Darstellung der Patentmutter, die für jede Lebenslage ein Rezept bereit hat ...«: Links mit Paul Dahlke und den »Kindern« Angelika Meissner, Matthias Fuchs, Ingeborg Schöner in dem Film »Der erste Frühlingstag«, 1956, und rechts mit Karl Schönböck sowie Lis Verhoeven in der Fernsehproduktion »Froher Herbst des Lebens«, 1958. Regisseur Paul Verhoeven war ein Freund der Familie geworden.

67 Mit Michael Cramer in »Jane« von S. N. Behrman nach einer Novelle von W. Somerset Maugham, Kleine Komödie München, 1958

68 In Alfred Vohrers Film »Bis daß das Geld euch scheidet«, 1960, mit Gert Fröbe

69 Mit Curd Jürgens und Regisseur Paul Verhoeven bei den Dreharbeiten zu »Eine Frau von heute«, 1954

70 Mit Peter Kreuder bei einem Münchner Filmball der fünfziger Jahre

71 Bambi-Verleihung 1963: Mit Rock Hudson, Liselotte Pulver und Heinz Rühmann

72 Mit Hannelore Elsner und Christian Wolff in der Komödie »Schöne Geschichten mit Papa und Mama!« von Alfonso Paso, Kleine Komödie München, 1964

73 Rechts: Als Haushälterin in der Fernsehproduktion »Doña Rosita bleibt ledig« von Federico Garcia Lorca, 1962

74 In der Titelrolle von »Frau Warrens Gewerbe« von G.B. Shaw mit Franz Schafheitlin, Kleine Komödie München, 1963

75 »Plaza Hotel« von Neil Simon, Kleine Komödie München, 1970: Vor dem Auftritt mit Klaus Konczak und Andrea Rosenberg …

76 … und eine Szene mit Will Quadflieg

77 Musical-Debüt in Wien: Als Madame Hortense alias Bubulina mit Yossi Yadin in »Sorbas« nach dem Roman von Nikos Kazantzakis, Theater an der Wien, 1971

79 Die glückliche Familie: Mit den Töchtern Gabriele (links) und Michaela (Mitte)

◁ Gegenüberliegende Seite
78 Mit Johannes Heesters in dem Musical »Gigi«, Staatstheater am Gärtnerplatz München, 1978

80 Die stolze Großmutter mit ihren Enkelinnen Susan und Nicole

81 Luise und WD auf der Forellenzucht in Griestal . . .

82 . . . und im Garten ihres Grünwalder Hauses

Im Büro drohte mir eine Dame mit dem Zeigefinger. »Am 18. 10. 38 hatten wir Sie schon in Callao erwartet, Frau Ullrich. Und wer war nicht da? Die Frau Ullrich. Blumen waren hergerichtet, Musik spielte, aber niemand kam. Herr de Kowa fuhr nämlich mit unserem Schiff die Jungfernfahrt südwärts und wollte Sie in Callao abholen, denn Sie hatten ja gebucht! Er bezog sogar die Doppel-Luxuskabine, und es sollte, soviel ich weiß, sogar an Deck geheiratet werden!« Sie sah mich neugierig an, aber ich verzog keine Miene.
»So?«
»Aber niemand ließ etwas von sich hören.«
Mich traf die Geschichte, aber ich tat ungerührt. »Ich war krank zu diesem Termin«, sagte ich kühl, »aber ich danke Ihnen und Ihrer Firma sehr für Ihre Kulanz. Ich werde es bestimmt erwähnen in meinem Südamerika-Buch.«
»Aber das braucht es doch nicht«, sagte sie.

Die »Patria« startete sechs Tage nachdem wir uns die Ringe angesteckt hatten. Ich konnte nicht länger bleiben. Meine Devisen waren am Ende. Ich mußte zurück nach Europa, WD zurück nach Brasilien.
Wir gingen gemeinsam aufs Schiff. Ich wurde von der Besatzung mit Spannung erwartet. Vor einem Jahr hatten sie die nicht gelungene Überraschung, die Hochzeit, die nicht stattfand, miterlebt. Und jetzt kam ich am Arm eines anderen Mannes. Das gab natürlich einigen Gesprächsstoff.
WD wollte mich bis zum nächsten Hafen begleiten, den die »Patria« anlief. Dorthin hatte er sich ein Auto bestellt. Am nächsten Tag sollte er mit der planmäßigen Maschine starten, um quer über Südamerika nach Rio de Janeiro zu fliegen.
Als ich meine Koffer in der Kabine verstaut hatte, gingen wir in den Teeraum und tanzten. Aber es ging nicht. Wir konnten nicht auf die Musik hören. Der Abschiedsschmerz war zu groß.

Immer wieder kamen Bedenken und Sorgen.
»Wenn Krieg kommt«, sagte ich, »wo werden wir uns treffen? Wir werden uns nie wiedersehen. Oder du wirst vielleicht interniert, und wir werden uns erst sehen, wenn wir beide alte Leute sind.«
WD zerstreute meine Bedenken mit der sicheren Art eines Fliegers, der gewohnt ist, Verantwortung für viele Leute zu übernehmen.
»Es kommt kein Krieg, glaub mir, es kann gar kein Krieg kommen. Es kann sich ja niemand einen Krieg leisten.«
Es waren keine stichhaltigen Argumente, aber ich glaubte sie nur zu gern.
Dann gingen wir in die Kabine. WD gab mir als Abschiedsgeschenk einen bolivianischen silbernen Leuchter. Wir zündeten drei Kerzen an, Glaube, Liebe, Hoffnung.
Es klopfte. Der Steward kam.
»Einen schönen Gruß vom Kapitän. Die See ist zu stürmisch. Der Hafen kann nicht angelaufen werden, wir bleiben auf Reede. Über Funk ist eine Motorbarkasse bestellt, auf der ein Passagier in den Hafen gebracht werden kann, wenn es die Dünung erlaubt. Wollen Sie den Versuch machen?«
»Machen wir.«
Die Verkehrsmaschine am nächsten Morgen konnte ohne WD nicht starten, also mußte er vom Schiff. Die »Patria« stoppte auf hoher See. Die Scheinwerfer wurden eingeschaltet, sie suchten und fanden die Barkasse auf dem schwarzen Wasser. Das Motorboot näherte sich langsam auf der Leeseite unserem Schiff. Das Fallreep wurde hinuntergelassen. Wir umarmten uns eilig. Die Besatzung stand mit Rettungsringen und Seilen für den Notfall bereit.
WD kletterte das Fallreep hinunter. Er lächelte mir flüchtig zu. Sein Gesicht war konzentriert. Die »Patria« tauchte tief in das Wellental hinunter, das Motorboot hob sich. Wenn Fallreep und Barkasse auf gleicher Höhe waren, war der Augenblick für WD zum Sprung gekommen. Dieser Augenblick war sehr kurz

und wurde mehrmals verpaßt, weil die beiden Schiffe nicht nah genug beieinander waren. Plötzlich sprang WD. Das Motorboot drehte ab, es verschwand mit ihm in der Nacht.
»Adieu, geliebtes Herz«, hörte ich ihn rufen, oder bildete ich mir ein, ihn zu hören. Der Sturm heulte und pfiff, und die Wellen brausten.
Die »Patria« stampfte nordwärts. Sie war das letzte deutsche Schiff, das durch den Panama-Kanal fuhr. Die sogenannte »große Chaussee«, die Strecke vom Panama-Kanal bis zum Heimathafen, war erfüllt mit Unsicherheit und Gerüchten, mit Panikstimmung. Die Passagiere wurden nicht unterrichtet, niemand wußte Genaues.
Wir fuhren nicht wie geplant in den Hamburger Hafen ein, der schon voll war mit Unterseebooten und Kriegsschiffen, sondern wir legten in Bremerhaven an.
Es war eine traurige Ankunft. Berlin war verdunkelt. Wir waren im Krieg mit Polen.
Ich bezog wieder das Haus in Dahlem, und Anuschka kam zu mir. Sie war die einzige Treue. Alle anderen waren ablehnend, niemand wollte etwas mit mir zu tun haben. Mit mir befreundet zu sein, hätte gefährlich sein können. Ich lag schief. Sie sagten: »Über ein Jahr war sie im Ausland gewesen.« Ausland war niemandem geheuer. Ausland — das waren die Feinde.
Die Rückkunft von Victor ohne mich wurde noch dramatisiert und entstellt. Ich wurde zuerst von allen gemieden.

Eberhard Schmid von der Ufa gab mir als erster eine Chance. Er bot mir ein Thema an. Wieder ein kleines, unbedeutendes Lustspiel: *Liebesschule*. Ich war bereit, sofort den Vertrag zu unterschreiben, da es für mich finanziell wichtig war, wieder etwas zu spielen.
Eberhard empfahl mir, mich im Propagandaministerium offiziell zurückzumelden, da man dort gegen meine Besetzung der Rolle sei.

Ich bekam einen Termin im Propagandaministerium. Von einem SA-Mann begleitet, gelangte ich ins Vorzimmer des Ministers. Sein Adjutant kam: »Der Herr Minister läßt bitten.«
Das Gespräch mit Goebbels fing freundlich und konventionell an.
»So, über ein Jahr waren Sie weg, aha, so.«
Aber plötzlich wurden seine Augen böse, und seine Stimme erhob sich zu einem Tremolo. »In einem Augenblick, in dem die Weltgeschichte still steht, in dem jeder einzelne gebraucht wird und alle auf unseren geliebten Führer blicken, gehen Sie zu unseren Feinden. Wissen Sie denn nicht, daß Sie nur deutschfeindliche Filme hätten spielen können in diesem lächerlichen Hollywood. Wollten Sie sich wirklich zu deutschfeindlicher Propaganda mißbrauchen lassen? Sie, die Sie hier in Deutschland Volksliebling Nummer eins sind?«
Jedes Argument hätte meine Situation verschlechtert. Hätte ich Hollywood abgestritten und nur von dem Verlag gesprochen, wäre ich gefragt worden: »Und was wollen Sie schreiben?« Und ich hätte sagen müssen: »Ein Buch mit dem Titel ›Sehnsucht, wohin führst du mich?‹, und das wäre das Allerschlimmste gewesen.«
Die Sehnsucht sollte ins Ausland führen? Goebbels wurde »Das Florett der Bewegung« genannt, und er war auch so scharf, so wendig, so verletzend wie ein Florett.
»Sie sind sehr gealtert.«
Er wußte, wie man eine Frau treffen kann. Der Stich saß.
Ich war entlassen. Der SA-Mann führte mich wieder hinaus.
Eberhard Schmid lud mich und Karl Georg Külb, den Autor der *Liebesschule*, in ein Furtwängler-Konzert ein. Er erzählte, das Propagandaministerium habe angerufen und sei mit meiner Besetzung der Rolle einverstanden. Ich zog mein schönstes Abendkleid an und sah öfter als sonst in den Spiegel. Beide Herren waren im Smoking.
Als Furtwängler hereinkam, erkannte er mich in der ersten

Reihe. Er verneigte sich. Dann drehte er sich zum Orchester, klopfte ab, hob beide Hände, um den Einsatz zu geben. Alle sahen gespannt auf ihn. Aber er gab den Einsatz nicht. Er drehte sich noch einmal zu mir um und schaute über seine Schulter zu mir herunter.

Dann gab er erst den Einsatz. Ich war beruhigt. So schrecklich gealtert konnte ich nicht sein.

England hatte uns den Krieg erklärt.

Ich wollte meine Eltern wiedersehen. Die Fahrt von Berlin nach Wien dauerte mehr als sechsunddreißig Stunden. Der Zug fuhr nicht die direkte Strecke, nicht über Prag oder Linz. Er wurde ständig umrangiert. Überall hatten wir Aufenthalt.

Noch nie hatte ein Krieg so traurig angefangen wie dieser. Die jungen Männer, als Soldaten verkleidet, saßen wie Opferlämmer in den Viehwagen, als würden sie sagen: »So, jetzt haben wir den Salat.« Des Dritten Reiches Salat. Der Genitiv war ein Sprachmanierismus der Nazis. Des Dritten Reiches Führer. *Des Teufels General* war von Zuckmayer gut nachempfunden.

Im Ersten Weltkrieg hatten die Soldaten lustige Dinge auf die Waggons geschrieben: »Hinein in den Kampf, mich juckt die Säbelspitze.« Davon war jetzt nichts zu sehen. Das Ende eines Krieges ist immer traurig, aber daß ein Krieg schon so traurig anfängt! Kein Lied, nicht »Die Vöglein im Walde« oder »In der Heimat, in der Heimat, da gibt's ein Wiedersehn«. Nichts von alldem. Der Krieg war überraschend gekommen. Er war noch nicht manipuliert.

Die Züge rollten ohne Unterbrechung von Ost nach West.

Vor kurzem waren sie noch von Westen nach Osten gerollt.

Erst marschierten die deutschen Truppen in Österreich ein, dann im Sudetengau, dann in der Tschechei und dann in Polen. Hitler hatte gehofft, ohne Krieg bis Rußland vorrücken zu können. Nach der Kriegserklärung der Engländer wurde

ein Teil der deutschen Truppen vom Osten zurückgezogen, um die Westfront zu verteidigen.
Mit vierundzwanzig Stunden Verspätung kamen wir endlich in Wien an. Trotzdem stand auf dem Bahnhof mein Vater. Er war ein Meister im Abholen.
Auch in Wien begegnete man mir ablehnend. Selbst meine Mutter war gekränkt. Sie konnte mein langes Stillschweigen nicht verstehen. Ich konnte es ihr nicht erklären.
Alle Menschen sahen mich an, als sei ich verdächtig.
Das geht vorbei, dachte ich, ich muß es nur durchstehen.
»Luiserl, mußt du dir denn wirklich die Lippen schminken?« meinten die Tanten besorgt.
Das geht vorbei. Ich muß es nur durchstehen.
Der Film *Liebesschule* mit Johannes Heesters und Viktor Staal ging auch vorbei. Dann kam *Annelie — Die Geschichte eines Lebens.*

Bei der Biennale in Venedig sollte der Film *Heimkehr* preisgekrönt werden. Hitler, Göring, Goebbels waren deswegen hingefahren. Aber der Film fiel durch. Man wollte die Hetzfilme nicht mehr. Die Regierungsmitglieder reisten enttäuscht ab. Nur Eberhard Schmid und ich blieben mit unserem Film *Annelie.*
Aus Protest gegen den Nationalsozialismus kam unser Film an.
»Jubel um Luise Ullrich«, schrieben die Zeitungen, und die Leute auf der Straße blieben stehen und beglückwünschten mich. Ich bekam den Volpi-Pokal, mit dem 20000 Reichsmark steuerfrei verbunden waren. Die mußte Goebbels mir überreichen.
Im Juni 1941 besuchte Molotow den Führer, freundschaftliche Bilder erschienen in allen Zeitungen. Es sollte dokumentiert werden, daß der Konflikt zwischen Ost und West, der auch durch den Weltkrieg von 1914 nicht beseitigt worden war, 1941 gelöst wurde.

Filmprogramm »Annelie«, 1941

Am 22. Juni wurde ich mit vielen Prominenten und Diplomaten von Goebbels zu einem Freudenfest auf die Pfaueninsel in Berlin eingeladen. Der Einmarsch der deutschen Truppen in Rußland in der vergangenen Nacht wurde bekanntgegeben und gefeiert. Immer wieder gesellte sich zu den Gästegruppen eines der führenden Parteimitglieder, um gezielt das Gespräch auf den »Blitzkrieg«, auf den »deutschen Osten«, auf die »Lösung aller Probleme«, auf den »Endsieg« zu bringen.
Am 23. Juni kam WD. Er war mit Italienern von Natal über den Südatlantik geflogen. Er sagte: »Jetzt ist der Krieg endgültig verloren.«

Es war eine echte Kriegshochzeit

Ein weissagender Buddha — Warten auf den Bräutigam — Der Flieder kann nichts dafür — Trauung in Großaufnahme

Wie ein dicker Buddha mit fettig glänzendem Gesicht, großen, runden Augen, einer kleinen, breiten Nase und einem Lächeln, das nie sein Gesicht verließ, saß er mir gegenüber, der Astrologe Herr von Hoogervörth.
Unter seinem dicken Bauch hielt er seine Beine gekreuzt, und seine weißen, fleischigen Hände mit den breiten, kurzen Fingern hielten graziös Gabel und Messer. Die Fingernägel waren rosa lackiert.
Diesmal hatte ich ihn gebeten, einen ganz bestimmten Termin, und zwar den Termin für meine Hochzeit, auszurechnen. Nun teilte er ihn mir mit. Es mußte der 16. Februar sein, kein Tag vorher und kein Tag nachher.
Wie sollte ich das managen? WD war, wie alle anderen Piloten der Lufthansa, stark im Einsatz. Er flog die Strecke Berlin—Barcelona oder Berlin—Athen oder Berlin—Helsinki. Die Flugpläne wurden während des Krieges kurzfristig gemacht.
Ohne daß das Lächeln aus seinem Gesicht wich, beugte sich der Astrologe vor und sagte im Flüsterton, obwohl wir ganz allein im Zimmer waren: »Sie müssen diese Hochzeit ganz geheim feiern.«
Dann drehte er sich noch einmal um und ließ den Blick ängstlich im ganzen Zimmer umherschweifen. Diesen Blick nannte man den »deutschen Blick«. Er war berühmt damals.

»Alles geht dem Ende zu, und zwar auf schrecklichste Weise.« Seine Stimme blieb voll sanfter Demut. »Hitler — es kann uns doch niemand hören?« Er drehte sich noch einmal um. »Ihre Hausangestellte ist doch verläßlich? Also: Hitler ist am Ende. Er geht elend zugrunde: Selbstmord. Das Ende wird schrecklich. Sie müssen sich absetzen. Sie müssen nach der Hochzeit sofort nach dem Osten auf das Gut Ihres Mannes ziehen. Dort ist nichts zu befürchten.«

Dann brütete er wieder eine Weile vor sich hin und hielt seine manikürten Hände über dem Bauch gefaltet in lächelnder Meditation.

»Auch Goebbels findet ein gewalttätiges Ende. Er und seine Familie verschwinden vom Erdboden, sie werden ausgerottet, gewalttätig. Bitte glauben Sie mir. Es ist kein Geschwätz, sondern grausame Wahrheit.«

Dann aß er etwas von dem Salatteller.

»Schöne Kräuterchen haben Sie hineingetan. Basilikum und Thymian, ich liebe diese sanften Kräuter. Basilikum ist die Königin der Kräuter. Ja, ja, der 16. Februar.«

Er wischte sich seine dicken Lippen mit der Serviette ab und griff mit spitzen Fingern in seine Brusttasche, holte eine Tabelle heraus und klemmte sich ein schwarz umrandetes Monokel ins Auge. Er versank eine Weile in seine Berechnungen.

»Ja, es ist der 16. Februar. Das muß Ihnen sehr wichtig sein.«

Er steckte die Tabelle wieder ein und hängte die Serviette in seinen Kragen, um die große, bunte Krawatte vor dem Salatöl zu schützen.

»Das Glück Ihres Lebens muß Ihnen wichtig sein. Und noch eines, niemand darf dabei sein außer Ihrer Familie.«

Er war Wissenschaftler, ein guter Mathematiker, aber er hatte auch einen sechsten Sinn und Ahnungen. Jedenfalls glaubte ich fest an das, was er sagte.

»Und bitte, verschicken Sie keine Trauungsanzeigen, ja kei-

ne Trauungsanzeigen. Ich bitte Sie inständig. Und niemand von der Regierung darf etwas wissen.« Der deutsche Blick folgte. »Sie alle sind in einer katastrophalen Pechsträhne, und gerade in dem Augenblick, wo allergrößte Passivität am Platz wäre, marschiert ER in Rußland ein. Mir haben sich die Haare gesträubt. Hätte er mich gefragt, so hätte dieses Unglück verhütet werden können.«
Er knabberte an den Salatblättern herum.
»Aber ER spricht von Vorsehung. Woher will ER denn wissen, daß ER versteht, was die Vorsehung will; geradezu kindisch, daß die Vorsehung nationalsozialistisch sein soll. Also, heiraten Sie Graf Castell zu dem Termin, den ich Ihnen angegeben habe, und lassen Sie sich nicht mit hineinziehen in diesen Untergang.«
Er strahlte mich an.
»Verstehen Sie, der Neid, Sie tanzen aus der Reihe, Sie heiraten keinen Schauspieler, keinen Regisseur, keinen Produzenten, keinen Politiker. Das paßt ihnen nicht. Sie heiraten einen Flieger, einen Kosmopoliten, einen, der die ganze Welt kennt, keinen Treudeutschen, und dann noch dazu einen Grafen, einen Junker. All das zieht den Haß auf Sie. Das muß man vermeiden.«
Er zückte noch einmal die Tabelle. »Ihre Ehe liegt vor mir wie eine Kostbarkeit. Ich habe Sie doch immer gut beraten und betreut. Also, vertrauen Sie mir.«

Um am 16. Februar in Berlin sein zu können, mußte WD den Termin bei der Lufthansa sehr frühzeitig anmelden. Er bekam die Strecke Berlin—Barcelona für den 14. Februar. Nachts sollte er nach Barcelona fliegen, am 15. tagsüber dort bleiben und in der Nacht vom 15. auf den 16. zurückfliegen. Theoretisch mußte er dann am 16. früh in Berlin-Tempelhof landen können.
Er selbst glaubte natürlich überhaupt nicht an Astrologie. Er empfand Herrn von Hoogervörth als eine höchst sonderbare

Erscheinung, hielt es für überspannten Weiberkram, aber tat doch alles mir zuliebe und vielleicht auch nach dem Motto: Nützt es nichts, so schadet es doch nichts.
Wir trafen die Vorbereitungen zur Hochzeit nur skizzenhaft. Wir hatten das Gefühl, längst verheiratet zu sein, und brauchten keine Instanz, die uns das bestätigen mußte. Aber wir wollten es für meine Eltern, für meine Schwestern, für den Paß und für die Kinder tun, die vielleicht einmal kommen würden. Und auch um vor der Welt sagen zu können: »Klar, wir gehören zusammen.«
Zum Glück war es nicht der Dreizehnte, sondern der Vierzehnte, als wir in meinem Haus in Dahlem zusammensaßen, um wie vor jedem Nachtflug gemeinsam Tee zu trinken. Ich zündete eine Kerze an und ein Räucherstäbchen und machte für WD kleine runde Brötchen mit Butter und Himbeermarmelade. (Das aß er mit allergrößtem Genuß, so wie andere Kaviar essen.) Dann legte er sich etwas auf die Couch, um auszuruhen.
Wir hatten keinerlei Sentiments. Der Augenblick war zu real. Ich wußte nichts Genaues von diesen Flügen und wollte auch nichts wissen. Ich hatte das Gefühl, durch Fragen Gefahren heranzuziehen oder dunkle Nebel, die ich ahnte, existent zu machen, ihnen Konturen zu geben, bis sie da waren in echten Bildern. Ich ließ lieber alles im ungewissen.
Nur an diesem Nachmittag fragte ich ganz beiläufig: »Glaubst du eigentlich, daß du rechtzeitig zur Hochzeit zurück sein wirst?«
»Aber sicher«, sagte er, verbesserte sich aber, »also, hoffentlich sicher.«
»Wie sind eigentlich diese Flüge nach Barcelona?«
Er sah mich überrascht und heiter an. »Du fragst plötzlich?«
»Nein, nein, nur so ungefähr.«
»Na, ganz einfach, wenn ich jetzt zum Flughafen rauskomme, dann sitzen die Passagiere schon abgefertigt in der Halle wie Opferlämmer und sind völlig besoffen. Ja, sie haben

Angst.« Er lenkte ein. »Ehrlich gesagt, ich hätte auch Angst, wenn ich nicht selbst fliegen würde. Du mußt bedenken, sie sind alle vom Geheimdienst, Agenten. Sie haben wichtige Aufträge in den Taschen. Sie möchten nur ungern baden gehen.«

Wir lachten beide.

»Ich möchte auch nur ungern, daß du baden gehst. Wo denn zum Beispiel? Im Mittelmeer?«

»Ja, im Mittelmeer. Da ist es jetzt kalt. Deshalb ziehen wir ihnen auch Fallschirme an und Schwimmwesten.«

»Und du?«

»Ich doch nicht. Ich könnte mich ja in dem Zeug gar nicht rühren. Wir machen es auch mehr aus psychologischen Gründen. Wir fliegen ja ganz niedrig, was soll da ein Fallschirm nützen?«

In Gedanken sah ich ihn ganz niedrig über dem Mittelmeer fliegen, von Nachtjägern verfolgt. Aber ich schickte das Bild gleich wieder weg.

»Ich bring dir Schuhe aus Barcelona mit. Größe 36, ja? Mit ganz hohen Korksohlen, die trägt man jetzt. Du mit deinen kleinen Eselshufen.«

Der Tee war beendet. Er wollte nicht mehr darüber sprechen.

Wir machten keinen großen Abschied.

»Adieu, mein Herz.«

»Servus, mach's gut, guten Flug.«

Ich spuckte ihn so an, daß er sich lachend mit dem Taschentuch säubern mußte. Einen ganzen Sack voll Talismanen hatte ich ihm mitgegeben, eine Jadekugel, die sich schon bei vielen Angriffen bewährt hatte, einen kleinen Buddha, eine Elfenbein-Madonna, die mit mir durch ganz Südamerika gereist war, ein kleines in Weihwasser getauchtes Kreuzchen, eine Haarlocke von mir in einem Goldmedaillon, das er um den Hals trug. Eine gewisse Auswahl für das Schicksal.

Am meisten vertraute ich aber der Freundschaft der drei

Männer, die da miteinander flogen. Es waren Toni Stuiss, der Bordmonteur, und Diebler, der Funker, die WD begleiteten. Sehr oft sind Frauen eifersüchtig auf Männerfreundschaften, aber mir gab sie Sicherheit und Beruhigung.

Toni war ein junger Mann mit lustigem, knabenhaftem Gesicht. Er war von ganzem Herzen meinem Mann zugeneigt und hielt ihn für den besten Flieger der Welt. Er lachte über alle Gefahren, weil er seinem Piloten vertraute, und WD hielt ihn für einen der besten Monteure.

Ebenso war es mit Diebler, dem Funker. Er war ein glänzender Mathematiker mit großen, braunen Augen, die wie Röntgenaugen bis auf den Grund sahen.

Die Männer hatten einen sehr derben Jargon. Wenn eine Maschine Bruch machte, nannten sie es »abrotzen« oder »hinschmieren« und lachten furchtbar. Ihre eigene Maschine, eine JU 52, hieß nur »die alte Mühle«, »der müde Dampfer«, »der Schlitten« oder »die lahme Ente«. Sie wohnten in Barcelona im Hotel Palace, und Toni hatte mir erzählt: »Wenn wir da sind und ausgeschlafen haben, gehen wir schön essen. Graf Castell ißt allerdings immer nur Marmeladebrötchen. Ja, und dann kaufen wir Schuhlis für die Damen und gehen wieder in die Heia. Wenn der Flugleiter uns weckt, schleichen wir aus dem Hotel. Möglichst unauffällig. Ist natürlich Käse, denn das ganze Hotel ist voll von Geheimagenten. Die Kellner, das Stubenmädchen, alle passen auf, bis die deutsche Crew das Hotel verlassen hat. Und dann schnell zum Telefon. Der Geheimdienst wird verständigt. ›Die Deutschen sind raus.‹ Das geht bis Korsika. Dort warten die Nachtjäger der Engländer wie die Haifische auf uns. Die Jagd geht los.«

Toni grinste. Er war sicher, daß ich dieses Abenteuer auf Leben und Tod auch gut finden würde.

»Wenn es Wind gibt und hohe Wellen, dann können sie uns kreuzweise, dann fliegen wir drei Meter über dem Boden mit unserer Nähmaschine, und die Jäger müssen aufpassen, daß sie nicht auf die Schnauze fallen. Dann können sie nicht zie-

len und müssen wieder abhauen. Solche Flieger wie den Grafen Castell haben sie eben nicht. Wir würden ihnen gern Schrot in den Hintern nachjagen, aber wir haben ja keine Waffen an Bord. Wir sind ja friedliche Leute.«
Diebler hätte mir nie so eine Geschichte erzählt.
Bevor WD ging, sahen wir auf die Eheringe, die wir trugen. Im großen stand »Luise Lima 1939«, im kleinen entsprechend »Wulf-Diether«. Das war ja unser eigentliches Hochzeitsdatum.
»Liebes Herz, also auf Wiedersehen bis zum fröhlichen Heiraten.«
In Gedanken flog ich mit. Bis um 3 Uhr nachts konnte ich ruhig schlafen. So um 4 Uhr stellte ich mir den Wecker und fing an, Daumen zu halten. Denn dann kamen die englischen Nachtjäger von Korsika. Ich wollte mir nichts Genaues darunter vorstellen, ich hielt halt einfach die Daumen.

Am 16. Februar morgens waren alle da, die ich eingeladen hatte. Meine Eltern aus Wien, meine Schwägerin Alexandra und ihr Mann, Prinz Schaumburg-Lippe. Meine Schwester aus Ungarn erwartete ich noch, und meine Schwester Edith konnte nicht kommen, da sie gerade ein Baby bekommen hatte. Wir waren in meinem Haus in Berlin-Dahlem, Musäusstraße 4, zum Sektfrühstück versammelt.
Alle waren da, nur der Bräutigam noch nicht.
»Was machen wir denn, wenn er nicht kommt?« fragte meine Mutter ängstlich.
Ich war selbst unsicher, wollte sie aber beruhigen. »Er kommt ganz sicher — also hoffentlich sicher.« Ich klopfte auf Holz.
»Warum mußtest du dir ausgerechnet einen Mann mit einem so gefährlichen Beruf aussuchen?«
Meinem Vater gefiel alles großartig. Als alter k.u.k.-Offizier sagte ihm das Milieu sehr zu, in das seine Tochter hineinheiratete. Vor allem gefiel ihm meine Schwägerin. Im leichten

Casinoton sagte er leise zu mir: »Du, das ist ja eine auffallend schöne Person.«
Das war sie auch. Schlank und groß, mit kühnen Zügen, strahlenden, stahlblauen Augen unter geraden, dunklen Augenbrauen. Das klassische, ovale Gesicht eingerahmt von dunkelblondem, dichtem Haar.
Mein Vater warf meiner Mutter einen scheuen Blick zu. Doch sie hatte sich halb abgewandt, scheinbar harmlos, um sich mit den Blumen zu beschäftigen. Aber ich sah ihre roten Ohren. Ich kannte ihre Verlegenheit, ihre furchtbare Aufregung. Jetzt wollte sie ihre Unsicherheit verbergen. Sie war eine Frau voll natürlicher Wärme und Herzlichkeit. Sie wußte mit alledem nichts Rechtes anzufangen, und die Verwandtschaft war ihr zu norddeutsch. Sie war voller Bedenken.
Mein Vater nahm eine lässige, charmant österreichische Haltung ein und fragte meine Schwägerin: »Waren Durchlaucht schon in Wien?«
Ich bekam einen Riesenschreck. Wir waren doch jetzt verwandt. Warum sprach er sie so an? Aber ich wußte, er konnte sich nicht blamieren. Er war als Offizier im Protokoll bewandert. Doch mich störte diese Anrede in der dritten Person, und ich erwartete, daß meine Schwägerin sagen würde: »Aber bitte, wollen wir uns denn nicht du sagen?«
Das tat sie nicht, konnte es nicht tun. Die Etikette lag ihr zu sehr im Blut. Und die lautete, daß nur Standesgemäße geduzt werden. Hätte sie in diesem Fall nicht eine Ausnahme machen können? Nein, das konnte sie nicht. Was sich seit Generationen herausgebildet hatte, konnte sie mir zuliebe nicht plötzlich vergessen. Ich glaube, ich hätte mich mit einer solchen Bitte lächerlich gemacht.
»Ja, natürlich kenne ich Wien«, sagte meine Schwägerin mit hoher Stimme, die vollkommen im Kopf saß. »Es war wahnsinnig nett dort, wirklich sehr gemütlich. Mein Mann hat dort Propaganda-Reden gehalten. Im Nebenraum eines Restaurants mit dem komischen Namen ›Auge Gottes‹. Wir ha-

ben so gelacht, es war ein sehr, sehr nettes Publikum. Wir haben es sehr genossen.«

Sie neutralisierte alles. Mit einer Mischung aus Unnatur und standesherrlicher Fürstlichkeit. Sie ließ bei all ihrer Liebenswürdigkeit eine Kluft entstehen, die überflüssig und mir fremd war. Am liebsten hätte ich sie geschüttelt und gesagt: »Mensch, bleib doch auf dem Teppich. Keiner will dir was, es ist Krieg, und das Leben ist schon schwer genug.«

Aber sie gehörte zur Verwandtschaft meines Mannes, und ich mußte versuchen, sie alle so zu nehmen und zu lieben, wie sie waren. Zumal ich wußte, wie sehr WD an seiner einzigen Schwester hing. Seine Eltern lebten schon lange nicht mehr. Immerhin war die Familie schon seit der Französischen Revolution so, seit es lebensnotwendig geworden war, niemals das Gesicht zu verlieren und niemanden an sich heranzulassen.

Meine Mutter aber war keinesfalls bereit, alles zu akzeptieren. Ihre Ohren wurden noch röter, und sie bekam glänzende Augen vor innerer Erregung. »Ich habe Ihren Mann damals g'hört im ›Auge Gottes‹«, sagte sie betont ruhig und wienerisch. »Dort ist schon die Luise aufgetreten — mit sieben Jahren. Es ist ein ganz kleines Gasthaus in unserer Nähe, und wir dachten noch: Der arme Prinz, was macht der in so einem kleinen Lokal? Und wieso redet er für eine Arbeiterpartei. Die NSDAP ist doch eine, net wahr?«

Inzwischen war es schon 10 Uhr 45, die Taxis waren für 11 Uhr bestellt und sollten uns zum Standesamt Berlin-Zehlendorf bringen.

Von WD kein Anruf, keine Spur.

In meiner Aufregung rief ich Herrn von Hoogervörth an: »Er ist immer noch nicht da. Soll ich die Hochzeit abblasen?«

Es entstand eine Pause. Vielleicht warf er einen Blick auf seine Tabellen. Dann sagte er mit weicher Stimme: »Vertrauen Sie doch auf Ihren guten Stern. Er kommt, seien Sie sicher.

Sie müssen heute heiraten, verstehen Sie? Oder es wird nie klappen.«

Da läutete es Sturm.

»Er kommt«, schrie ich ins Telefon. »Sie sind der beste Astrologe der Welt.«

Ich hängte ein und rannte zur Tür.

Draußen stand ein Bote in SS-Uniform mit einem großen Fliederbaum, voll von duftenden, weißen Dolden. »Heil Hitler«, sagte er und knallte die Hacken zusammen. »Im Auftrag des Führers.« Er überreichte mir einen Brief.

Ich öffnete ihn: »Mit den besten Wünschen zur Vermählung. Ihr Adolf Hitler.«

Alle wollten den Brief lesen. Meine Mutter strahlte: »Na, siehst du. Ich habe es ja gleich gesagt. Eigentlich hatte ich sogar erwartet, daß jemand von der Regierung persönlich kommt.«

Gleich darauf kamen Rosen »im Auftrag des Propagandaministers«.

»So g'hört sich's auch«, sagte mein Vater stolz.

Ich zitterte vor Aufregung. Nun waren doch diese Kräfte mit im Spiel. Vielleicht fing das Unglück schon an. Mein Mann war nicht da, vielleicht war etwas passiert, vielleicht war ich schon verbunden mit all denen, die untergehen mußten.

Ich lief nochmals zum Telefon. »Hallo, Herr von Hoogervörth. Mein Mann war es nicht, leider. Aber wissen Sie, wer es war? Obwohl ich niemandem etwas gesagt hatte und keine einzige Anzeige verschickt habe, kam einen Riesen-Fliederbaum von Hitler und ein Rosenstrauß von Goebbels. Ist das nicht Pech? Glauben Sie, daß das Unglück bringt?«

Es knackste hörbar in der Leitung.

»Hallo?«

»Ja, ja«, sagte seine demütige Stimme. »Blumen sind etwas Schönes, Blumen und Kräuter, das sind unschuldige Geschöpfe, da muß man sich freuen. — Wie Sie hören, werde ich überwacht. Meine Gespräche werden abgehört. Das macht aber nichts. — Nun gehen Sie doch alle hinunter auf die Straße, die ganze Hochzeitsgesellschaft, und wenn die Taxis kommen, setzen Sie sich hinein. Er wird kommen, glauben Sie mir.«

Ich setzte mein kleines, rosa Schleierhütchen auf, und die ganze Hochzeitsgesellschaft ging langsam hinunter in die Musäusstraße. Wir verteilten uns in die beiden wartenden Taxis.

Im selben Augenblick kam ein kleines DKW-Motorrad um die Ecke. Darauf saß WD in seinem grauen Militärledermantel, die Lufthansa-Mütze schief auf dem Kopf.

Wir vertauschten nur schnell die Mütze mit seinem braunen Hut und fuhren zum Standesamt.

In Zehlendorf warteten vor dem Rathaus ein paar Kinder, die Autogramme haben wollten.

Das kleine Amtszimmer war überfüllt. Fotografen drängten sich, und die Wochenschau war da. Den Termin hatten sie vom Standesamt erfahren. Alles wurde gefilmt und fotografiert. Das Schreiben des langen Namens in Großaufnahme, der Kuß, ebenfalls in Großaufnahme, das gegenseitige Gratulieren und schließlich die Abfahrt mit den beiden Taxen.

Es war eine echte Kriegshochzeit.

Zu Hause wartete schon der Leihkellner aus dem Restaurant »Horcher« mit dem Hochzeitsessen, das ich bestellt hatte. Er hatte einen sehr speckigen Frack an und war als Leihkellner sofort erkennbar.

Die Kinder meiner Schwägerin und meine Schwester Gertl aus Budapest waren inzwischen auch eingetroffen.

Ich war sehr gerührt, daß Gertl trotz der Alarme und der Gefahr gekommen war. Sie brachte ein großes Paket mit. Ihr Hochzeitsgeschenk war ein ungarischer Hirtenmantel für mich. »Es ist zwar nur ein einfacher Mantel, aber er soll dich über Krieg und Frieden hinweg wärmen.«

Es kam keine Stimmung auf. Der Krieg lastete auf uns, und

die Gäste kannten sich untereinander zu wenig. Am späten Nachmittag spielte meine Mutter Klavier. Das verband die Hochzeitsgesellschaft etwas. Sie fing mit Bach an, wechselte zu Chopin über und hörte mit dem Deutschmeistermarsch auf. Sie brachte ihn sehr fesch und rhythmisch, und wir hätten alle gern getanzt, aber es war ja Krieg. Mein Vater zwinkerte mir zu, was heißen sollte: Na ja, unsere Mutter, was? Wir Österreicher haben wieder einmal die Stimmung gerettet.
Alexandra fand den Marsch lustig und flott und wandte sich an mich: »Ich habe mir diesen Marsch für mein Begräbnis ausgesucht. Wir Casteller wollen nämlich nicht, daß uns jemand nachweint. Ja, meine Liebe, du sollst jetzt auch die Casteller Familiengesetze kennenlernen.«

Gegen Abend kam ein Anruf der Wochenschau. Der Kameramann vom Vormittag fragte: »Was hat man eigentlich im Propagandaministerium gegen Sie? Alle Fotos und die Wochenschau wurden verboten. Es darf nichts über Ihre Hochzeit gebracht werden.«
Vielleicht hatte Hoogervörth recht. Vielleicht paßte es ihnen nicht. Diese Verbindung einer populären Schauspielerin mit dem adeligen Kosmopoliten?

»Willkommen, Frau Gräfin«

Neue, schöne Welt — Gutsfrau am Nischlitz-See — Geräucherte Maränen und ein blauer Diamant — Ahnenkunde am Kamin

Wir saßen im Zugabteil, mein Mann, meine Schwester und ich. Wir hatten den Koffer als Tisch aufgestellt und spielten »Kümmelblättchen«. Das war damals Mode. Einer hat drei Karten in der Hand, zwei schwarze und eine rote. Um die rote geht's. Der Spielleiter zeigt alle drei erst vor, dann mischt er sie, daß niemand weiß, wo die rote Karte steckt, und wirft dann alle drei verdeckt auf den Tisch. Auf die vermeintlich rote wird gesetzt.

WD hielt die Karten in seinen langen, schmalen Händen. Ich studierte diese Hände und dachte: Richtig aristokratische Hände mit unpraktischen Fingern. Sicher kann er nie etwas im Haus reparieren, keinen Nagel einschlagen. Das werde alles ich lernen müssen.

»Die ist es nicht, die ist es auch nicht, die ist es.«

Auf die rote Karte wurde gesetzt. Auch fremde Leute, die durch den Zug gingen, beteiligten sich und setzten. WD war groß im Gewinnen. Ich mußte mein Urteil revidieren. Er hatte zwar aristokratische Hände, aber sie schienen doch geschickt zu sein.

Wir tranken gegen die Kälte Obstler aus einer Flasche. Der Zug war ungeheizt, die Fensterscheiben gesprungen, und der Wind blies ganz feinen Schnee ins Abteil.

Hinter Frankfurt an der Oder starrte WD plötzlich aus dem

Fenster. Die Landschaft flog an uns vorbei, aber auch die Stationen. »Verdammt noch mal, wir haben vergessen, in Frankfurt in den Personenzug umzusteigen. Dieser Zug hält ja nicht mehr, der geht bis Warschau.«

Was sollten wir tun? Die Notbremse ziehen?

Meine Schwester war entsetzt. »Nein, das geht doch nicht. Das ist ja wie in einem Detektivfilm.« Den Ausdruck »Krimi« gab es damals noch nicht.

»Macht nichts, schnell, nimm den Koffer.«

Wir stellten uns alle zur Tür. Meine Schwester las ein Schild, das unter der Notbremse hing: »Wer ohne Grund die Notbremse zieht, wird zu einer Strafe von RM 50 verurteilt.«

»Dann legen wir eben 50 Mark daneben. — Also, wenn ich die Notbremse ziehe und der Zug stehenbleibt, dann Tür auf und raus, so schnell wie möglich.«

WD war in der Gegend geboren. Er kannte jedes Dorf, jeden Baum.

»Achtung, jetzt haut es hin.«

Er zog, die Lokomotive heulte auf, die Wagen rasselten aneinander, die Puffer krachten zusammen, die Bremsen kreischten, und der Zug stand auf offener Strecke.

Sofort rissen wir die Tür auf, WD sprang als erster, ziemlich tief, die Koffer nach, wir hopsten runter. Tür zu. Wir rannten über das Gleis, ließen uns auf der anderen Seite den Bahndamm hinunterkollern in ein Gebüsch und verschwanden im Wald. Wir hörten die Fenster runterrasseln, Stimmen schrien in die verschneite Landschaft. »Alarm? Ein Angriff?«

Ein Schaffner war auf den Bahndamm gesprungen.

»Halt«, schrie er uns nach, »halt, meine Herrschaften. Hier ist keine Station. Der Zug hält hier irrtümlich.« Aber anscheinend hatte ihm jemand die 50 Mark gezeigt. Die Lokomotive zog wieder an, und der Zug fuhr ohne uns in Richtung Warschau. Das war gelungen.

Wir schleppten unsere Koffer durch den Schnee. An der Station Wutschdorf, wo wir eigentlich aus dem Personenzug hätten aussteigen wollen, stand Förster Reinhold Graff mit dem Pferdewagen, um uns abzuholen. Meine Schwester und ich wurden in viele Pelzdecken gehüllt und saßen hinten im Wagen. WD saß oben auf dem Bock neben dem Förster, der auch der Verwalter des Gutes war.

Es dämmerte schon, und der Schnee lag blau auf den Feldern.

Meine Schwester drückte sich eng an mich. »Deine neue Heimat, Luisl. Diese unendliche Landschaft ist so fremd für mich, schon so russisch.«

In der Ferne bellte ein Hund. Die Pferde dampften in der Kälte, und ihre dicken Hintern wackelten im Trab vor uns her.

»Das könnte Dostojewski sein, und wir kommen doch von Schnitzler.«

Wir hörten Reinhold fragen: »Und was halten Erlaucht von der Lage?«

»Von der Lage?« WD sagte es, als wäre es ganz absurd, darüber zu sprechen. »Die Lage ist doch völlig klar, der Krieg ist verloren.«

Es war eine klirrende Kälte. Der bellende Hund tauchte plötzlich auf, heulte und lief eine Weile kläffend neben uns her. Wir kamen an ein paar Häusern vorbei.

Meine Schwester drückte meinen Arm so fest, daß ich es durch den dicken Hirtenmantel spürte. »Wie kann der WD so etwas sagen? Das darf er nicht. Es ist auch gefährlich. Bei uns in Ungarn sind alle siegessicher und voll Hoffnung. Wir gewinnen den Krieg. Wir müssen den Krieg gewinnen. Was soll denn sonst aus uns werden?« Sie sah mich aus den Pelzen heraus ängstlich an.

»Beruhige dich nur«, flüsterte ich nahe an ihrem Gesicht, das ganz rot vor Schreck und Kälte war. »Du weißt, ich habe den WD wahnsinnig gern, aber ich kenne ihn ja selbst noch gar nicht so gut, und ich glaube, daß er zwar sehr intelligent ist, aber kein besonders gutes politisches Empfinden hat.« Ich

kam noch näher zu ihr und sagte ganz leise: »Schau, in Südamerika zum Beispiel hat er gesagt, es gibt keinen Krieg. Unter keinen Umständen. Prompt war Krieg. Dann hat er mich aus Rio angerufen und gesagt, der Krieg ist gleich zu Ende. Es ist ein Blitzkrieg. Na ja, das war vor drei Jahren.«
Meine Schwester nickte beruhigt.
Die beiden Männer auf dem Bock sprachen weiter.
»Der Krieg ist verloren?« wiederholte Reinhold entsetzt. »Aber was wird dann mit uns?«
Eine Frage, die hundertmal gestellt wurde. Auf unserer Seite, bei den Feinden, auf der ganzen Welt.
»Wo sollen wir denn hin? Es ist doch unsere Heimat. Glauben Erlaucht, daß wir russisch werden? Oder daß die Front über uns hinwegrollt?«
»Aber Reinhold« — mein Mann hatte wieder denselben beruhigenden Ton wie damals in Südamerika, als er mir sagte, daß es keinen Krieg gäbe — »russisch niemals. Jetzt stehen unsere Leute doch vor Moskau. Mein Gott, wie weit ist das noch! Und wir hier liegen doch kurz vor Berlin. Da müßten sie ja halb Deutschland einkassieren. Ausgeschlossen. Vielleicht werden sie uns ausplündern oder ausrauben. Aber die Erde, den Grund und Boden, unsere Heimat können sie doch nicht auffressen.« Er hatte den Kragen hochgestellt und rief zurück ohne sich umzudrehen: »Wie geht es euch?«
»Gut«, brüllten wir.
Die Pferde machten einen kleinen Ruck seitwärts. Reinhold zog etwas die Zügel an und knallte kurz mit der Peitsche.
Dann sprachen sie über Rotwild, wo schlechte und wo gute Böcke stünden, und daß man mal wieder auf die Jagd gehen müsse. »Wissen Sie noch, wie wir damals den...« Dann kamen Jagdgeschichten. Aber bald redeten sie wieder über den Krieg.
»Und die geheime Waffe? Was hört man darüber? Bei Queschlings, also beim Wirt, da sagen sie, die geheime Waffe

wird sofort angewandt, wenn der Iwan Schwierigkeiten macht.«

Meine Schwester und ich wollten nichts mehr darüber hören. Wir sangen leise zweistimmig »Hab mein' Wagen voll geladen, voll mit jungen Mädchen. Als wir in die Stadt 'neinkamen, sangen sie durchs Städtchen«. Wir waren zwar beide keine jungen Mädchen mehr, aber wir wollten nicht diese ewige Angst und die ewigen Gespräche über Krieg. Wir wollten fröhlich sein.

Reinhold bog seitwärts in einen Waldweg. Die beschneiten Tannenzweige streiften unser Wagendach. Die Männer mußten sich oft bücken, sie bekamen Schnee in den Kragen, und dann lachten wir alle. Ganz tief drinnen in der Einsamkeit lag ein Haus mit einem beschneiten Schilfdach. Alle Fenster waren hell erleuchtet. Das Haus stand auf einer Anhöhe. Der See auf der gegenüberliegenden Seite war zugefroren und sah aus wie eine glänzende Schiefertafel.

Martha, die Frau von Reinhold, stand im schwarzen Kleid mit weißer Schürze vor dem Eingang, und Gerda Bielke, das Stubenmädchen, knickste ununterbrochen.

»Willkommen, die Herrschaften«, sagte Martha mit östlicher Grandezza, und ihr freundliches, rundes Gesicht strahlte vor Herzlichkeit. »Hatten Sie eine gute Reise? Willkommen, Erlaucht, willkommen, Frau Gräfin.«

Mir kam der Titel »Erlaucht« nicht zu. Aha! Woher sie das schon wieder wußten. Sie hatten den Gotha im Blut.

WD begrüßte sie wie alte Freunde mit »Ach, meine Lieben!« Er strahlte vor Herzlichkeit. Und doch spürte ich eine Distanz, die unüberbrückbar war. Diese Distanz hatte er an sich und um sich. Sie war herzlich, aber doch respekteinflößend, und niemand hätte je gewagt, ihm auf die Schulter zu klopfen. Nicht einmal der beste Freund.

Das Haus war festlich geschmückt mit Tannen und Blumen. In der Halle brannte ein Feuer im Kamin.

Meine Schwester bezog ein kleines Gästezimmer mit Salon

und eigenem Bad. Sie war ganz außer sich. »Ich kenne doch diese Güter im Osten nicht, nur aus Büchern von Tolstoi. Und du bist jetzt hier Gutsfrau. Mein kleines Schwesterchen Luiserl. Du solltest eigentlich Nastasja Filipowa Andrejewna heißen.«

Und dann umarmten wir uns und tanzten im Kreis herum. Ich ließ ihr ein Bad ein, sie sollte sich aufwärmen vor dem Tee.

Ich ging durch die große Halle hinüber in mein Schlafzimmer und in meinen kleinen Salon, der ganz mit blauer Seide bezogen und mit weichen, blauen chinesischen Teppichen ausgelegt war. In einem bunten Keramikkamin flackerte ein Feuer. WD erwartete mich. Er hatte ein dunkelblaues, derbes Leinenhemd an. Er küßte mir feierlich die Hand und überreichte mir den Schmuck seiner Mutter.

Ich hatte noch nie so herrlichen Schmuck gesehen. Vielleicht in einer Schatzkammer, oder die Kronjuwelen. Oder Theaterschmuck, aber der war ja nur aus Glas. WD setzte mir ein kleines Perlenkrönchen auf, und wir sahen beide in den Spiegel. Wir stellten uns vor, wir seien in Frack und Abendkleid. Ich hielt noch das Perlenkollier um den Hals.

»Wie schön, wie wunderbar. Ob wir je in Frack und Abendkleid auf einen Ball gehen werden miteinander?« Wir konnten es uns nicht vorstellen.

Aber vielleicht, wenn wir einmal fliehen müssen...

Ich wagte es nicht zu sagen — er übernahm meine Gedanken.

»Ja, dann können wir den Schmuck vielleicht verkaufen und im Ausland eine neue Existenz aufbauen.«

Das konnten wir uns eher vorstellen. Wir dachten nicht an Frack und Abendkleid. Wir dachten nur ans Überleben.

Einen Ring behielt ich an, er hatte einen blauen Diamanten.

Meine Schwester erwartete mich schon in der Halle. Sie ging auf und ab und hatte Tränen in den Augen.

»Was ist los?«

Sie schluchzte. »Ach, ich finde es so toll, daß dich der WD geheiratet hat.«
»Hör mal, wieso denn?«
»Na ja, er mit diesem Riesenbesitz und dem fabelhaften Namen und so jung, und wie er aussieht! Er hätte ja jede reiche amerikanische Multimillionärin heiraten können.«
»Aber ich, ich bin doch auch nicht so schlecht«, sagte ich betroffen.
»Nein, eben nicht. Aber das ist es ja, daß er das gemerkt hat, das ist ja eben so toll.«
Ich konnte sie kaum trösten.
Der Sturm heulte über den Nischlitzsee. Wir setzten uns um den Kamin. Der Fischer Fabig hatte als Hochzeitsgeschenk einen Korb geräucherter Maränen gebracht.
Maränen gibt es nur im Nischlitzsee. Sie leben tief unten im See, in Schwärmen, sind aber keine Heringe. Nischlitz sei ein wendisches Wort, es bedeutet »keine Heringe«. So erklärte uns WD den Namen des Sees. Der Nischlitzsee gehörte meinem Mann und war so groß wie der Wannsee.
Die Fische waren noch warm vom Räucherofen und schmeckten herrlich. Der Kamin und der Tee mit Rum erwärmten uns, und das Holz krachte manchmal. Es duftete nach Tannen.
»Wie alt ist eigentlich die Familie Castell?« fragte unvermutet meine Schwester im Überschwang ihres Wohlbefindens. »Ich liebe und bewundere alles, was Tradition hat. Ich liebe unsere Habsburger ungeheuer, aber jetzt bin ich sehr stolz auf die Casteller. Ich möchte gern viel über deine Familie wissen, WD. Ihr seid ja viel älter als die Habsburger.«
WD sah meine Schwester liebevoll an. Er mochte ihre gerade, offene Art sehr. »Ach, Gertl, nur weil ich einen alten Namen habe, brauchst du doch nicht auf mich stolz zu sein. Der Casteller Name ist der älteste, aber er war nie mit großen Taten oder kriegerischen Heldenstücken verbunden. Zum

Glück. Ein Zeichen, daß sie gutmütige Leute waren. Denn je öfter einer im Geschichtsbuch steht, desto mehr hat er umgebracht. In die Geschichtsbücher kommt man nur durch Grausamkeiten.«

»Ja«, bat ich ihn voll Stolz, »erzähl doch mal die Geschichte von Fastrada. Weißt du, Gertl, Fastrada war die dritte Frau Karls des Großen und eine Castell. Stimmt's?«

»Ob es stimmt, weiß ich nicht«, sagte er geniert wie alle Adeligen, die man über ihre Familie ausfragt. »Man weiß nur, daß Fastradas Vater Radulf hieß. Und Radulf ist ein alter Casteller Name. Und daß er ein fränkischer Fürst war. Im 8. Jahrhundert gab es aber keine anderen fränkischen Fürsten als die Casteller.« Unbeirrt fuhr er fort: »Sie soll sehr schön gewesen sein, und Karl der Große soll sie mehr geliebt haben als alle seine anderen Frauen. Sie trug einen Ring, einen blauen Diamanten, der ein Zauberring war. Er konnte Unheil abwenden und ewiges Leben verleihen. Das war der Ring der Fastrada. Er wurde in einen See versenkt. Man sagt, Karl der Große und Fastrada sollen noch immer leben und nachts durch die Lüfte sausen.«

Wir tranken auf das Wohl von Carolus Magnus, unserem Onkel Karl.

Draußen heulte der Ostwind über den See. Das Eis krachte. Wir fürchteten uns plötzlich und brachten Gertl in ihr Zimmer. Auch wir gingen schlafen.

Es war schön, so ruhig zu schlafen. Ohne Alarm. Zu wissen, der eigene Mann liegt daneben, sicher und geborgen, hat keinen Nachtflug und wird nicht von englischen Jägern irgendwo über dem Mittelmeer gehetzt. Ich war voll Dankbarkeit.

Nach dem Frühstück gingen wir zum Vorwerk. WD benutzte die kurzen Aufenthalte, um Probleme zu hören und zu lösen oder von Förster Reinhold Wünsche aufzunehmen und irgendwelche Maschinenteile, die ihm fehlten, im Ausland zu besorgen.

Wir gingen durch die verschneiten Schonungen zum Busch Vorwerk.
»Früher hatten wir fünf solche Vorwerke«, erklärte WD, »aber durch die Inflation ging alles pleite. Jetzt haben wir nur noch das eine Vorwerk. Meine Eltern mußten das meiste verkaufen. Dann kam der Vor-Eulenfraß, das ist eine Baumkrankheit. Die Wälder mußten geschlagen werden, für das Holz bekamen wir ein Butterbrot. Das war schon ein ziemliches Elend damals. Da habe ich mich abgesetzt und ging auf die Fliegerschule — sehr gegen den Willen meiner Eltern. Jetzt haben wir das alles wieder aufgeforstet, Reinhold und ich.«
Die beschneiten Bäumchen standen artig da wie Kinder bei einer Inspektion. WD streifte mit seinen dicken Fliegerhandschuhen liebevoll über die Äste, packte sie bei der Spitze, und schüttelte sie, bis der Schnee abfiel. Er war stolz. »Wie fest und gesund sie aussehen. Reinhold hat alles eingezäunt, damit das Wild sie nicht verbeißt. Und so wachsen sie und wachsen.« Und zu mir: »Das ist eben das Schöne an Grund und Boden, der bleibt. Wenn man aber Aktien hat, versteht man nichts davon und kann über Nacht verarmen. Hier ist man hineingeboren, hat eigenes Land, das ist gesund. Und in dreißig Jahren etwa, wenn wir nicht mehr arbeiten wollen oder können, wenn wir einmal alt sind . . .« Er lächelte etwas ungläubig, als ob das nie passieren könnte, und legte seinen Arm, der in dem dicken Militärmantel steckte, um mich. »Wenn wir einmal alt sind, dann können wir hier in Sicherheit leben. Warum schaust du so ernst? Wäre es dir zu einsam?«
Wir glaubten beide nicht so recht an ein Alter in Reichtum und Ruhe.
Ich war auf das Treffen mit den Angestellten des Gutes gut vorbereitet. In Berlin hatte ich in der Domäne Dahlem melken gelernt. Es kostete mich viel Überwindung, das Euter einer Kuh anzufassen, sie verweigerte anfangs jeden Tropfen

Milch, und ihr schmutziger Schwanz flog mir immer um die Ohren. Aber zum Schluß ging es ganz gut. Ich mußte nur mit der ganzen Hand melken und nicht mit zwei Fingern. Ich hatte auch einen landwirtschaftlichen und einen kaufmännischen Kurs besucht. Ich wollte mich nicht blamieren.

Auf dem Vorwerk war Frau Fechner. Sie war Witwe und arbeitete hier mit ihrer Tochter. Drei polnische Gefangene, zwei Männer und eine Frau, standen abseits. Sie waren dem Gut von der Kommandantur zugeordnet worden und hießen Adam, Vladimir und Maruschka. Alle fünf sahen mich scheu und ein bißchen mißtrauisch an. Ich ging auf sie zu, ganz kerzengerade. Ich lächelte mild und gönnerhaft, gab jedem die Hand und merkte mit großem Erstaunen, wie ich bereits die aristokratische Art imitierte. »Tag, Frau Fechner; Tag, Hildegard; Tag, Maruschka; Tag, Adam; Tag, Vladimir. Ich hoffe, wir werden uns mögen und gut zusammenarbeiten.«

Unbewußt versuchte ich, jene Distanz herzustellen, die ich bei WD so bewunderte. Aber es kam nicht an.

Frau Fechner war gar nicht mehr zu halten. Sie holte tief Luft. »Dach, Frau Gräfin«, sagte sie in echt thüringischem Dialekt. »Das heeßt, eegentlich mechte ich lieber Frau Ullrich sachen oder noch lieber Luischen. Nu ja, so nennen wir Sie äben. Wir haben ja alle Ihre Filme gesähen, *Regine*, wo Sie det arme Bauernmädchen worn.« Sie sagte nicht »gespielt haben« sondern »waren«. »Nu ja, und Ihr Mann, der hat Se doch so schrecklich betrochen. Und da wollten Se sich doch umbringen. Ne, och ne, wat hab' ich da jeweent.«

Plötzlich sah sie WD an. Sie knickste und verschwand.

Im Stall standen zwanzig Kühe, einige Kälber und sieben Schweine. Die Landwirtschaft war nicht groß, sie lebte in erster Linie vom Kartoffelanbau und von Korn.

Reinhold und WD hatten noch einiges zu besprechen Frau Fechner zog mich ins Haus. Sie wollte mir ihre Räucherkammer zeigen. Ein halbes Schwein war Deputat, mit dem ande-

ren halben mußte sie wirtschaften und für die Angestellten kochen. Speck hing da, und Würste gab es.
»Ich koch schon gut für die Leite. Sie sähen ja, wie dick se alle sind, ne, ne. Ich will mir nix ersparen und nix nachsagen lassen.«
Maruschka, die erst ein paar Monate da war, sprach schon ganz gut deutsch. Sie trug ein Kopftuch eng um ihren runden dinarischen Schädel, vorn überkreuz und hinten gebunden. Es umrahmte ihr fröhliches, rotes Kindergesicht mit den breiten Backenknochen. Sie zupfte mich. »Ich wissen, du Schauspielerin«, sie hielt sich die Hand vor den Mund und kicherte, als wäre es etwas Obszönes. Ihre vielen Röcke drehten sich wie im Tanz über ihren schmutzigen Stiefeln. »Ich gern Bild haben, sei so gut, komm.«
Sie winkte mir scheu. Ich trat in ihre Stube. Es war nichts drin als ein Bett, ein Schrank und eine Waschschüssel auf einem Stuhl. An die Wände hatte sie Tannenzweige genagelt. In einer Ecke hing ein Ikonenbild, ein paar Kerzenstummel standen davor. Sie deutete auf den Platz daneben. »Dein Bild da.« Sie nickte und faltete die Hände. »Ich immer für dich beten, ja?«
Da kam Frau Fechner wie ein Wind hereingefegt.
»Nu gäh schon, Maruschka, wenn eener en Bild kriecht, dann bin ich's, ne wahr, Frau Gräfin? Luischen. Der Herr Graf härt's ja nicht. Luischen schickt mer schon ens.«
Es war ein großes Durcheinander. Die beiden kamen sich fast in die Haare.
Ich sagte: »Beide kriegen ein Bild«, und dann gingen wir wieder.
WD wiederholte seine Frage: »Du schaust so ernst? Gefällt es dir nicht hier? Ist es dir zu einsam?«
»Nein, nein, das ist es nicht. Aber du hast doch eben gehört, wie die mich begrüßt haben. Ich möchte nicht eine Schauspielerin sein, die gelegentlich auch mal Gutsfrau ist. Und ich möchte nicht nur hier herumsitzen und warten, bis ich

wieder einen Filmvertrag bekomme. Sondern ich möchte ganz deine Frau sein. Und ich möchte dir auch helfen, das Gut hier zu verwalten. Ob ich das noch lernen kann? Ob man da nicht hineingeboren sein muß? Und wenn du zum Beispiel eine große Jagd haben wirst, ich kann ja gar nicht Bridge spielen. Ich habe eben von Kindheit an immer nur Theater gespielt. Ich kann nicht schießen; ich verstehe nichts vom Wild; ich weiß nicht, wieviel Enden ein schöner Hirsch haben muß.«

»Ein guter Hirsch aufhaben muß«, verbesserte mich WD liebevoll lächelnd.

»Na siehst du, ich weiß das eben alles nicht.«

Er sah mich an, als wollte er sich in meine Probleme, die für ihn keine waren, hineindenken. »Herzlein«, sagte er, und wir gingen weiter durch die Schonung. Wieder unterbrach er sich. »Hier, das sind Fuchsspuren. Man erkennt sie an den vier Tappern und dem Schleier, den er hinter sich herzieht, von seiner Rute. Siehst du? Das kann man alles lernen. Aber was du bist, das kann man nicht lernen. Für die Menschen wirst du immer die Luise Ullrich bleiben und nie die Gräfin Castell sein. Aber das macht nichts. Sie lieben dich, weil du ihnen viele schöne Stunden bereitet hast. Reinhold sagte zum Beispiel, die Leute am Busch Vorwerk seien schon tagelang vorher außer sich gewesen. Sie erleben doch so wenig. Da ist es doch schön, wenn du ihnen Freude machen kannst. Du mußt ihnen sofort die Bilder schicken.«

An meinem Mann bewundere ich bis heute, daß er die Dinge leicht nimmt. Denn sie sind dadurch auch leicht.

»Für mich ist ein Kind die Krönung«

Kein »Kleiner Grenzverkehr« — Zwei Hemdchen, zwei Jäckchen — Bittgang ins Reichssicherheitshauptamt — Gabriele — Eine Paraderolle: Nora — Erich Kästner

Also Luisl«, sagte Eberhard Schmid, der jüngste Produzent der Ufa, der auch *Annelie* gemacht hatte, am Telefon, »jetzt ist es soweit. Wir haben das Buch fertig.«

Seine Stimme klang fröhlich.

Ich wollte »Was für ein Buch?« fragen, aber ich erinnerte mich noch rechtzeitig, daß er ja vor einigen Monaten mit Erich Kästner bei mir gewesen war, um mir die Story von *Der kleine Grenzverkehr* zu erzählen. Kästner sollte diesen Stoff für die Ufa schreiben und ich die weibliche Hauptrolle spielen. Ich war glücklich gewesen, daß Kästner etwas für mich schreiben wollte. Er war einer der wenigen bedeutenden Schriftsteller, die Deutschland überhaupt noch hatte.

»Eine Bombensache, du und der Kästner«, hatte WD damals gesagt, der Kästner liebte und bedauerte, bei der Besprechung nicht dabei sein zu können, da er in dieser Zeit fast ständig auf Strecke war und gerade über Oslo nach Romanjevi in Nord-Finnland flog.

»Hallo«, rief Eberhard Schmid ins Telefon, »ich höre nichts von dir. Kein Aufjauchzen, nichts. Was ist los, Luisl?«

Ich kam zurück aus dem Mustopf. »Du, Eberhard, ehrlich gesagt, ich habe nicht gedacht, daß überhaupt noch etwas draus wird. Ich habe so lang nichts von euch gehört. Oder?«

Eberhard lachte ganz hoch. »Du bist gut. Jetzt sind alle unter Vertrag, und du auch, vergiß das nicht. Komischer Gedanke, daß da nichts draus werden könnte.«
Es entstand wieder eine Pause. Ich setzte mich und stützte meinen Ellenbogen auf den Schreibtisch. »Hör zu, Eberhard, ich kann die Rolle nicht spielen.«
Wieder kam das helle Lachen.
»Was soll das heißen? Es ist eine zauberhafte Geschichte, und der Kästner hat sie dir auf den Leib geschrieben.«
»Tut mir leid, ich kann dir das jetzt am Telefon nicht sagen. Aber ich kann die Rolle einfach nicht spielen.«
»Luisl, hast du Minderwertigkeitskomplexe? Oder denkst du, nach *Annelie* sei eine kleine Komödie zu harmlos? Glaub mir, nach diesem Schinken ist es genau das Richtige.«
Ich hörte, wie er mit Kästner, der neben ihm stand, verhandelte.
»Du, der Erich und ich, wir kommen schnell bei dir vorbei.«

Wir waren alle drei guter Stimmung, obwohl die beiden mich die ganze Zeit belauerten, um herauszubekommen, was ich gegen dieses Thema hatte.
Endlich sagte ich: »Na gut, wenn ihr schon gar nichts merkt, dann will ich es euch eben sagen. Ich bin im vierten Monat.«
Mit einem Ruck sahen sie mir beide auf den Leib. Aber dann genierten sie sich und sahen mir wieder ins Gesicht.
»Na, das ist vielleicht 'ne Pleite«, sagte Eberhard. »Sag mal, bist du verrückt geworden, Luisl? Wie kannst du mir so etwas antun? Hättest du nicht warten können, bis der Film zu Ende ist? Verdammt noch mal! Was mach ich jetzt bloß?«
Kästner lächelte liebenswürdig. »Ob man vielleicht das Kind und den Stoff koppeln könnte?« meinte er. Es war ihm unangenehm, daß er mit seinem Drehbuch so wenig willkommen war.

»Was heißt hier koppeln? Jetzt ist sie im vierten Monat. Bis wir anfangen, ist es vielleicht der fünfte. Und dann hätten wir drei bis vier Monate Zeit zum Arbeiten, und sie muß radfahren und schwimmen. Dann können wir direkt von den Außenaufnahmen in die Klinik fahren und das Kind gemeinsam kriegen. Mitten im kleinen Grenzverkehr.«

Kästner überlegte, wer statt mir jetzt die Rolle spielen könnte, das merkte ich ihm an. Jeder gute Schriftsteller findet natürlich seinen Text viel wichtiger als irgendeinen Schauspieler.

Eberhard aber war fassungslos. »Einen Kästner könnte man spielen, diese Chance hat man, und dann bekommt man ein Kind.«

Zum Abschied sagte ich: »Weißt du, Eberhard, es ist alles schön und gut. Ein Kästner-Film ist etwas Tolles, aber eben doch nur ein Film. Und wenn er zu Ende ist, werden vielleicht ein paar Menschen lachen oder ernst werden. Aber wenn sie rausgehen, werden sie sich eine Zigarette anzünden und sagen: So, und was machen wir jetzt? — Eine Rolle mehr oder weniger, was ist das schon? Eine Rolle ist letzten Endes doch nur eine Seifenblase, die zerplatzt. Zehn Jahre lang hab ich das jetzt gemacht. Habe aus Papier Menschen geformt und ihnen ein Scheinleben gegeben. Aber jetzt forme ich einen echten Menschen in ein echtes Leben. Da kommt doch auch kein Kästner mit. Eberhard, es tut mir schrecklich leid, daß ich dir damit soviel Schwierigkeiten mache. Aber wenn's dich auch nicht interessiert — du bist ein junger Mann und kannst es vielleicht nicht verstehen —, für mich ist es die Krönung. Es ist allerhöchste Zeit. Ich geh jetzt auf die dreißig zu, und wenn ich jetzt kein Kind bekomme, kann es vielleicht zu spät sein. Jedes Alter hat seine Gesetze. Und dafür, daß es jetzt klappt, schenk ich dir den Volpi-Pokal, die 20000 Mark steuerfrei, die ich für die ›Annelie‹ bekommen hab, den Titel Staatsschauspielerin und sämtliche Kritiken von Kerr und Jhering. Jetzt kommt etwas, das ein Teil von mir ist und bleibt. Du kannst denken, was du willst, aber mir macht es gar nichts aus, daß ich den Film nicht spielen kann.«

Eberhard klatschte in die Hände. »Bravo, der Monolog einer Schwangeren. Warum hast du das nicht der Thea von Harbou gesagt? Die hätte es bestimmt in *Annelie* untergebracht.«

Wir verabschiedeten uns.

Eberhard sagte: »Mach's gut, Luisl. Und toi, toi, toi für die Geburt.«

»Ihr werdet schon einen Ersatz finden«, tröstete ich.

»Aber sicher.«

Kästners kluge Augen lächelten spöttisch. Ich spürte, daß er sich ein bißchen lustig über mich machte.

»Sicher fanden Sie das alles ein bißchen pathetisch, was ich vorhin übers Kinderkriegen gesagt habe.«

»Aber nein, nicht die Bohne«, sagte Kästner, »nur, beim dritten werden Sie sicher auch anders reden. Also, tschüs!«

Mit dem ärztlichen Attest mußte ich ins Rathaus und bekam eine Punktekarte. Zwei Umstandskleider standen jeder Schwangeren zu. Wie das gedacht war, weiß ich nicht. Vielleicht ein Kleid für wochentags und ein Kleid für sonntags. Oder ein Kleid für den Vormittag und eins für den Nachmittag. Oder man konnte auch die ersten Monate das eine Kleid tragen und dann die restlichen drei Monate das andere. Also, das konnte jede machen, wie sie wollte. Ich trug das Dunkelblaue fast immer und das Schwarze nur bei festlichen Anlässen.

Für das Baby gab es zwei Jäckchen, zwei Hemdchen und sechs Windeln. Sechs Windeln, das war schon verdammt wenig, aber ich hatte zum Glück mehr. Als ich *Annelie* drehte und als werdende Mutter mit meinem Film-Ehemann Karl Ludwig Diehl in einem Kindergeschäft Babysachen einkaufte, steckte mir Alice, die französische Garderobiere, vier Pakete zu. »'ier Madame, Requisit, 'ab ich gemopst für dich, bringt Glück. Ufa wirft doch weg. Man weiß nie, wozu man braucht.«

Jetzt brauchte ich sie. Diese zwanzig Windeln, ein Souvenir aus *Annelie*, waren die Basis für die Babyausstattung.

Ich fühlte mich körperlich gut. Meine Unruhe und Überaktivität fanden keine Angriffspunkte mehr. Ich brauchte gar nichts zu tun, um mein Dasein zu rechtfertigen. *Es* tat ja. Das Wachsen ging so langsam, daß ich mich unverändert fand. Nur meinen Hirtenmantel konnte ich nicht mehr tragen, er war auf Taille gearbeitet. So zog ich einen alten Nutria mit Raglanschnitt an. Da fühlte ich meinen Zustand getarnt. Erst als in der U-Bahn die Männer wie elektrisiert aufsprangen, merkte ich, daß es anscheinend doch kein süßes Geheimnis war.

In Dahlem-Dorf stieg ich ein, wieder sprang ein Gefreiter auf und knallte seine Knobelbecher zusammen. Er überließ mir seinen Platz und stellte sich auf die Plattform. Seine Arme hingen im steifen Militärmantel weit weg vom Körper, wie die Flügel eines Pinguins. Mit seinem jungen, bäuerlichen Gesicht schaute er mich unverwandt an. Auf der anderen Plattform stand ein alter, blasser Mann. Er drückte seine Aktenmappe ans Herz. Diese Geste kannte ich, die Mappe verdeckte den Judenstern. Sein Blick streifte mich nur flüchtig, er sah zum Fenster hinaus in die Dunkelheit.

Der junge Soldat dachte sicher: Die Luise Ullrich ist aber dick geworden. Und der Alte: Die Luise Ullrich ist schwanger. Der eine war jung, der andere alt, das war der Unterschied.

Die Zukunft von beiden war trostlos. Ich konnte mich nicht belasten. Das Kind sollte nichts merken. Ich schaute weder links noch rechts, ich schaute vor mich hin.

Zweimal in der Woche machte ich bei Frau Dr. Richter, Dr. Schmitts Assistentin, Schwangerschaftsgymnastik. Sie gab mir ein Briefchen vom Doktor aus dem KZ: »Und da Sie aus eins jetzt zwei werden, segne Sie der Himmel doppelt mit seiner Gnade des Wachsens und Gedeihens.« Es ging ihm nicht gut, und er bat seine Patienten, sich für ihn einzusetzen.

»Weshalb ist er denn im KZ? Warum ist er denn überhaupt eingesperrt?« fragte ich Frau Dr. Richter.
Sie durfte es nicht sagen.
Ich meldete mich im Reichssicherheitshauptamt bei Himmler an. Aber Himmler empfing mich nicht, sondern Obergruppenführer Wolff, der mächtigste Mann nach Himmler.
Die Tür, durch die ich in sein Zimmer geführt wurde, hatte innen keine Klinke. Das war nicht angenehm. Wolff kam herein und entschuldigte sich, daß er Himmler vertrete, aber Himmler sei verreist. Er bat mich, Platz zu nehmen.
»Ich bin wegen Dr. Schmitt gekommen. Ich bin eine seiner Patientinnen und möchte mich für ihn einsetzen.«
»Ist er nicht ein Sadist?« fragte Wolff.
»Ich glaube, das hätte er einfacher haben können. Er arbeitete von 6 Uhr morgens bis tief in die Nacht. Er behandelte sehr viele alte und unattraktive Menschen. Das tat er bestimmt nicht aus Vergnügen. Seine Massagen waren anstrengend. Ich kannte ihn nur abgearbeitet, bleich und übermüdet.«
»Sagen Sie, was soll überhaupt diese ganze Methode von diesem Schmitt?«
Wir sprachen darüber. Der Mensch ist durch die Zivilisation verwöhnt, verweichlicht, findet sich selbst zu wichtig, ist aufgeblasen, selbstsicher. Schmitts Massagen, die auf Nervenpunkte gezielt sind, machen frei, weil sie bescheiden machen.
»Und ich brauche gerade jetzt in meinem Zustand seine Massagen so dringend. Ich bitte Sie, die Möglichkeit überprüfen zu lassen, Dr. Schmitt wieder in seine Praxis einzusetzen.«
Wolff stand auf. Ich wußte nicht, was jetzt passieren würde. Wollte er SS-Männer rufen und mich verhaften lassen? Mein Herz klopfte im Hals. Er ging zu einem Schrank, öffnete ihn und nahm eine Tafel Schokolade heraus. »Ich werde Ihren Antrag bearbeiten lassen. Darf ich Ihnen für die Heimfahrt

diese Schokolade geben? Vielen Dank für Ihren Besuch, trotz des Zustands. Heil Hitler, gnädige Frau.«

Für WD und mich war es selbstverständlich, daß unser erstes Kind in Dresden bei Professor Warnekros zur Welt kommen sollte. Seine große Erfahrung als Gynäkologe beeindruckte WD. Warnekros war einige Male bei uns in Berlin gewesen und uns beiden ein guter Freund geworden.

Meine Eltern verbrachten Weihnachten und Silvester bei uns in Berlin. Meine Mutter trennte sich ungern von mir. Sie glaubte, ich brauche sie unbedingt bei der Geburt. Für sie war Kinderkriegen noch ganz anders. Sie hat uns drei Töchter zu Hause im Beisein des Geburtshelfers I. Brings, der Hebamme, ihrer beiden älteren Schwestern und der Großmama bekommen. Aber ich freute mich auf die Klinik, denn ich schätzte fachliche Fürsorge mehr als zu viel persönliches Mitgefühl.

Ich hatte in Berlin alles hergerichtet, so gut es ging. Ein Kinderzimmer mit bunten Vorhängen, eine Badewanne, alles stand bereit — oder besser: fast alles stand bereit. Denn die Götter zürnen, wenn der Mensch zu sicher ist.

WD brachte mich nach Dresden, und Professor Warnekros empfing uns sehr freundlich.

»Mein Kleines«, sagte er zu mir, »du mußt mir versprechen, das Kind auf keinen Fall am Wochenende zur Welt zu bringen, denn da bin ich an der Riviera.«

WD fuhr zurück, er mußte nach Helsinki. Ich blieb in Dresden allein. Aber in Wirklichkeit war ich nicht allein. Ich spürte das Kind in mir, mit dem ich jetzt so vollkommen verbunden war, wie später nie mehr im Leben. Ich dachte an die Geburt und fürchtete mich vor der Trennung.

Als die Wehen kamen, spürte ich, daß die ganze Klinik nervös wurde. Die Oberin und die Schwestern standen um mein Bett, um sich nach meinem Befinden zu erkundigen. Ich war für sie keine bequeme Wöchnerin, denn ich war eine Bekannte des Chefs, gehörte zur Prominenz und war für das erste Kind nicht mehr die Allerjüngste. Das machte ihnen Sorgen.

Im Gegensatz zu ihnen war Professor Warnekros die Ruhe selbst. Er erwies sich als großartiger Arzt und in kritischen Situationen als mitfühlender, warmherziger Mensch.

Die Wehen hatten am Vormittag angefangen, und um fünf Uhr, zum Five-o'clock tea, war Gabriele da. Wie hätte es auch bei einem Weltmann wie Professor Warnekros anders sein können.

Im Kreißsaal hielt er voller Freude das Kind hoch: »Du hast 'ne gesunde Tochter, Kleines.« Ich hörte ihren Atem und ihren ersten Schrei, er war voll Lebenskraft. Benommen streckte ich meine Arme aus. »Gabrielchen«, ich wollte das Kind an mich ziehen, aber schon wurde ich weggerollt, und das Neugeborene kam in die Säuglingsstation. Ich hätte es gerne an mich gedrückt.

Die Nachricht, Vater geworden zu sein, sollte WD nach dem Rückflug von Romanjevi in Berlin erwarten. Aber auf der Strecke bekam er Luftalarm und mußte wegen der feindlichen Verbände in Stettin runtergehen. So erreichte ihn die Nachricht dort.

Das Telefongespräch war entsprechend kurz. Ich hörte ihn am anderen Ende der Leitung schreien: »Bin glücklich ... bin froh ... bin zufrieden ... grüß Gabrielchen ... Ende.« Wahrscheinlich mußten sie wieder starten.

Am 16. Februar, unserem ersten Hochzeitstag, wurde mir das Baby mit einem Veilchensträußchen in der Hand zum Stillen gebracht. Es gratulierte.

Die Säuglingsschwester, Gabriele und ich reisten mit der Bahn nach Berlin zurück. Jede Nacht gab es Alarm, oft zweimal. Unser Luftschutzkeller war nur notdürftig hergerichtet. Im Ernstfall hätte er keinen Schutz geboten, aber mich beruhigte, daß sich unser Pudel unter den Kinderwagen legte und schlief. Ich vertraute seinem Instinkt.

In unsere kleine Familie brach wieder der Film ein. Harald Braun kam mit einem Drehbuch. *Nora* von Ibsen. »Das müssen Sie spielen.«
In zwei bis drei Monaten wird es losgehen; wir werden zu Außenaufnahmen nach Husum fahren, bis dahin kann Gabriele abgestillt sein, überlegte ich. Nora, ein junges, emanzipiertes Wesen, will nicht nur Frau und Mutter sein, sondern auch ein dem Mann gleichwertiger Mensch werden.
Genau das Gegenteil von mir damals. Ich wollte jetzt nichts anderes als Frau und Mutter sein. Ein gleichwertiger Mensch war ich vorher schon gewesen. Und mit dem Kind hatte ich eher noch gewonnen. Ibsens Begriff »Puppenheim« empfand ich positiv. Die Geborgenheit der Familie war gerade im Krieg die einzige sichere Zuflucht. Was hatte das Leben sonst für einen Sinn?
Um diesen Film ablehnen zu können, hätte ich einen plausiblen Grund haben müssen. Entweder ein ärztliches Attest, aber ich war gesund, oder künstlerische Gründe. Aber die Nora war von jeher eine Paraderolle, um die sich die Schauspielerinnen rissen.
Ich unterschrieb den Vertrag nicht leichten Herzens.
Am Abend vor meiner Abreise ging es Gabriele schlecht, als ob sie es geahnt hätte. Sie hatte eine Darminfektion. Die Säuglingsschwester war verläßlich, sie schwor mir aufzupassen. Zum Glück ging WD nicht gerade auf Strecke.
Ich rief von Husum an, WD war sehr besorgt. Am späten Abend rief ich noch einmal an. Die Schwester war am Apparat, mein Mann hatte Gabrielchen in die Kinderklinik Lichterfelde-Ost zu Professor Doxiades gebracht.
In der Nacht erreichte ich WD selbst. Gabrielchen mußte in der Klinik bleiben. Sie wurde auf Muttermilch umgestellt, das war die einzige Rettung. Angesäuerte Milch gab es damals noch nicht.
Nach den Außenaufnahmen fuhr ich gleich in die Klinik, um

Gabriele zu holen. Ich nahm sie in den Arm und spürte ihre Wärme und ihr Leben.
Es hätte auch anders sein können.
Doxiades kam und begrüßte mich. »Bitte, bleiben Sie nun. Das Kind hat Sie vermißt. Sicher werden bessere Medizinen erfunden werden und vielleicht ein echter Ersatz für Muttermilch, aber für die Mutter selbst wird man nie Ersatz finden können. Übrigens, Sie haben einen reizenden Mann, Gräfin. Sie hätten ihn sehen sollen, als er hier ankam im Ledermantel und mit seinem Lufthansakäppchen. Ich habe noch nie einen so eleganten jungen Mann mit soviel Vaterliebe gesehen. Er hat das Baby so liebevoll ausgepackt, da könnte sich manche Mutter eine Scheibe abschneiden.«

»Jetzt kommt der letzte Akt«

Berlin, Winter 1945 — Als Flüchtling in Garmisch — Liebesbriefe, die von Backpulver handeln — Ein Befehl von Goebbels — »Du bist so blaß, Luise« — Karl Ritter

Es war ein unerbittlich kalter Winter, dieser letzte Kriegswinter 1945. Die klirrende, trockene Kälte entzog dem unterernährten Körper mehr Kalorien, als er wieder zu sich nehmen konnte.

Ich saß in meinem Hirtenmantel in einem kleinen Café in Potsdam. Das Café war ungeheizt und zugig, und ich behielt den Mantel an. Ich behielt den Mantel jetzt fast immer an. Ich kochte mit dem Mantel, schälte Mohrrüben und Kartoffeln, schnitt Zwiebeln im Mantel, und auch nachts zog ich ihn oft im Bett wieder an, wenn ich vor Kälte nicht einschlafen konnte. Er sah dementsprechend aus und roch nach Küche.

Auch Herr von Hoogervörth, der neben mir saß, behielt seinen schwarzen Wintermantel mit dem abgewetzten Samtkragen an. Er schlürfte genüßlich heißen Pfefferminztee und lächelte zufrieden vor sich hin. Er legte seinen breiten Kopf schief und demütig auf den schäbigen Samtkragen und sagte voll Zufriedenheit: »Ja, diese Kräuter, wenn wir die nicht hätten. Diese Pfefferminze, wie beruhigt sie doch die Nerven.«

Ich hielt mein Glas mit den Händen umspannt, um mich zu wärmen.

Wir wohnten in Potsdam, mein Mann und ich. In Untermiete bei einer verbitterten Offizierswitwe, in einem winzigen, dunklen Loch. Die Ufa hatte uns dort untergebracht. Sie hatten nicht mehr genug Sprit, um mich täglich mit dem Auto von unserem Haus in Dahlem abzuholen und nach Babelsberg zu bringen. Dort drehte ich den Film *Kamerad Hedwig*, das heißt, ich mußte ihn drehen. Meine Partner waren Wolfgang Lukschy und Otto Wernicke, der Produzent Professor Karl Ritter.

Ich hatte Herrn von Hoogervörth nach Potsdam in dieses kleine Café gebeten, um die letzten Berechnungen meines Horoskops zu erfahren, und ich wollte auch mit ihm über die Lage sprechen, die so unheimlich und so verworren war. Ich hatte das Gefühl, in einem Schnellzug zu sitzen, der mit rasender Geschwindigkeit auf einen Abgrund zufuhr. Die Katastrophe war sicher, man konnte nicht abspringen, man war machtlos.

»Jetzt ist es soweit, jetzt kommt der letzte Akt ohne Happy-End.« Er wählte mir zuliebe diese dramaturgische Ausdrucksweise. Es war ein makabrer Scherz, sein Gesicht lächelte dabei. »Höchstens noch drei Wochen gebe ich der Sache.« Er sah sich um. Wir waren die einzigen Gäste. Er flüsterte: »Jetzt heißt es klug sein, wir wollen nicht mit untergehen. Wie sind Ihre Dispositionen?«

»Ach, bei mir liegt alles denkbar ungünstig.« Ich atmete den Dampf des Pfefferminztees ein. Meine Nerven beruhigte er nicht. Wie sollte der harmlose Geruch jemanden beruhigen, der in einem Schnellzug sitzt und dem Abgrund zurast? Ich war ein einziger verkrampfter Klumpen aus Angst und Kälte. »Gestern wurde mein Mann ins Krankenhaus eingeliefert. Er hatte tagelang hohes Fieber. Nun liegt er in Quarantäne, Abteilung Flecktyphus.« Das Glas zitterte in meinen Händen.

Herr von Hoogervörth runzelte die Stirn und setzte sein schwarz umrandetes Monokel auf. Er nahm mit spitzen manikürten Fingern seine Tabellen aus der Brusttasche, studierte sie lange und schüttelte energisch den Kopf. »Nein, o nein,

er hat keinen Flecktyphus, unmöglich. Diese tödliche Krankheit, diese akute Lebensgefahr würde sich hier in seinem Horoskop anzeigen. Aber nichts davon. Gesundheitlich alles in Ordnung. Also, bitte, behalten Sie diesbezüglich die Nerven.« Er steckte die Tabellen wieder ein. »Und sonst?«
»Sonst drehe ich den Film *Kamerad Hedwig* bei der Ufa. Aber drehen kann man das eigentlich nicht nennen. Die Männer wollen die Filmarbeit möglichst hinausziehen, um u.k. zu bleiben und nicht an die Front zu müssen. Es werden pro Tag nur ein paar Meter gedreht. Wissen Sie, wie das geht? Um 9 Uhr gehe ich geschminkt in die Dekoration. Wir fangen eine Szene an. Alarm. Wir gehen in den Keller. Nach der Entwarnung wollen wir die Szene weiterdrehen. Aber dann sagt der Regisseur — übrigens ein uralter Knabe aus der Stummfilmzeit, einen anderen haben wir in der Schnelligkeit nicht gefunden; Ulli Erfurth, der es erst machen sollte, haben sie mittendrin eingezogen — also sagt der alte Knabe: ›So können wir dieselbe Szene nicht weiterdrehen. Ihre Frisur ist ja völlig verändert.‹ Dann werde ich stundenlang umfrisiert, wir drehen weiter, wieder Alarm, wieder in den Keller, und so geht es den ganzen Tag. Ich habe diese Zeitschinderei so satt. Ich möchte nichts anderes, als den Film endlich fertigmachen und zu meiner kleinen Tochter Gabriele reisen.«
Herr von Hoogervörth nickte freundlich und gütig. »Sie werden sehr bald alle beisammen sein. Ich habe mir Ihre Daten ganz genau angesehen. Allgemein kein Grund zur Besorgnis.« Er nahm nochmals die Tabellen heraus. »Der Herr Graf wird aus dem Krankenhaus in ein paar Tagen gesund entlassen. Ohne Zweifel. Dann wird er höchstens noch drei bis vier Wochen fliegen. Dann ist der Krieg aus.« Er drehte sich scheu um. Niemand hörte zu. »Passen Sie auf. Der Film wird nicht zu Ende gedreht werden, garantiert nicht. Das Haus der Kunst ist ohne Bestrahlung. In zwei bis drei Tagen wird er abgebrochen.« Er steckte seine Tabellen wieder ein. »Und

dann fahren Sie alle auf Ihr Gut und warten in Ruhe das Ende des Krieges ab.«
Ich sah von meinem Glas hoch. Sein fettig glänzendes Gesicht strahlte mich gutmütig und naiv wie das Gesicht eines Kindes an.
»Sagten Sie auf unser Gut?«
»Ja, selbstverständlich. Sie erinnern sich doch, daß ich Ihnen schon bei Ihrer Hochzeit sagte, daß Sie auf Ihr Gut sollen. In den Osten, um das Ende des Krieges dort abzuwarten.« Er klopfte mit seiner weichen, fleischigen Hand beruhigend auf meine Hand, die zitterte. »Sie sind beide erholungsbedürftig, und auf Ihrem Gut sind Sie sicher.« Er nickte seinen Gedanken nach, zufrieden mit dem Resultat.
Mein Hals trocknete plötzlich aus. Die Stimmbänder, die Zunge, der Mund, alles wurde staubtrocken, und ich begann zu husten. Ein Husten, der von Herzklopfen begleitet wurde. Ich fühlte mich wie ein Verräter, der den Kosmos und die Sterne betrügen wollte. Und trotzig, um keine Widerrede aufkommen zu lassen, sagte ich etwas heiser: »Ich habe Gabriele mit der Kinderschwester nach Garmisch geschickt, und dort muß sie auch bleiben.«
Er konnte es nicht fassen. »Was sagen Sie, nach Garmisch? Aber liebe Frau Gräfin, wie konnten Sie so etwas tun? Sie müssen sie sofort zurückholen. Vertrauen Sie Ihren Sternen nicht mehr? Vertrauen Sie mir nicht mehr? Ich habe es doch oft genug und klar und deutlich ausgedrückt. Gleich zu Beginn Ihrer Ehe.«
»Ja, aber inzwischen ist doch Zeit vergangen. Die Lage hat sich völlig verändert. Die Front kommt angerollt. Die Russen stehen 30 km vor unserem Gut. Wir werden doch nicht der Front entgegenfahren. Ich habe nur mit allergrößter Mühe und durch gute Beziehungen eine Pension in Garmisch gefunden, hoch oben auf dem Berg, wo wir bleiben können und wo wir sicher sind. Ich werde doch das Kind nicht in diesen Hexenkessel holen.«
Es entstand eine Pause. Zum erstenmal, seit ich ihn kannte,

wich das Lächeln vollkommen aus seinem Gesicht, und er wirkte erschreckend auf mich, wie eine alternde, ungeschminkte Frau.
»Schade, schade.« Er sah verfallen und hoffnungslos aus. »Sie haben mir doch immer vertraut. Nun vertrauen auch Sie mir nicht mehr. Sie wissen doch, wie ich von den Nazis verfolgt werde, und Sie sehen auch, wie die Nazis enden. Hätte die Regierung mehr auf mich gehört, statt mich zu bespitzeln, zu belauern und zu behorchen, dann gäbe es jetzt nicht diese Katastrophe.«
Ich war ungeduldig. Ich wußte, daß ich in wenigen Minuten von der Ufa abgeholt werden würde, um in Babelsberg zu filmen.
Er spürte meine Unruhe. Er zog sein Lächeln wieder an und wirkte wie ein zufriedener Buddha. »Ich kann nichts anderes tun, als Sie inständig zu bitten. Suchen Sie einen Zug heraus von Garmisch nach Berlin, und lassen Sie die Kinderschwester mit der kleinen Gabriele sofort heraufkommen. Und reisen Sie auf Ihr Gut. Alle! Sie werden dort und nur dort das Kriegsende gesund überleben.«
Es war mir rätselhaft, wie ein Mensch eine Situation so falsch sehen konnte. Ein Mensch, dessen Können und Wissen mich jahrelang fasziniert hatten. Von dem ich mit Sicherheit annahm, daß er objektive Berechnungen betrieb, die auf jahrtausendealter Erfahrung basierten.
Er bat weiter: »Sie wissen doch, wie sehr die Russen Künstler verehren. Und wenn sie hören ›Artista‹, wird man Sie verwöhnen und feiern.«
Ich zwang mich zur Ruhe. »Sie sehen die Russen allzusehr als Befreier. Befreier Ihres eigenen, unhaltbaren Zustandes. Zu sehr als Dichter und Denker. Das sind nicht lauter Tolstois und Dostojewskis, die da vom Osten auf uns eindringen. Das sind Horden, wild wie Dschingis Khan. Es gibt keinen humanen Krieg. Es gibt nur den totalen Krieg. Den wollten wir ja. Und das ist die Antwort. Nämlich Tod.«

Die Tür wurde aufgerissen, und Lucy kam hereingestürmt. Sie wurde von allen Mickymaus genannt. Sie war nur 1,40 Meter groß und der letzte Chauffeur, den die Ufa noch hatte. Sie nahm sich dementsprechend wichtig, fuhr wie der Teufel, sicher und schnell, und machte auch sonst viel Wind.
»Hoppla, jetzt komm' ick« , schrie sie schon in der Tür in Albers-Kopie. »Tempo, Tempo, Luischen. Ick warte draußen, nu mach mal, mach mal.« Sie verschwand wieder.
Ihr Geschrei tat mir gut. Ich stand eilig auf. So konnte ich mich schnell lösen »von dem Gesetz, nach dem ich angetreten«. Ich spürte, daß es nur noch ein einziges Gesetz gab, und das wurde vom eigenen Instinkt diktiert.
Wir standen uns wortlos gegenüber. Ich drückte seine weiche, manikürte Hand herzlich und voll Dankbarkeit. »Herr von Hoogervörth, die Züge sind überfüllt, die Leute trampeln sich tot auf den Bahnhöfen. Alle Fenster sind kaputt, das Kind würde hier todkrank ankommen, wenn es nicht unterwegs schon zerquetscht würde.«
»Schade, schade. Vielleicht finden Sie doch noch einen anderen Weg.«
Ich zuckte mit den Achseln. »Vielleicht!«
Wir haben uns nie wiedergesehen.

Es traf fast alles ein, was er prophezeit hatte. Mein Mann wurde nach ein paar Tagen gesund aus dem Krankenhaus entlassen. Es war kein Flecktyphus gewesen. Es war nur ein leichter Fall von Masern. Der Film *Kamerad Hedwig* wurde abgebrochen und verschoben auf ein unbekanntes Datum. Es gab kein Licht mehr und kein Wasser. Eigentlich hätte ich unsicher werden müssen, aber nicht den Bruchteil einer Sekunde dachte ich daran, Gabriele aus Garmisch holen zu lassen.
WD wurde von der Lufthansa wieder eingesetzt, mit Toni Stuiss und Diebler die Nachtflüge nach Barcelona fortzusetzen. Die Trennung stand bevor.

Ich packte meine Sachen, um zu Gabriele zu reisen.
Welch gütiger Engel uns half, diese Abschiede nicht so tragisch zu empfinden, wie sie wirklich waren, weiß ich nicht. Keiner von uns beiden hätte es vertragen, feuchte Augen zu sehen oder ein Zittern in der Stimme zu hören. Wir trieben aber auch keine Vogel-Strauß-Politik, waren weder verkrampft heiter noch burschikos sorglos. Wir nahmen alles, wie es war.
Die drei Männer, WD, Diebler und Toni Stuiss, begleiteten mich zu meiner Maschine nach München. Ihre »Mühle« sollte wenige Stunden später — bei Einbruch der Dunkelheit — über den Brenner, das Mittelmeer nach Barcelona fliegen.
Gern hätte ich meinen Mann noch einmal umarmt. Aber er hatte schon seinen dicken Ledermantel an und ich meinen Hirtenmantel; wir hätten nichts mehr gespürt. Und das war auch gut so. Den Gedanken, wir könnten uns vielleicht nie mehr wiedersehen, gab es nicht.
»Also Servus.« Wir küßten uns. »Auf bald!«
»Grüß mein Gabrielchen!«
»Bleib gesund!«
»Schreib bald!«
Gern hätte ich zu Toni und Diebler gesagt: »Menschenskinder, paßt bloß auf.« Aber ich habe es mir verkniffen, es schien mir unpassend.
Alle drei hatten schon ihre Lufthansamützen auf, verwegen saßen sie auf den rotblonden, den schwarzen, den braunen Haaren. Sie sahen fröhlich und optimistisch in die Gegend.
»Happy landing«, sagte ich zu Diebler.
»So long«, sagte er.
»Wir sind die Größten«, versicherte mir Toni Stuiss, »toi, toi, toi« — und klopfte auf seinen runden Knabenschädel. Er zwinkerte mir zu. »Luischen wird uns schon nicht im Stich lassen.« Er meinte den Propeller, den er nach mir benannt hatte.
Schnell stieg ich in die Münchner Maschine ein und hoffte,

daß sie gleich wegfliegen würde. Aber der Start wurde verzögert. Die Tragflächen waren vereist.
Plötzlich standen die drei Männer auf den Tragflächen. WD, Toni und Diebler. Sie hatten Besen und Bürsten in den Händen und enteisten die Flügel. Der Schweiß tropfte in den Schnee, obwohl es zwanzig »Miese« hatte.
Dann bekamen sie ein Zeichen. Die Maschine mußte starten, bevor der nächste Alarm kam. Wir mußten in die Luft. Schwitzend sprangen die Männer hinunter. Ein kleines Lächeln zu mir, ein flüchtiges Winken. Sechs Augen sah ich voll Spannung: Wie hebt die Maschine ab? Wie dreht sie bei? Ja, sie war in Ordnung.
Die drei Männer in den Militärmänteln wurden kleiner und verschwanden unter uns ohne zu winken.
Die waren in Ordnung. Die waren okay. Die waren wachsam. Die hatten keine Sentiments. Bei ihnen gab es nur Realität, Beherrschung der Materie und Balance. Ich brauchte mir keine Sorgen zu machen.

In München holte mich Abi Kunze ab, ein Kollege von WD. Er war Einflieger bei der Lufthansa, ein »Himmelfahrtskommando«, wie er es nannte. Aus diesem Grund hatte er auch ein Auto und Sprit. Er brachte mich von Riem zum Starnberger Bahnhof.
Mit vielen Stunden Verspätung kam ich endlich bei Dunkelheit in Garmisch an. Ich schnallte meinen Rucksack um, in dem auch die Juwelen meiner Schwiegermutter waren — unser ganzes Hab und Gut —, und begann hinter Partenkirchen den Aufstieg durch den dunklen Wald. Damals hatten wir keine Angst vor Räubern und Dieben — nur Angst vor Bomben.
Der Große Wagen, die Cassiopeia, die Plejaden waren über mir. Eine klare Nacht, so richtig geeignet für Angriffe. Die Flugzeuge brummten unter den Sternen. Feinde, Freunde? Vielleicht waren auch die drei Männer dabei, denen ich alles

Gute der Welt wünschte. Toi, toi, toi, im Vorbeigehen klopfte ich an einen Baum.
Ich mußte oft ausruhen, der Rucksack war schwer, mein Herz wollte nicht so recht. Nach eineinhalb Stunden erreichte ich Wildwiesen, das Haus auf dem Bergrücken. Es war mir gelungen, auch meine Mutter und meine Schwester mit ihren beiden kleinen Töchtern hier unterzubringen. Sie waren in Wien total ausgebombt worden. Wir umarmten uns. Dann setzten wir uns wortlos.
Ein Häuflein Unglück war da beisammen. Flüchtlinge, Ausgebombte, Heimatlose. Janos, der Mann meiner Schwester, irgendwo in den Wäldern Ungarns, auf der Flucht vor den Russen. Mein Mann irgendwo über dem Mittelmeer, auf der Flucht vor den englischen Nachtjägern. Aber noch lebten wir. Noch waren wir gesund.
Sie begannen zu erzählen von dem Unglückstag. In ihren Augen war noch Verzweiflung und Schrecken. Ich hörte sie klagen: »Entsetzlich — das Riesenhaus — ein Volltreffer — Staubwolken — der Erker, in dem du gespielt hast — abgebrochen — die Kinder geschrien — keine Luft, nur eine kleine Ecke im Keller blieb stehen, wie durch ein Wunder.«
Ich konnte nichts dazu sagen. Es wurde etwas in mir wach, eine Abwehr oder ein Gleichgewichtsgefühl, eine Balance, wie ein Seiltänzer sie hat, der rechts und links den Abgrund weiß und sich mit kühler Ruhe auf seinen Weg konzentrieren muß. Mit kühler Ruhe, sonst war er verloren.
Ich glaube, ich lächelte sogar blöd vor mich hin. Wie durch einen Nebel sah ich ihre entsetzten Gesichter. Meine Mutter schluchzte. Ich stand auf und nickte abwesend.
»Ja, ja«, sagte ich, »jetzt müssen wir halt weitermachen.«
Ich ging hinaus und lehnte mich an die Tür. Mir war schlecht und schwindlig. Ich murmelte vor mich hin: »Weitermachen, weitermachen.«
Ich wußte nicht, daß dieser Satz die Basis des neuen Existentialismus werden würde. Von Sartre gegründet und der

Nachkriegsgeneration ein Leitmotiv. Ich hörte noch, wie meine Mutter sagte: »Die Luisl hat sich sehr verändert. Sie ist hart geworden, halt preußisch.«
Leise öffnete ich mein Zimmer, in dem Gabrielchen schon schlief. Sie lag auf einer Couch, mit vielen Stühlen verbarrikadiert, damit sie nicht herunterfiel. Sie hatte ein dickes rundes Gesicht, sie sah wohl aus.

Außer uns waren noch viele andere Leute in der Pension evakuiert. Im ganzen waren wir sieben Familien, alle vom Wohnungsamt eingewiesen. Wenn sieben Familien ohne Männer in einem Haus zusammen wohnen und wirtschaften müssen, dann kommt es zu einem Kleinkrieg. Zu einem erbitterten Kleinkrieg, der genausoviel Nerven kostet, wie der große Krieg, das Moment der Lebensgefahr abgezogen.
Ein Herd für sieben Familien, ein einziger Herd, bei dem nur zwei Stellen wirklich funktionierten! Überall sonst blieben die Kartoffeln hart oder kalt oder sie brannten an. Das Pichelsteiner schmeckte schon schlecht genug, es bestand aus Kartoffeln und Mohrrüben. Wenn es auch noch kalt oder angebrannt war, dann war die Mahlzeit mehr als trist.
Es galt also, diese beiden guten Stellen zu erobern. Das schaffte man nur ganz in der Früh als erster oder als letzter zu Mittag. Zu spät konnte aber der letzte mittags auch nicht kochen, denn die Holzration war knapp, und ab 12 Uhr durfte nicht mehr nachgelegt werden. Der erste mußte Feuer machen, bekam dafür jedoch die Chance, die guten Stellen zu belegen.
Feuermachen war aufregend, wenn die Sonne schien. Sie brannte auf den Kamin, der Rauch schlug zurück, und oft war es nicht allein der beißende Geruch, der Tränen über die Wangen kollern ließ. Es waren auch Wut und Verzweiflung dabei. Prasselte das Feuer endlich im großen Küchenherd, und waren die eigenen Töpfe richtig placiert, kamen

die anderen Frauen mit ihren am Abend vorgerichteten Kartoffel- und Mohrrübentöpfen in die Küche. Sie grüßten heiter, sprachen über das Wetter, sangen und lachten. Es waren alles reizende Frauen, die versuchten, das Beste daraus zu machen. Keine hat in diesem letzten, schrecklichen Kriegswinter — bei dem außer Hunger und Kälte auch noch die Angst um unsere Männer belastend auf uns lag — jemals das Gesicht verloren.

Bei der fröhlichen Begrüßung wurde nach den guten Stellen auf dem Herd geschielt. Natürlich besetzt, verdammt! dachte jede. Die Frau, die Einheiztag hatte, war verrußt, schmutzig und verheult und ging sich säubern. Das war der Moment, ihr so ganz nebenbei die Töpfe wegzurücken, und wenn sie wiederkam, standen andere da. Konnte man es verargen? Alle hatten Kinder, alle wollten, daß sie satt wurden. Sie waren im Wachsen, sie sollten nicht rachitisch werden. Sahen sie überhaupt noch gesund aus? Wurden sie nicht zu mager? Am Ende lungenkrank? Konnten sie bei der Ernährung den anstrengenden Schulweg schaffen?

Dabei wurde geplaudert.

»Man kann die Mohrrüben auch im ganzen kochen, dann schmecken sie wie Spargel.«

Oder: »Ich gebe heute meine Kartöffelchen ins Rohr, das schmeckt köstlich.«

»Unten soll es heute Weißkohl geben. Da muß man sich gleich anstellen nach dem Essen.«

»Haben Sie Radio gehört? Unsere haben sich wieder ›erfolgreich‹ abgesetzt.« Niemand lachte darüber, denn Denunziantentum war das einzige, was noch funktionierte.

»Würzburg soll völlig zerstört worden sein.«

»Wie kriegen Sie bloß aus diesem schwarzen Kleister, der sich Mehl nennt, eine Einbrenne? Bei mir wird es bloß ein schwarzer Kloß.«

»Bei mir auch.«

»Bei mir auch.«

»Man muß den Kloß durch ein Sieb drücken, dann wird er wieder zur Einbrenne.«
Und dabei wurden die Töpfe so nebenbei hin- und hergeschoben.
Um 12 Uhr stand etwas auf dem Tisch und wurde auch bis zum letzten Rest gegessen. Geschmeckt hat es niemandem, und satt wurde auch niemand, aber wir machten weiter.
Endlich kam ein Brief von meinem Mann. Ein großes Ereignis. Ein Glück. Beweis dafür, daß er noch lebte. Daß er gesund war. Einen Beweis dafür, daß er uns liebte und an uns dachte, brauchte ich nicht. Für Kleingläubigkeit war die Zeit zu ernst.

Berlin, 18. 2. 45

Liebstes!
Komme gerade mal wieder aus dem Keller, heute gab es abends Licht, aber dafür Alarm. Gestern habe ich Deinen großen Koffer doch noch losgeschickt. Und mit München telefoniert, damit heute der Wagen nach Garmisch fährt. Die Hauptsache ist ja, daß die Sachen in Garmisch sind. Gegen Zigaretten bekommst Du bei der Gepäckannahme sicher einen Dienstmann, der die Sachen zum Bahnhof bringt. Den großen braunen Koffer, den ich bis Tempelhof in der Hand getragen habe, wird bestimmt kein Dienstmann tragen können.
Meine Skistiefel habe ich auch mitgeschickt, weil sie mir zu unsicher sind. Deine Ski mußt Du in der Hand nach Kaltenbrunn nehmen, da man sie nicht aufgeben kann.
Unseren dritten Hochzeitstag haben wir uns auch anders vorgestellt ...

Ich habe alle seine Briefe aufgehoben, das Papier ist schon vergilbt, und vierblättriger Klee liegt dazwischen.
Meine Schwester hatte die Begabung, ihn auf ihren Spazier-

gängen so im Vorübergehen zu finden. Wir suchten Scharbockskraut für Salat, Spitzwegerich für Tee und junge Brennessel für Spinat. Meine Schwester brachte außerdem dicke Sträußchen von vierblättrigem Klee von den Almen und Bergwiesen heim. Wir preßten ihn und legten ihn in die Briefe unserer Männer. Gertl schenkte auch den anderen Frauen Glücksklee, die ihn dann ihren Männern schickten.
Ja, Glück brauchten wir schon. Was ist Glück? Heute ist das schwer zu beantworten, weil ungeheuer relativ. Damals war es einfach. Und für alle Menschen in allen Schichten gleich. Glück war für alle: Überleben, gesund bleiben, nicht verhungern.
Über die Skier war ich sehr froh. Die Pension quoll über von Menschen. Wir traten uns auf die Füße. Sport lenkte ab. »Kraft durch Freude« war der Slogan, noch aktuell, aber bereits hoffnungslos veraltet, abgenutzt, passé — wie alle Slogans eines Regimes.
Gabriele brachte uns viel Freude. Sie hatte ein neues Wort gelernt: Arschloch. Sie konnte es zwar noch nicht richtig aussprechen, aber sie sagte zu jedem freundlich lächelnd »Arsloch«. Wir gewöhnten es ihr nicht ab, aus Freude an der Kraft.
Sie war gesund und munter. Sie hatte Kleinstkinderzulagen, viel Milch und Nährmittel. Ihr Breichen kochte ich ihr nicht auf dem großen Herd in der Küche, sondern auf einem Kocher im Zimmer. Brigittel und Christel, ihre beiden Cousinen, saßen immer dabei. Erst dachte ich gerührt: Gott, haben die das Kind gern. Aber bald merkte ich an ihren sehnsüchtigen Blicken, die jeden Löffel verfolgten, daß es Hunger war.
Wenn Gabriele nicht mehr konnte und mit ihrer dicken kleinen Hand den Löffel wegschob, sprangen beide auf und riefen: »Darf ich's aufessen?«
Den Rest durften die beiden sich teilen. Eigentlich hatte ich auch schon sehr darauf gehofft, aber sie waren ja im Wachsen.

Aber ich auch.
Ich hatte da meine ganz bestimmten Ahnungen!
Ausgerechnet!
WDs Briefe gaben mir Hoffnung und Zuversicht.

Berlin, 2. 3. 45

Liebstes Herz!
Komme eben von Oslo zurück. In zehn Minuten geht eine Maschine nach München, der ich gleich meinen Kopenhagener Koffer, der sehr fetthaltig ist und außerdem 100 Backpulver enthält, mitgeben kann.
Hoffentlich hast Du inzwischen die anderen Koffer alle bekommen. Die mit Reis und Zucker. Diese beiden Koffer sind nun die wertvollsten.
Ich schreibe Dir mit der Montagmaschine noch Näheres. Bin froh, daß ich zehn Tage weg war. Die täglichen Angriffe machen einen kaputt. Diebler und ich wohnen in Dahlem. Ich wünschte, ich könnte bald wieder wegfliegen. In der Stunde, in der ich hier bin, schon wieder zweimal Alarm.
Bei der Lufthansa nichts Neues. Habe aber eine Maschine, falls es brenzlig wird. Volkssturm sehr rege...

Von Martha Graff hörte ich, daß sie und ihr Sohn Karlheinz mit einem Treck unterwegs waren auf der Flucht vor den Russen. Das Ende unseres Försters Reinhold Graff war furchtbar. Er kam zum Volkssturm und sollte mit der Panzerfaust seine Heimat verteidigen. Dabei wurde er von den Russen gefangengenommen. Aber Gefangenschaft vertrug er ebensowenig wie seine Rehe und Hirsche im Wald. Er floh und wurde auf der Flucht elend erschossen.
Die kleine Gerda Bielke, das Stubenmädchen, bekam schon auf der Flucht Heimweh. Sie bewog ihre Eltern umzukehren. Sie wurden alle getötet — erschossen, niedergemetzelt.

WD schrieb: »Was würde Dein Herr von Hoogervörth dazu sagen?«
Ich wußte es nicht. Vielleicht: »Wären Sie hingereist, dann würde das alles nicht passiert sein.« Es wird sich nie klären lassen.
Seit in der Pension bekannt geworden war, daß die Russen vor Berlin standen und die Front unser Gut überrollt hatte, war ich für die Pensionsinhaberin kein Filmstar und keine Gräfin mehr, sondern ein ganz gewöhnlicher Flüchtling.
Das ging ruckartig. Dieses Phänomen lernte ich kennen in diesem Augenblick. Mir war das gleichgültig. Wir waren frei, wir hatten nichts. Was konnte noch passieren? Ich war so lange von den Menschen verwöhnt worden. Na schön, jetzt stand ich eben auf der anderen Seite des Lebens und spielte die Rolle einer armen Flüchtlingsfrau. Ich hatte nichts und war nichts.

Die Pensionsinhaberin war eine recht elegante, ältere Dame, schlank, mit schief geschnittenen, engen Augen. Die graumelierten Haare trug sie im Nacken spartanisch geknotet. Ihre Hände waren groß und männlich, ebenso ihre Füße. Sie trug immer lange, bäuerliche Gewänder und machte Riesenschritte. Das gab ihrer Erscheinung etwas mittelalterlich Mönchisches. Ich hätte sie gern in gotischen Kreuzgängen wandeln sehen. Sie war recht dekorativ, aber nicht sympathisch. Man hatte Angst vor ihr. Ich malte mir oft aus, wie ich wohl eine so unsympathische Rolle spielen würde, wenn ich später einmal in dieses Fach käme. Ich beobachtete sie aus diesem Grund ganz genau.
Ihr Mann war Kunstmaler, er hatte einen hohen Blutdruck und deshalb ein rotes Gesicht. Vielleicht war er auch nur Alkoholiker. Er wollte keinen Kontakt mit uns, er verachtete uns Besitzlose. Er hielt sich für einen gottbegnadeten Maler. Er hatte in München »Entartete Gunst« — so nannte man ironisch die Nazimaler im Gegensatz zur »Entarteten Kunst« —

ausgestellt, und die Pension selbst hing voll mit Sonnenauf- und Sonnenuntergängen über Bergen, im Vordergrund Adolf Hitler in vielen Posen.
Obwohl sie die Eigentümer waren, waren sie uns Evakuierten gegenüber machtlos. Ihnen gehörte das Haus, aber wie lange noch? Alles war fragwürdig geworden. Wer nichts zu verlieren hat, ist in einer guten Position.
Einmal hatten wir das Glück, gehacktes Fleisch geschenkt zu bekommen. Meine Mutter machte mit Bröseln, Trockenzwiebeln und einem Trockenei, das ich für drei Backpulver eingetauscht hatte, Buletten. Wir saßen alle um sie herum und freuten uns auf den Genuß.
Da kam die Pensionsinhaberin wie ein Wirbelwind hereingeschossen und machte einen Riesenkrach. »Im ganzen Haus stinkt es wie bei den Gratlern. Sie sind hier in einer vornehmen Pension und nicht in einem Flüchtlingslager« — für uns duftete es lieblicher als Chanel und Guerlain zusammen — »und die Tapeten bekommen Flecken von dem grauslichen Fett.«
Das schmerzte uns, denn es war das herrliche Schweineschmalz aus dem fetthaltigen Koffer von WD. Von ihrem Standpunkt aus hatte sie vielleicht recht. Für sie waren Tapeten noch Tapeten. Wir hatten das längst überwunden.

Berlin, Sonntag, 4. 3. 45

Mein Herz!
Abends Punkt 20 Uhr ist täglich Alarm und Angriff. Elektrisches Licht gibt es auch nicht mehr, so daß man um 7 Uhr abends ins Bett muß. Auch das Gas ist so schwach, daß man nicht mehr oder kaum mehr kochen kann.
Ich freue mich, daß der Koffer angekommen ist. Ich zeigte Dir doch extra den Bund, an dem ich alle Schlüssel zusammengehängt hatte von den Koffern, die schon in Garmisch sind oder noch hinkommen.
Hoffentlich hat Dich mein zweiter Brief noch erreicht

und Du hast den Schlüssel vom Handschrankkoffer nach München geschickt. Damals wußte ich noch nicht, daß es eine so schnelle Beförderung gibt.
Den Schlüssel vom Hutkoffer hatte ich noch rangehängt, da ich ihn nicht kannte.
Hoffentlich hast du alle Stücke bekommen:

1. Hutschachtel,
2. Schreibmaschine,
3. Handschrankkoffer,
4. Skier mit Bindung,
5. großer, brauner Koffer.

Den Schlüssel von letzterem schicke ich in einer kleinen Börse sicherheitshalber noch nach.
Und zwar sind jetzt nach München gegangen: ein gelber Handkoffer, ein kleiner brauner Koffer, ein kleines Handköfferchen.
Der Schlüssel für das kleine Köfferchen ist auch an dem bewußten Schlüsselbund. In diesem befindet sich o.g. kleine Geldbörse, in dem auch der Schlüssel für den gelben Koffer ist.
Von den drei Sorten Backpulver sind die besten die 25 Stück in der weißen Schachtel. Die sind zum Eigenverbrauch. Die 50 Stück in der rotgelben Tüte sind zum Tausch, ebenso die 25 Stück. Die beiden runden Schachteln sind aus Spanien und entsprechen etwa 25 Tüten. Jetzt kannst Du ganz Oberbayern mit Backpulver versorgen, auf der Basis 3 Eier für eine Tüte. Bitte, versuch bald, wie sich das Backpulver als Tauschobjekt bewährt, damit ich weiß, ob ich noch mehr besorgen soll.
Die beiden größeren Koffer sind unverschämt schwer.
In dem viereckigen müßte ein halber Zentner Reis sein. Hoffentlich klappt die Geschichte mal wieder so glücklich.
Ich würde Dir raten, von dem Schweineschmalz in der

Blechbüchse jeden Monat die Ration der Pension zu geben, die sie als Butter zurückbehält.
Wenn Du weiterhin 5 g Butter zum Frühstück bekommst, so handelt es sich im Monat um 100 g Fett, die Du ihr in Schmalz geben könntest. So daß Du in der Büchse für 10 Monate Schmalz hättest. Mach es doch gleich mit ihr ab ...

Der Brief war überholt insofern, als wir uns schon lange unser Frühstück selbst kochten.
Eine liebe Freundin hatte ich gewonnen, unten in Partenkirchen. Sie war ein Ullrich-Fan. Sie sprach von *Liebelei*, *Regine* und *Annelie* und lud mich oft in ihre Gastwirtschaft ein, in ihr hübsches Bauernzimmer, mollig warm geheizt. Es gab Kaffee, natürlich echten Bohnenkaffee, mit echtem Zucker und einen ganzen Korb voll Schinkensemmeln, die dick mit Butter bestrichen waren.
Aber als Gegenleistung wollte sie viel wissen. »Wie war eigentlich der Wohlbrück? Und der Werner Krauß, der Söhnker, der Gustav Fröhlich?«
Ich erzählte ihr, wenn ich gerade den Mund leer hatte. Bei *Liebelei* fiel mir ein, daß ich zuerst die Christine hätte spielen sollen, weil ich dem Ophüls so gut in der ernsten Rolle in *Rauhnacht* gefallen hatte. Aber dann hatte man mir sie weggenommen.
»Aha, Intrige, hat man ja scho oft g'lesen«, sagte sie, »die san ja so gemein.«
Aber dann hatte ich die Schlager-Mizzi gespielt, sowieso die bessere Rolle.
»Und der Wohlbrück, wie war der? In den könnt' ma sich scho verlieben, ein pfundiges Mannsbild.«
Ich mußte sie enttäuschen. Ich machte mit Wohlbrück für *Regine* drei Wochen Außenaufnahmen im Rheinland, aber er hatte seinen Freund dabei. Er interessierte sich nicht für Damen.

Ich sagte ihr, daß alle Supermänner beim Film eher feminin waren. Ein klassisches Beispiel: Rudolph Valentino, der nie eine Frau liebte, an dessen Grab aber heute noch Frauen weinen.
Davon wollte sie eigentlich nichts wissen. Es paßte nicht in ihr Konzept. »Mit seinem Partner muß ma doch scho a richtig's Verhältnis, i mein an echten Kontakt ham.«
Ich erklärte ihr, daß Film und Leben zweierlei Welten sind, und daß die Schauspielerinnen, die immer gleich ein Verhältnis mit ihrem Partner oder dem Regisseur haben, sich zwar die Rolle und viele Großaufnahmen sichern, daß aber dann die Objektivität fehlt, die eine Leistung erst über den Rahmen des Durchschnittlichen hinaushebt. Etwas volkstümlicher: »Wenn sie schon die ganze Nacht miteinander schlafen, haben sie keinen Grund mehr, etwas Gutes zu schaffen, versteh'n S'?«
»Und der Werner Krauß in *Annelie?* Zum Schluß hat er ja ausg'schaut, als ob er scho hundert wär!«
»Ja, der hat den alten Mann ohne Gebiß gespielt, dadurch wurde er plötzlich zum Hundertjährigen. Ich hatte es da schon schwerer, weil ich meine Zähne nicht rausnehmen konnte.«
Sie staunte. »Und der Victor de Kowa? Was war mit dem? War'n Sie mit dem verheiratet oder net?«
Ich schenkte mir neuen Kaffee ein, aß eine weitere Schinkensemmel. Sie hatte schon ein Recht, etwas zu erfahren.
Er war meine erste Liebe; wir waren wie zwei große Kinder, die viel Geld verdienten und viel Spaß hatten, erzählte ich ihr. Mehr nicht. Und daß er mir überallhin rote Rosen nachgeschickt hatte. Solche Geschichten hörte sie gern.
»Aber dann, warum war es dann aus?«
»Wenn man zu sehr verwöhnt wird, langweilt es einen. Ich liebte ihn nicht mehr. Ich konnte nichts dafür.«
»A freili net, sonst san's allweil die Männer, die wo's langweilt. Und der Herr Graf, wie ist der eigentlich?«

Ich nahm mir noch eine Schinkensemmel. »Mein Mann ist nett. Er ist sehr männlich. Sie werden ihn ja kennenlernen, toi, toi, toi. Er ist ein Ritter und sieht auch so aus.«
»Ja, is er stolz auf sei Frau oder eifersüchtig, wenn S' zum Beispiel an andern küssen auf der Bühne?«
»Das weiß ich nicht ganz genau. So gut kenne ich ihn nicht, obwohl wir schon seit drei Jahren verheiratet sind. Ich hätte den Beruf bestimmt aufgegeben, wenn er es gewollt hätte, aber er mag keine Frau, die zu Haus sitzt und auf ihn wartet. Er ist schon sehr für die Emanzipation.«
»A so, männliche Weiber mag er.«
»Nein, schon weibliche, mütterliche, er mag ja auch Kinder, aber keine Muttis, die immer nur ja und amen sagen. Einen Beruf sollen sie schon auch haben.«
»Aha, des muß dann scho a ganz B'sondere sei, gell?«
Wir lachten beide.
Zum Abschied gab sie mir noch ein »Packel Butter« mit und zwei Rosen Blumenkohl. Es waren die schönsten Rosen, die ich für meine Rollen je bekommen hatte, und ich dankte dem lieben Gott, daß er mich einen Beruf hat lernen lassen, der sich jetzt so nahrhaft auswirkte.

Berlin, 6. 3. 45

Liebstes!
Keine Nacht ohne Angriff. Gestern war wieder die S-Bahn zerstört. Bei uns im Keller hat es ganz schön geschaukelt. Gott sei Dank, daß ich so lange auf Strecke bin. Die letzten vier Nächte genügen mir. Es ist wirklich kaum auszuhalten. Im Dunkeln sitzen und den Angriff abwarten. Die Engländer lassen keinen Tag aus.
Alle wichtigen Behörden sind schon aus Berlin weg. Nur die Lufthansa und die Ufa scheinen die Festung halten zu wollen. Ritter, Dein Produzent, rief ganz verzweifelt an, wie er Dich erreichen kann. Sie wollen den Film *Kamerad Hedwig* unbedingt fertigdrehen,

obwohl alles zerbombt ist. Sie wollen Dich mit dem Auto abholen. Fahre auf keinen Fall. Leg Dich lieber ins Bett und spiel krank. Aber sag ja nichts wegen der Bomben, Bomben gibt es offiziell nicht ...

Wenn Gabrielchen gewaschen war, und ich den Abendbrei gerichtet hatte, ging ich zu meinen Freunden nach Wamberg, ins höchste Dorf Deutschlands.
Oben auf den Bergen lag noch Schnee. Aber unten kam die Erde schon heraus, man sah überall große schwarze Flecken.
Der Weg war feucht und rutschig. Ich mußte mit meinen genagelten Haferlschuhen vorsichtig gehen. Erst ganz hinunter ins Tal bis nach Kaltenbrunn und dann auf der anderen Seite wieder hinauf, ziemlich steil, über kleine Brücken, die in der Frühlingsschmelze wild schäumende Bäche überspannten, über rutschige Geröllhalden, unter dunklen, dichten Fichten vorbei, hinauf durch hellgrüne Latschenwälder. Immer wieder tauchte über einer Felswand unvermutet das Kirchtürmchen von Wamberg auf.
Oft klang mir schon das Ave-Glöckchen entgegen.
Ich betrat die Kirche. Die Männer knieten rechts, die »Weiberleut« links vom Eingang. Ohne sich umzudrehen oder mich anzuschauen, rückten die Bäuerinnen mit ihren dicken Röcken zur Seite und machten mir Platz. Ich kniete mich dazu und war ein Teil von ihnen. Es roch nach Weihrauch, nach Kuhstall, nach Wachs und feuchter Schafwolle.
Sie beteten:

Gegrüßet seisch Du Maria,
der Herr isch mit Dir,
Du bisch gebenedeit unter den Weibern
und gebenedeit isch die Frucht Deines Leibes, Jesus.

Ich betete auch so, sonst wäre ich ein Fremder gewesen. Die vielen »isch« und »bisch« nahmen dem Gebet jede Pose, alles

Angelernte. Es wurde zur Bitte, die aus naivem Herzen kam. Zehnmal wiederholten wir, und dann kam der Satz, der das »Geheimnis« hieß. Wir beteten »den du, o Jungfrau, vom Heiligen Geischt empfangen hascht«. Darüber sollte während der übrigen zehn Ave nachgedacht werden. Aber der »Geischt« und das »hascht« machten mir die Sache klar und völlig verständlich. Ich brauchte nicht nachzudenken. Es war kein Geheimnis für mich. Es gibt Augenblicke, da ist der Glaube da. Man glaubt einfach. Es wird einem ganz warm ums Herz — eine Gnade, die man nur manchmal hat.

In diesem höchsten Dorf war ich Gott sehr viel näher als irgendwann, irgendwo sonst, vielleicht, weil ich so elend und unterernährt war.

Dann ging ich zu meinen Freunden. Ihnen gehörte der Hof neben der Kirche.

»Jo, bisch wieder amal do«, sagte die Bäuerin.

Sie wußte nicht, wer ich war. Sie kannte mich als eine Flüchtlingsfrau. Und sie war lieb und herzlich zu mir. Das tat wohl.

Ihre beiden kleinen Mädchen, sechs- und achtjährig, Georgia und Hortense, waren Schönheiten. Schwarze, herrliche Locken umrahmten ihre Gesichtchen, ebenmäßig, mit einer Haut wie aus Porzellan.

»Was machst du bloß, Bäuerin, daß ihr alle eine so schöne Haut habt? Und so herrliche Locken.«

Sie lachte lange und verschämt. Sie wollte es mir nicht recht sagen. Aber dann rückte sie doch heraus mit ihrem Geheimnis. »Derfscht es aber net weitersagn. I zeig dir's jetzt.«

Sie stellte ein Schaffel auf, nahm vom Herd heißes Wasser, mischte es mit kaltem und gab ein Glas Milch dazu. »Und jetzt muaß des fest sprudeln.«

Sie tauchte ihre großen, roten, abgearbeiteten Hände ins Wasser und sprudelte hin und her, bis es etwas schäumte. Dann holte sie ihren Kleinsten, einen kahlköpfigen Buben, und badete ihn.

»Alle ham's erscht Glatzköpf g'habt, aber vom Sprudeln kriagn s' Locken.« Und ganz nebenbei: »Magst vielleicht a Leberknödlsuppn? Im Rohr steht eine, die isch no warm.«
Eine ganze Flasche Milch gab sie mir mit zum Sprudeln. Natürlich wußte sie, daß wir sie trinken würden.
Vorsichtig stieg ich hinunter ins Tal. Die Luft war grünlich wie Frühlingsmoos.

7. 3. 45

Liebstes!
Ich bin in Tempelhof auf dem Weg nach Barcelona. Ich habe wieder einen Koffer für Dich dabei, einen größeren braunen, der durch seitliches Verschieben des Ringes zu öffnen ist.
Ich halte es in Berlin nicht mehr aus und habe mit Gewalt darauf gedrängt, daß sie mich zum Fliegen einsetzen. Ich bin durch die täglichen Angriffe schon so nervös, es ist unbeschreiblich gräßlich. Ich danke Gott für jede Nacht außerhalb Berlins.
Auch Diebler, der bisher so ruhig war, ist mit seiner Ruhe am Ende. Wir fühlen uns nur noch in der Luft sicher.
Ich habe Ritter Deine Telefonnummer gegeben. Er fragte, ob Du sofort nach Berlin kommen könntest. Ich sagte nein, da nur einmal in der Woche eine Maschine geht und Du unmöglich eine Stunde mit Gepäck durch München marschieren könntest. Übernachtung gibt es keine. Eisenbahn kommt nicht in Frage. Die Züge fahren tagelang und müssen durch unzählige Luftangriffe durch. Die Leute kommen zerfetzt, zerrissen und erschöpft hier an.
Ich fragte, wie sie überhaupt drehen wollen, wenn kein Licht ist. Er sagte, von 23 Uhr bis 2 Uhr früh. Verrückt. Außerdem jede Nacht zweimal Alarm mit Angriff. Aus 10 Tagen würden 50 werden. Wie kommst Du dann wieder zurück? Du hast doch das Kind in Garmisch.

In drei bis vier Wochen wird es wohl aus sein. Die Russen setzen sich wieder in Bewegung. Jeden Sonntag müssen alle Männer in Berlin, auch die Kranken und Lahmen, schippen und Barrikaden bauen. Warst Du schon bei der Ärztin? Was sagt sie ...?

Eines Morgens fuhr vor unserer Pension oben auf dem Berg ein Taxi vor. Es war am 29. März 1945.
Meine Mutter kam gelaufen: »Jetzt sind sie da. Jetzt holen sie dich. Fahr bloß nicht mit.«
Professor Ritter stieg aus, heiter und unbekümmert, ein Grandseigneur. Er kam auf mich zu. »Meine allerschönste, heißgeliebte Luise.« Er kniete vor mir nieder und zitierte den Ferdinand aus *Kabale und Liebe*. »Und liebt mich meine Luise noch? Mein Herz ist das gestrige. Ist's auch das deine? Ich fliege hierher.«
Er unterbrach sich und fiel aus der Rolle: »Leider bin ich nicht geflogen, sondern nur mit dem Taxi gefahren, eine Scheißreiserei.« Und wieder als Ferdinand: »Will sehen, ob du heiter bist. Du bist es nicht, Luise?«
Ich ging auf seinen Scherz ein: »O Ferdinand, der Friede meines Lebens ist aus.« Ich hob ihn auf.
Meine Mutter wußte mit all dem Geschwätz nichts anzufangen. »Wollen Sie vielleicht eine Tasse Bohnenkaffee mit uns trinken?«
Wir setzten uns um den Tisch, redeten dies und das und schlichen wie die Katze um den heißen Brei. Meine Mutter brachte den Kaffee.
»Ei der Daus, was für ein Göttergetränk hat Mama Ullrich da auf Wiener Art gebraut.«
Meine Mutter war gleich von seinem Charme gefangengenommen.
Er wurde etwas verlegen und fragte: »Und weiß meine Luise auch, warum ich gekommen bin?«
Er zog einen amtlichen Brief aus der Tasche und gab ihn mir:

»Auf Befehl des Propagandaministers Dr. Goebbels wird der Film *Kamerad Hedwig* weitergedreht. Frau Ullrich hat sich unverzüglich nach Berlin zu begeben.«
Ich erinnerte mich daran, was mein Mann geschrieben hatte: Tagelang unterwegs, von Tieffliegern gehetzt, fünfzig Drehtage statt zehn, keine Möglichkeit zurückzukommen, das kleine Kind allein. Plötzlich fühlte ich, wie alles Blut aus meinem Gesicht wich und ich ganz weiß wurde. Ritter sagte natürlich sofort: »Du bist so blaß, Luise.«
Und ich hauchte: »Es ist nichts, es ist gar nichts.« Dann rutschte ich vom Stuhl herunter.
Ritter mußte denken, es sei gespielt, simuliert. Ich hörte ihn noch applaudieren. Als ich wieder aufwachte, mußte ich erbrechen. Das war nicht gespielt und nicht simuliert.
»Ich lasse Sie zum Arzt hinunterfahren.«
In Garmisch gab es nur einen einzigen Arzt, das war eine Frauenärztin. Eine sehr liebe, gütige Frau mit einem Mittelscheitel. Sie untersuchte mich und stellte fest, daß ich im vierten Monat schwanger war. Sie schrieb mir ein Attest, daß im Interesse des Kindes jede Reise ausgeschlossen sei. »Wozu auch«, sagte sie. »Der Krieg ist aus in ein paar Tagen. Wozu der Wirbel?«
Ritter übernachtete bei uns in der Pension. Wir machten Bratkartoffeln mit Speck und tranken Tarragona dazu, den WD aus Barcelona geschickt hatte. Wir wollten ihm etwas bieten für die lange Reise und kurz vor Torschluß. Er spielte mit Gabriele, malte ihr ein ganzes Bilderbuch.
Zum Frühstück gab es noch einmal Bohnenkaffee, dann fuhr er wieder. Er mußte zu Otto Wernicke nach Tutzing und dann zurück nach Berlin. Er war ganz fröhlich und unbekümmert.
Zum Abschied sagte er: »Wenn Sie das Baby haben, dann drehen wir den Film zu Ende.« Und wieder ganz Ferdinand: »Die Stürme des Schicksals werden meine Luise nur reizender machen.« Er küßte meine Hand. »Ich verehre Sie, ein deutscher Jüngling.«

Lachend brachte ich ihn zum Auto.
Da wurde er ernst: »Wir gewinnen den Krieg, glauben Sie mir. Ich kenne Hitler persönlich. Der läßt uns nicht im Stich. Er hat die geheime Waffe. Sobald die Russen in Berlin einmarschieren, wird sie angewendet. Ei der Deichsel. Wär' schlimm, wenn es anders wär'. Pfüat Gott und Heil Hitler!«
Ich sah dem Auto lange nach. Eigentlich hätte er sich die lange Reise sparen können. Wenige Wochen später sollte ich mit seiner Frau in Garmisch um die Jägerkaserne herumschleichen. Wir winkten ihm zu. Er stand da als Gefangener hinter Stacheldraht.
Sobald das Auto außer Sicht war, rief ich meinen Partner Otto Wernicke in Tutzing an. »Du, der Ritter ist unterwegs zu dir. Er will dich holen auf Befehl von Goebbels. Mach dir ein Gipsbein oder irgend etwas. Leg dich ins Bett und sei krank. Ich komme nicht, ich erwarte ein Kind. Ich bin im vierten Monat und habe ein Attest.«
Ich hörte ihn noch sagen: »Ja, du hast es gut.« Er hängte eilig ein.
So hatte sich mein zweites Kind angemeldet. Wahrscheinlich hat es mir das Leben gerettet.

25. 3. 1945

Liebstes Herz!
Komme eben von einem Flug nach Oslo zurück. Hier erwartete mich ein dringender Sonderauftrag. Ich soll morgen nach Mailand. Ein Sonderauftrag, den ich selbständig durchführen muß. Auch die Zeitdauer liegt in meinen Händen. Ich nehme Diebler und Toni Stuiss mit nach Mailand. Ich rechne mit 14 Tagen. So hört ab morgen wenigstens das Flüchten vor den Bomben auf.
In Dahlem gehen wir jetzt bei Angriffen in den Wasserschacht beim Gartenzaun. Kaum Platz und Luft, aber man ist wenigstens unter der Erde.

Vor drei Tagen hat es hier ganz in unserer Nähe viele Tote gegeben.
Wir kochen jetzt im Garten, weil es kein Licht und kein Gas gibt. Offenes Feuer, ganz lustig. Wenn es regnet, gibt es nur Stullen.
Morgen bringe ich nach München einen Osterkoffer mit Eiern. Auch sonst wichtige Sachen. Für den Reis werde ich in Mailand sorgen. Fett hast Du genügend für ein Jahr.
Trotz aller Sorgen und Schwierigkeiten bin ich immer wieder ganz glücklich, wenn ich an Dich denke.
In drei Wochen bin ich bestimmt bei Dir ...

Gleich darauf kam der nächste Brief, mit dessen Inhalt ich nicht viel anfangen konnte. Er war recht geheimnisvoll.

Mailand
Mittwoch, 28. 3. 1945

Liebes,
die nächste Zeit dürfte sehr interessant sein. Du kannst Dich darauf verlassen, daß ich hier bereit bin, sofort zu Dir zu kommen. Es ist besonders günstig, da ich ja den eigenen Vogel habe. Und auch das Futter dazu.
Ich bleibe hier noch eine Woche. Was dann wird, hängt von mir ab. Leider kann ich gar nichts darüber schreiben — zu gefährlich. Gut, daß ich zwei so prima Leute habe wie Diebler und Toni Stuiss.
Flugplatz München-Riem letzten Sonntag völlig zerstört. Trotzdem geht es weiter, Ob Ritter trotz allem runtergekommen ist mit dem Wagen?
Seit dem 8. habe ich keine Nachricht von Dir. Mache mir Sorgen, wie es Dir und dem Kind geht. Warst Du bei der Ärztin?
Alle Telefone kaputt in Berlin. Und alle Verkehrsmittel außer Betrieb.
Wenn wir nur erst beisammen wären ...

Mein Schwager Janos kam zu uns nach Garmisch. Er hatte einen großen Rucksack, in dem waren ungarische Salami, Speck und Rauchfleisch. Den Kindern schmeckte es herrlich. Die Familie war beisammen. Sie waren glücklich.
Ich gönnte es ihnen von Herzen, aber ich fühlte mich noch einsamer. Und ich konnte nichts Fettes essen, ich bekam Magenschmerzen.
»Sicher wird es ein Bub«, sagten alle.

Mailand, 4. 4. 45

Liebes Herz,
gestern bekam ich mit der Münchner Maschine endlich einen Brief von Dir. So hatte ich wenigstens ein schönes Ostergeschenk.
Liebes Herz, wir werden es schon schaffen. Vergangene Woche ging eine Leinentasche nach München mit 20 kg Reis drin und weiter nach Tutzing. Eine elektrische Kochplatte, vier Socken für das Kind, eine Regenpelerine und Gummiband. Das Schmalz hält sich lange und braucht nicht in den Eisschrank. Du kannst alles in einem Koffer in Deinem Zimmer behalten, denn es ist besser, die Leute sehen das Zeug nicht. Sollte das Schmalz ranzig werden, so kann man es bestimmt noch einmal auslassen.
Nun schicke ich Dir mit der morgigen Maschine 20 kg Reis, 5 kg Mehl, 4 kg Zwiebel. Man muß damit rechnen, daß die Bahnen gesperrt werden. Ob Ritter mit dem Auto zu Dir unterwegs ist? Es wäre wirklich zum Lachen ...

Das waren die Briefe, die mir mein Mann im letzten Kriegswinter 1945 schrieb. Für mich sind es die schönsten Liebesbriefe der Welt. In dauernder Lebensgefahr geschrieben, handeln sie von Backpulver, Schmalz, Kofferschlüsseln, Reis und Eiern. Welche Fürsorge steckt dahinter.

Ich habe mir, um einen Vergleich zu haben, einen der schönsten Liebesbriefe der deutschen Literatur ausgesucht. Er wurde auch an einem 18. Februar geschrieben, wie der erste Brief aus Berlin, und auch an eine Luise. Aber im Jahr 1830. Hätte mir mein Mann so geschrieben, wäre ich zutiefst enttäuscht gewesen. Ich hätte sicher keinen Glücksklee hineingelegt und hätte ihn nicht dreißig Jahre mit mir herumgetragen.

18. 2. 1830

Teuerste, einzige Luise!
Die Liebe ist gleich unersättlich im Hingeben und Hinnehmen immer neuer Schwüre, und so wird es uns stets ein glückliches Bedürfnis bleiben, das alte ›wie liebe ich Dich‹ wechselseitig zu hören und hören zu lassen.
Es ist derselbe einfache Akkord, der, so oft Du ihn anschlägst, jedesmal neu und mit nie erhörtem Zauber in mir nachklingt.
Diese süße Wiederholung, worin man sich selbst nie ein Genüge tut, gleicht fast einem lieblichen Spiel, das etwa darin bestände, daß Du ein goldenes Gefäß mit köstlichem Wein in ein anderes gössest, damit ich den immer frischen Perlschaum schnell vom Rand sauge, um den Durst zu löschen und den Wundertrunk zur Neige bringen zu können.
Gute Nacht, Luise, oh meine Luise. Dieser Name läuft wie ein sanftes Echo den Tag und die Nacht durch mein Innerstes.
Ewig und ganz Dein

Eduard Mörike.

»Womöglich Sippenhaft«

Wirren des Endes — Herzklopfen wegen einer Puppe — Im 8. Monat über Stock und Stein

Eines Nachts klopfte es leise an meine Tür. »Ich bin's.« WD stand draußen in seinem dicken Fliegermantel. Wir umarmten uns. Er ging zum Bett von Gabriele.

Er flüsterte, damit sie nicht aufwachte. »Gut sieht sie aus. Ich habe Reis mitgebracht und Schmalz. Ich bin mit dem Fahrrad hier.«

»Mit dem Fahrrad?«

»Ja, ich habe in Mailand eine Bicicletta gekauft, in die Maschine verladen, bin damit nach München geflogen und jetzt mit dem Rad hierher gefahren.«

»Von München nach Garmisch mit dem Rad?«

»Ja, ich bin seit 8 Uhr früh unterwegs.«

Es war 3 Uhr nachts.

Er zog den Mantel aus und die Schuhe und legte sich auf mein Bett. Das Fenster war weit offen. Der Frühlingswind brachte den Duft der Bergwiesen herein.

WD war magerer geworden. Ich dicker.

»Was war das für ein Sonderauftrag?«

»Ach, nichts weiter. Ich sollte Mussolini mit seiner eigenen Maschine, einer Savoia Macchetti, nach Barcelona bringen.«

»Warum haben es die Italiener nicht selbst gemacht?«

»Die Italiener kennen die Strecke nicht. Und ich war schon

Experte im 3-Meter-über-dem-Meer-Fliegen. Deshalb hat mir die Lufthansa diesen Sonderauftrag gegeben. Aber es hat nicht recht geklappt. Toni Stuiss mußte erst die Funkeinrichtungen auf deutsche Geräte umstellen, und dann wollten die Spanier uns keine Landeerlaubnis geben. Zum Glück, denn sonst wär' ich nicht hier.«
Er dehnte und streckte sich. »Hast du schon neue Lebensmittelmarken? Als werdende Mutter kriegst du doch mehr — morgen gehe ich ins Rathaus. Der Mussolini ...«
Er gähnte und war eingeschlafen.

In der Pension verschwanden plötzlich die Hitler-Bilder. Nur die Flecken an der Wand zeigten, daß da vor kurzem noch etwas gehangen hatte.
Durch den Wald huschten deutsche Soldaten in Uniform. Wie Verbrecher. Scheu, als ob sie ein schlechtes Gewissen hätten. Sie machten uns Zeichen, deuteten: Ist der Weg frei? Können wir da runter? Sind die Amis schon da? Steht irgendwo SS?
Immer noch wurden Fahnenflüchtige erschossen.
Wir zertrennten die liebevoll von meiner französischen Garderobiere Alice genähten Puppen von Gabriele und steckten die Juwelen meiner Schwiegermutter hinein. Perlen, Ringe und Armbänder. Dann nähten wir sie wieder zu.
Die eine Pistole von WD legten wir hinter die Ziegelsteine einer Mauer, die andere vergruben wir im Wald. Beide haben wir nie mehr gefunden.
WD und ich lagen auf einer Waldwiese. Plötzlich teilten sich die Büsche und ein Mann in voller SA-Uniform mit polierten Stiefeln, Koppel und Schulterriemen erschien auf der Wiese. Er lächelte uns fröhlich entgegen. »Tach, Luise, Tach, Wulf-Diether.«
Er umarmte uns. Es war Friedrich-Christian Prinz von Schaumburg-Lippe, der Schwager meines Mannes.

»Wie geht es euch?« fragte er, als ob nichts geschehen wäre. »Alexandra ist in Lehnleiten mit den Kindern.«
Wir waren einigermaßen unangenehm berührt. Warum beglückte er uns ausgerechnet jetzt mit seiner Gegenwart? In voller SA-Uniform.
»Warum kommst du denn da aus dem Wald?«
Er lachte, als ob es ganz selbstverständlich sei. »Ich habe meinen Wagen unten stehenlassen und wollte nur abkürzen. Sag mal, Luise, könnte ich vielleicht 'ne Tasse Kaffee haben?«
Wir gingen ins Haus. Die SA-Stiefel hallten auf dem Boden, als würde ein amerikanischer General der Besatzungsmacht durchmarschieren. Alle Türen der Pensionsbewohner öffneten sich. Als sie einen SA-Mann sahen, schlugen sie wieder zu.
Meine Mutter war ganz entsetzt und ärgerlich. Sie zog mich in ihr Zimmer. »Warum tut er euch denn so was an? Warum kommt er denn in voller Montur daher? Ihr wart die ganze Zeit keine Nazis, im Gegenteil. Wulf-Diether sagte oft Dinge, daß mir angst und bang wurde. Ihr wart beide nicht in der Partei, in keinem Verein, du hast keinen einzigen politischen Film gedreht. Und jetzt werden wir vielleicht alle eingesperrt, wegen Sippenhaft womöglich.«
Ich beruhigte sie. »Er geht sicher gleich wieder.«
»Wo will er denn überhaupt noch hin in der Aufmachung?«
Ich zuckte die Achseln.
»Egal. Er soll bloß nicht hierbleiben.«
Meine Mutter kochte einen besonders guten Bohnenkaffee und hoffte, der Gast würde zum Dank eher gehen.
WD bot ihm einen Anzug an. »Du würdest weniger auffallend aussehen.«
Er lehnte ab. »Ich habe diese Uniform fünfzehn Jahre getragen, ich käme mir sehr lächerlich vor, wenn ich sie jetzt in Zeitungspapier gewickelt unter dem Arm verstecken würde.«
Er stand auf, küßte meiner Mutter die Hand und sagte: »Tausend Dank für den Bohnenkaffee. Ich habe ihn sehr genos-

sen. Es wird sicher der letzte sein für längere Zeit.« Und zu WD: »Ich werde jetzt nach Lehnleiten zurückfahren zu Alexandra und dort die Amerikaner begrüßen.«
Er zwinkerte mir zu, marschierte erhobenen Kopfes aus der Pension und verschwand wieder im Wald. Er hatte einen guten Abgang.
Auch er hätte sich die Reise ersparen können. Wenig später war er hinter Stacheldraht in der Jägerkaserne in Garmisch.

Garmisch wurde nach kurzem Beschuß an die Amerikaner übergeben. Täglich kamen mit dem Jeep oder dem Motorrad Militärpatrouillen zu uns herauf. Die Waffen mußten bei Todesstrafe abgegeben werden. Aber die Amerikaner verlangten auch Schmuck, Fotoapparate, Uhren. »Du alles hergeben.« Sie drohten mit dem Revolver.
Die Frauen liefen und brachten ihnen ihren Schmuck, ihre Fotoapparate und ihre Uhren.
Manchmal kamen sie sogar in die Zimmer. Sie sahen in die Schränke und Schubladen.
Als zu uns einer kam, lag Gabrielchen in ihrem Bett und spielte mit einer Puppe. Der Amerikaner kniete vor ihr nieder und streichelte ihr über den Kopf. Ihr gefiel der blonde Junge, sie strahlte ihn an und sagte: »Du Arsloch.«
Der Soldat kannte das Wort. Er nahm ihr die Puppe weg, preßte sie eng an sich und ging damit zur Tür. Ich zitterte: Jetzt wird er es wohl merken, was alles in dem Puppenkörper steckt.
»Du sein Arschloch«, sagte er, gab der Puppe einen Kuß auf den Hintern und warf sie Gabriele ins Bett zurück. Wenn er mit der Puppe abmarschiert wäre, hätte ich sie ihm aus der Hand gerissen. Einer Schwangeren hätte er das sicher nicht verübelt.
Die Lebensmittelversorgung wurde noch schlechter. Der makabre Slogan »Genießt den Krieg, der Frieden wird furchtbar« bewahrheitete sich. Das Gasthaus meiner Freun-

din war beschlagnahmt. Sie konnte uns nicht mehr helfen. Täglich fuhren wir mit dem Fahrrad zum Einkaufen nach Garmisch. Ich saß hinten auf dem Gepäckständer. Und dann ging's los über Stock und Stein, holterdiepolter. Ich war im 8. Monat. Wir haben uns nichts dabei gedacht. Ich stellte mich mit den Lebensmittelmarken an, weil ich als Schwangere bevorzugt behandelt wurde.
Der Aufstieg von eineinhalb Stunden fiel mir schon recht schwer. Es war August und sehr heiß.
Da fuhr ein Jeep an uns vorbei, hielt und wartete. »Du hepp, come on«, sagte der Ami. Er bedeutete WD, er solle das Fahrrad hinten drauf legen. Ob er uns verhaften wollte? »Wo du wohnst?«
Wir zeigten auf das Haus ganz oben auf dem Berg.
Er fuhr los. Erst den Weg, aber dann verließ der Jeep die Straße und fuhr senkrecht über die Wiesen hinauf. Wir kannten keinen Jeep, fuhren das erste Mal damit und waren sehr beeindruckt von diesem Auto der Besatzungsmacht. Ohne sich zu verabschieden, haute der Ami ab, nachdem er uns bis ans Haus gebracht hatte. Aber jedesmal, wenn er mich in Garmisch irgendwo sah, hielt er an und brachte mich mit finsterer Miene nach Hause.

»Was heißt hier, es geht nicht?«

Ängste in der Nacht — Auf Herbergssuche — Endlich ein Klinikbett — Michaela — Eine kleine Heiligsprechung

Meine Mutter half mir, so gut es ging. Aber den Schock, den sie erlitten hatte, als sie viele Stunden im Keller verschüttet war, konnte sie nicht überwinden.

Sie hatte Heimweh nach ihrer Wiener Wohnung, nach den Jugendstilmöbeln, die sie von ihren Eltern zur Hochzeit bekommen hatte, nach der linden Luft des Kahlenbergs und nach dem Wienerwald. Die Zugspitze und die hohen Berge erdrückten sie. Kein Klavier war da, und im Frühling gab es keinen Flieder und keine Veilchen, nur Enzian; und die Loisach war kein Ersatz für die Donau.

Die stoische Ruhe, mit der mein Mann und ich die Unsicherheit ertrugen, machte sie nervös. »Der Wulf-Diether ist doch ein junger Mann. Er kann doch nicht nur immer Lebensmittel tragen. Wird er denn nicht wieder fliegen?«

Vorläufig durften Deutsche überhaupt nicht fliegen, und die Lufthansa gab es nicht mehr.

»Und du, du hast dir doch so einen großen Namen erarbeitet. Wirst du denn wieder filmen oder Theater spielen?«

Die Ufa gab es nicht mehr, und die Theater waren kaputt.

»Werden wir denn nur noch im Hotel wohnen? Das kommt doch zu teuer. Werden wir nicht wieder eine Wohnung haben?«

Wir mußten abwarten. Das Abwartenkönnen kostete viel

Kraft. Die hatte meine Mutter nicht mehr. Daß ich ihr keine Hoffnungen machen konnte, tat mir weh.
Tagsüber ging alles recht gut. Nachts kam auch bei mir die Angst. Winzig kleine Fäustchen klopften, trommelten, hämmerten. Ich drehte mich nach rechts, da wurde es schlimmer, ich drehte mich nach links, auch nicht besser. Auf dem Bauch konnte ich schon lange nicht mehr liegen. Und auf dem Rücken liegend wölbte sich mein Leib vor mir wie ein Berg, drückte auf mein Herz und auf die Lunge, und ich bekam keine Luft.
Ich schlief in einem Bauernbett mit hübschen, bunten Vorhängen, aber in diesem Alkoven war es heiß und stickig. WD lag nun auf der Schlafcouch, und für Gabriele hatten wir ein Kinderbett organisiert.
Die beiden schliefen fest und atmeten ruhig. Mir lief der Schweiß von der Mitte des Brustkorbes in dünnen Bächen auf das Leintuch, große nasse Flecken hinterlassend. Ich rang nach Luft. Um mich abzulenken, begann ich nachzurechnen. Es kann ja noch nicht soweit sein. Damals war ich im vierten Monat, fünf, sechs, sieben, dann war ich im achten, nein, zweifellos, ich war schon im neunten Monat. Aber den genauen Termin wußte ich nicht. Ich konnte keine Ruhe finden.
Ich nahm meine Decke und das Kissen und ging auf den Balkon. Mein Nachthemd paßte mir auch nicht mehr; ich trug eine Pyjamajacke von meinem Mann. Ich hörte die Stimme des Geistes aus *Faust* zu Gretchen sagen: »— und unter deinem Herzen regt sich's nicht quillend schon, ängstet dich und sich mit ahnungsvoller Gegenwart?«
Die Gegenwart war schon nicht mehr ahnungsvoll. Meine Brust, mein Bauch, alles spannte zum Zerplatzen. Ich ärgerte mich über Goethe, der vom Kinderkriegen wirklich nichts verstand, aber jede Situation ausnützte, um für sich dramatisch wirkungsvolle Effekte zu erzielen. Ich ärgerte mich auch über meinen Mann, der so ruhig schlafen konnte.

Draußen war eine warme Spätsommernacht. Es roch nach Heu und Klee. Grillen zirpten wie auf Kommando, pausierten und fingen wieder an. Der Bretterboden des Balkons war noch warm von der Sonne. In dem Heu lag sicher viel vierblättriger Klee. Es war die zweite Mahd.
Bei mir auch. Ich ging der zweiten Ernte entgegen. Ein Kind hatte ich schon und eigentlich Erfahrung. Aber in Wahrheit war alles vergessen. Wenn ich nur den vierblättrigen Klee finden würde. Wovor hatte ich denn so Angst? Nicht vor den Schmerzen, das wäre lächerlich gewesen. Die kannte ich ja, die kamen auf mich zu, in die war ich im Lauf der Monate hineingewachsen. Ich hatte Angst, daß ich oder mein Dasein nur noch im Ablauf des naturgesetzlichen Vorgangs existierten. Ich war gar nicht mehr ich.
Ich betete.
»Lieber Gott, gib, daß es vorbeigeht.«
Und: »Lieber Gott, gib, daß es jetzt nicht anfängt.«
Was sollte der liebe Gott nun eigentlich tun?
Was hätte ich tun sollen, wenn es plötzlich angefangen hätte? Hier oben auf dem Berg? Mit dem Fahrrad — eine Stunde lang mit Wehen auf dem Gepäckträger sitzend — ins Tal zu fahren, hätte ich mich nicht getraut. Die Pneus hätten das nicht ausgehalten.
Die Fruchtblase ist doch auch nur ein Pneu.
Tief unter mir auf einer Tannenspitze saß eine Bergnachtigall und sang ein Lied. Ein Lied vom Sinn des Lebens: Wir kommen aus dem Unbekannten, setzen Kinder in die Welt und verschwinden wieder ins Unbekannte. So sang die Nachtigall. So religiös war ihr Lied.
Im Mondenschein spiegelte sich mein Gesicht in der Scheibe der Balkontür. Es hatte den Gesichtsausdruck aller Schwangeren; breit, real, wild. Das Urmenschliche kommt zurück. Alles andere ist ausgelöscht. Picasso malte diese Gesichter, ein Cromagnonweibchen mit ein wenig Madonneneinfalt.
Der Morgenstern stand schon am weißen Himmel. Mein

Mann kam heraus. Er fragte nicht, warum, weshalb, sondern hob mich auf, nahm das Bettzeug, legte seinen Arm um mich und führte mich wieder in mein Bett. Er wußte, was los war. Bald schlief er wieder. Was sollten wir auch reden?
»Wir müssen nach München«, sagte ich am nächsten Tag zu WD. »Ich halte es hier oben auf dem Berg nicht mehr aus.«
»Aber es ist bestimmt noch nicht soweit.«
»Egal.«
»Wir haben kein Hotel in München, keine Wohnung. In der Klinik wird man dich noch nicht nehmen.«
»Egal.«

Der Abschied war kurz. Meine Schwester Gertl strahlte mich mit ihren guten Augen an. »Toi, toi, toi«, sagte sie und »Hals- und Beinbruch«, wie bei einer Premiere. Sie war gewöhnt, daß alle meine Taten sich auf der Bühne abspielten. Nur einen kleinen Moment sah sie mich ernster an als sonst.
Ihre beiden Töchter riefen »Hurra« und »Hoch soll sie leben« und lauter solchen fröhlichen Unsinn.
Meine Mutter versprach: »Ich paß auf Gabrielchen auf. Du brauchst dich nicht zu ängstigen. Du kannst dich auf mich verlassen.«
»Ich weiß, Mutter, du machst es gut.«
Mein Vertrauen, meine Anerkennung war das einzige, was sie noch hatte.
Gabrielchen umarmte ich. »Ich bring dir ein Püppi mit.« Dann ging ich ganz schnell.
Drei Koffer wuchteten wir auf das Fahrrad. WD schob. Wir gingen Schritt für Schritt den steilen Geröllweg abwärts.
In München am Bahnhof sahen wir neue Figuren. Sie trugen schwarze Reitstiefel und Breeches. Entlassene KZler, die sich wie SS-Leute kostümierten und sich mit »Kümmelblättchen« und anderen Hasardspielen die Zeit vertrieben.
WD trug die zwei schweren Koffer, ich schob den leichten

vor mir her. Vom Bahnhof bis zur Maistraße. Ich konnte ihn nicht mehr tragen. Die Männer lachten über dieses komische System. Geholfen hat mir keiner. Es war unerträglich heiß. Staub, Schutt und Papier wirbelten durch die Luft.

Der Chefarzt der Klinik, Professor und Kapazität auf seinem Gebiet, untersuchte mich. »Alles in Ordnung«, sagte er muffig und schlecht gelaunt. Er war kein Menschenfreund, wie die meisten Ärzte. »Kommen Sie in 14 Tagen wieder.«

Nun mußte ich sehen, wie ich mit meiner Bitte landete.

»Herr Professor, das geht leider nicht. Wir sind ganz oben auf einem Berg bei Garmisch evakuiert, Autos gibt es nicht, das wissen Sie ja, das Krankenhaus in Garmisch ist voll belegt, Züge verkehren nur einmal am Tag. Ich trau' mich nicht mehr hinauf auf den Berg. Ich hab' Angst, es könnte schon früher losgehen. Haben Sie nicht irgendwo ein Notbett oder eine Liege, auf der ich übernachten könnte?«

Der Professor fühlte den Augenblick gekommen, seinem Ärger Luft zu machen. Er drehte sich vom Schreibtisch halb zu mir um. Seine Brille saß vorn auf der Nase. »Sie mißverstehen die Situation. Wir sind kein Sanatorium und können Leute hier nicht einfach übernachten lassen. Wir sind ein allgemeines Krankenhaus, und Sie sind völlig gesund. Halten Sie das Kinderkriegen nicht für etwas Besonderes, sondern arbeiten Sie lieber, wie andere Frauen auch. Vor Ihnen haben schon ein paar Milliarden Frauen Kinder bekommen. Was heißt hier, es geht nicht. Es wird bei Ihnen genauso gehen wie bei den anderen. Auch wenn Sie eine Gräfin sind oder ein Filmstar. Schwester, die Nächste bitte.«

Er drehte sich zufrieden an seinen Schreibtisch zurück und dachte sicher, einer wehleidigen Hysterikerin psychologisch sehr geholfen zu haben.

Die Schwester, die mir beim Anziehen half, war ganz empört. Sie sagte leise zu mir: »Er meint's nicht so.«

Und ich sagte etwas lauter: »Von Gebärmüttern versteht er vielleicht was, aber nicht von Müttern.«

Mein Mann wartete draußen. Am Blau seiner Augen merkte ich, wie erregt er war.
»Nun?«
»Alles in Ordnung, zum Glück. Aber sie haben keinen Platz. Ich soll in vierzehn Tagen wiederkommen.«
»Wohin gehen wir denn jetzt?«
Wir deponierten die Koffer in der Klinik und machten uns auf den Weg, eine Herberge zu suchen.
Wir gingen in Richtung Englischer Garten zu einer Dame, die dort eine Pension führte, und die uns seinerzeit eingeladen hatte, als paying guests bei ihr zu wohnen. Schritt für Schritt gingen wir durch das zerstörte München. Meine Füße waren ziemlich geschwollen, die Kleider klebten mir auf der Haut. Ich sehnte mich nach Regen, aber es blieb heiß und trocken.
Wir klingelten.
Die Tochter machte auf. »Aber natürlich können Sie bleiben, ein kleines Zimmer ist frei, da können wir noch ein Notbett hineinstellen.«
Welch ein Glück. Ein Dach über dem Kopf, ein Bett unter dem Rücken. Nur liegen und sich ausstrecken. Ich zog die Schuhe aus. WD deckte mich mit seinem Regenmantel zu. Unter dem Regenmantel zog ich mein Umstandsmieder aus, das eng und hart war, die Fischbeinstäbchen waren zum Teil gebrochen und bohrten sich in meine Haut. Es war durchgeschwitzt. Ich versank in einen tiefen Schlaf. Ich weiß nicht, wie lange das dauerte.
WD weckte mich sanft. »Wach auf, mein Herz, wir müssen wieder gehen. Sie wollen uns hier nicht haben.«
»Warum denn nicht?«
WD zuckte die Achseln. Jetzt erst sah ich hinter ihm die Großmutter mit dem Kopf nickend wie eine Eule.
»Die Dame des Hauses hat angeblich Typhus, und das Haus steht unter Quarantäne.«
Sie nickte und krächzte: »Sie müssen sofort gehen, Gräfin, die Polizei überprüft ständig unsere Wohnung.«

»Ich glaub' das Ganze noch nicht«, sagte WD, »wahrscheinlich haben sie jemand, der besser zahlt. Oder sie haben Angst, es könnten Unannehmlichkeiten für sie entstehen, wenn es bei dir losgeht.«
Die Alte im Hintergrund wurde ganz energisch: »Ich muß Sie bitten, schnellstens das Zimmer zu verlassen, Gräfin.«
Wortlos zog ich meine Schuhe wieder an. Es war schwierig hineinzukommen. Wir waren schon seit 5 Uhr früh unterwegs. Das durchgeschwitzte Umstandsmieder legte ich zusammen und steckte es in meine Tasche.
Wir setzten uns auf eine Bank im Englischen Garten. Ganz hoffnungslos war die Situation nicht. Es war warm und trocken. Wir waren bereit, auf einer Bank am Monopteros zu übernachten.
Da fiel uns Toni Stuiss, der Bordmonteur von WD, ein, der in München irgendwo in der Nähe vom Waldfriedhof bei seiner Freundin lebte. Aber ihren Namen wußten wir nicht. Tonis Eltern standen im Telefonbuch. Die Mutter wußte die Adresse. Wir machten uns auf den Weg zu ihnen.
Zum Glück waren beide zu Hause. Toni freute sich aufrichtig, uns zu sehen. Seine Freundin war ein nettes, junges Mädchen, Sekretärin in einem Sportgeschäft. Wir erzählten alles.
Toni war gleich begeistert. Endlich konnte er etwas für seinen Chef, seinen über alles geschätzten Kapitän, tun. Sein Knabengesicht strahlte. »Natürlich bleiben Sie hier bei uns, so lange Sie wollen. Es ist ja eine große Ehre und Freude! Auch der Marianne, gell Mariandl?«
Sie schien nicht ganz so begeistert.
»Die Marianne ist den ganzen Tag nicht daheim, und ich bin drüben bei meinen Eltern, weil ich für sie ein Haus baue. Sie haben also die Wohnung den ganzen Tag für sich. Die Wohnung gehört der Marianne. Sie hat alles von ihrem eigenen Geld gekauft und eingerichtet.«
Wir bewunderten die Wohnung. Sie bestand aus einem

Schlafzimmer aus heller Kirsche, vorsorglich schon mit Ehebetten, einem Wohnzimmer, Küche und Bad.
Schüchtern fragte ich: »Wie können wir denn das machen, Sie haben ja nur ein Schlafzimmer?«
»Ach, das ist wirklich kein Problem«, Toni lachte spitzbübisch. »Ich schlafe sowieso nicht im Ehebett, das käme mir gar nicht zu. Die Marianne ist ja eine ehrbare junge Dame. Ich schlafe immer nebenan auf der Couch, gell Mariandl?« Er zwinkerte dem Mädchen zu. »Na ja, und jetzt schläft halt die Marianne auf der Couch, und ich lege mich auf eine Matratze; soll uns nichts Schlimmeres passieren — fertig aus, bitte sehr.«
Wir bezogen das Schlafzimmer, und die beiden jungen Leute schliefen nebenan. Ich war von Herzen dankbar. WD holte die Koffer aus der Klinik und hinterließ dort die Adresse.
Nach acht Tagen schrieben sie, das Zimmer wäre nun für mich frei. Ich zog um.

Ein kalter Wind hatte die Blätter von den Bäumen gefegt. Sie waren über Nacht kahl geworden. Der trockene Sommer hatte dazu beigetragen, daß die Blätter früh abfielen. Ohne Übergang war es winterlich geworden. Das Zimmer in der Klinik war eisig kalt. Sie stellten ein eisernes Öfchen ins Zimmer, das Rohr leiteten sie hinaus auf den Klinikhof. Auf dem Hof gingen Patienten mit dicken Wintermänteln über ihren Pyjamas auf und ab.
WD besuchte mich täglich. Er wohnte weiter bei Toni und dessen Freundin, fuhr mit dem Fahrrad vom Waldfriedhof in die Maistraße und abends wieder zurück.
Die beiden Nonnen, Schwester Alreda und Schwester Carmelina, mit den großen schwingenden Benediktinerinnenhauben hatten uns in ihr Herz geschlossen, sie betreuten uns besonders freundlich.
Eines Tages war der Sattel von WDs Fahrrad gestohlen worden. Die beiden Schwestern waren außer sich. »Wenn d'Leut

jemand wia Eahna, der oiß verlorn hat, was stiehlt, dann geh i hi und stiehl für den a was.«
Am nächsten Tag hatte WD einen anderen Fahrradsattel, und die beiden Nonnen lächelten vor sich hin und freuten sich.
Es war alles vorbereitet für das Kind. Aber jetzt, wo es kommen sollte, kam es nicht. Vielleicht war die Umwelt plötzlich zu kalt geworden. WD mußte zurück nach Garmisch zu meiner Mutter und zu Gabrielchen.
Ich wartete. Über meinem Zimmer hatten die Nonnen ihre Kapelle eingerichtet. Jeden Morgen weckte mich ihr engelsgleicher Gesang.
Der Geburtstermin war schon überzogen. Der Professor verordnete ein heißes Bad. Das wirkte. Gerade als die beiden Schwestern nicht da waren, ging's los.
Die Hebamme, Frau Bumm, besuchte mich. »Bleiben S' nur so lang hier in dem Zimmer, wie's geht. Hier ist's wenigstens warm, oben im Kreißsaal ist a Saukältn und alles überfüllt und a furchtbars Gschrei. Aber ich hab' scho a Eckerl für Sie. Und der Herr Professor kommt dann auch. Sie brauchen nur, wenn's richtig ernst wird, da hinten die Wendeltreppe naufgehen, zwei Stockwerk, dann sind S' scho da. Und keine Angst, gell, wir zwei machen des scho.«
Als es soweit war, fand ich die Wendeltreppe nicht. Ich lief hin und her in meinem dünnen Bademäntelchen, die Fenster waren kaputt, es zog entsetzlich. Ich begann zu husten und der Husten beschleunigte die Wehen.
Endlich fand ich die Wendeltreppe. Ich lief ein paar Stufen hinauf, aber dann mußte ich mich auf den Boden setzen. Ich krümmte mich. Die Rose Bernd fiel mir ein: »Ma is ok so alleene.«
Da rief Schwester Barbara von oben: »Auf der Stiegn kriegn wir aber keine Kinder, jetzt kommen S' nur, der Herr Professor wartet schon.«
Dann ging alles sehr schnell. Zum Schluß bekam ich noch

etwas zum Riechen. Wie aus der Ferne hörte ich: »Sie haben eine Tochter und eine ganz liebe.«
Ein rosarotes Fröschlein wurde mir gezeigt, Augen sah ich, Ohren, Arme, Beine, Finger, Zehen. Alles in Ordnung, Gott sei Dank! Das meinte ich echt.
Ich lächelte von einem Ohr zum anderen. Meine Augen wurden immer schmäler und fielen zu, aber das Lächeln wurde breiter und breiter. Es wärmte mich innerlich und hielt an bis zum Morgen des 6. Oktober 1945.
Der Engelsgesang der Nonnen weckte mich: »Magnificat anima mea Dominum et exsultavit spiritus meus in Deo, salutari meo.«
Ich fühlte mich noch ganz benommen, müde und zerschlagen.
Wenn das Kind heute nicht kommt, werden sie einen Kaiserschnitt machen müssen, dachte ich. Aber da spürte ich das Lächeln wieder auf meinem Gesicht, von einem Ohr zum anderen. Warum denn, warum lächle ich denn?
Halleluja, es war ja da, das Kind. Michaela, Mitschi war da! Halleluja! »Magnificat anima mea Dominum meum«, sang ich mit allen Engeln.
Eine große geflügelte Haube erschien mit dem Kind im Arm. Sie machte einen tiefen Knicks. »Sag schön guten Morgen, Mami! Sag: ›Mir ham an Hunger, Mami.‹« Und sie legte mir ein duftendes Kind-Paket in den Arm. »A ganz a Liabe is, a ganz a Gscheite, a ganz a Brave. Die macht uns nix wia Freud.«
Neugierig betrachtete ich das Kind, wie die Kuh das neugeborene Kälbchen. Am liebsten hätte ich es abgeschleckt, aber es trug schon das Hemdchen und das Jäckchen, in die ich ein großes »C« gestickt hatte. Ich betrachtete die Äuglein, die hellen und klaren, die Ohren, die hübschen, anliegenden, das kahle Köpfchen.
Da werde ich das Badewasser viel sprudeln müssen, ging es mir durch den Kopf.

Die kleinen roten Fäustchen, zusammengeballt wie bei einem Boxmatch, ja, die kannte ich schon, diese rabiaten Fäustchen. Alles in mir war betrachtend, überlegend. Die Nabelschnur war weg, und hier lag ein neuer, selbständiger kleiner Mensch, den ich noch nicht kannte, noch nicht so kannte, der von mir getrennt worden war. Es war die erste Trennung im Leben und viele sollten nachkommen. Ich fühlte mich einsam, leer und verlassen.

»O jegerl, jetzt gibt's Tränen«, stellte Schwester Alreda fest, »des kenn ma scho, des ghört dazua, des is nie anders. Geh zua, Muckerl, tua s' tröstn, dei Mami. Trink schön, daß a Freid hat. Heut nachmittag ziehn ma des schöne Nachthemd an. Kommt der Herr Graf heut?«

»Ich weiß es nicht«, sagte ich heulend. »Das ist es auch nicht, ich komm' mir nur plötzlich so überflüssig vor als einzelner Mensch.«

»Des is die Umstellung. Morgen oder übermorgen geht's scho besser. Sag ›Danke, Mami, vergelt's Gott.‹« Sie ging mit dem Kind wieder hinaus.

Am nächsten Tag bei der Visite fragte der Professor finster: »War Ihr Mann schon da?«

»Nein«, sagte ich entschuldigend, »er ist in Garmisch und ahnt nicht, daß es nun doch so schnell gegangen ist.«

Ärgerlich drehte sich der Professor weg und ging zur Tür. Dort drehte er sich nochmals um: »Falls er vielleicht deshalb nicht kommt, weil es nur ein Mädchen ist, dann sagen Sie ihm, für das Geschlecht ist der Mann verantwortlich. Einzig und allein der Mann, das ist wissenschaftlich nachgewiesen. Guten Morgen.«

Am Nachmittag kam Schwester Alreda. »Jetzt ziagn ma 's schöne Nachthemd an«, schlug sie vor. »Heut' kommt er, des weiß i gwiß.«

Beide Nonnen waren ganz verzückt über das Nachthemd, das sonderbarerweise aus meiner Berliner Zeit die ganze Flucht überlebt hatte. Es war aus blauer Seide, mit rosa Röschen bestickt und hatte kleine Ärmelchen. Jeden Tag hatten sie es zur Zeit der Visite an den Türhaken gehängt mit der Bemerkung: »Der Herr Professor soll a amal was Schöns sehn, der Grantler, der.«

Kaum hatte ich das Nachthemd an, und die Schwester war verschwunden, erschien WD. Er hockte sich zu mir an mein Bett, behielt seinen grauen Militärledermantel an und wagte gar nicht, mich anzurühren; wahrscheinlich dachte er an Dr. Semmelweis und das Kindbettfieber. Seine Augen strahlten unwahrscheinlich blau.

»Gratuliere, wir haben ein Töchterchen, hab' ich schon gehört. Sie soll Michaela heißen, Mitschi. Nett, gefällt mir. Schwester Alreda hat mir alles auf dem Gang erzählt. Du sollst prima gewesen sein bei der Geburt. Das hat mir die Hebamme erzählt. Die ganze Klinik empfängt einen ja mit guten Nachrichten. Die Tochter wird gleich vorgeführt von der Alreda. Gut, daß alles vorbei ist. Ich muß den Mantel ausziehen und mir die Hände waschen, wenn sie jetzt kommt.«

Wie ein Chirurg vor der Operation wusch er sich die Hände, lange und sorgfältig. Er rubbelte sich mit dem Nagelbürstchen die Handflächen.

In ein Stück Papier eingewickelt hatte er Moos mit einigen Blümchen mitgebracht. »Die schickt dir das Schnäuzlein. Es sind die letzten Blümchen vom Berg. Jetzt liegt oben schon Schnee. Ich habe dir deinen Hirtenmantel mitgebracht zum Heimfahren und für das Kind meine Pelzweste. Und Küßchen von allen.«

Dann erzählte er: »Du glaubst gar nicht, was los war. Die Pension ist aufgelöst worden, von einem Tag zum anderen. Ich mußte alle Koffer packen, mußte ins Rathaus und zum Wohnungsamt. Du kannst aber ruhig sein, unsere neue Wohnung ist sehr nett. Sie ist im Dorf, und es ist wirklich viel besser, unten zu sein als ewig bergsteigen zu müssen. Zwei- bis dreimal täglich rauf und runter, das war genug.«

»Und wie geht es Gertl und ihrer Familie?«
»Denen geht es prima. Stell dir vor, sie wurden plötzlich ›displaced persons‹, bekamen eine wunderbare Wohnung, bessere Lebensmittelmarken und so.«
»Und wieso ›displaced persons‹?«
»Der Jany ist doch Ungar, und die Ungarn wurden ›displaced persons‹. Sie arbeiten beide schon bei den Amis. Ich freu' mich für sie.«
»Ich mich auch.«
Die beschwingte Haube trat ein und brachte das Töchterchen. »Sag schön ›Grüß Gott, Papa‹, sag ›jetzt san ma scho a altes Baby und sehn erst jetzt unsern Papa‹.«
Mit einem anmutigen Knicks gab sie WD das Kind in den Arm. Immer wieder ist es ein rührend ungeschickter Anblick, ein Neugeborenes auf dem Arm des Vaters zu sehen. Die Schwester schmunzelte und ließ uns allein.
WD wiegte die kleine Mitschi hin und her. »Na, mein kleines kahlköpfiges Mädchen«, sagte er leise und vorsichtig und neigte sich weit zurück, um sie nur ja nicht anzuhauchen. »Ich bin froh, daß du ein Mädchen bist und kein Junge, denn wenn du groß bist, dann ist es sicher grade wieder so weit, daß es knallt. Wir leben nun mal in so einer rosigen Zeit.«
Die Kleine krähte ein wenig zur Bestätigung, und er legte sie aus Angst, er könnte vielleicht etwas falsch machen, zu mir ins Bett. Dann umarmte er auch mich ganz vorsichtig. »Ganz prima, ich freue mich so.«
Der Abschied von den Schwestern war so herzlich, wie es ihre Hauben nur erlaubten. Distanz war eines der Ordensgebote: lieben, als würde man nicht lieben, weinen, als würde man nicht weinen. Trotz aller Herzlichkeit war ich nur ein Patient unter vielen für sie. Sie hingen ihr Herz an keinen, denn der nächste brauchte es genauso ungeteilt.
Sancta Alreda, Sancta Carmelina, ich habe sie beide heiliggesprochen. Wann ist denn jemand heilig? Wenn er auf einem Podest oben steht und die Augen verdreht zum Himmel?

Wenn er sich opfert und für alle stirbt? Nein, wenn er sich opfert und für alle lebt. Den Nachttopf ausleeren, Wunden waschen, Kinderpopos säubern und die der Wöchnerinnen, das Essen bringen, Windeln wechseln und alles mit dem verklärten Lächeln der Güte und Herzenswärme.
Ave Sancta Alreda, ave Sancta Carmelina.

»My wife is a movie star very well known«

Mit den Siegern unter einem Dach — Boogie-Woogie ist anstrengend — Eine feierliche Taufparty mit einem Lunch geheimnisvoller Herkunft

Zugleich mit der Besatzungsmacht zogen auch wir in das uns zugewiesene Haus in Garmisch ein. Nur, bei denen ging es wesentlich schneller. Die Amis fuhren mit ihrem Six-by-six-Kombiwagen vor, sprangen raus, als ob es sich um einen Angriff handelte, schnallten mit einem Ruck ihren Ledergürtel mit dem Revolver enger, setzten sich eilig ihren Stahlhelm auf, der gar nicht aus Stahl, sondern aus einem ganz leichten Kunststoff war — vielleicht haben sie deshalb den Krieg gewonnen —, warfen sich den Buckelsack, in dem sie ihr ganzes Hab und Gut hatten, über ihre breiten Schultern und verschwanden mit raschen, aber vorsichtigen Schritten ins Haus, als gingen sie über ein Minenfeld. Der Kriegsdrill saß noch in ihnen. Immer noch waren sie in Feindesland.

Wann ihre Fräuleins zu ihnen stießen, weiß ich nicht. Ob sie offiziell kamen oder unter den Sitzen verstaut waren, war für uns nicht erkennbar. Als wir jedenfalls mit Sack und Pack einzogen — meine Mutter hatte Gabrielchen an der Hand, ich trug den Säugling im Arm, WD hatte einen Rucksack umgeschnallt und trug zwei Koffer mit unserem ganzen Hab und Gut —, da standen die Fräuleins bereits an der Tür. Hübsche, junge, stark geschminkte Mädchen. Sie zeigten mit Fingern auf uns und schrien vor Lachen, als ob sie noch nie Menschen gesehen hätten.

Die Hübscheste und Jüngste unter ihnen drängte sich vor: »Jö, die kenn i ja, gell i hab Ihnen gleich erkannt. I bin die Braut vom Joe. Joe, geh amal her.«
Ein fescher, großer Ami erschien an der Tür, sah uns mißtrauisch an und sagte mit supertiefer Stimme: »Hi.«
Das Mädchen erklärte uns: »Der Joe ist hier der Sergeant, und i bin die Bessi.«
WD stellte uns auch vor und erklärte, daß wir die Mansardenwohnung über ihnen beziehen wollten. Sie übersetzte das weiter an Joe. Der brummelte nur etwas vor sich hin.
»Der Joe sagt, Deutsche derfn nie mit Amis zsamm wohnen, aber der Joe werds scho machn, er will mit seim Vorgsetztn redn, mit seinem Colonel, gell Joe?«
Die Wohnung war das, was wir damals eine Traumwohnung nannten. Biedermeierlich eingerichtet, mit schiefen Balken wie zu Goethes Zeiten, weißen Kachelöfen und einem Badezimmer, das immer heißes Wasser hatte, da das Haus von den Amis bewirtschaftet wurde.
Die Eigentümerin des Hauses, eine sehr nette Dame, kam gleich, uns zu begrüßen und stellte uns ihren Bekannten, »Sir Rolimack«, vor. Sie sprach es in affektiertem Cambridge-Englisch aus. Er sei der Chef bei der amerikanischen Lebensmittelausgabe, ein sehr verantwortungsvoller Posten.
Sie erklärte, ihr Haus sei plötzlich beschlagnahmt worden. Sie hatte einen 6-GR-Schein bekommen, das bedeutete, daß ihr Haus requiriert wurde. Dafür bezog sie eine sehr anständige Miete und wohnte in einer Pension nebenan. Die Mansardenwohnung, die uns vom Wohnungsamt zugesprochen war, war durch die Requirierung der Besatzungsmacht in Frage gestellt.
Am Nachmittag gingen wir zu dem Vorgesetzten von Joe, Oberst Smith, und WD erläuterte ihm in seinem selbstverständlichen Englisch die Situation. Er bat ihn, ob wir nicht ausnahmsweise wohnen bleiben könnten, denn »my wife is an actress and a movie star very well known«. Außer-

dem hätten wir ein neugeborenes Baby, »just a few days old«.
»Count and Countess, thank you very much for your visit.«
Die Audienz war beendet. Ich glaube, unser Besuch hatte einigen Eindruck gemacht. Auf Graf fliegen sie. Trotzdem schickte er später eine Abordnung von GIs, die prüfen sollte, ob wir würdig seien, mit der Siegernation unter einem Dach zu wohnen.
Wir räumten die Wohnung säuberlich auf, versteckten alle Puppen, in denen noch ein großer Teil unseres Schmucks war, und verboten Gabrielchen, zu irgend jemandem »Arsloch« zu sagen.
Die GIs zogen mit finsteren Gesichtern durch die Zimmer. Sie sahen sogar unter das Kopfkissen von Michaelas Wiege. »Okay«, brummelten sie. Sie gingen auf den Dachboden, auf dem wir unsere Koffer verstaut hatten, untersuchten sie gründlich und guckten in alle Kisten und Kartons. Sie fanden keine Waffen. »Okay!«
Wir setzten unsere sympathischsten Gesichter auf und lächelten so *polite* wie wir nur konnten. Wir wollten uns ja gut stellen mit ihnen.
Meine Mutter holte alle Brocken ihres Berlitz-School-Englisch hervor. »I like Garmisch, do you like Garmisch? We are from Vienna, do you like Vienna?«
Der GI stemmte seine Arme in die schmalen Hüften, sein Käppi saß ganz vorn auf der Nasenwurzel. »Certainly. Vienna, Snitzel, Mosart, Skubört, Waltz, Bithofen.«
Sie gingen. Wir konnten wohnen bleiben. Okay.
Bessi lud uns zu einem kleinen Einstandsfest ein. Wir hatten ihrem Freund Joe viel zu verdanken. Wir waren die einzige deutsche Familie in der amerikanischen Zone, die mit Amis zusammen wohnen durfte. Wir wollten nicht undankbar oder arrogant erscheinen und gingen hinunter. Es gab Bier und Würstchen.
Meine Mutter setzte sich gleich ans Klavier und spielte Wal-

zer von Strauß und Lanner. Aber die kamen nicht recht an. Bessi fragte, ob sie einen Boogie-Woogie könne. Sie pfiff ihn vor sich hin. Meine Mutter, die Musik und Rhythmus im Blut hatte, spielte ihn gleich so fesch, daß alle aufsprangen, sich im Kreis aufstellten und wir mit den GIs und ihren Fräuleins den Tanz tanzten, der damals bei der amerikanischen Besatzung Mode war. Wir hüpften herum und sangen dazu.

Give the right arm in, give the right arm out,
give the right arm in and shake it over out.
What the hookie pookie said, what the hokus pokus said,
that we are about.

Vor mir tanzte ein Ami. Sein muskulöser breiter Rücken ließ das Training erkennen. Seine schmalen Hüften steckten in Hosen, so eng, daß der pralle Hintern sie fast sprengte. Der Hintern war nicht fett, sondern steinhart, mit Steaks gefüttert. Der Ami strahlte gutmütig. Und seine Augen glänzten. Soviel Spaß hatte er an dem naiven Spiel. Er war voll Lebensfreude. Kein Zweifel, vor mir tanzte der Sieger.

Give the left arm in, give the left arm out,
give the left arm in and shake it over out.
What the hookie pookie said, what the hokus pokus said,
that we are about.

Dann drehten wir uns um. Mein Mann tanzte vor mir. Sein dünner Hals füllte nicht den Hemdkragen aus. Seine Hosen flatterten um die dünnen Beine. Das Hüpfen strengte ihn an. Sein Gesicht war fahl. Jeder merkte ihm an, es machte ihm keinen Spaß. Vor mir tanzte der Besiegte.
Meine Mutter am Klavier, ihr blasses Gesicht vom ungewohnten Genuß des Bieres gerötet, spielte die dritte Strophe.

Give the whole stuff in, give the whole stuff out,
give the whole stuff in and shake it over out.
What the hookie pookie said, what the hokus pokus said,
that we are about.

Jetzt waren die Fräuleins am Werk. Der Po mußte in den Kreis hinein und wieder heraus, und dann mußte geschüttelt und gewackelt werden. Mit allem, was man hatte. Und je mehr da war zum Schütteln, desto erfolgreicher war das Wackeln.

Die Amis hörten auf zu tanzen und sahen nur noch zu. »Ho, ho, ho«, lachten sie ihr gutmütiges Ami-Lachen.

Es waren nicht nur Prostituierte, die da bei ihnen wohnten. Es waren auch sehr nette junge Mädchen, die sich mal sattessen, Seidenstrümpfe tragen und bei einem Mann liegen wollten, der nicht gleich vor Unterernährtheit einschlief.

Wir blieben nicht lang. Fraternisieren war verboten. Wir wollten ganz korrekt sein. Ziemlich erschöpft stiegen wir in unsere Mansardenwohnung hinauf.

Meine Mutter war atemlos. »Daß man jetzt schon wieder für die Amis Klavier spielt«, sagte sie, »vor kurzem hatte man noch eine Todesangst vor ihnen und saß unter Schutt und Trümmern im Keller.«

Ich nahm sie in die Arme. Ich fand sie kleiner geworden durch all den Kummer, den sie mitgemacht hatte.

»Toll hast du gespielt, Mütterchen!«

»Ob das eigentlich alles richtig ist? Muß man immer mit den Wölfen heulen?«

Ich zerstreute ihre Bedenken. »Was heißt richtig? Wer weiß immer, was ein Wolf ist und was nicht? Wir müssen weitermachen, das ist alles.«

Der Säugling Michaela kam täglich in den Garten hinunter. Den Kinderwagen ließ ich unten stehen, in einem kleinen Abteil des Kellers.

Es war ein warmer, trockener Keller mit einem eigenen Eingang von draußen. Es gab eine Waschküche mit fließendem Wasser und ein WC. Das muß sich wie ein Lauffeuer in ganz Deutschland herumgesprochen haben, denn alle Fräuleins, die von Norden nach Süden reisten, oder umgekehrt, oder die gerade arbeitslos waren und darauf warteten, daß die Garnitur Fräuleins, die bei den Amis wohnte, weggeschickt wurde und sie aufrücken konnten, alle diese Fräuleins wohnten und schliefen da unten bei uns im Keller. Den Amis selbst, die ja die Besitzer des Hauses waren, war das sehr angenehm, und sie verboten dem Hausbesorger, den Keller zu verschließen. Nur manchmal wurden sie weggejagt, wenn sie zu betrunken waren oder Streit und Raufereien hatten. Aber schon ein paar Stunden später war der Keller wieder voll belegt.

Sie störten uns nicht. Sie waren höflich zu mir und gefällig, grüßten nett, halfen mir den Kinderwagen rein- und rausschieben, und wir sprachen über das Wetter. Alles andere war »not my business«. Ich dachte schon recht amerikanisch.

Wenn ich mittags mit Michaela im Arm in die Mansarde stieg, mußte ich an der Amiwohnung vorbei. Das ganze Stiegenhaus roch nach Yardley, Orangensaft, parfümierter Seife, Haarpomade und Eau de Cologne. Der heiße Wasserdampf vom Bad und von der Dusche vernebelte die Treppen. Ich hatte den Eindruck, daß sie den ganzen Tag badeten und duschten. Ich hatte ja noch nie mit Militär anderer Nationen so eng zusammen gewohnt. Ich glaubte, die Amis seien die saubersten Soldaten der Welt. Die Hygiene gehörte zu ihrer Weltanschauung. Und die Bazillenangst.

Wenn Michaela gefüttert war, trug ich sie wieder in den Garten. Der Schnee glitzerte, die Tannenbäume dufteten, die Zugspitze stach senkrecht in den blauen Himmel.

Da kam die Hauseigentümerin mit zwei schweren Koffern. Sie bat mich im Vorbeigehen, ob sie ein paar Sachen von »Sir Rolimack« auf unserem Dachboden deponieren dürfe.

»Aber selbstverständlich.«
Nach einer Weile kam sie wieder mit zwei Koffern zurück. Jetzt trug sie die Koffer, als ob sie leicht waren. Den Inhalt hatte sie anscheinend oben verstaut. Sie kam zu mir her und scherzte mit dem Baby. »Und wie haben Sie sich mit den Amis eingelebt? Sie machen das wirklich bewundernswert. Es ist doch alles nicht so angenehm, kann ich mir vorstellen.«
Sie verschwand wieder.
Eigentlich war alles recht angenehm. Mit Bessi vertrug ich mich glänzend. Sie war ja noch ein halbes Kind, 16 Jahre. Sie stammte aus einer Tiroler Jodlergruppe. Ihren Eltern durchgebrannt, zog sie nun mit Joe durch die Lande. Sie kamen, wie Joe sagte, von »Föstanfeldbrak«. Er meinte Fürstenfeldbruck. Ich habe noch nie eine Nation getroffen, die solche Sprachschwierigkeiten hat wie die Amerikaner.
Bessi schenkte Gabrielchen ihre ganze PX-Ration Schokolade und Konfekt. Mir schenkte sie Strümpfe, meiner Mutter Kaffee und WD Lucky Strike.
Wir jodelten manchmal zusammen. Sie ganz professionell — sie trat auch bei den Amerikanern im Casa Carioca auf — und ich versuchte die zweite Stimme: »Mei Voter isch an Appenzeller, Holaradiri, holaradiro. — Der frißt an Kas mitsamt dem Teller, holaradiri diro.«
Joe hörte uns herablassend zu. So, wie wir den Eingeborenen in Afrika zuhören. Wir waren für die Amis nichts anderes als »natives«.
Meine Schwester und ihre Familie besuchten uns sehr oft. Zum Glück ging es ihnen auch gut. Mein Schwager als Ungar hatte einen sehr guten Job. Er wurde Bookkeeper bei den Amerikanern. Er mußte die Buchführung für alle Restaurants und Hotels kontrollieren. Er war hundertprozentig zuverlässig. Das hatten die Amerikaner sofort gemerkt.
In seinem gutmütigen ungarisch-wienerischen Deutsch sagte er: »Könnte man viel geschenkt bekommen, würde man

Auge zudrücken. Wäre nicht korrekt. Könnte man brauchen, klar, haben wir Kinder, aber dürfte man nicht. Alles kommt heraus. Schau, Luisl, zum Beispiel euer Bekannter, der Herr Schirolimak.«

Ich dachte nach. Den Namen kannte ich gar nicht. Ich kannte nur einen »Sir Rolimack«.

Er spottete mich nach und sagte es ebenso affektiert wie die Hauseigentümerin: »Sir Rolimack! Blödsinn, Angeberei. Ist er Pole, hat er gemacht Schiebung, dunkle Geschäfte und jetzt sitzt er, eingesperrt haben sie ihn.«

Hoppla, dachte ich und kombinierte sofort.

Ich ging auf unseren Dachboden und durchsuchte alles. In einer Ecke, ganz unauffällig, stand ein Karton. Der fiel mir auf. Ich öffnete ihn. Oben lag Christbaumschmuck. Wie lieb! Schon verdächtig. Als ich tiefer hineingriff, fand ich Ami-Büchsen mit Speck, Corned Beef, kalifornischen Pfirsichen, Butterschmalz, Trockenei, Eiscremepulver, Schildkrötensuppe und einige Stangen Lucky Strike.

Ich freute mich nicht gleich. Es war gefährlich. Wir wußten alle, wie sehr die Amis uns beobachteten, und daß sie schon beim leisesten Verdacht eine Hausdurchsuchung machen würden. Hätten sie diese gestohlenen Lebensmittel, die amerikanisches Eigentum waren, bei uns gefunden, wären wir alle sofort eingesperrt worden. Eigentlich war ich empört. Und ich überlegte, was ich jetzt machen sollte.

Es gab mehrere Möglichkeiten. Entweder alles der Hauseigentümerin zurückgeben, aber damit würde ich sie als Mitschuldige des Diebstahls und der Schiebung bezeichnen. Oder das Gefundene den Amis zurückgeben.

Aber den Amis Speck geben? Das wäre mir mehr als lächerlich vorgekommen. Ich wollte keines von beidem tun, sondern alles behalten und anläßlich der Taufe von Michaela eine kleine Party geben. Sofort füllte ich den Inhalt in Einmachgläser oder Töpfe um. Die leeren Büchsen warfen wir nachts in die Loisach.

Michaela war ein süßer Täufling. Ihr zufriedenes, rundes Gesichtchen strahlte in freundlichem Lächeln. Ihr Köpfchen war immer noch kahl, obwohl ich das Badewasser täglich sprudelte.
Ich lud eine ganze Menge Leute zur Taufe ein. Meine Kollegin Marina von Ditmar. Sie war damals mit Baron Hirschberg verheiratet, einem Vetter meines Mannes, der noch in französischer Kriegsgefangenschaft war. Else Eckersberg und ihren Mann, Graf Yorck. Meine Schwester, meinen Schwager und meine beiden Nichten. Und ich lud auch die Hauseigentümerin ein.
Die Taufe war sehr feierlich. Anschließend gab es einen Lunch. Jeder bekam eine Tasse Schildkrötensuppe, danach Speck auf Toast mit grünen Erbsen und hinterher Mürbeteig aus Butterschmalz mit kalifornischen Pfirsichen belegt.
Schon bei dem gebratenen Speck stutzte die Hauswirtin etwas, aber als dann der Kaffee mit dem Pfirsichkuchen kam, setzte sie ihre goldumrandete Brille auf und sah mich prüfend an. Ihre Stimme zitterte etwas, als sie sagte: »Ein köstliches Mahl.«
Auch Elschen Eckersberg war begeistert. »Du Himmelsgeschöpf«, rief sie. »Ich weiß, daß du eine gute Schauspielerin bist, deine Viktoria werde ich nie vergessen, aber diesen Mürbeteig aus Butter auch nicht. Wo hast du nur all die Sachen her?«
Ich legte den Finger an den Mund. »Pst, so etwas fragt man nicht. Das ist ein Geheimnis.«
Es war eine gelungene Taufe.
Und die Vorräte waren aufgegessen.
Am nächsten Tag erschien die Dame des Hauses, sehr charmant und sehr höflich, und bat, ob sie einen kurzen Blick auf den Dachboden werfen dürfe, sie müsse da etwas kontrollieren.
»Aber selbstverständlich.«
Ich hörte sie oben hin und her laufen. Nach rechts und nach

links trippeln. Besonders in der Ecke, in der der Christbaumschmuck stand, hielt sie sich lange auf.
Dann kam sie wieder herunter. Sie lächelte mich freundlich an, ohne ihr Gesicht zu verlieren. Auch ich verlor es nicht und lächelte.
»Was war das gestern für ein reizendes Fest, Gräfin!«
»Ich freue mich, daß es Ihnen gefallen hat.«
»Sie müssen mir das Rezept von dem Kuchen geben.«
»Ach, das war doch ganz einfach. Das Besondere waren doch nur die kalifornischen Pfirsiche.«
Wir winkten uns freundschaftlich zu. Sie ging. Wir waren zwei perfekte Damen.

»Der Krieg ist aus!«

Wieder Theater: »Wir sind noch einmal davongekommen« — Ein einschneidender Brief — Scheidung? — Walter Behr

Ein gepflegter junger Mann mit schwarzem, glatt gescheiteltem Haar, blassem, schmalem Gesicht und lustigen, dunklen Augen saß hinter dem Schreibtisch in München in der MacGraw-Kaserne. Er hatte mich von Garmisch nach München bestellt.

Es war der amerikanische Theateroffizier Walter Behr. Er sprach perfekt deutsch, war von Geburt Deutscher. Nur seine maßgeschneiderte elegante Amiuniform gab ihm das Flair der Siegernation. Er war ein Mann des Showbusineß. Ich kannte ihn aus Berlin aus der Zeit vor 1933. Da trat er in der Katakombe auf. Er emigrierte rechtzeitig und machte sich auch in den Staaten einen guten Namen als Entertainer. Er liebte unser deutsches Theater, kannte alle Autoren und Regisseure, respektierte sie und war geeignet, liebevoll wieder aufzubauen, was in Trümmern lag.

Er holte aus seinem Schreibtisch ein Buch hervor. »Kennen Sie Thornton Wilder?« fragte er dabei.

»Nein, das heißt, nicht als Dramatiker.«

Er zog überrascht die Augenbrauen hoch. »Nun, dieses Stück ist der größte Theatererfolg in den Staaten. Dort spielte Vivien Leigh. Für ihre Rolle haben wir an Sie gedacht. Kennen Sie die Schauspielerin?«

»Nein.«

Er war wieder überrascht, fragte mich nach weiteren Namen. Ich kannte sie alle nicht.
Er war befremdet. »Bei uns heißt das Stück *The skin of our teeth*. Für die Übersetzung nahmen wir *Wir sind noch einmal davongekommen*. Gefällt Ihnen der Titel?«
Ich dachte nach. Ich sah keinen Sinn darin und fand ihn zu lang. Ich schüttelte den Kopf.
Er wartete keine Antwort ab. »Lesen Sie erst.«
»Was für eine Rolle soll ich da spielen?«
Lustig zwinkerte er mir zu: »Die Verführerin.«
Es entstand eine Pause. Ich fühlte, daß ich rot wurde. »Ich habe noch nie eine Verführerin gespielt. Ich glaube nicht, daß mir das liegt.«
Ich hörte mir zu und war entsetzt über meine biedere, hausbackene Art. Ich fühlte, wie weit ich mich von meinem Beruf entfernt hatte, und daß ich gar nicht mehr in der Lage war, darüber zu sprechen. Alles, was ich sagte, klang spröde und uncharmant. Ich hatte jede Grazie verlernt und war ungeschickt im Verhandeln geworden.
Walter Behr merkte, daß mit mir nichts anzufangen war. Er schien dafür Verständnis zu haben. »Alles im Leben muß man bekanntlich ein erstes Mal machen. Wir haben uns die Besetzung genau überlegt. Heidemarie Hatheyer spielt die Mrs. Antrobus, Otto Wernicke den Mr. Antrobus. Paul Verhoeven führt Regie, und wenn wir gerade Ihnen diese Rolle anbieten, dann doch deshalb, weil wir finden, daß Sie sich ganz hervorragend dafür eignen.« Er drängte mir das Buch geradezu auf.
Ungern nahm ich es und schüttelte den Kopf. »Mir fehlt der Mut, wieder auf die Bühne zu gehen. Oben zu stehen und zu fühlen, daß ich von Hunderten von Leuten angestarrt werde. Und etwas zu verkünden. Dazu braucht man ungeheures Selbstvertrauen. Ich glaube, ich bin nicht mehr geeignet dafür.«
Ich stand auf.

Walter Behr erhob sich auch, musterte mich von oben bis unten, und ich merkte mit einer leichten Genugtuung, und es tat mir wohl, daß er mich als sehr geeignet empfand.
»Lesen Sie in Ruhe und rufen Sie mich an. Okay?«
Wir gingen zur Tür.
»Wir haben übrigens auf der Suche nach Ihnen herausgefunden, daß Sie in Garmisch mit unseren GIs in einem Haus wohnen. Ich glaube, das ist kein Dauerzustand. Wir haben dem Wohnungsamt Auftrag gegeben, etwas für Sie zu suchen. Soviel ich weiß, wurde ein Häuschen für Sie gefunden. Ein wenig außerhalb. Hoffentlich gefällt es Ihnen. Also, good bye.«

Das Häuschen gefiel uns sehr gut. Die Übersiedlung ging schnell. Wir besaßen nichts. Das hat auch Vorteile.
Wir zogen an einem Wochenende um, denn WD arbeitete bereits wieder in München-Riem. Er bewohnte in der Pestalozzistraße ein Zimmer in Untermiete und fuhr täglich mit seiner Bicicletta zum Flughafen. Provisorisch war dort ein Büro eingerichtet, eine Kiste diente ihm als Schreibtisch, und so wartete er ab, bis der Flugverkehr wieder anfing.
Freitagabend kam er mit dem Zug nach Garmisch, und ich holte ihn mit den Kindern ab. Gabrielchen war nun drei Jahre und Mitschi ein Jahr. Ihr Köpfchen war voller blonder Locken. Weil ich täglich das Badewasser gesprudelt hatte. Sie winkten und schrien und freuten sich, wenn Papi kam. Zu Hause wartete ein Kuchen.
Wir hatten eine Schwarzmarktstelle gefunden. Zigeuner. Die gaben uns alles. Kaffee, Schmalz, Butter, Fleisch. Fast der ganze Schmuck meiner Schwiegermutter war dafür eingetauscht. Die Puppen waren beinahe leer. Damals in Seelásgen hatten wir gedacht, vom Erlös des Schmucks mal eine Existenz aufbauen zu können. Das war richtig gedacht. Denn wir existierten ja. Mehr ist Existenz nicht.
WD hatte den Auftrieb, den Flughafen neu aufzubauen. Da-

zu brauchte er Kalorien, und die kamen vom Schmalz. Vielleicht hatten mir die Kinder mehr zugesetzt und mich mehr Kraft gekostet. Ich hatte keinen Ehrgeiz mehr, keinen Auftrieb. Ich wollte nicht mehr hinaus aus dieser Geborgenheit. Ich wollte meine Ruhe haben.
In dieser Stimmung las ich das Stück. Ich hatte Angst, daß es mir gefallen könnte. Zum Glück wußte ich nichts damit anzufangen.
Mr. und Mrs. Antrobus, Herr und Frau Mensch oder überhaupt die Gattung Mensch, gingen durch alle Gefahren und Schwierigkeiten der Menschheit, durch die Eiszeit, die Sintflut, den Krieg.
Meine Rolle wäre die der Verführerin, der Hauptgefahr für die Ehe der beiden, gewesen. Eine unsympathische, undankbare Rolle. Mir gefiel sie überhaupt nicht. Und wozu das Ganze? Ich war erleichtert, daß das Stück nicht für mich in Frage kam und erzählte es meinem Mann.
Auch er war froh. »Da müßtest du wieder so lang weg von den Kindern, das ist ein unangenehmer Gedanke. Die Familie wäre auseinandergerissen.«
»Ach ja«, sagte ich, »so ein ähnlicher Satz kommt in dem Stück auch vor. Mr. Antrobus sagt ihn, glaube ich.«
Sonntagabend fuhr er wieder nach München. Wir umarmten uns. Die Kinder weinten ein bißchen.
»Bis Freitag.«
Wir winkten, bis der Zug verschwunden war.
Für mich begann die Woche wie immer. Meine Mutter, die Kinder und ich frühstückten. Wir räumten die Zimmer auf und zogen uns an. Meine Mutter kochte. Ich ging zum Skifahren aufs Kreuzeck.
Frau von Stetten, eine sehr attraktive Frau, war Hausdame bei den Amerikanern im Berghotel oben auf dem Kreuzeck. Sie holte mich um 12 Uhr vom Skifahren herein. Wir huschten am Speisesaal vorbei, in dem lauter höhere Offiziere saßen, und gingen heimlich in die Küche. Hinter der Tür hatte

sie einen kleinen Tisch gedeckt. Da saß schon Mucki Clausing. Seinen Eltern gehörte »Clausings Posthotel«, das auch von den Amis besetzt war. Anscheinend hatte auch er Hunger. Es war strengstens verboten, Deutschen amerikanisches Essen zu geben. Vielleicht schmeckte es uns deshalb so gut.
»Wieso sitzen Sie überhaupt hier?« fragte er plötzlich. »Ich habe doch vor kurzem in der Zeitung gelesen, Sie hätten sich scheiden lassen, um den Komponisten Robert Stolz zu heiraten und mit ihm nach USA auszuwandern. Stimmt das denn nicht?«
Ich schob mit Genuß ein paar Pommes frites in den Mund. »Wie Sie sehen, stimmt's nicht, sonst säße ich ja nicht hier.«
Er zerschnitt sein dickes Steak. »Ja, kann man denn den Zeitungen gar nichts mehr glauben?« fragte Mucki verzweifelt und ließ es sich schmecken.
Wir prosteten uns mit einem Gläschen Sherry zu, das uns Frau von Stetten gegönnt hatte.
»Ach, jetzt fällt mir ein, es hieß Luise Ulrich, aber mit einem ›l‹, und Sie schreiben sich ja mit zwei ›l‹. Stimmt's?«
»Ja, das stimmt. Prost. Aber mit wieviel ›l‹ ich mich auch schreibe, ich habe Herrn Stolz nicht geheiratet, denn erstens ist er gar nicht mein Typ und viel zu alt, und zweitens liebe ich meinen Mann.«
So blödelten wir ein bißchen. Frau von Stetten stopfte mir die Taschen mit Schokolade für die Kinder voll, und ich fuhr mit meinen Skiern ab. Die Olympiastrecke hinunter, durch den Wald und über die Wiesenhänge. Es war herrlicher Schnee. Ich konnte fast bis zu unserem Haus fahren. Fröhlich, durchgeatmet und sattgegessen kam ich nach Hause.
Ich teilte die Schokolade unter den Kindern aus und sah nach der Post. Ein Brief fiel mir sofort auf. Er kam aus dem Ausland. Und war für meinen Mann. In der linken Ecke stand unterstrichen »Persönlich« und in der anderen Ecke mit roter Tinte »Wenn nicht anwesend, an Absender zurück«.
Der Absender war eine Frau.

Ich nahm die gesamte Post, ging ins Nebenzimmer und schloß hinter mir ab. Der Brief war mir unsympathisch. Ich legte ihn beiseite. Dann ging ich eine Weile auf und ab und sah ihn von der Seite an. Plötzlich entschloß ich mich, ihn aufzumachen. Nicht vorsichtig, sondern ihn aufzureißen. Ich wußte, es gab kein Zurück.
Schon die Überschrift bestätigte meine Aversion. »Innigst geliebter Schatz« oder so ähnlich. Einen Augenblick stand alles in mir still. Mein Atem, mein Herz, mein Blut. Ich versteinerte. Dann dachte ich: Weshalb eigentlich nicht? Weshalb sollte eigentlich gerade mich so etwas nicht treffen? Ich dachte an den Chor der Troerinnen: »Hütet das Mißtrauen, es schützt euch. Selig die Mißtrauischen.«
Wie dumm ich war. So vertrauensselig. Ich kauerte mich auf den Boden. Da hockte ich eine Weile. Bis ich wieder normal atmen konnte. Dann ging ich zum Tisch. Und in ohnmächtiger Wut zerriß ich den Brief und warf ihn in den Papierkorb.
Ich ging nebenan zu den Kindern. War das auch fragwürdig geworden?
»Mami«, rief Gabriele, »du weinst ja.« Und sie fing auch gleich an zu schluchzen.
Michaela kam gewackelt und legte ihren weißblonden Lockenkopf in meinen Schoß. »Mamilein«, sagte sie mit tiefer Stimme.
»Ach was, ich habe Schnupfen.«
Ich schneuzte mich.
Meine Mutter ahnte, daß etwas los war. »War was bei der Post?« fragte sie.
»Nein, nein ... komm, mach mir einen Kaffee, mir ist ein bißchen flau vom Skifahren.«
Nach dem Kaffee ging ich wieder nach nebenan, schloß hinter mir zu, holte die Brieffetzen aus dem Papierkorb und klebte sie zusammen. Der Brief wurde nicht sympathischer. Er war schrecklich. So sicher, so Anspruch erhebend auf das

Einzige, was ich noch hatte: Liebe, Ehe, Familie. Er basierte auf der Namensverwechslung.

»Ich habe in der Zeitung gelesen, daß sich Deine Frau von Dir hat scheiden lassen, um Robert Stolz zu heiraten und mit ihm in die Staaten auszuwandern. Ich weiß, wie sehr Du an Deinen Kindern hängst; sehr schön ist das nicht von ihr. Läßt Dich sitzen und heiratet einen Millionär. Auf mich kannst Du Dich verlassen. Komm zu mir. Ich will Deinen Kindern eine gute Mutter sein.«

Fassungslos ging ich hin und her. Wie konnte das passieren? Ich sah sie vor mir. Eine Ausländerin. Elegant, gepflegt, in einer Wolke von Parfüm, Seidenstrümpfe, ein Spitzennachthemd. Und ich? Wie sah ich oft aus. Ich hatte nichts anzuziehen, kein Parfüm, verwaschene Wäsche. Meine Schuhe hatten schiefe Absätze. Die Haare waren unfrisiert, ungepflegt. Die Nägel oft schmutzig von der Arbeit im Haushalt. Wie konnte ich so sicher sein? Seit es die Menschheit gibt, haben Männer ihre Frauen betrogen. Immer wieder gibt es die Verführerinnen.

Das Stück fiel mir ein. Plötzlich ahnte ich, wie toll es war.

Ich ging zur Post und rief Walter Behr an. »Hallo, ich habe das Buch gelesen. Ich finde es großartig und will die Verführerin spielen.«

Er freute sich. Am nächsten Tag sollte ich schon kommen. Das Theater habe auch ein Zimmer für mich in Bogenhausen. Und Paul Verhoeven würde im Theater eine Verständigungsprobe machen.

»Ja«, sagte ich entschlossen, obwohl ich sehr traurig war. »Ich komme morgen. Wir können den Vertrag abschließen.«

Meine Mutter war glücklich, daß ich wieder Theater spielen wollte. »Du bist eine Vollblutschauspielerin. Das wäre ja lächerlich, wenn du immer nur zu Hause sitzen würdest, um auf deinen Mann zu warten.«

Für meinen Mann hinterließ ich einen kurzen Brief, den er

zum Wochenende vorfinden sollte. Ich schrieb, daß ich mich entschlossen hätte, die Rolle zu spielen, und daß das Theater für mich ein Zimmer gemietet habe. Ich legte das Kuvert mit hinein, entschuldigte mich, den Brief geöffnet zu haben, den Brief selbst müßte ich für den Anwalt mitnehmen.

Ich wollte mich scheiden lassen.

Der vertraute Geruch der Bühne, Leim, Kleister, Schminke, Pomade und Staub, heimelte mich an. Wir saßen um einen großen Tisch auf der Bühne und lasen das Stück mit verteilten Rollen. Paul Verhoeven gab die Striche und Veränderungen an. Sein asketischer Kopf saß auf einem sehr abgemagerten Hals. Und seine großen blauen Augen waren ernst geworden. Er war gut vorbereitet. Ich hatte den Eindruck, das Stück lag ihm. In der Pause knabberten wir trockenes Brot, das die Souffleuse mitgebracht hatte, und tranken Nescafé. Heidemarie Hatheyer hatte ihn spendiert. Dann lasen wir weiter.

Es war gut, sich wieder um etwas zu bemühen, das außerhalb des Daseinskampfes lag. Das nichts zu tun hatte mit Fleisch- oder Butterrationen. Wir versuchten, eine Welt aufzubauen, die nicht existierte, flachem Papier Leben zu geben. Und das Wort war Fleisch geworden.

Es war wieder einmal da, das Abenteuer meines Berufes. Das ich so liebe. Schaffe ich es, oder schaffe ich es nicht? Immer wieder gehe ich voll Zweifel diesen Weg. Ob mir das Abenteuer gelingt? Alles ist nur ein Weg. Das Ziel ist nicht die Hauptsache.

Nach der Probe kam Bessi Becker zu mir. Sie machte die kostümliche Ausstattung. Wir waren von Berlin her befreundet und umarmten uns herzlich.

»Gott im Himmel, wie siehst du aus?« fragte sie lachend und ging etwas zurück, um einen wirklichen Eindruck zu haben. Sie musterte meine Trainingshose, darüber trug ich einen warmen Rock mit Pullover, um den Kopf hatte ich einen Wollschal gewunden. Die Bühne war ungeheizt. »Wie ein Trümmerweib siehst du aus. Wie soll ich bloß aus dir eine Verführerin machen?«

»Das frage ich mich auch«, sagte ich voll Verbitterung. »Ich hasse diese Rolle, ich hasse diese Weiber, die selbst nichts mitgemacht haben, keine Kinder haben, kein Nest aufbauen mußten, nur an ihre Kosmetik denken und nichts anderes im Kopf haben, als Ehen kaputtzumachen. Die sich wie die Wanzen an die Männer heranmachen und mit dem Hintern wackeln.«

Bessi war überrascht. »Immerhin hast du dich verpflichtet, so ein Weib zu spielen. Abgesehen davon, ich finde das Stück fabelhaft. Es gibt wirklich nur zwei Typen von Frauen. Die einen gehören zum Typ der Mrs. Antrobus, die die Heide spielt, und die anderen gehören zum Typ der Sabina, die du spielst. Die einen leben langweilig, haben viel Arbeit und Sorgen mit den Kindern, Krankheiten, Gefahren, Schule, aber sie sind glücklich. Sie haben ein Haus, sie wissen, wo sie hingehören, und sie leben lang. Die anderen sind interessanter, amüsanter, abenteuerlicher. Aber sie gehen elend zugrunde. Zu denen gehöre ich.« Sie zupfte an meinem Schal herum. »Ich weiß das. Ich habe mich eben scheiden lassen. Ich kann nicht mehr verheiratet sein. Da fällt mir nichts mehr ein.« Sie ging wieder ein Stück zurück und kniff die Augen zusammen. »Vor allem werden wir dir einen Riesenbusen hinkleistern, dann ziehen wir dir ein schwarzes Mieder an, lange schwarze Netzstrümpfe, damit ist schon viel gewonnen. Übertrieben hohe Schuhe, das macht lange Beine, eine rothaarige Perücke, weißgeschminkt. Na, wär das recht, Frau Gräfin?«

»Mir egal, zieh mich an, wie du willst, oder zieh mich aus, wie du willst, aber nenn mich nicht mehr ›Gräfin‹, das hab' ich nämlich dick.« Ich mußte Sprechübungen machen. Meine Stimme war verschlampt und vernachlässigt. Ich mußte im Ballettsaal mittrainieren. Ich bewegte mich eckig und unfrei.

Häufig stand ich hinter der Bühne und hörte zu. Immer mehr vertiefte ich mich in das Stück und bewunderte Thornton Wilder. Er hatte als Anthropologe die Menschheit im Ganzen gemeint. Aber wir, wir Deutsche waren ja gerade »davongekommen«, und es schien, als hätte er das Stück für uns geschrieben.

Ich fand die Hatheyer und Wernicke großartig. Oft kamen mir beim Zuhören Tränen.

Mrs. Antrobus sagt zu ihrem Mann: »Ich habe dich nicht geheiratet, weil du vollkommen bist, ich habe dich nicht einmal geheiratet, weil ich dich liebe, ich habe dich geheiratet, weil du mir ein Versprechen gabst. Dies Versprechen hat alle Fehler aufgehoben. Und darauf wurde die Ehe aufgebaut. Und unsere Kinder hat kein Haus beschützt, sondern das Versprechen. Und wenn das nicht gehalten wird ...« — Sie dreht sich um und wirft eine imaginäre Flaschenpost ins Meer — »Der Inhalt ist nie einem Mann und nie einer Frau gesagt worden, aber wenn sie ihre Bestimmung erreicht, wird eine neue Zeit anbrechen. Wir Frauen sind nicht das, was in den Büchern steht. Wir sind auch nicht das, was Inserate aus uns machen, und wir sind nicht wie im Film und nicht wie im Rundfunk. Wir sind — wir selbst.«

Ich kannte alle anderen Rollen schon auswendig, nur meine eigene nicht. Meine Zunge war so schwerfällig geworden. Ich sprach meine Rolle immer und immer wieder durch, mit einem Korken zwischen den Zähnen. Dann legte ich mich flach auf den Tisch, den Kopf nach unten, und lernte so die besonders schweren Sätze. Oft übertrug ich mir die Rolle in ganz ordinäres, gewöhnliches Wienerisch, um dem Text alles Theoretische zu nehmen. Immer aber faszinierten mich die Stellen der anderen mehr.

Mrs. Antrobus fragt: »Woran hast du gedacht, wenn du nachts draußen im Krieg gestanden bist?«

Und er antwortet: »An drei Dinge. An dich, an die Kinder und an das Volk in seiner Verwirrung.«
Wie oft hatte ich meinen Mann gefragt: »Woran hast du gedacht, wenn du nachts so einsam über das Meer geflogen bist im Krieg?«
Und er hatte geantwortet: »An dich, an die Kinder und an die Katastrophe, der wir nicht entgehen können, und an die Propaganda, die das Volk immer und immer wieder manipuliert.«
Das Stück ging mir unter die Haut.

Freitagabend kam ich müde in mein Quartier. Die Wirtin machte mir eilig auf. »Schnell, schnell, grad ist Ihr Mann am Telefon.«
Mein Herz klopfte. Plötzlich merkte ich, wie einsam ich ohne ihn war. »Wo steht das Telefon?«
»Hier, aber bitte die Schuhe ausziehen, es regnet ja draußen.«
Meine Finger zitterten. Ich bekam den Knoten im Schuhband nicht auf.
Auf Strümpfen lief ich ins Zimmer. Da saßen einige Damen. Sie winkten mir zu und verdrehten die Augen: Regine, Annelie, Viktoria.
Ich ergriff atemlos die Muschel. »Hallo?«
Endlich hörte ich seine Stimme. »Ich bin so entsetzt über deinen Brief. Ich versteh' das Ganze nicht. Bitte, glaub' mir, es ist alles Unsinn.«
»Moment«, sagte ich, so kalt ich nur konnte. »Ich bin nicht allein, die Dame hier hat eine kleine Gesellschaft.«
Die Gäste wehrten ab. »Sie können ruhig sprechen, wir sind ganz leise«, sagten sie sensationslüstern.
»Hallo, kommst du morgen?«
»Nein, wir haben morgen Probe.«
»Soll ich kommen?«
»Nein, ich glaube, die Kinder würden schrecklich traurig sein, wenn du wegführest.«
»Kommst du Sonntag?«

»Ich kann nicht, ich muß die Rolle lernen. Es ist schwer, ich bin müde.«
»Dann müssen wir uns Montag sehen.«
»Gut, hol mich am Theater ab. Um 18 Uhr beim Gitterpförtner. Servus — und Bussi den Kindern.«
»Bitte, kränk dich nicht.«
Ich hängte ein und blieb noch eine Weile stehen. Dann drehte ich mich schnell um, damit niemand mein Gesicht sehen konnte, und lief auf Strümpfen hinaus.

Es war Montag, 18 Uhr. Bitterkalt. Der Schnee fiel in dicken Flocken. Vom Bühnenausgang zum Gitterpförtner führte ein breites Brett über einen Bombentrichter. Mitten auf diesem Brett blieb ich plötzlich stehen, als ich seine Silhouette hinter dem Gitter sah. Groß, schlank, blond, in seinem grauen Ledermantel.
Komisch, dachte ich, der Mann, der da steht, ist mein Mann.
Es war eine Art Bewußtseinsspaltung. Hinter mir wippte einer am Brett. Es schaukelte etwas. Und jemand sang »Komm auf die Schaukel, Luise«. Ich wußte, es war ein junger Kollege, der mitspielte. Ich konnte mich nicht umdrehen, sonst wäre mir schwindlig geworden, und ich hätte die Balance verloren.
Mit langen, ruhigen Schritten kam mein Mann auf mich zu. Er reichte mir seine Hand, die ich so gut kannte. Seine feste, schmale, männliche Hand. »Komm«, sagte er ruhig und freundlich.
Wir gingen schweigend nebeneinander. Ich bohrte meine Fäuste in die Taschen meines Hirtenmantels, um meinen Trotz zu bewahren. Der Schnee machte das Pflaster rutschig. Er hängte sich leicht ein. Fast schüchtern. »Es ist so glatt.«
Wir gingen in den Künstlerkeller, der unter den Trümmern des Hotel Continental eröffnet worden war. Schauspieler bekamen dort markenfreies Essen.

Wir bestellten etwas. Ich wußte, er würde es schwer haben, etwas zu sagen. Er konnte sich nicht verteidigen. Ich wartete. Er rauchte.
»Es ist ja eigentlich kindisch, darüber Worte zu verlieren«, sagte er. »Ich weiß nicht, woher dieses Frauenzimmer sich überhaupt das Recht nimmt, so zu schreiben.«
Ich sah ihn an.
»Es wäre schrecklich, wenn wir uns auseinanderleben würden. Du wirst doch nicht im Ernst glauben, daß da irgend etwas war.«
»Pst, pst, sprich nicht weiter, sonst verstrickst du dich in Lügen.«
Ich holte den geklebten Brief aus der Tasche und zitierte ironisch »Mein innigst geliebter Schatz«. Der Augenblick war unangenehm.
»Muß ich es wirklich lesen? Können wir diesen Fetzen nicht einfach wegwerfen und vergessen?«
Ich schüttelte den Kopf. »Natürlich ist es gemessen an dem, was wir erlebt haben, lächerlich. Aber dann ist ja alles lächerlich. Ich habe eben anders über die Ehe gedacht. Ich habe auch gearbeitet und habe gefilmt und wurde umworben. Ich hätte mir auch ein paar nette Stunden machen können. Aber ich dachte, unsere Ehe ist etwas Endgültiges. — Lies!«
Er las den Brief. »Ich hatte das alles vergessen. Es war mir so unwichtig. Aber du kränkst dich, und es ist dein Recht, zu fragen. Glaub mir, das hat nichts mit unserer Liebe zu tun. Das ist etwas anderes. Das ist wie Essen oder Trinken, ganz mechanisch. Glaub mir, es hat dir nichts weggenommen. Ich schwöre es dir.«
Ich hörte Mr. Antrobus aus ihm reden. Satz für Satz redete er, wie alle Männer in dieser Situation reden, geredet haben und reden werden. Trotzdem war es ihm ernst. Ich merkte am Blau seiner Augen, wie erregt er war. Ich wußte, er hoffte, ich würde plötzlich zu weinen anfangen, und er könnte

mich in seine Arme nehmen, mich hin und her wiegen wie ein Kind, und alles wäre gut gewesen.
Aber ich weinte nicht. Ich zog meinen Ehering vom Finger, in dem ›Wulf-Diether Lima 1939‹ stand, und sagte: »Du hast mir ein Versprechen gegeben, und ich gab dir ein Versprechen, und darauf wurde unsere Ehe aufgebaut. Wir haben alles verloren. Unsere Kinder hat kein Haus beschützt, sondern das Versprechen. Und wenn das nicht gehalten wird, dann gebe ich dir diesen Ring zurück.«
Er nahm ihn nicht.
Der Kellner kam und brachte uns den Tee. Ich zog den Ring wieder an und genierte mich. Genierte mich schrecklich, daß ich in einer so ernsten Situation eine Rolle deklamieren konnte. Ich war froh, daß er es nicht bemerkt hatte. Also spreche ich doch gut, dachte ich. Also bin ich doch eine gute Schauspielerin. Aber auch diese Beobachtung befremdete mich.
»Wenn wir allein wären, würde ich dich in den Arm nehmen und ganz lieb zu dir sein, und dann wäre alles gut.«
Ich würde nicht weinen, dachte ich. Über so etwas würde ich nie wieder weinen. Warum war ich nur so hart und überlegen geworden? Eine neue Zeit war angebrochen. Wir sind nicht so, wie ihr glaubt, daß wir sind. Aber ich hütete mich, ihm noch mehr von der Rolle zu sagen.
Als wir zu Fuß zu meinem Quartier gingen, sagte ich: »Ich kann nicht einmal mit den Kindern telefonieren. Ich hab' so schrecklich Angst, sie könnten sagen: Mami komm doch, oder: Mami, wie lang bleibst du noch weg? Ich muß mich sehr zusammennehmen, daß ich es überhaupt schaffe, daß ich überhaupt über die Runden komme. Ich hab' eigentlich gar keine Kraft, mich mit etwas anderem zu belasten. Verstehst du das? Ich hab' für dich eine Karte in der ersten Reihe für die Premiere.«
Der Mann, der mein Mann war und zum Glück ist, küßte mir zum Abschied die Hand. »Man lebt sich schnell auseinander.

Laß diesen Zustand nicht zu lange anhalten. Es ist unerträglich für mich.«

Die Premiere war aufregend. Die Leute saßen in ihren Wintermänteln, denn das Theater war ungeheizt. Wenn wir sprachen, kam eine Hauchwolke aus dem Mund wie in einer Schneelandschaft. Ich fror nicht, trotz meiner halbnackten Reizaufmachung als Verführerin. Ich war viel zu aufgeregt. Das Publikum applaudierte selten. Und lachte kaum. Verstört saßen sie unten. Mit offenem Mund hörten sie zu. Fast ohne zu atmen.

Im letzten Akt trat ich in einem alten, zerfetzten Militärmantel auf, schmutzig und ungepflegt. Hinter mir die Kulisse einer brennenden Stadt. Die Uniform war neutral. Es wäre naheliegend gewesen, mir einen SS-Mantel anzuziehen. Auch auf einen Russenmantel verzichtete Verhoeven. Das Thema sollte nicht eingeengt werden.

Ich sprang also auf die Bühne, auf der es brannte und qualmte.

»Der Krieg ist aus«, schrie ich in das Publikum. Es war kein Triumph in diesem Schrei, kein Siegesgefühl, keine Verzweiflung. Es war eine brutal getroffene Feststellung. Überall gab es Waisen, Witwen, Krüppel. Überall war der Krieg verloren. Keiner hatte Grund zum Triumph. Der Krieg ist aus. Mehr konnte man nicht sagen. Aus den Löchern krochen die Menschen. Halb blind von der Dunkelheit. Sie kamen aus den Luftschutzkellern, bleich, voll Staub und Schutt.

An meine Mutter dachte ich, wie sie in Wien aus dem zertrümmerten Haus hervorgekrochen war, an meine Schwester, an meine Nichten, verstört und heimatlos. *»Der Krieg ist aus?«* fragten sie ungläubig.

Und ich wiederholte es noch einmal. Vulgär, gewöhnlich, ohne Gefühl: »Der Krieg ist aus.«

Ein Soldat humpelte scheu, zerfetzt und zerschunden über die Bühne. Ich dachte an meinen Vater, als er blutend heim-

kam und mit überraschtem Lächeln sagte: »Sie haben mir Steine nachgeworfen. Sie haben mir die Epauletten heruntergerissen.«
An die Soldaten dachte ich, wie sie in Garmisch an mir vorbeischlichen wie Verbrecher. Und wie sie mich fragten: »Sind die Amis schon da?« Sie hatten ihre Glieder riskiert. Das war manipuliert. Die Frauen wurden vergewaltigt, die Kinder verschickt, verschleppt. Das Vaterland zertrümmert. Jetzt kamen sie nach Hause wie Schuldige.
Ganz hart sagte ich zu dem Soldaten: »Und Sie sind jetzt auch nicht mehr und nicht weniger als irgendein anderer Arbeitsloser.«
Das war ein harter Satz. Aber ich liebte es, diesen Satz zu sagen. Werdet ihr es denn nie begreifen, der Verlierer ist immer der Verbrecher, der Undank des Vaterlandes ist euch gewiß!
Das Stück endete, wie es anfing. Ich als Verführerin, als kesses, kleines Stubenmädchen, stand in derselben Pose da, mit dem Staubwedel. »Oh, oh, oh, sechs Uhr und der Herr immer noch nicht zurück. Wolle Gott, daß ihm nichts passiert ist beim Überqueren des Hudson Rivers.«
Ich legte den Staubwedel weg und ging langsam zum Publikum vor, bis zum Vorhang. »Meine Damen und Herren, an dieser Stelle sind Sie heute hereingekommen. Wir müssen noch Jahre und Jahre, ja Ewigkeiten weitermachen. Es ist kein Ende abzusehen ...«
Da sprang ein Mann in der zweiten Reihe auf. Er war verwundet, vielleicht hatte er eine Beinprothese. Er drängte sich laut schimpfend an allen vorbei. An der Tür rief er: »Unerhört, das ganze Stück ist eine Infamie.«
Damit knallte er die Tür zu.
Ich war erschrocken, genausogut hätten alle zu pfeifen anfangen können. Aber es passierte nichts. Trotz meiner Aufregung blieb ich ganz ruhig. Ich nahm den Vorhang in die Hand, begann ihn zuzuziehen und sprach weiter: »Mr. und

Mrs. Antrobus lassen Sie grüßen und wünschen Ihnen eine gute Nacht. Sie sollen jetzt nach Hause gehen. Gute Nacht.«
Mit diesen Worten zog ich den Vorhang zu.
Die Leute applaudierten kaum. Sie standen an ihren Plätzen, gingen nicht aus dem Theater und staunten.
Walter Behr wartete in der Kulisse. Zwischen den Vorhängen gratulierte er.
»Der Kerl hat uns doch den Schluß geschmissen.«
»Nein«, sagte Walter Behr, »er wirkte wie bestellt. Das Stück kommt hier viel toller an, weil ihr es selbst seid, alle, auch das Publikum.«
Der Kriegsversehrte ging mit einer Krücke vor meiner Garderobe auf und ab. »Entschuldigen Sie bitte, mir sind die Nerven durchgegangen. Aber dieses Stück, es ist das unmoralischste, das ich kenne. Soll das heißen, es geht weiter? Es geht immer so weiter? Ein Ende ist nicht abzusehen? Wir haben jetzt genug mitgemacht. Wir wollen ein Ende. Warum zeigt man diese Trostlosigkeit? Wird es denn immer wieder Kriege geben?«
»Ja«, sagte ich, »solange es Männer gibt.«

»Glück liegt dort, wo keine Illusionen mehr sind«

Wieder Film: »Nachtwache« — Wieso Probeaufnahmen? — Das Keuchhusten-Wunder — Harald Braun

Auf Wunsch der Militärregierung bekam WD 1948 ein eigenes Auto, und in unsere Wohnung in Garmisch wurde ein Telefon gelegt. WD arbeitete als ziviler Verbindungsmann für die US-Luftwaffe am Flughafen München-Riem. Wir gehörten damit zu den wenigen Familien in Deutschland, die wieder den Luxus eines eigenen Autos und Telefons hatten.

Eines Tages rief mich Harald Braun an: »Luise, ich habe eine sehr gute Rolle für Sie. Sie sollen eine Ärztin spielen. Trauen Sie sich das zu?«

Ich sagte bloß: »Mensch!«

»Aber eine Frage. Wären Sie bereit, hierher nach Göttingen zu kommen, um Probeaufnahmen zu machen?«

»Probeaufnahmen?«

»Bitte, nehmen Sie es nicht als Mißtrauen. Dieses Projekt ist sehr wichtig, und ich bin, ehrlich gesagt, nicht ganz sicher, ob Sie wirklich die richtige Besetzung sind. Ich muß mich deshalb selbst davon überzeugen.«

Ich war betroffen. Immerhin hatte ich schon mehr als zwanzig Filme gedreht, von denen einige sogar Welterfolge geworden waren wie *Liebelei* und *Leise flehen meine Lieder*. Und mit Harald Braun selbst hatte ich noch während des Krieges *Nora* gemacht.

Ich sagte: »Harald, Sie kennen doch mein Gesicht auswendig. Sie haben es doch erst vor kurzem auf 2200 Meter Zelluloid gebannt.«
Aber er blieb bei den Probeaufnahmen. Der Krieg hatte einen Trennungsstrich gezogen, die Welt war mißtrauisch geworden. Alles, was vorher Erfolg gehabt hatte, wurde in Frage gestellt.
»Ich habe volles Verständnis dafür, wenn Sie nicht wollen, aber Sie müssen auch mich verstehen«, sagte Harald Braun. »Ich brauche Sicherheit.«
Und wir brauchten Geld.
Also sagte ich zu und fuhr nach Göttingen. Die Probeaufnahmen erschienen mir lächerlich und demütigend. Aber ich hatte durch die schwere Zeit ein dickes Fell bekommen, ließ alles mit mir geschehen und dachte an die Gage. Stundenlang stand ich vor der Kamera.
Und Harald Braun führte nach Herzenslust Regie, als ob ich noch nie einen Film gedreht hätte. »Bitte, Luise, Kopf senken. Jetzt heben, ganz hoch, nach links schauen, nach rechts schauen. Bitte dasselbe und dabei lächeln. Etwas mehr lächeln. Nicht zu sehr lächeln. Danke. Und jetzt bitte ganz ernst. Nach rechts, nach links, hinauf. Und jetzt verzweifelt. Noch verzweifelter. Sie haben etwas sehr Trauriges gehört. Und jetzt, bitte, erschrecken Sie. Noch mehr erschrecken.«
Ich erschrak so schrecklich ich nur erschrecken konnte, und ich verzweifelte voller Zweifel. Aber ich ließ mir nichts anmerken. Ich machte alle Gesichter, die ich überhaupt nur hatte und dachte: Mir ist es Wurscht.
Dann fuhr ich wieder nach Hause.

Als ich in Garmisch ankam, überraschte mich die Nachricht, daß die Kinder Keuchhusten hatten. Keuchhusten ist nicht die schlimmste und auch nicht die gefährlichste Kinderkrankheit, aber es ist eine Qual. Für die Eltern genauso wie

für die Kinder. Der Husten klingt so entsetzlich, als würden sie ersticken.
Mitschi mit ihrem von blonden Locken eingerahmten Seraphimköpfchen blieb ruhig und unbeweglich. Ihre großen, runden Kinderaugen waren auf mich gerichtet, und sie sagte mit tiefer Stimme: »Angst, Angst, Mami.«
Niemals vorher und niemals nachher hat das Wort »Angst« in dieser beklemmenden Einfachheit auf mich so alarmierend gewirkt wie damals. Wir hoben sie sofort auf. Auch Martha — die Witwe unseres früheren Gutsverwalters half inzwischen nach Kräften bei uns im Haus — litt mit. Wir trugen Mitschi herum. Dann fiel der Husten über sie her. Sie rang nach Luft, wurde blau im Gesicht, verdrehte die Augen, hörte auf zu atmen, war wie tot. Plötzlich zog sie mit röchelnder Gewalt die Luft wieder ein.
Nach dem Anfall lächelte sie verlegen, als würde sie für die Sorgen, die sie bereitet hatte, um Verzeihung bitten. Drei Wochen lang, Nacht für Nacht, dauerte der Husten an. Gabriele als die ältere empfand diese Erstickungsgefahr noch schrecklicher, wenn auch ihre Hustenanfälle nicht ganz so schlimm waren.
So hielten wir Nachtwache. Unsere Verzweiflung war groß. Den ganzen Tag hatte ich schon Angst vor diesen schrecklichen Nachtwachen.
In dieser Stimmung waren wir, als das Drehbuch von Harald Braun mit einem Brief ankam. Falls die Probeaufnahmen zufriedenstellend seien, würde der Vertrag nachgeschickt werden. Meine Sorge um die Kinder war so groß, daß ich das Interesse an dem Film verloren hatte, zumal man mir so wenig Vertrauen entgegenbrachte. Auf alle Fälle aber wollte ich das Drehbuch lesen.
Wir fuhren mit den Kindern für drei Tage auf die Zugspitze, weil wir annahmen, Luftveränderung würde ihren Zustand verbessern. Aber es änderte sich nichts.
Dann fuhren wir nach Wörishofen, in der Hoffnung, ein län-

gerer Milieuwechsel könnte vielleicht helfen. Aber auch das half nichts.
Da hörten wir von einem alten Mann, der in einem kleinen Dorf nicht allzuweit von Wörishofen wohnt, und der Kranke geheilt hätte. Bei Keuchhustenepidemien sollte er wunderbare Erfolge gehabt haben.
Wir machten uns gleich nach Sonnenaufgang auf den Weg, um die ersten zu sein. Aber das kleine Häuschen war schon umlagert von Menschen. Sie standen oder lagen unter den Bäumen und warteten auf den Wundermann. Wir stellten uns um eine Besuchskarte an und wurden für fünf Uhr nachmittags bestellt.
Wegen der kranken Kinder wollten wir nicht erst nach Wörishofen zurückfahren. Und da es ein warmer Sommertag war, gingen wir in den Obstgarten des alten Fuggerschlosses im selben Dorf. Dort wollte ich das Drehbuch von Harald Braun lesen. Ich öffnete das Kuvert und packte es aus, es hieß *Nachtwache.*
Die Lektüre fiel mir schwer. Das Thema schien mir problemüberladen, triefend vor Sentimentalität und angepfropft mit konstruierter Dramatik. Ich konnte mich nur schwer darauf konzentrieren, aber ich war auch sehr übermüdet und hatte einen schweren Kopf von den eigenen Nachtwachen. Viele Personen des Buches hatten durch den Krieg und durch das erlebte Elend den Glauben an Gott verloren. Am Schluß sang ein Kinderchor: »Erhebet Eure Herzen, erhebet sie zum Herrn«, und alle wurden bekehrt. Wenn sie mir die Rolle nicht geben, dachte ich, dann ist es auch kein Unglück.
Zum angegebenen Termin kamen wir zu dem Naturheilkundigen, einem kleinen Männchen mit einem Spitzbart und blassem Gesicht. Er sprach einen sehr schwäbischen Dialekt, war bescheiden und wollte nicht den Eindruck eines Wunderdoktors machen. Im Gegenteil, er hatte Zweifel, ob er in einem solchen Einzelfall sofort die richtige Medizin finden würde. Er erbat von jedem Kind eine Haarlocke und die

genauen Geburtsdaten mit Uhrzeit. Wir mußten in ein Nebenzimmer gehen, und er wollte allein über diesen Locken pendeln und dann eine Medizin zusammenstellen.
Das tat er auch, gab uns für jedes Kind zwei Fläschchen, in einem war eine weiße und im anderen eine hellrosa Flüssigkeit. Die Tropfen sollten nach einem genauen Plan jedesmal eingenommen werden, wenn sich der Husten einstellte. Die Anzahl der Tropfen und die Uhrzeit mußten präzise eingehalten werden.
Aber am Abend setzte erstaunlicherweise der Husten zur gewohnten Zeit nicht ein. Auch in der Nacht schliefen die Kinder seit Wochen zum ersten Mal wieder tief und ruhig. Und was noch erstaunlicher war, die Kinder hatten nicht einen einzigen Tropfen von der Medizin genommen.
Wir konnten uns das nicht erklären. Wir standen vor einem Wunder. Wir waren bereit dafür, wir hatten es so bitter nötig. Wir hatten unsere ganze Hoffnung darauf gesetzt, und nun erlebten wir es, waren glücklich und dankbar. »Erhebet Eure Herzen, erhebet sie zum Herrn.«
Nach diesem Erlebnis fand ich das Drehbuch gar nicht mehr so schlecht. Harald Braun rief an. Ich sollte nach Göttingen kommen, die Probeaufnahmen seien gut geworden.
Ich denke an diesen Abschied, nicht ohne daß in der Erinnerung mein Herz in eine merkwürdige Unruhe gerät. So wie damals, als ich nicht wußte, ob meine Kräfte ausreichen würden, um beiden Verpflichtungen gerecht zu werden. Immer wieder sehe ich meine Kinder vor mir, ihre blassen, durchsichtigen Gesichter, die großen Augen traurig auf mich gerichtet, die dunklen Schatten der Krankheit ließen sie noch größer erscheinen. Ihre Augen fragten: Lohnt es sich denn, daß du nun von uns wegfährst?
Gabrieles Mundwinkel hingen tief hinunter und sie kämpfte mit den Tränen, und Michaela sagte mit ihrer beklemmenden Ruhe, die so ans Herz ging: »Liebe Mamilein.«
Ob es sich lohnte?

Das weiß ich nicht. Damals analysierte ich mein Tun genau. War es wegen der Gage? Nein. War es aus Geltungstrieb? Nein. Obwohl natürlich etwas davon dabei war. War es komödiantenhafter Verstellungszwang, der mich so lockte? Nein. Es war mein Beruf. Ich hatte ihn erlernt, und ein Beruf ist eben ein Ruf. Es drängte mich, etwas zu schaffen mit glasklaren, exakten Konturen, etwas Lebendiges, etwas Echtes entstehen zu lassen. Das befreite mich. Ich hätte das Opfer bringen und alles absagen können. Aber ein Opferlamm ist eine schlechte Mutter.
Bin ich den Kindern viel schuldig geblieben? Sicher. Mit schlechtem Gewissen schlich ich mich jedesmal weg. Einen Gutenachtkuß wickelte ich in ein Tüchlein und band es zu. Einen Stern suchten wir uns aus, den wir abends zur selben Zeit betrachten wollten. All das waren Versuche, den Abschiedsschmerz zu lindern, für die Kinder und für mich.
»Nur ein paar Tage bleib' ich weg«, log ich und tat fröhlich. Aber es würgte mich genauso im Hals wie die Kinder. »Martha, Sie geben ja acht auf die Kinder!«
Warum mußte ich denn immer weg von ihnen, die ich so liebte? Ich tat nichts dazu, es ergab sich. Das Schicksal wollte diese Balance.

Die *Nachtwache* hatte eine glänzende Besetzung. Hans Nielsen und Dieter Borsche spielten die beiden Pfarrer, René Deltgen den Kampfflieger und Angelika Voelkner die kleine Tochter des evangelischen Pfarrers.
Der Ton, den Harald Braun für die Ärztin wollte, war nicht mein Ton. Daher gab es viel zu »deigertsen«. Er wollte sie sanft, mild, leise, wehmütig, und ich wollte ihr hinterrücks eine Spritze Lebenswillen und Selbstironie verpassen, und wenn es Harald nicht merkte, einen Hauch Humor, weil ich finde, die schrecklichsten Dinge im Leben kann man als intelligenter Mensch nur mit Humor ertragen.
Wir mußten Vokabeln klären.

Harald sagte: »Verstehen Sie doch, die Ärztin ist vom Leben enttäuscht und desillusioniert.«
Ich sagte: »Das stimmt, Sie haben recht.« Das muß man immer sagen, wenn man mit einem Regisseur verhandelt und seine eigene Meinung durchsetzen will. »Aber Enttäuschung heißt ja wörtlich das Ende einer Täuschung, ist also eigentlich positiv und der Anfang einer Wahrheit. Und Glück liegt dort, wo keine Illusionen mehr sind.«
Harald Braun war vollkommen anderer Ansicht. Er verstand überhaupt nicht, daß man heiter enttäuscht sein und sich von Illusionen angenehm befreit fühlen kann. Trotzdem ließ er mich die Rolle so spielen, wie ich sie eben mit meinen Möglichkeiten spielen konnte. Er mochte mich sehr, aber ich war nicht sein Typ. Sein Typ war Zarah Leander, er liebte und verehrte sie.
Für mich war das Nachempfinden des ganzen Kriegselends, das erst so kurze Zeit hinter uns lag, eine Nervenbelastung, die ich kaum verkraftete.
Drei Monate dauerte diese Filmarbeit in Göttingen. Als mich meine beiden Kinder und WD in München von der Bahn abholten, als wir uns umarmten und ich sah, daß alle gesund waren, war ich so glücklich, als ob ich nach einem bösen Traum erwachte. Erst jetzt war der Krieg für mich endgültig zu Ende.
Nachtwache wurde ein großer Erfolg. Die Unsicherheit, die Hoffnungslosigkeit, die Richtungslosigkeit, die Verbitterung, die in diesem Film zum Ausdruck gebracht wurden, hatten wir nach dem Krieg aus unserer Erinnerung verdrängt. Alles, was aus dem Unterbewußtsein wieder bewußt wurde, erkannten die Zuschauer als ihr Eigenes und wurden so gepackt. Auch im Ausland gewann der Film uns wieder Freunde.
Am Ende des Films sang der Kinderchor: »Erhebet Eure Herzen, erhebet sie zum Herrn.« Man kann über die Fügungen des Schicksals denken, wie man will. Wir alle waren gegen unseren Willen so hin- und hergerüttelt und geschüttelt worden. Wenn überhaupt, so gibt es keinen besseren Trost.

Filmprogramm »Nachtwache«, 1949, mit Hans Nielsen

Neue Impulse

Gulasch, pars pro toto — Kurzbesuch in New York — Ein Musical-Engagement in Wien — Yossi und Yigael Yadin

Für ungarisches Gulasch habe ich von meinem Schwager Janos ein sehr gutes Rezept: Schweinefleisch, am besten vom Bauch, schneidet man in kleine Stücke, gibt ebenso viele Zwiebeln wie Fleisch und eine Zehe Knoblauch dazu und läßt alles zusammen ohne Wasser ganz langsam dünsten. Wenn das Fleisch weich ist, streut man Rosenpaprika, Salz und Kümmel darüber und verrührt einen Teelöffel Mehl in einer Tasse Sahne und läßt es mit dem Gulasch aufkochen.

Mit diesem Essen hatte ich immer großen Erfolg, auch bei unseren Fahrten mit dem Wohnwagen. An Feiertagen bereitete ich das Gulasch mit Semmelknödeln. Es gelang mir immer, ob wir mit dem Wohnwagen am Atlantik standen oder am Fuße des Olymp in Pantaleimon oder in Paris am Place de la Concorde, auf dem wir oft campierten. Unbemerkt, weil wir in unserem Wohn-Bus aussahen wie ein Lieferwagen.

Plötzlich aber mochten die Kinder das Gulasch nicht mehr, und mir selbst wurde die Zubereitung langweilig.

Und so ist es auch mit anderen Speisen und mit allen Erfolgen, nicht nur mit den hausfraulichen. Neue Impulse sind notwendig, neue Wagnisse erforderlich und auch der Mut zu scheitern. Immer wieder muß man aus der Sicherheit ausbrechen — ins Risiko hinein. Das habe ich einige Male in meinem Leben exerziert.

Zeitungsanzeige für den Film
»Die liebe Familie«

Theaterplakat Neil Simon,
»Plaza Hotel«, München 1970

Im Anfang waren es die süßen Wiener Mädeln, die ich aus dem ff beherrschte. Dann kam in Berlin die junge Frau zwischen Ehemann und Geliebtem, und nach dem Krieg brachte ich es zu einer gewissen Vollendung in der Darstellung der Patentmutter, die für jede Lebenslage ein Rezept bereit hatte.
Jetzt bekam ich vom Theater an der Wien eine Chance, etwas ganz Neues zu machen. Ein Angebot für das Musical *Sorbas* nach dem Buch von Kazantzakis. Ich sollte die Madame Hortense, die Bubulina, darstellen, eine alternde Diseuse, eine Französin.
Anders als alle Rollen, die ich bisher gespielt hatte. Ich mußte auch tanzen und singen. Seit der *Dreigroschenoper* in Wien und dem *Wiener Blut* in Berlin hatte ich das nicht mehr gemacht.
Gerade zu dieser Zeit flog WD nach New York zu einer Konferenz des AOCI (Airport Operators Council International), und die Damen waren mit eingeladen. Ich flog also mit.
In New York verabredete ich mich mit Herbert Berghof, meinem alten Freund aus der Akademie. Er hatte in Greenwich Village, dem Künstlerviertel von New York, eine sehr erfolgreiche Schauspielschule aufgebaut, die in allen Staaten der USA ein Begriff geworden war.
Wir trafen uns in einem russischen Café am Broadway.
»Ja, Herbert, Menschenskind, wie schaust denn du aus?« sagte ich. Seine schwarzen Haare waren schlohweiß geworden.
Er lachte. »Ja wie soll ich denn aussehen? Wie ein alter Mann eben.«
Ich war entsetzt. »Herbert, du mußt sofort deine Haare färben. Wir sind doch der gleiche Jahrgang. Du machst mich ja so alt. Allerdings hast du jetzt einen tollen Charakterkopf.«
Er wurde verlegen. »Ulli, soll ich dir vielleicht Apfelstrudel bestellen? Ißt du gerne Apfelstrudel?«
Er leckte seine Lippen.
»Ja!« sagte ich begeistert. Und dann: »Du müßtest jetzt diesen

alten Diener im *Kirschgarten* von Tschechow spielen, der als letzten Satz sagt: ›Das Leben ist vorbeigegangen, als ob man es gar nicht gelebt hätte.‹«

»Warum?« Er war überrascht.

»Weil du dich trotz deiner weißen Haare gar nicht verändert hast.«

»Stimmt, ich liebe dich immer noch genauso wie damals in der Akademie.«

Und dann sprachen wir über *Sorbas*.

»Ulli, du mußt diese Hortense unbedingt spielen. Das ist eine glänzende Rolle. Obwohl das Musical hier in New York nicht gut ankam. Es ist vom Thema her zu philosophisch. Die Leute wollen von einem Musical eher eine Gaudi und etwas Operettiges. Und dann ist kein Ohrwurm drin. Nur die Hortense hat einmal einen sehr hübschen Song: ›Nur die Liebe zählt‹ oder so. Dann geht sie mit ihrem kleinen Sonnenschirmchen ab. Du mußt aufpassen, daß der Scheinwerfer auf deinem Schirmchen bleibt, bis du ganz hinten in der Kulisse verschwindest. Das hat eine rührende Wirkung.«

Wir umarmten und küßten uns zum Abschied.

»Auf bald!« sagten wir. New York war nicht mehr so weit. Die Welt war klein geworden im Düsenzeitalter.

In München lag der Vertrag vom Theater an der Wien. 90 Vorstellungen wurden garantiert, im ganzen mußte ich sieben bis acht Monate in Wien bleiben, die Probenzeit eingeschlossen.

Das war für mich ein Entschluß. Die Kinder waren zwar aus dem Haus. Beide waren verheiratet, Gabriele mit einem Piloten der Lufthansa. Er flog damals zweimal in der Woche als Copilot den Jumbo-Jet von Frankfurt nach New York. Die Welt war wirklich klein geworden. Wenn ich seine Lufthansa-Mütze im Vorraum hängen sehe, denke ich an die Zeit, in der WD »auf Strecke« war. Und Michaela ist mit einem Arzt verheiratet, einem Orthopäden.

Aber mein Mann, konnte ich es meinem Mann überhaupt zumuten? WD kam immer sehr spät heim. Er war als Chef von München-Riem damals mehr mit dem Flughafen verheiratet.

Es war im Herbst 1970 und nur noch zwei Jahre bis zu den Olympischen Spielen. Die Vorbereitungen waren in vollem Gang. Beim Abendessen saßen wir uns wortlos gegenüber. Jeder dachte an seine eigenen Schwierigkeiten.

Ich fragte: »Woran denkst du eigentlich?«

»An die Olympiade«, sagte er. »Neben den großen Dingen sind da auch so viele kleine Probleme zu bedenken, die gelöst werden müssen. Ich dachte eben an die Pferde.«

»Pferde? Wieso?«

»Ja, es kommen ja nicht nur Reiter mit dem Flugzeug, es kommen auch Pferde durch die Luft. Es werden einige Hundert in Riem erwartet. Und in Mexiko hatten sie zur Auflage, daß die Pferde sofort abgeduscht werden mußten. Und zwar mit einem Desinfektionsmittel.«

»Sag mal, kennst du *Alexis Sorbas*?«

»Den Film mit Anthony Quinn? Ja. Das Desinfektionsmittel ist es nicht. Aber die Räume, die dafür gebaut werden müssen.«

»Und die Hortense? Kennst du die Hortense?«

»Natürlich, das ist doch deine französische Garderobiere. Und dann kommen noch Tausende von Sportlern, und die verlaufen sich natürlich sofort auf dem Flughafen, wenn sie nicht eingefangen werden. Sie brauchen Betreuung.«

»Müssen die auch abgebraust werden?«

»Nein. Es handelt sich überhaupt nur um ein Fußbad. Wegen der Hufe.«

»Ach wegen der Hufe ist das Ganze. Ja — es spielt nämlich in Griechenland.«

»Ja, die Olympischen Spiele spielten in Griechenland.«

»Nein, ich meine *Alexis Sorbas*.«

Unsere Gespräche verliefen zweigleisig.

Er hatte die ganze Verantwortung. Abgesehen davon, daß verkehrsmäßig alles klappen mußte, gab es große Probleme, um die Sicherheit der olympischen Gäste aller Nationen zu gewährleisten. Es gab genügend Anzeichen und Drohungen, daß gerade am Flughafen irgend etwas passieren könnte. Die Olympischen Spiele waren ein Friedensfest, und Maschinenpistolen hätten nicht zu einem friedlichen Bild gepaßt. Man mußte also andere Vorkehrungen treffen. Der Flughafen war für alles gerüstet.
WD mußte schon jetzt an alle Möglichkeiten denken. Die Flugsicherung mußte den Verkehr reibungslos abwickeln. Die Fluglotsen, die vor und nach den Olympischen Spielen ihre Forderungen durch Slow goes oder Bummelstreik durchzusetzen versuchten, hätten damals damit ein entsetzliches Chaos hervorrufen können. Es mußten die Flugsicherung und das Flughafenpersonal für eine reibungslose Abwicklung sorgen. WD mußte sich hundertprozentig einsetzen und konzentrieren. Das verstand ich.
Eigentlich störte ich ihn nur. So fuhr ich nach Wien.

Im Theater an der Wien standen alle Schauspieler auf der Bühne, die Arrangierprobe war schon im Gang, Dagmar Koller, Olivia Molina und Peter Fröhlich. Rolf Kutschera hatte Regie. Alle waren mit sich selbst beschäftigt. Nur einer bemerkte mich sofort. Er war wachsam, er war auf der Hut, er war helle. Ein großer sportlicher, breitschultriger Mann mit dichtem, graumeliertem Haar und einem Bart wie Anthony Quinn. Es war Yossi Yadin, ein Israeli. Der größte Charakterschauspieler von Tel Aviv.
Er kam auf mich zu und stellte sich vor. »Ich spiele hier Alexis Sorbas. Und du die Bubulina.«
Er sagte gleich du zu mir, denn er hatte Schwierigkeiten mit dem Sie. Seine Muttersprache war Hebräisch. Dieses »du« brachte einen freundschaftlichen Kontakt in unserer Zusammenarbeit.

Der israelische Botschafter gab zu unserem Empfang ein kleines Essen. Ich saß neben Yigael Yadin, dem Bruder von Yossi. Er ist ein weltberühmter Archäologe und leitete die Ausgrabungen von Masada. Vor ein paar Jahren waren WD und ich Gäste der Middle East Airlines gewesen und hatten den Vorderen Orient bereist. Wir waren tagelang am Toten Meer und kletterten in Qumran herum, dem Berg, an dem die interessanten Kupferrollen der Essener gefunden worden waren. An diesen Ausgrabungen war Yadin wesentlich beteiligt gewesen. Darüber sprachen wir.
Ich erzählte von der Urschnecke, die wir in einer Süßwasserquelle am Fuße von Qumran am Rande des Toten Meeres gefunden hatten. Yadin kannte diese Quelle, sie hatte seinerzeit die Essener mit Trinkwasser versorgt. Und er kannte auch die Urschnecke, die ein Zeitgenosse des Mammut und der frühen Saurier war. Sie allein hatte Jahrmillionen überlebt.
Er sagte: »Die gibt es nur noch in den Gewässern von Qumran.«
»Das stimmt nicht«, antwortete ich. »Ich habe diese Urschnecke auch in Vöslau gefunden im warmen Mineralwasser.«
Seine intelligenten Augen wurden aufmerksam und wach. »Das ist mir neu. Ich wußte davon nichts.«
»Das braucht Sie nicht zu kränken. Kein Wissenschaftler weiß davon etwas. Es ist meine eigene Entdeckung. Und mein Geheimnis. Ich werde darüber schreiben. Vielleicht sogar meine Doktorarbeit darüber machen.«
Wir lachten.
»Ach, Sie machen uns Konkurrenz.«
Aber er war doch etwas unsicher. Es machte mir Spaß, eine Kapazität wie ihn unsicher zu machen. Ich war froh, daß ich nicht zu den Leuten gehörte, die in Saint Tropez oder auf den Bahamas oder in Miami Beach ihren müden Körper langweilig der Sonne aussetzten, sondern daß mich das Le-

ben wirklich interessierte, wo ich es nur anpacken konnte, und daß ich versuchte, es zu verstehen.
Yadin lud mich ein, bei seinen nächsten Ausgrabungen in der Nähe von Masada mitzumachen. Er sagte, daß aus der ganzen Welt Leute kommen würden, um diesen Ausgrabungen beizuwohnen, die besonders interessant und aufregend sein würden. Wir unterhielten uns großartig.
Yossi wurde eifersüchtig. »Wer ist eigentlich Partner von Luise? Yigael oder ich?«

Die Arbeit für das Musical war anstrengend, anstrengender als die Arbeit für jedes Theaterstück. Zum Schauspiel kamen noch Gesang und Tanz dazu. Alles wurde extra eintrainiert und dann wie ein Puzzle-Spiel zusammengefügt. Ich rannte von 9 Uhr früh bis abends mit heraushängender Zunge, um alle Termine einzuhalten. Ich hatte als erstes Ballettprobe, dann Gesangsprobe, dann Bühnenprobe und als letztes Kostümprobe.
Die Premiere kam näher und näher. Überall sang es, überall drehten sich die Leute, überall tanzten sie, es war wie ein Fieber. Das ganze Haus siedete.
Vor der Generalprobe besuchte mich meine Schwester Edith. Sie war inzwischen Professorin für Musiktherapie geworden. Sie sah unverändert aus, wie damals, als wir bei der Grippeepidemie spazierengingen. Sie sah jung aus. Etwas verlegen überreichte sie mir ein Paket. »Unsere Mutter würde sich freuen und die Gertl auch, wenn sie noch lebten.«
Es war meine weiße Kinderzimmeruhr mit dem gemalten roten Kränzchen um das Zifferblatt. Wieviel Zeit war vergangen, seit sie das letzte »tick« gemacht hatte und dann bei dem Bombenangriff auf mein Elternhaus in die Tiefe gesaust war.
Ich gab dem goldenen Perpendikel einen Schwung, und schon spuckte sie die Augenblicke wieder aus, als ob nichts geschehen wäre.
Edith sagte: »Hubert und ich haben sie damals aus dem

Schutt ausgegraben und reparieren lassen. Jetzt geht sie wieder tadellos.«
Wir umarmten uns wortlos. Ich hängte die Uhr an die Wand. Aber ihr »tick-tack« störte mich. Ich vertrug es nicht mehr. »Ührchen«, sagte ich, »ich muß dich abstellen, du tickst zu laut. Laß dir Zeit — Zeit! Spuck die Augenblicke nicht so sorglos aus, sie sind inzwischen kostbarer geworden.«
Die Kondition der Uhr war besser als meine.

»Nur Liebe zählt«

Dialog mit der anderen im Spiegelbild — Ein Telefonat aus Riem — »Sorbas«, Generalprobe und Premiere — Die Familie

Ausgeruht und zuversichtlich ging ich zur Generalprobe. Die Garderobiere zog mir als erstes das abgewetzte, schäbige Samtkleid an. Der Tüll hing in Fetzen herunter und die Spitzen waren vergilbt und brüchig. »Laß mich jetzt allein, Schatzerl.« Sie ging hinaus. Ich setzte mich vor den Spiegel und wir betrachteten uns prüfend, die andere und ich. Mit ganz hellem Teint schminkte ich das Gesicht. Auf die Wangen tupfte ich jugendliches Rot, das so entsetzlich alt macht, wenn man nicht jung ist. Ich war zufrieden, die andere weniger. Die Augenlider bekamen einen dunkelblauen Schatten und eine schwarze Umrandung. Die Melancholie eines Nachtvogels. Ein später Sex, eine müde Erotik. Hortense sang:

»Augen nicht sehend, Hände nicht fühlend
und Lippen ertrunken im Tränenmeer.«

Einen dunkelroten schwarzen Klecks malte ich ihr ins Gesicht. Einen alten Küssemund, der aufleuchtete wie eine Wunde. Das Gesicht puderte ich mit hellem Puder. Jetzt war sie eine alte Ophelia ein trauriger Clown.

»Nur Liebe zählt,
wenn sie fehlt,
dann bleibt nichts mehr.«

Auf die linke Wange klatschte ich ihr, der anderen, ein großes schwarzes Schönheitspflaster. Das gefiel ihr.

»Stunden, die lang sich dehnen,
Nächte erfüllt mit Sehnen,
sag, wie erträgt man die?«

Ich spuckte in das Schächtelchen und bürstete ihr dicke schwarze Tusche auf die Wimpern. Dabei antwortete ich ihr: »Du hast deinen Beruf zu wichtig genommen, du alte Tingel-Tangelöse. Du hattest Angst, deine Figur zu verlieren, deshalb hast du keine Kinder. Du hattest Angst, nur einen einzigen Mann zu lieben, jetzt beklag dich nicht, daß du einsam bist.«

Mein Spiegelbild und ich nahmen einen großen lila Fächer in die Hand. Sie sprach in schlechtem Deutsch:

»Ich war ein großer Star in Paris,
eine Chanteuse. Ich trug seidene Wäsche
mit echten Spitzen.«

Vielleicht gab das einen Lacher ...

Die Friseuse kam und stülpte mir die zerraufte Lockenperücke auf den Kopf. »Wissen S', gnä' Frau, was mir am besten g'fällt? Ihre Sterbeszene, wenn S' da mit dem Nachthemd rumhupfen. Da schaun mir alle zu und sagen: Die Ullrich stirbt so liab. Also toi, toi, toi und küß die Hand.« Sie machte einen Knicks und verschwand.

Ich übte meine Tanzschritte. Wieder klopfte es. Der Inspizient rief: »Frau Ullrich, Telefon! Aber bitte schnell, wir fangen gleich an. Sie werden aus München-Riem verlangt. Ihr Mann ist am Telefon.«

Ich streckte triumphierend der anderen die Zunge heraus und lief los.

Von der Bühne hörte man das Stimmen der Musiker, Yossi Yadin stand in einem schwarzen Lederhemd auf dem Gang. Er hatte einen Gürtel um, in dem ein Messer steckte, und ein

Tuch um die Stirn gewickelt, das hinten verknüpft war. Er sah wild aus. Immer gut aufgelegt, rief er mir zu: »Bubulina, mein Täubchen, mein Spatz, Bubulina, mein Liebling, mein Schatz.«

Ich warf ihm eine Kußhand zu. »Ich muß zum Telefon.«

Das Ballett, in griechischen Kostümen, drehte Pirouetten und übte, um warm zu werden, vor dem Auftritt. Ich hatte Schwierigkeiten durchzukommen.

Im Büro endlich sagte die Sekretärin: »Hier bitte, Telefon München-Riem.«

»Hallo, Wulli, Servus«, rief ich.

Eine militärische Stimme antwortete korrekt: »Hier ist Flughafen Riem. Wer ist bitte am Telefon?«

Ich war Hortense im zerfetzten Talmikleid. Im Fummel der alten Diseuse. Voll Flitter, zerrauft und verschminkt. Es fiel mir schwer zu sagen: »Hier ist Gräfin Castell.« Aber ich sagte es.

»Guten Tag, Frau Gräfin«, sagte die Stimme aus München. »Ich habe den Auftrag, Sie von Graf Castell zu grüßen. Er hat einige Male versucht, Sie anzurufen. Er kam nicht durch. Er läßt Sie bitten, sich keine Sorgen zu machen. Es ist nichts passiert, Sie brauchen keine Angst zu haben.«

Mir wurde plötzlich heiß. Der Schweiß trat mir aus den Poren. Ich wischte mir mit der Hand über das Gesicht und vergaß, daß ich geschminkt war. »Keine Angst, warum? Ist etwas passiert?«

»Eben nicht.«

Ich war voll Mißtrauen. Ich hatte Visionen und sah lauter Blut. Mir wurde schlecht. »Warum ruft er nicht selbst an?« schrie ich vor Angst ganz aufgeregt.

»Er ist in einer Sitzung. Zum Glück ist nichts passiert. Heute morgen ist ein Sprengstoffpaket in seinem Haus explodiert.«

»Eine Bombe?«

»Ja sozusagen. Es wurden nur Löcher in den Teppich ge-

brannt. Graf Castell hatte einen Ledermantel an, der ihn schützte.«
»Und warum?«
»Graf Castell ruft Sie später noch selbst an, um Näheres zu berichten.«
»Vielen Dank.« Verwirrt hängte ich ein.
Der Inspizient stürzte herein: »Ihr Auftritt.«
Er packte mich am Arm und wir rannten wortlos die Treppe hinunter. Ich hörte schon meinen Einsatz auf der Bühne. Die Perücke saß schief. Das Gesicht war verschmiert und verschwitzt. Ich zitterte vor Aufregung. Ich war aufgewühlt von diesem ungerechten Haß, der sinnlos auf der Welt ist und der nicht weniger wird.
Ich mußte singen: »Nur Liebe zählt.« Es war nicht mehr das Lied einer alternden Diseuse voll Hingabe und Sehnsucht. Es war ein politischer Protestsong.

»Nur Liebe zählt,
wenn sie fehlt,
dann bleibt nichts mehr.«

Dann drehte ich mich wütend um und verschwand mit meinem kleinen Sonnenschirmchen schnell in der Kulisse.
Der Regisseur Rolf Kutschera war plötzlich in der Garderobe. Ich dachte, er würde mir Vorwürfe machen wegen des Protestsongs. Aber er hatte von den Ereignissen in München schon gehört und nahm mich in die Arme.
»Luise, werden Sie morgen spielen können, oder müssen Sie nach München?«
Ich fuhr nicht nach München.

Am nächsten Tag kam mein Mann mit der Mittagsmaschine nach Wien zur Premiere. Er küßte mir die Hand, fast unpersönlich, weil er wußte, daß ich vor einer schweren Premiere nur eine halbe Portion bin, nicht ansprechbar, nervös und konzentriert auf die Rolle.

Diesmal aber war es anders. Ich knöpfte seinen Mantel auf und drückte mich fest an ihn, glücklich, daß er gesund bei mir war und ich Schutz und Sicherheit fand.
»Die Kinder sind auch mitgekommen«, sagte er.
Mitschi trug den Hirtenmantel, den sie von mir geerbt hatte. Er war erst jetzt richtig modern. Ihre blonden Locken waren vom Friseur geglättet. »Wenn ich einmal eine Tochter habe, werde ich niemals das Badewasser sprudeln«, schwor sie.
Gabriele kam mit Nicole und Susan, den Enkelkindern.
Im Hintergrund standen die Schwiegersöhne, schlank und elegant.
Alle kannten meine Nervosität vor einer Premiere und sprachen leise, wie bei einer Kranken. Die kleinen Kinder durften sich überhaupt nicht rühren. Diesmal aber umarmte und küßte ich sie, drückte sie an mich und war glücklich und dankbar, daß sie gekommen waren. Ihre Anwesenheit machte mich ruhig. Vielleicht war der aufregende Anruf vom Vortag daran schuld. Vielleicht auch die lange Probenzeit, in der ich mich mit dem Schicksal der alternden Frau identifizieren mußte. Deshalb lachte und redete ich. Ich spielte mit den Kindern, als hätte ich abends keine Premiere und als wäre mir das Theater überhaupt unwichtig.
Ich bekam im letzten Augenblick noch Karten im ersten Rang für sie. Wie vor 40 Jahren in *Heimat* stand ich in der Kulisse und wartete auf meinen Auftritt. Die Geräusche von 2000 Menschen, die durch den Vorhang drangen, waren mir unheimlich wie immer. Aber als der Vorhang aufging und viele Augen und Operngläser auf mich gerichtet waren, wußte ich, irgendwo in der Dunkelheit sitzen die Menschen, die ich liebe, meine Familie.
Als Hortense allein auf der Bühne ihr kleines Lied von Liebe, Tod und Sehnsucht sang, legte ich in den Ton meine ganze Herzenswärme. Ihr, der anderen, der Einsamen auf den Klippen Kretas, galt meine ganze Zuneigung.
Vom Scheinwerfer angestrahlt verschwand ich langsam im

Dunkel der Bühne. Nur mein Schirmchen war noch beleuchtet, als die Geigen im Orchester das Thema des Liedes noch einmal aufrauschen ließen und sich die Musik mit dem Abgangsapplaus vermischte:

»Nur Liebe zählt,
wenn sie fehlt,
dann bleibt nichts mehr.«

Aber dann ließ ich sie laufen, die andere, in die Dunkelheit hinein. Ich trennte mich von ihr. Mein Leben war anders. Auf mich wartete die Familie.

Epilog

... Luise Ullrich war eine große Schauspielerin, die die Herzen von Generationen durch ihre Kunst bezaubert hat. Durch die Ausstrahlung ihrer Persönlichkeit ließ sie das Spiel zum Ereignis werden. Die Erinnerung daran wird fortleben. Hier gilt das trostvolle Dichterwort:

> Es kann die Spur von meinen Erdetagen
> Nicht in Äonen untergehn.

Fortleben wird Luise Ullrich auch durch ihr geschriebenes Wort, durch ihre Bücher, die Ausdruck ihrer Persönlichkeit und eines besonderen Empfindens sind. So schrieb sie in ihrem letzten Buch »Unterwegs zu mir« zu dem unfaßlichen, überraschenden Tod des geliebten Mannes, Wulf-Diether Graf zu Castell, den seherischen Satz: »Wir dachten an kein Ende, das Ende kommt so oder so, ob man immer daran denkt oder nicht, ob man Angst hat, sich zu verlieren oder ob man sagt, es ist schön, wir lieben uns, wir werden ewig zusammen bleiben.«

Fortleben wird Luise Ullrich in unser aller Herzen, als Schauspielerin und Schriftstellerin, als Persönlichkeit unserer Zeit, der wir begegnen durften und die uns so oft in ihren Bann zog. Das Schöne, das Gute war es, das sie stets suchte. Sie wußte um die bewegenden Dinge der Welt, und sie kannte das Schwere, die menschlichen Schwächen, sie stellte sich den Aufgaben ihrer Zeit, sie war da für ihre Familie, für ihre Kollegen, für ihre Kunst. Ihr war die Balance gelungen zwischen Beruf und Familie, sie wußte die Grenzen beider Bereiche abzustecken. Sie hatte den Mut und den Optimismus zu einem vorwärtsschreitenden Leben, sie hatte jene innere Sicherheit, wie sie aus festen Wertvorstellungen wächst, aus Gefühl und Verstand, Eigenschaften, die großen Persönlichkeiten innewohnen.

Der Satz aus Goethes *Faust*, »Wer immer strebend sich bemüht...«, war Leitwort und Richtschnur eines gestalteten, bewußten und dankbar erfüllten Lebens.

Vielfältig und unterschiedlich sind die Erinnerungen eines jeden von uns an sie, an die Künstlerin, den Menschen, die Frau und Mutter. Waren es für den einen die Feste im gastlichen Haus, für die anderen persönliche Begegnungen und Gespräche oder künstlerische Erlebnisse — uns alle verbindet inniger Dank an Luise Ullrich, die mithalf, das Leben unserer Zeit und die Welt schöner, lebens- und liebenswerter zu machen. Sie wird uns fehlen mit ihrem Rat, ihrer Tatkraft und ihrer künstlerischen Ausdrucksfähigkeit. Wir sind ärmer geworden.

Und doch hat sie uns Trost hinterlassen. Trost durch ein Gedicht, das mir ihre Töchter Gabriele und Michaela übergeben haben. Luise Ullrich hatte es sich ausgeschnitten und über ihrem Bett angebracht, vielleicht erst, wir wissen es nicht, nach dem sie zutiefst berührenden Tod ihres Mannes. Dieses Gedicht heißt »Stufen«, ist von Hermann Hesse und meint die Stufen des Lebens, die wir zu beschreiten haben, bis hin zu jener letzten Stufe. Darin heißt es:

> Es wird vielleicht auch noch die Todesstunde
> uns neuen Räumen jung entgegen senden.
> Des Lebens Ruf an uns wird niemals enden.
> Wohlan denn, Herz, nimm Abschied und gesunde.

Und auf der letzten Seite ihres letzten Buches ruft sie uns allen auf die Frage, was ihr denn besonders wichtig gewesen wäre, »ohne zu zögern, ganz spontan und aus vollem Herzen«, zu: »Eure Freundschaft! lebt wohl.«
Diese Freundschaft, die ihr für das ganze Leben so wichtig war, wollen wir erhalten, ein einigendes Band der Erinnerung an unsere große Luise Ullrich.

Dr. Herbert Fleissner, Verleger und Freund der Familie, am 28. Januar 1985 in Grünwald

»Zukunft«, das letzte Bild, entstanden im Januar 1984

Anhang

Rollenverzeichnis Theater
(soweit feststellbar)

Zusammengestellt von Edda Fuhrich und Lothar Schirmer

Die Titel- und Gattungsbezeichnungen erfolgen nach der jeweiligen Ankündigung des Theaters (Theaterzettel, Programmheft); wenn dieses Material nicht vorgelegen hat, richten sich die Angaben nach den Buchveröffentlichungen. Unterschiedliche Schreibweisen von Namen sind vereinheitlicht, offensichtliche Druckfehler korrigiert. Die Darsteller sind in alphabetischer Reihenfolge genannt.
Verwendete Abkürzungen: LU = Luise Ullrich; R = Regisseur; B = Bühnenbildner; M = Komponist; ML = Musikalischer Leiter; Ü = Übersetzer; U = Uraufführung; DE = Deutschsprachige Erstaufführung; ÜN = Übernahme

1927

7. 6. Zirkus Renz Wien	**Das Mirakel** Pantomime von Karl Gustav Vollmoeller; M: Engelbert Humperdinck R: Max Reinhardt; B: Oskar Strnad; ML: Einar Nilson LU (Eine der Nonnen), Elisabeth Alexandrova, Grete Bendorff, Charlotte Gentzsch, Dagny Ingenohl, Diana Manners, Hedwig Pauly, Rosamond Pinchot, Tiny Senders, Katta Sterna, Grete Wiener, Paul Askonas, Fritz Delius, Ferdinand Hart, Wolfgang Heinz, Ernst Matray, Paul Mederow, Luis Rainer, Rolf Ray, Wladimir Sokoloff, Ludwig Wüllner
13. 9. ÜN Deutsches Volkstheater Wien	**Die Kreuzelschreiber** Bauernkomödie von Ludwig Anzengruber R: Victor Kutschera LU (Ursel), Elisabeth Markus, Karl Ehmann, Erik Frey, Hans Homma, Victor Kutschera, Heinrich Sallaba

1. 10. ÜN Raimund- Theater Wien	**Susi und Martin** Spiel für die Jugend von Felix Orf und C. Ph. Ohler R: Emil Janko LU (Susi), Rolla Ansion, Else Föry, Maximilian Balter, Louis Groß, Karl Konetschny, Bernhard Pankl, Otto Soltau
2. 10. Deutsches Volkstheater Wien	**Heimat** Schauspiel von Hermann Sudermann R: Friedrich Rosenthal LU (Marie), Rolla Ansion, Emmy Förster, Else Föry, Leopoldine Konstantin, Helene Lauterböck, Pauline Schweighofer, Walter Brandt, Karl Ehmann, Eduard Loibner, Ferdinand Onno, Otto Schmöle, Otto Soltau
15. 10. Raimund- Theater Wien	**Die sieben Schwaben und ihre lustigen Abenteuer** Groteske für die Jugend von Emil Janko R: Emil Janko LU (Bärbele, ein junges Mädchen), Helene Lauterböck, Erik Frey, Louis Groß, Heinrich Sallaba, Albin Skoda, Otto Soltau
25. 10 ÜN Deutsches Volkstheater Wien	**Der Raub der Sabinerinnen** Schwank von Franz und Paul Schönthan LU (Paula), Rosa Fasser, Maria Gutmann, Albert Bassermann, Walter Brandt, Karl Forest, Erik Frey
12. 11. ÜN Raimund- Theater Wien	**Hänsel und Gretel** Ein Märchenspiel von Julius Thal R: Emil Janko LU (Der Schutzengel), Nelly Adler, Rolla Ansion, Helene Lauterböck, Louis Groß, Emil Janko, Heinrich Sallaba
15. 11. ÜN Raimund- Theater Wien	**Mein Leopold** Volksstück von Adolf L'Arronge LU (Anna), Lina Loos, Elisabeth Markus, Pauline Schweighofer, Oskar Beraun, Erik Frey, Eduard Loibner, Albin Skoda

17. 11. Deutsches Volkstheater Wien	**Stein unter Steinen** Schauspiel von Hermann Sudermann R: Friedrich Rosenthal; B: Franz Schallud LU (Marie), Albert Bassermann, Hans Homma, Charlotte Kinzl, Kurt Lessen, Lina Loos, Otto Schmöle,
17. 12. ÜN Raimund- Theater Wien	**Schneewittchen und die sieben Zwerge** Märchenspiel von Emil und Leontine Janko R: Emil Janko LU (Schneewittchen), Vilma Wiegandt, Ludwig Blaha, Emil Janko, Richard Sallaba, Otto Soltau

1928

7. 1. Deutsches Volkstheater Wien	**Das Mädl aus der Vorstadt** Posse von Johann Nestroy R: Friedrich Rosenthal; B: Franz Schallud LU (Sabine), Edith Berger, Emmy Förster, Hans Jaray, Cornelius Kirschner, Kurt Lessen, Eduard Loibner
8. 1. ÜN Raimund- Theater Wien	**Dornröschen** Märchenspiel von Robert Bürkner R: Emil Janko LU (Das Prinzeßchen), Vilma Wiegandt, Ludwig Blaha, Erik Frey, Emil Janko, Felix Krones
13. 1. ÜN Deutsches Volkstheater Wien	**Johann Orth** Österreichische Ballade von Friedrich Schreyvogel R: Herbert Furreg LU (Toni, Stubenmädchen), Lina Loos, Elisabeth Markus, Karl Ehmann, Wilhelm Klitsch, Victor Kutschera, Kurt Lessen, Karl Meixner
21. 1. ÜN Raimund- Theater Wien	**Rotkäppchen** Ein lustiges Märchen von Emil Janko R: Emil Janko LU (Lieschen, Rotkäppchen), Edith Berger, Pauline Schweighofer, Ludwig Blaha, Louis Böhm, Felix Krones

28. 1. Deutsches Volkstheater Wien	**Schinderhannes** Schauspiel von Carl Zuckmayer R: Rudolf Beer LU (Margaret Blasius), Hedwig Keller, Helene Lauterböck, Karl Ehmann, Erik Frey, Wilhelm Klitsch, Victor Kutschera, Karl Meixner, Otto Schmöle, Albin Skoda
10. 2. Deutsches Volkstheater Wien	**Vom Teufel geholt** Schauspiel von Knut Hamsun; Ü: Carl Morburger R: Wilhelm Klitsch LU (Fräulein Fanny Norman), Johanna Kurz, Erika Wagner, Gerta Walt, Vilma Wiegandt, Maximilian Balter, Josef Bilé, Walter Brandt, Karl Ehmann, Erik Frey, Theo Friedl, Karl Forest, Rudolf Leisner, Karl Meixner, Ferdinand Onno, Bernhard Pankl, Richard Sallaba, Karl Seiffert
26. 2. ÜN Raimund- Theater Wien	**Aschenbrödel** Lustiges Zaubermärchen von C. A. Görner R: Emil Janko LU (Rosa, genannt Aschenbrödel), Edith Berger, Rosa Fasser, Louis Groß, Felix Krones, Otto Soltau
8. 3. Deutsches Volkstheater Wien	**Frühlingserwachen** Kinder-Tragödie von Frank Wedekind R: Rudolf Beer LU (Martha), Nelly Adler, Sonja Ambach, Elma Bulla, Rosa Fasser, Emmy Förster, Ilse Scholtze, Paula Wessely, Maximilian Balter, Oskar Beraun, Walter Brandt, Hugo Brady, Wilhelm Dunkl, Karl Ehmann, Karl Forest, Erik Frey, Hans Jaray, Cornelius Kirschner, Karl Konetschny, Felix Krönes, Victor Kutschera, Rudolf Leisner, Eduard Loibner, Karl Meixner, Bernhard Pankl, Richard Sallaba, Albin Skoda, Mihail Xantho

12. 4. Deutsches Volkstheater Wien	**Der lebende Leichnam** Drama von Leo Tolstoi LU (Ssascha, Lisas Schwester), Sonja Ambach, Edith Berger, Emmy Förster, Hedwig Keller, Walter Brandt, Karl Ehmann, Erik Frey, Victor Kutschera, Kurt Lessen, Karl Meixner, Alexander Moissi, Albin Skoda, Otto Soltau
28. 4. ÜN Raimund- Theater Wien	**Prinzessin Übermut oder Der König Drosselbart** Lustiges Märchenspiel von Leontine und Emil Janko R: Emil Janko LU (Prinzessin Übermut), Rolla Ansion, Edith Berger, Frieda Borger, Herma Gröbner, Magda Gröbner, Frieda Helfer, Elly Janko, Magda Schasek, Maximilian Balter, Hugo Brady, Louis Groß, Emil Janko, Felix Krones, Heinrich Sallaba, Walter Simmerl
23. 6. Deutsches Volkstheater Wien	**Der Geisterzug** Spiel von Arnold Ridley R: Herbert Furreg LU (Peggy), Nelly Adler, Elisabeth Markus, Ida Stukering, Karl Ehmann, Karl Forest, Erik Frey, Felix Krones, Kurt Lessen, Mihail Xantho
18. 7. ÜN Deutsches Volkstheater Wien	**Hokuspokus** Groteske von Curt Goetz R: Herbert Furreg LU (Fräulein Zwirschina), Olga Diora, Ida Stukering, Rudolf Beer, Franz Böheim, Karl Ehmann, Erik Frey, Kurt Lessen
5. 9. ÜN Deutsches Volkstheater Wien	**Zaza** Komödie von Pierre Berton und Charles Simon; Ü: Heinz B. Volten-Baeckers R: Hans Homma LU (Juliette, Stubenmädchen), Marietta Ellinger, Rosa Fasser, Alice Hetsey, Leopoldine Konstantin, Helene Lauterböck, Lina Loos, Elisabeth Markus,

Elfriede Seidler, Vilma Wiegandt, Oskar Beraun, Louis Böhm, Walter Brandt, Anton Edthofer, Louis Groß, Felix Krones, Victor Kutschera, Rudolf Leisner, Eduard Loibner, Richard Sallaba, Otto Schmöle, Walter Simmerl, Albin Skoda, Otto Soltau

24. 9.
Deutsches
Volkstheater
Wien

Und das Licht scheint in der Finsternis
Drama von Leo Tolstoi; Ü: August Scholz
R: Herbert Furreg
LU (Ljuba), Rolla Ansion, Rosa Fasser, Emmy Förster, Elisabeth Markus, Elfriede Seidler, Gerta Walt, Oskar Beraun, Hugo Brady, Karl Ehmann, Alexander Fischer-Marich, Theo Friedl, Hans Hinrich, Felix Krones, Victor Kutschera, Rudolf Leisner, Kurt Lessen, Eduard Loibner, Karl Meixner, Bernhard Pankl, Richard Sallaba, Karl Seiffert, Albin Skoda, Karl Skraup, Otto Soltau, Mihail Xantho

20. 10.
Deutsches
Volkstheater
Wien

Die Geschwister
Schauspiel von Johann Wolfgang von Goethe
R: Herbert Furreg
LU (Marianne), Theo Friedl, Ferdinand Onno, Richard Sallaba

25. 10.
Deutsches
Volkstheater
Wien

Der Färber und sein Zwillingsbruder
Posse mit Gesang von Johann Nestroy; M: Adolf Müller sen. und Karl Hieß
R: Karl Forest
LU (Cordelia), Rolla Ansion, Hilde Bocek, Elisabeth Markus, Ilse Scholtze, Gerta Walt, Werner Albrich, Louis Böhm, Franz Deutsch, Michael Dym, Alexander Fischer-Marich, Louis Groß, Felix Krones, Nikolaus Lafleur, Kurt Lessen, Eduard Loibner, Richard Sallaba, Karl Seiffert

3. 11.
Deutsches
Volkstheater
Wien

Sappho
Trauerspiel von Franz Grillparzer
R: Karl Ehmann
LU (Melitta, Dienerin Sapphos), Elisabeth Markus, Erika Wagner, Karl Ehmann, Eduard Loibner, Ludwig Mitznegg

8. 11. Deutsches Volkstheater Wien

König Johann
Historisches Drama von William Shakespeare; Ü: Hans Rothe
R: Rudolf Beer; B: Alfred Kunz
LU (Prinzessin Blanca, Nichte König Johanns), Rosa Fasser, Erika Wagner, Oskar Beraun, Louis Böhm, Walter Brandt, Franz Deutsch, Karl Ehmann, Hans Hinrich, Hans Homma, Hans Jaray, Felix Krones, Victor Kutschera, Rudolf Leisner, Eduard Loibner, Ludwig Mitznegg, Hans Normann, Ferdinand Onno, Bernhard Pankl, Raoul Retzer, Richard Sallaba, Otto Schmöle, Karl Skraup, Mihail Xantho

21. 12. Deutsches Volkstheater Wien

Der Fall Mary Dugan
Komödie von Bayard Veiller; für die deutsche Bühne bearbeitet von Rudolf Lothar
R: Heinz Hilpert; B: Alfred Kunz
LU (May Harris, Tänzerin), Rolla Ansion, Edith Aschauer, Sybille Binder, Maria Gutmann, Hedwig Keller, Hansi Niese, Ilse Scholtze, Erika Wagner, Gerta Walt, Rudolf Beer, Oskar Beraun, Louis Böhm, Hugo Brady, Franz Deutsch, Karl Ehmann, Alexander Fischer-Marich, Theo Friedl, Louis Groß, Cornelius Kirschner, Karl Kneidinger, Rudolf Leisner, Kurt Lessen, Eduard Loibner, Hans Normann, Bernhard Pankl, Richard Sallaba, Otto Schmöle, Hans Schweikart, Karl Seiffert, Karl Skraup, Rudolf Sommer, Mihail Xantho

1929

21. 1. Deutsches Volkstheater Wien

Miß Sara Sampson
Bürgerliches Trauerspiel von Gotthold Ephraim Lessing
R: Herbert Furreg
LU (Miß Sara Sampson), Isolde Kasper, Lina Loos, Elfriede Seidler, Erika Wagner, Louis Böhm, Walter Brandt, Karl Ehmann, Felix Krones

1. 2. ÜN Deutsches Volkstheater Wien	**Meine liebe dumme Mama** Lustspiel von Ludwig Nerz und Louise Maria Mayer R: Rudolf Beer LU (Hedi), Paula Pfluger, Ida Stukering, Walter Brandt, Franz Deutsch, Alexander Fischer-Marich, Hans Homma, Hans Olden
12. 2. Deutsches Volkstheater Wien	**Jugendfreunde** Lustspiel von Ludwig Fulda R: Wilhelm Klitsch LU (Lisbeth Gerlach), Hedwig Keller, Elisabeth Markus, Ida Stukering, Walter Brandt, Karl Ehmann, Alexander Fischer-Marich, Wilhelm Klitsch, Hans Olden
16. 2. ÜN Deutsches Volkstheater Wien	**Die Räuber** Schauspiel von Friedrich Schiller LU (Amalia von Edelreich), Walter Brandt, Hans Homma, Wilhelm Klitsch, Victor Kutschera, Eduard Loibner, Ferdinand Onno, Franz Sto, Karl Skraup
16. 3. Deutsches Volkstheater Wien	**Zum Heiraten gehören zwei** Lustspiel von Cosmo Hamilton; Ü: Ernst Simon R: Herbert Furreg LU (Regina), Rosa Fasser, Emmy Förster, Helene Lauterböck, Sybille Schmitz, Hans Homma, Wilhelm Klitsch, Hans Olden, Otto Schmöle
22. 3. Deutsches Volkstheater Wien	**Große Szene** Einakter von Arthur Schnitzler Im Rahmen: Tag des Buches — Österreichischer Dichterabend LU (Vilma Flamm), Karl Forest, Hans Heinrich, Emil Paryla, Hans Schweikart
11. 5. ÜN Raimund- Theater Wien	**Die Dreigroschenoper** Stück mit Musik in 3 Akten von Bertolt Brecht; M: Kurt Weill R: Karl Heinz Martin LU (Polly Peachum), Pepi Glöckner, Elisabeth

	Markus, Paula Pfluger, Walter Brandt, Luis Groß, Karl Skraup, Kurt Lessen, Harald Paulsen, Franz Stoß
18. 6. Raimund-Theater Wien	**Ein freies Leben führen wir!** Ein Gegenwartsspiel von Curt Corrinth R: Rudolf Beer LU (Gretchen), Walter Brandt, Karl Ehmann, Alexander Fischer-Marich, Hans Jaray, Felix Krones, Karl Meixner, Emil Paryla, Albin Skoda, Franz Stoß
16. 7. Raimund-Theater Wien	**Hochzeitsreise** Schwank von Adele Mathews und Ann Nichols R: Herbert Furreg LU (Miß Roberta Adams), Maria Lubin, Irene Seidner, Franz Deutsch, Karl Ehmann, Karl Meixner, Albin Skoda
6. 9. Deutsches Volkstheater Wien	**Auferstehung** Komödie von Felix Salten R: Leopold Kramer LU (Daisy Leblanc, Schauspielerin), Hedwig Keller, Charlotte, Kienzl, Karl Ehmann, Hans Homma, Leopold Kramer, Franz Stoß
14. 9. U Deutsches Volkstheater Wien	**Hazard** Schauspiel von Zoe Akins R: Stefan Hock; B. Alfred Kunz LU (Violet Beale), Tilla Durieux, Maria Lubin, Elisabeth Markus, Franz Georgi, Hans Homma, Emil Paryla, Otto Schmöle, Hans Schweikart, Franz Stoß
30. 9. ÜN Deutsches Volkstheater Wien	**Der Teufel** Spiel von Franz Molnár R: Leopold Kramer LU (Elsa), Marietta Ellinger, Hedwig Keller, Lucie Laval, Elfriede Seidler, Melitta Stanek, Ida Stukering, Louis Böhm, Karl Ehmann, Theo Friedl, Leopold Kramer, Ludwig Mitznegg, Bernhard Pankl, Emil Paryla

15. 10. Raimund- Theater Wien	**Eins, zwei, drei** Ein Spiel von Franz Molnár R: Rudolf Beer LU (Lydia), Lina Loos, Eva Müller, Fritz Binder, Karl Skraup, Max Pallenberg, Oskar Sima
17. 11. ÜN Deutsches Volkstheater Wien	**Der lebende Leichnam** Drama von Leo Tolstoi LU (Mascha, eine junge Zigeunerin), Erika Wagner, Margarete Witzmann, Herbert Berghof, Walter Brandt, Kurt Lessen, Alexander Moissi, Otto Schmöle
22. 12. U Deutsches Volkstheater Wien	**Im Spiel der Sommerlüfte** Drei Aufzüge von Arthur Schnitzler R: Rudolf Beer; B: Alfred Kunz LU (Gusti Pflegner, Nichte der Josefa), Marietta Ellinger, Gusti Huber, Johanna Terwin, Theo Friedl, Hans Homma, Alexander Moissi, Hans Olden, Tonio Riedl, Karl Seiffert, Oskar Weber, Mihail Xantho

1930

11. 1. Deutsches Volkstheater Wien	**Mariage** Lustspiel von Alexander Lernet-Holenia R: Hans Homma LU (Lisa), Hedwig Keller, Elisabeth Markus, Eva Sommer, Susanne Witt, Oskar Beraun, Hans Homma, Kurt Lessen, Hans Olden
1. 2. Deutsches Volkstheater Wien	**Die Sache, die sich Liebe nennt** Komödie von Edwin Burke; deutsche Bearbeitung von Karl Lerbs R: Rudolf Beer; B: Alfred Kunz LU (Dolly Garrett), Thea Braun-Fernwald, Leopoldine Konstantin, Eva Sommer, Ida Stukering, Anton Edthofer, Karl Ehmann, Hans Homma, Hans Olden, Mihail Xantho

21. 3. Deutsches Volkstheater Wien

Geschäft ist Geschäft
Komödie von Octave Mirbeau; Ü: Max Schönau
R: Rudolf Beer
LU (Germaine), Rolla Ansion, Rosa Fasser, Helene Lauterböck, Maria Lubin, Ilse Scholtze, Siegfried Breuer, Karl Ehmann, Karl Forest, Emil Jannings, Eduard Loibner, Hans Olden, Otto Schmöle

24. 3. Deutsches Volkstheater Wien

Der Biberpelz
Diebs-Komödie von Gerhart Hauptmann
R: Karl Forest
LU (Adelheid Wolff), Thea Braun-Fernwald, Helene Lauterböck, Hansi Niese, Oskar Beraun, Karl Ehmann, Karl Forest, Emil Jannings, Eduard Loibner, Otto Schmöle, Karl Skraup, Mihail Xantho

10. 5. Deutsches Volkstheater Wien

Menschen im Hotel
Komödie von Vicki Baum
R: Rudolf Beer; B: Ernst Schütte
LU (Christine Flamm, genannt Flämmchen), Sybille Binder, Emmy Förster, Else Föry, Maria Lubin, Elfriede Seidler, Werner Albrich, Louis Böhm, Hugo Brady, Walter Brandt, Günter Broschek, Franz Deutsch, Anton Edthofer, Karl Forest, Theo Friedl, Walter Hagemann, Hans Homma, Felix Krones, Victor Kutschera, Rudolf Leisner, Kurt Lessen, Eduard Loibner, Hans Olden, Bernhard Pankl, Fred Paritisch, Emil Paryla, Fritz Puchstein, Raoul Retzer, Richard Sallaba, Otto Schmöle, Karl Seiffert, Karl Skraup, Hans Slenka, Otto Soltau

28. 6. Deutsches Volkstheater Wien

Hulla di Bulla
Schwank von Franz Arnold und Ernst Bach
R: Rudolf Beer
LU (Dorrit Runge), Tala Birell, Maria Lubin, Rose Stradner, Maximilian Balter, Oskar Beraun, Hugo Brady, Walter Brandt, Günter Broschek, Karl Ehmann, Karl Forest, Louis Groß, Walter Hagemann, Hans Homma, Victor Kutschera, Hans Olden, Otto Schmöle, Karl Seiffert, Karl Skraup, Mihail Xantho

18. 10. Deutsches Volkstheater Wien	**Sex Appeal** Lustspiel von Frederick Lonsdale; Ü: Sil-Vara R: Herbert Furreg; B: Alfred Kunz LU (Marjorie Tatham), Else Bassermann, Emmy Förster, Franke Lauterbach, Melitta Stanek, Erika Thimm, Albert Bassermann, Oskar Beraun, Walter Hagemann, Hans Homma, Paul Horn
31. 10. Deutsches Volkstheater Wien	**Große Woche in Baden-Baden** Lustspiel von Hans Müller R: Rudolf Beer; B: Alfred Kunz LU (Lisabeth), Else Bassermann, Emmy Förster, Magda Gröbner, Albert Bassermann, Hugo Brady, Karl Forest, Hans Olden, Fritz Puchstein
22. 11. Deutsches Volkstheater Wien	**Sturm im Wasserglas** Lustspiel von Bruno Frank R: Hans Schweikart; B: Franz Schallud LU (Lisa Quilling), Leopoldine Konstantin, Hansi Niese, Ilse Scholtze, Konrad Bauer, Hugo Brady, Walter Brandt, Karl Forest, Hans Homma, Felix Krones, Eduard Loibner, Franz Schafheitlin, Otto Schmöle, Hans Schweikart, Karl Skraup
31. 12. Deutsches Volkstheater Wien	**Reserviert für Herrn Gaston** Schwank von Max Wolff R: Herbert Furreg LU (Janette Baillot, genannt Josette Rameau), Elfriede Seidler, Susi Witt, Walter Brandt, Karl Ehmann, Theodor Grieg, Hans Homma, Paul Horn, Franz Schafheitlin, Karl Skraup

1931

7. 3. Deutsches Volkstheater Wien	**Der Idiot** Schauspiel nach Fjedor M. Dostojewski, für die Bühne bearbeitet von Wladimir Sokoloff und Heinrich George R: Herbert Furreg LU (Aglaja, Tochter der Generalin), Marietta Ellinger, Ruth Frank, Frauke Lauterbach, Lina Loos, Ilse

	Scholtze, Dagny Servaes, Johanna Terwin, Susi Witt, Hugo Brady, Walter Brandt, Siegfried Breuer, Karl Ehmann, Theo Friedl, Theodor Grieg, Kurt Lessen, Alexander Moissi, Fritz Puchstein, Raoul Retzer, Franz Schafheitlin, Karl Seiffert, Karl Skraup
31. 3. Deutsches Volkstheater Wien	**Das öffentliche Ärgernis** Schwank von Franz Arnold R: Karl Ehmann LU (Helma), Emmy Förster, Else Föry, Clara Karry, Lina Loos, Erika Thimm, Hans Homma, Kurt Lessen, Hans Olden, Franz Schafheitlin
2. 5. Deutsches Volkstheater Wien	**Bunbury** Komödie von Oscar Wilde R: Herbert Furreg; B: Alfred Kunz LU (Cecily Cardew), Tala Birell, Helene Lauterböck, Adele Sandrock, Oskar Beraun, Karl Ehmann, Felix Krones, Hans Olden, Franz Schafheitlin
6. 6. Deutsches Volkstheater Wien	**König Lear** Schauspiel von William Shakespeare R: Herbert Furreg; B: Alfred Kunz LU (Cordelia), Elisabeth Böhm, Maria Gutmann, Albert Bassermann, Louis Böhm, Siegfried Breuer, Karl Ehmann, Karl Forest, Theodor Grieg, Walter Hagemann, Karl Hödl (= Hans Holt), Felix Krones, Victor Kutschera, Eduard Loibner, Ludwig Mitznegg, Tonio Riedl, Richard Sallaba, Franz Schafheitlin, Otto Schmöle, Heinrich Schnitzler, Karl Skraup
20. 6. Deutsches Volkstheater Wien	**Komparserie** Stück von Richard Duschinsky R: Heinrich Schnitzler; B: Alfred Kunz LU (Elisabeth Wagner, Schauspielerin), Liselotte Medelsky, Emilie Mittendorfer, Susi Witt, Rudolf Beer, Karl Ehmann, Kurt Lessen, Eduard Loibner, Franz Schafheitlin, Josef Schildkraut, Otto Schmöle, Josef Zechell

16. 9. Volksbühne Berlin — Theater am Bülowplatz	**Nebeneinander** Volksstück von Georg Kaiser R: Karl Heinz Martin; B: Rochus Gliese LU (Des Pfandleihers Tochter), Grete Bäck, Olga Beckow, Inge Conradi, Maly Delschaft, Ilse Fürstenberg, Lotte Lieven, Eddi Peppler, Lotte Stein, Eva Zimmermann, Josef Almas, Ernst Busch, Josef Dahmen, Bruno Hübner, Ernst Karchow, Paul Kaufmann, Fritz Klaudius, Erwin Kleist, Sigurd Lohde, Peter Lorre, Arthur Mainzer, Sigmund Nunberg, Harry Pauly, Willy Radtke, Willy Schur, Erhard Siedel, Erich Thormann
13. 10. Lessing- Theater Berlin	**Der letzte Equipagew** Lustspiel von Valentin Katajew; nach Richard Hofmann für die deutsche Bühne bearbeitet von Konrad Maril R: Hans Hinrich; B: Erich E. Stern LU (Straßenbahnschaffnerin), Harriet Adams, Maria Krahn, Margarethe Kupfer, Adele Sandrock, Hans Brausewetter, Josef Dahmen, Erwin Faber, Julius Falkenstein, John Gottowt, Erich Harden, Oskar Homolka, Victor de Kowa
17. 12. Staatstheater Berlin — Schauspiel- haus am Gendarmen- markt	**Rauhnacht** Schauspiel von Richard Billinger R: Jürgen Fehling; B: Rochus Gliese LU (Kreszenz Waldhör, Tochter der Dorfkrämerin), Charlotte Albat, Charlotte Arndt, Käthe Boschwitz, Hildegard Büren, Camilla Freissler, Hanna Kleinschmidt, Maria Koppenhöfer, Doris Krüger, Emilie Kurz, Maria Mayer, Hanne Mertens, Charlotte Michaelis, Rosa Pategg, Annie Rose, Gerda Schaefer, Maria Schanda, Margarete Schön, Mathilde Sussin, Elisabeth Teichgräber, Helene Wagenbreth, Elsa Wagner, Else Weinberg, Auguste Welten, Walter Bluhm, Erich Dunskus, Hans Eggarter, Manfred Frömchen, Ferdinand Hart, Wolfgang Heinz, Ernst Keppler, Reinhold Köstlin, Werner Krauß, Otto Mannstedt, Arthur Menzel,

	Bernhard Minetti, Lothar Müthel, Hans Naumann, Albert Patry, Paul Rosié, Rudolf Weiß, Walter Werner, Toni Zimmerer
1932	
19. 2. Deutsches Künstler-theater Berlin	**Roulette** Lustspiel von Ladislaus Fodor; deutsche Bearbeitung: Siegfried Geyer R: Hans Behal; B: Erich E. Stern LU (Hella), Paula Denk, Marguerite Duvinage, Margo Lion, Marion Palfi, Alfred Abel, Hans Behal, Otto Hartmann, Julius E. Herrmann, Walter Körner, Victor de Kowa, Hans Nachreiner, Ernst Nessler, Ralf Ostermann, Harry Pauly, Rudolf Platte, Bruno Steinwald, Eberhard Wreede
3. 4. Deutsches Schauspiel-haus Hamburg	**Roulette** Lustspiel von Ladislaus Fodor; deutsche Bearbeitung: Siegfried Geyer R: Bruno Harprecht LU (Hella), Emmy Armster, Elly Burgmer, Elfriede Förster, Lux Rodenberg, Lotte Voigt-Wichmann, Leonore Weber, Willy Baetcke, Karl Blankenstein, Emil von Dollen, Willy Eichberger, Willy Favart, Konrad Gebhardt, Heinz Graebner, Alfred Haase, Alfred Hehn, Constantin C. Held, Hans Huth, Friedrich Kain, Heinz Loewenfeld, Willy Pfeiffer, Carl Sartory, Günther Schwandt, Christian von Stahl, Heinz-Günther Stamm, Emil Stettner, Karl Wüstenhagen
29. 4. Deutsches Künstler-theater Berlin	**Die Braut von Torozko** Komödie von Otto Indig R: Victor Barnowsky; B: Josef Bató LU (Klari Patkos-Nagy), Trude Rosen, Rosa Valetti, Hans Behal, Heinz Halban, Hans Henninger, Julius E. Herrmann, Paul Hörbiger, Albert Hörrmann, Karl Konetschny, Hans Nachreiner, Ernst Nessler, Rudolf Platte

1. 6. Volksbühne Berlin — Theater am Bülowplatz	**Die goldene Uhr** Legende von Ernö Szep R: Arthur Maria Rabenalt; B: Nina Tokumbet LU (Klari), Grete Bäck, Olga Beckow, Lotte Hardt, Eddi Peppler, Josef Almas, Jac Diehl, Alexander Engel, Bruno Hübner, Ernst Karchow, Paul Kaufmann, Fritz Klaudius, Victor de Kowa, Hans Nagel, Sigmund Nunberg, Franz Polland, Willy Radtke, Leonard Steckel, Karl Stepanek, Wilhelm Voelcker, Rudolf Weiß
24. 6. Staatstheater Berlin — Staatsoper Unter den Linden	**Wiener Blut** Operette von Victor Léon und Leo Stein; für die Bühne bearbeitet von Adolf Müller jun.; M: Johann Strauß R: Kurt Singer; B: Benno von Arent; ML: Erich Kleiber LU (Pepi Pleininger, Probiermamsell), Jolanda Reinhardt, Vera Schwarz, Margarete Slezak, Felix Fleischer-Janczak, Géza Gurnik, Leopold Hainisch, Waldemar Henke, Oskar Karlweis, Theodor Kiendl, Heinrich Knirlberger, Marcel Noë, Robert Steininger, Marcel Wittrisch
9. 9. U Deutsches Theater Berlin — Kammerspiele	**Schicksal nach Wunsch** Komödie von Christa Winsloe R: Rudolf Beer; B: Ernst Schütte LU (Sylvia), Lili Eisenlohr, Margarete Melzer, Lore-Anne Mosheim, Sophie Pagay, Dinorah Press, Hedwig Schlichter, Alfred Abel, Hans Brausewetter, Hans Henninger, Arthur Mainzer, Johannes Riemann, Fritz Staudte
18. 11. U Schauspielhaus Leipzig	**Kasimir und Karoline** Ein Abend auf dem Oktoberfest von Ödön von Horváth R: Francesco von Mendelssohn; B: Caspar Neher LU (Karoline), Elsa la Barré, Irma Berlos, Blandine Ebinger, Lotte Heinitz, Eva Ortmann, Ethel Stökkel, Ruth Stöckel, Herta Worell, Hans Adolphi,

	Hermann Erhardt, Kurt Fabrici, Fritz Kampers, Ernst Nessler, Werner Pledath, Werner Scharf, Walter Schramm, Kurt Stepanek, Franz Weilhammer
25. 11. Komödienhaus Berlin	**Kasimir und Karoline** Ein Abend auf dem Oktoberfest von Ödön von Horváth R: Francesco von Mendelssohn; B: Caspar Neher LU (Karoline), Elsa la Barré, Blandine Ebinger, Lotte Heinitz, Petra Heldrich, Eva Ortmann, Ethel Stöckel, Ruth Stöckel, Herta Worell, Hans Adolphi, Hermann Erhardt, Kurt Fabrici, Fritz Kampers, Ernst Nessler, Werner Pledath, Werner Scharf, Walter Schramm, Kurt Stepanek, Franz Weilhammer
21. 12. Deutsches Theater Berlin — Kammerspiele	**Essig und Öl** Märchen von heute von Siegfried Geyer und Paul Frank; M: Robert Katscher R: Otto Preminger; B: Otto Niedermoser; ML: Lothar Perl LU (Annie), Kira Berg, Eva Henschel, Gisela Ilgner, Lieselotte Kacmarek, Eva Müns, Ursula von Reibnitz, Gabriele Rotter, Johanna Terwin, Lina Woiwode, Josef Danegger, Karl Ettlinger, Werner Hartnick, Hesso Huber, Heinrich Kalnberg, Ernst Adolf Kösling, Fritz Kösling, Hans Moser, Carl Staudt, Karl Stepanek, Walter Szurovy

1934

5. 4. Deutsches Theater Berlin	**Stille Gäste** Komödie von Richard Billinger R: Karl Heinz Stroux; B: Traugott Müller LU (Hedwig Bachstelzer), Charlotte Ander, Emilie Kurz, Elsa Moltzer, Gerda Müller, Friedrich Pisetta, Dorothea Thieß, Emilia Unda, Alexander Engel, Hermann Erhardt, Hanns Goslar, Ernst Gronau, Max Gülstorff, Hans Henninger, Hans Herrmann-Schaufuß, Friedrich Ulmer

1936

2. 10.	**An des Reiches Pforten**
Staatstheater Berlin — Schauspielhaus am Gendarmenmarkt	Schauspiel von Knut Hamsun; Ü: Marie Herzfeld R: Lothar Müthel; B: Traugott Müller LU (Elina Kareno), Irma Schwab, Ingeborg Senkpiel, Paul Bildt, Claus Clausen, Wilhelm Krüger, Hannsgeorg Laubenthal, Lothar Müthel

1937

25. 1.	**Die Jungfrau von Orleans**
Deutsches Theater Berlin	Tragödie von Friedrich Schiller R: Heinz Hilpert; B: Ernst Schütte LU (Johanna d'Arc), Erika Dannhoff, Elisabeth Flickenschildt, Ilse Mengel, Sophie Otto, Gerhild Weber, Axel von Ambesser, Hans Brausewetter, Siegfried Breuer, Paul Dahlke, Josef Dahmen, Hans Halden, Bruno Hübner, Ernst Karchow, Hans Keller, Günter Langenbeck, Heinrich Marlow, Erich Musil, Albin Skoda, Volker Soetbeer, Adolph Spalinger, Ferdinand Terpe, Erich Thormann, Hermann Wedekind, Kurt Weiße, Otto Wernicke, Josef Zeilbeck
23. 12.	**Also gut! Lassen wir uns scheiden!**
Deutsches Theater Berlin — Kammerspiele	Lustspiel von Victorien Sardou und Emile de Najac; Ü: Heinz Hilpert R: Heinz Hilpert; B: Ernst Schütte LU (Cyprienne), Hildegard Imhof, Ilse Mengel, Hilde Volk, Erika Ziha, Hans Brausewetter, Karl Ludwig Diehl, Oscar Dimroth, Richard Häußler, Carl Jönsson, Armin Schweizer, Josef Zeilbeck

1946

13. 12.	**Wir sind noch einmal davongekommen**
Bayerisches Staatsschauspiel München — Theater am Brunnenhof	Schauspiel von Thornton Wilder; Ü: Gentiane Gebser R: Paul Verhoeven; B: Irmgard Becker LU (Sabina), Elfi Beyer, Heidemarie Hatheyer, Irene Geltl, Hanne Kegel, Liane Kopf, Charlotte Krüger, Ernst Barthels, Heinz Burkart, Alois Maria

Giani, Karl Hanft, Gert Harsdorff, Adolf Lallinger, Wolfgang Lange, Hans Jo Quitschorra, Ludwig Scholler, Beppo Schwaiger, Carl Simon, Benno Sterzenbach, Rudolf Vogel, Otto Wernicke, Hans Winninger, Albert Wisheu

1947

20. 8.
Festspiele Bamberg (Spielort: Doninikaner-Kirche)

Antigone
Tragödie des Sophokles in der Nachdichtung von Rudolf Kinsky; M: Willy Czernik
R: Helge Pawlinin; B: Janni Loghi; ML: Willy Czernik
LU (Antigone), Charilindis, Emmy Pfeiffer, Inge Zoman, Siegfried Habermann, Walter Jannsen, Til Kiwe, Eduard Klehe, Heinz Körnlein, Jakob Leising, Georg Mahnke, Rudolf Mumm, Jürgen Neven-du-Mont, Karl Schöpp, Beppo Schwaiger, Rudi Trimborn, Rudolf Vogel, Hans Zimmermann, Siegfried Zimmermann

2. 12. U
Theater Die Auslese Hamburg (Spielort: Gemeindehaus Eppendorf)

Lebenslänglich
Schauspiel von Georg Racz; für die deutsche Bühne bearbeitet von J. P. Toth
R: Paul Mundorf; B: Karl Gröning jr.
LU (Mabel Gordon), Emil Lohkamp

1949

8. 2.
Kleine Komödie am Max-II-Denkmal München

Seit Adam und Eva
Komödie mit Musik von John Boynton Priestley
R: Beate von Molo; B: Janni Loghi
LU (Helen), Annemarie Hebberling, Hannelore Schroth, Ulrich Beiger, Joachim Faber, Martin Urtel

30. 8.
Kleine Komödie am Max-II-Denkmal München

Gefährliche Gäste
Komödie von Michel Duran, Ü: Franz Geiger
R: Paul Verhoeven; B: Janni Loghi
LU (Madeleine Courtois), Margarete Haagen, Eva L'Arronge, Ulrich Beiger, Gustl Datz, Ernst Fritz Fürbringer, Georg Lehn, Kurt Meisel, Wolf Petersen, Leo Siedler

1950

März/April Tournee	**Ein Mann wird gesucht** Komödie von Michael Duran; Ü: Franz Geiger R: Paul Verhoven; B: Janni Loghi LU (Madeleine Courtois), Annemarie Hanschke, Ulla Schulz, P. C. Asbach, Will-Jo Bach, Anton Färber, Harald Mannl, Stig von Nauckhoff

1951

27. 1. Kleine Komödie am Max-II-Denkmal München	**Mrs. Cheneys Ende** Lustspiel von Frederick Lonsdale R: Charles Regnier; B: Janni Loghi LU (Mrs. Cheney), Ursula Grabley, Käthe Haack, Isebil Sturm, Ulrich Beiger, Gustl Datz, Konstantin Delcroix, Richard Häußler, Walter Janssen, Leo Siedler, Wolfgang Velten
25. 8. Kleine Komödie am Max-II-Denkmal München	**Pygmalion** Komödie von George Bernard Shaw R: Carl Ludwig Achaz; B: Janni Loghi LU (Eliza Doolittle), Lisa Helwig, Annemarie Holtz, Ebba Johannsen, Henriette Neuendorff, Paul Dahlke, Gustl Datz, Adolf Gondrell, Bruno Hübner, Fritz Odemar, Leo Siedler, Martin Urtel, Dieter Wilsing

1953

11. 4. Kleine Komödie am Max-II-Denkmal München	**Die ist nicht von gestern** Komödie von Garson Kanin; Ü: Alfred Polgar R: Fritz Eichler; B: Janni Loghi LU (Billie Dawn), Judith Gobrecht, Charlotte Scheier-Herold, Ulrich Beiger, Erich Ernst Berg, Bert Brandt jr., Gustl Datz, Konstantin Delcroix, Rainer Fleischer, Walter Janssen, Günther Lynen, Leo Siedler, Hermann Speelmans, Dieter Wieland

1958

30. 10. Kleine Komödie am Max-II-Denkmal München (Auch Tournee)	**Jane** Komödie von Samuel Nathaniel Behrman nach einer Novelle von William Somerset Maugham; Ü: Charles Regnier R: Gerhard Metzner/Rudolf Jugert; B: Jannis Karidis LU (Jane), Annette Karman, Herta Worell, Niels Clausnitzer, Michael Cramer, Karl Schönböck, Leo Siedler, Carlos Werner

1959

22. 6. Berliner Theater Berlin	**Jane** Komödie von Samuel Nathaniel Behrman nach einer Novelle von William Somerset Maugham; Ü: Charles Regnier R: Gerhard Metzner; B: Jannis Karidis LU (Jane), Marlies Behrens, Herta Worell, Thomas Braut, Gustl Datz, Richard Häußler, Rolf Morell, Carlos Werner

1963

6. 9. Kleine Komödie München — Großes Haus im Bayerischen Hof	**Frau Warrens Gewerbe** Drama von George Bernard Shaw; Ü: Siegfried Trebitsch R: Paul Verhoeven; B: Hans Gerhard Zircher LU (Kitty Warren), Dinah Hinz, Michael Cramer, Hans Leibelt, Franz Schafheitlin, Benno Sterzenbach

1964

24. 3. Künstlertheater Hamburg (Auch Tournee)	**Frau Warrens Gewerbe** Drama von George Bernard Shaw; Ü: Siegfried Trebitsch R: Paul Verhoeven; B: Hans Gerhard Zircher LU (Kitty Warren), Dinah Hinz, Michael Cramer, Helmuth Rudolph, Franz Schafheitlin, Benno Sterzenbach
1. 12. DE Kleine Komödie München — Großes Haus im Bayerischen Hof	**Schöne Geschichten mit Papa und Mama!** Komödie von Alfonso Paso; Ü: Gerhard Metzner R: Gerhard Metzner; B: Hans Gerhard Zircher LU (Dolores Velasco), Hannelore Elsner, Trude Göringer, Karl Paryla, Theo Riegler, Karl Schönböck, Christian Wolff

1965

4. 7. Theater der Stadt Baden-Baden	**Schöne Geschichten mit Papa und Mama!** Komödie von Alfonso Paso; Ü: Gerhard Metzner R: Hannes Tannert; B: Karl Kappler LU (Dolores Velasco), Antje Hagen, Ruthild Köppler, Franz Böhm, Eberhard Steib, Hannes Tannert

23. 11.
Komödie Düsseldorf — Theater an der Berliner Allee

Schöne Geschichten mit Papa und Mama!
Komödie von Alfonso Paso; Ü: Gerhard Metzner
R: Peter Goldbaum; B: Klaus Ulrich Jakob
LU (Dolores Velasco), Dagmar Bretsch, Inge Zeithauser, Carlo van den Daele, Hannes Rudolph, Peter Thomas, Rolf Wanka

1966

4. 1.
Theater am Dom Köln

Schöne Geschichten mit Papa und Mama!
Komödie von Alfonso Paso; Ü: Gerhard Metzner
R: Peter Goldbaum; B: Klaus Ulrich Jacob
LU (Dolores Velasco), Dagmar Bretsch, Edith Paffen, Arno Görke, Klaus Jaegel, Hans Künster, Gerd Plantikow

28. 9.
Künstlertheater Hamburg (Auch Tournee)

Schöne Geschichten mit Papa und Mama!
Komödie von Alfonso Paso; Ü: Gerhard Metzner
R: Hannes Tannert; B: Wladimir Udinzoff
LU (Dolores Velasco), Margit Laue, Marianne Warneke, Thomas Eckelmann, Rolf Hübner, Axel Klingenberg, Hannes Tannert

1967

6. 3.
Schauspielhaus Hansa Berlin

Schöne Geschichten mit Papa und Mama!
Komödie von Alfonso Paso; Ü: Gerhard Metzner
R: Hannes Tannert;
LU (Dolores Velasco), Margit Laue, Marianne Warneke, Thomas Eckelmann, Axel Klingenberg, Norbert Skalden, Hannes Tannert

1969

2. 3.
Städtische Bühnen Dortmund — Kleines Haus am Hiltropwall (Auch Tournee)

Die Lokomotive
Zwei Akte von André Roussin; Ü: Hans Weigel
R: Lutz Büscher; B: Lothar Baumgarten
LU (Sonja), Corinna Genest, Gudrun Mebs, Eric Pohlmann, Karl Schönböck, Hartmut Solinger

1970

10. 7. — Kleine Komödie am Max-II-Denkmal München

Plaza Hotel

Komödie von Neil Simon; Ü: Gina Kaus, bearbeitet von Harry Meyen

R: Axel von Ambesser; B: Hans Gerhard Zircher

LU (Karen Nash/Muriel Tate/Norma Hubley), Margot Franken, Andrea Rosenberg, Siegfried Grönig, Klaus Konczak, Will Quadflieg, Siegfried Schmidt

1971

28. 1. DE — Theater an der Wien Wien

Sorbas

Musical von Joseph Stein nach dem Roman »Alexis Sorbas« von Nikos Kazantzakis; Gesangstexte von Fred Ebb; Ü: Robert Gilbert und Gerhard Bronner; M: John Kander

R: Rolf Kutschera und Michael Maurer; B: Gerhard Hruby; ML: Johannes Fehring und Robert Opratko

LU (Madame Hortense), Helga Blaha, Lotte Blau, Karen Connolly, Eva Erb, Christa Ertl, Johanna Graupe, June Guaricci, Elfriede Knapp, Dagmar Koller, Helga Lorenz, Olivia Molina, Ingrid Olofsson, Ursula Raunacher, Erika Reisinger, Sylvia Sehner, Klara Siegenthaler, Gerda Stingl, Waltraut Winsauer, Giselhaid Zimmerl, Lex Alport, Jörg Maria Berg, Hans Brandtner, Rudolf Brom, Herwig Erb, Peter Fröhlich, Hans Gabriel, Fred Gärtner, Klaus Gerboth, Peter Göller, Alexandru Grozav, Hans-Jörg Hammerer, Hans Hillebrand, Hans Holyst, Bohdan Hutnik, Ivan Jakus, Walter Klinger, Walter Schiefer, Tino Schubert, Hubert Tscheppe, Walter Varndal, Dalibor Vesely, Rudolf Wasserlof, Henry Wolejnicek, Yossi Yadin, Zdislav Zelinska, Heinz Zuber

5. 9. — Bühnen der Hansestadt Lübeck — Großes Haus

Sorbas

Musical von Joseph Stein nach dem Roman »Alexis Sorbas« von Nikos Kazantzakis; Gesangstexte von Fred Ebb; Ü: Robert Gilbert und Gerhard Bronner; M: John Kander

R: Karl Vibach; B: Walter Winge nach Boris Aronson; ML: Hans-Georg Schindler
LU (Madame Hortense), Manuela van Boogh, Silvia Glogner, Olivia Molina, Verena Wyler, Robert Arnfinnsson, Günter Bothur, Dirk Galuba, Günther Lieser, Otto-Hans Meinecke, Günther Mönch, Dietrich Neumann, Charles Palent, Alfred Pfeifer, Egon Schäfer, Roland Seiler, Peter Smink

1972
24. 2.
Theater des Westens Berlin

Sorbas
Musical von Joseph Stein nach dem Roman »Alexis Sorbas« von Nikos Kazantzakis; Gesangstexte von Fred Ebb; Ü: Robert Gilbert und Gerhard Bronner; M: John Kander
R: Karl Vibach; B: Walter Winge nach Boris Aronson; ML: Hans-Georg Schindler
LU (Madame Hortense), Silvia Glogner, Waltraud Habicht, Olivia Molina, Verena Wyler, Robert Arnfinnsson, Klaus-Peter Bauer, Vincenzo Benestante, Günther Bothur, Stefan Burschewski, Hartmann Fischer, Dirk Galuba, Rainer Klohs, Günther Mönch, Manuel Moreno, Dietrich Neumann, Charles Palent, Alfred Pfeifer, Herbert Räthlein, Jürgen von Romatowski, Egon Schäfer, Roland Seiler, Bernd Wurm

1978
1. 6.
Bayerische Staatstheater München — Theater am Gärtnerplatz

Gigi
Musical von Alan Jay Lerner nach dem gleichnamigen Roman von Colette; Ü: Robert Gilbert; M: Frederick Loewe
R: Christian Wölffer; B: Ita Maximowna; ML: Reinhard Seifried
LU (Madame Inez Alvarez, Gigis Großmutter), Susanne von Almassy, Annegret Andersen, Beate Granzow, Ursula Heimerer, Gabriela Nicolescu, Susan Pfaff, Hella Puhlmann, Manfred Ball, Willi Brokmeier, Béla Erny, Fritz Graas, Johannes Heesters, Manfred Jung, Theofried Krug, Manfred

	Lichtenfeld, Beppo Louca, Frederic Mayer, Ulrich Mittelbach, Howard Pfaff, Louis Potgieter, Werner Stückmann, Hannes Weich

1981

29. 1. Kleine Komödie im Bayerischen Hof München	**Bring's mir bei, Celine!** Komödie von Maria Pacôme; Ü: Christian Wöllfer R: Axel von Ambesser; B: Klaus Ulrich Jacob LU (Celine), Bruni Löbel, Heidi Stroh, Erich Schleyer, Werner Schulenberg

Filmographie

Kinofilme — soweit feststellbar

Zusammengestellt von Peter Spiegel

Die Jahreszahlen bezeichnen, wenn nicht anders vermerkt, den jeweiligen Kinostart. Neben dem Filmtitel ist, sofern es sich nicht um deutsche bzw. bundesdeutsche Produktionen handelt, das Entstehungsland angegeben.
Abkürzungen: LU = Luise Ullrich, OT = Originaltitel, DB = Drehbuch

1932
Goethe-Gedenkfilme der Ufa (2 Kurzfilme)
1) Der Werdegang
2) Die Vollendung
Regie: Fritz Wendhausen
LU, Theodor Loos, Willy Domgraf-Fassbaender, Else Fink, Erika Wagner, Dagny Servaes

Der Rebell
Regie: Luis Trenker, Kurt Bernhardt
LU (Erika, Tochter des Amtshauptmanns Riederer), Luis Trenker, Olga Engl, Victor Varconi, Fritz Kampers, Erika Dannhoff

1933
Liebelei
Nach dem Schauspiel von Arthur Schnitzler
Regie: Max Ophüls
LU (Mizzi), Magda Schneider, Wolfgang Liebeneiner, Willy Eichberger, Gustaf Gründgens, Olga Tschechowa, Paul Hörbiger, Paul Otto, Werner Finck, Lotte Spira, Walter Steinbeck, Werner Pledath

Heimkehr ins Glück
Regie: Carl Boese
LU (Liesl Pichler), Paul Hörbiger, Ludwig Stössel, Heinz Rühmann, Paul Heidemann, Hans Albin, Wolfgang Staudte, Erika Falgar

Leise flehen meine Lieder . . . (Österreich/Deutschland)
Originalstory: Walter Reisch
Regie: Willi Forst
LU (Emmi Passenter), Hans Jaray, Marta Eggerth, Hans Moser, Otto Treßler, Raoul Aslan, Hans Olden, Paul Wagner

Glück im Schloß
(Titel in Österreich: »Vater werden ist doch schwer«)
(Nach dem Bühnenstück »Vater sein dagegen sehr« von Edward Childs Carpenter)
Regie: Hasso Preis
LU (Anny), Richard Romanowsky, Erik Ode, Franz Nicklisch, Gay Christie, Karl Platen, Paul Beckers, Paul Rehkopf

1934
Der Flüchtling aus Chicago
Nach dem Roman von Curt J. Braun
Regie: Johannes Meyer
LU (Steffie Dux), Gustav Fröhlich, Hubert von Meyerinck, Adele Sandrock, Lil Dagover, Paul Kemp, Otto Wernicke, Will Dohm

Zwischen zwei Herzen
(Titel in Österreich: »Mein liebes, dummes Mädel«)
Nach dem Roman »Ulla, die Tochter« von Werner Scheff
Regie: Herbert Selpin
LU (Ulla Georgius), Harry Liedtke, Olga Tschechowa, Fritz Odemar, Paul Henckels, Erna Morena, Paul Otto, Franz Nicklisch, Paul Heidemann, Josef Dahmen, Anna Müller-Lincke

Liebe dumme Mama
Regie: Carl Boese
LU (Hedie Burkhardt), Leopoldine Konstantin, Hermann Thimig, Gustav Waldau, Theo Lingen, Otto Wernicke, Paul Henckels

1935
Regine
Nach Motiven des Romans von Gottfried Keller
Regie: Erich Waschneck
LU (Regine), Adolf Wohlbrück, Olga Tschechowa, Ekkehard Arendt, Eduard von Winterstein, Hans Adalbert Schlettow, Hans Junkermann, Julia Serda, Olga Engl, Trude Haefelin, Aribert Mog, Walter Groß

Vorstadtvarieté (Österreich)
Nach dem Theaterstück »Der Gemeine« von Felix Salten
Regie: Werner Hochbaum
LU (Mizzi Ebeseder), Mathias Wieman, Olly Gebauer, Hans Moser, Lina Woiwode, Frida Richard, Rudolf Carl, Otto Hartmann, Anton Pointner, Fritz Imhoff, Karl Skraup

Das Einmaleins der Liebe
Nach dem Bühnenstück »Einen Jux will er sich machen« von Johann Nestroy (frei bearbeitet von H. W. Becker)
Regie: Carl Hoffmann
LU (Sophie Bruninger), Paul Hörbiger, Lee Parry, Theo Lingen, Genia Nikolajewa, Paul Henckels, Gustav Waldau, Hans Herrmann-Schaufuß, Rudolf Klein-Rogge, Oskar Sima, Inge Landgut, Gertrud Wolle, Paul Heidemann

Viktoria
Nach der Novelle von Knut Hamsun
Regie: Carl Hoffmann
Dialogregie: Alfred Abel
LU (Viktoria), Mathias Wieman, Alfred Abel, Erna Morena, Hellmuth Hoffmann, Theodor Loos, Heinz von Cleve, Bernhard Goetzke, Margarete Schön, Erika Dannhoff, Paul Bildt, Lotte Spira

Schatten der Vergangenheit (Österreich)
Nach einer Originalstory von Georg C. Klaren
Regie: Werner Hochbaum
LU (Betty Gall/Helene Gall), Gustav Diessl, Lucie Höflich, Oskar Sima, Anton Pointner, Tibor von Halmay, Rudolf Carl, Richard Waldemar, Albert Heine, Mihail Xantho, Robert Valberg

1937
Versprich mir nichts
Regie: Wolfgang Liebeneiner
LU (Monika), Victor de Kowa, Heinrich George, Hubert von Meyerinck, Will Dohm, Charlott Daudert, Hans Herrmann-Schaufuß, Leopold von Ledebour, Maria Loja

1938

Ich liebe dich

Dialoge: Victor de Kowa

Regie: Herbert Selpin

LU (Eva), Victor de Kowa, Olga Limburg, Herbert Weißbach, Joachim Rake

Der Tag nach der Scheidung

Regie: Paul Verhoeven

LU (Bettina Romberg), Johannes Riemann, Hans Söhnker, Hilde Hildebrand, Käthe Haack, Wilfried Seyfert, Ernst Legal,

1940

Liebesschule

Regie: Karl Georg Külb

LU (Hanni Weber, Sekretärin), Viktor Staal, Johannes Heesters, Hans Brausewetter, Trude Haefelin, Charlott Daudert, Dorit Kreysler, Hans Junkermann, Beppo Brem, Rudolf Platte

1941

Annelie

Nach dem Bühnenstück von Walter Lieck

Regie: Josef von Baky

LU (Annelie), Werner Krauß, Käthe Haack, Karl Ludwig Diehl, Ilse Fürstenberg, Albert Hehn, Axel von Ambesser, Eduard von Winterstein, Josefine Dora

1942

Der Fall Rainer

(2. Titel: »Ich warte auf Dich«)

Nach dem Roman »Der Mann mit der Geige« von Herbert Reinecker

Regie: Paul Verhoeven

LU (Prinzessin Henriette von Battenstein), Karl Schönböck, Paul Hubschmid, Elisabeth Markus, Sepp Rist, Maria Koppenhöfer, Kurt Meisel, Karl Hellmer, Erich Ponto, Karl Günther, Walter Janssen, Bruno Hübner, Heinz Salfner

1944

Nora

Nach Motiven des Schauspiels von Henrik Ibsen

Regie: Harald Braun

LU (Nora), Viktor Staal, Gustav Diessl, Carl Kuhlmann, Franziska Kinz, Ursula Herking, Albert Florath, Carl Hellmer, Georg Thomalla, Bruno Hübner

1945

Kamerad Hedwig *

DB: Toni Huppertz, unter Mitarbeit von Luise Ullrich und Ulrich Erfurth
Regie: Gerhard Lamprecht
LU (Hedwig), Wolfgang Lukschy, Emil Heß, Otto Wernicke, Ilse Fürstenberg, Ullrich Haupt, Franz Weber, Hans Herrmann-Schaufuß, Erich Fiedler

1949

Nachtwache

Regie: Harald Braun
LU (Cornelia), Hans Nielsen, René Deltgen, Dieter Borsche, Angelika Voelkner, Käthe Haack, Gertrud Eysoldt, Nicolai Kolin

Die Reise nach Marrakesch

(Titel in Österreich: »Liebesabenteuer in Casablanca«)
Nach dem Theaterstück von Benno Vigny
Regie: Richard Eichberg
LU (Liliane), Maria Holst, Karl Ludwig Diehl, Grethe Weiser, Paul Dahlke, Ernst Fritz Fürbringer

1953

Vergiß die Liebe nicht

Regie: Paul Verhoeven
LU (Anna Kienzel), Paul Dahlke, Will Quadflieg, Annie Rosar, Charlott Daudert, Carl-Heinz Schroth, Hans Stiebner, Eckart Dux

1954

Regina Amstetten

Nach der Novelle von Ernst Wiechert
Regie: Kurt Neumann
LU (Regina Amstetten), Carl Raddatz, Paul Hartmann, Willy Eichberger, Harry Meyen, Hans Hermann-Schaufuß, Franz Schafheitlin, Paul Bildt

Eine Frau von heute

Regie: Paul Verhoeven
LU (Toni Bender), Curd Jürgens, Carsta Löck, Robert Freytag, Marianne Brauns, Annie Rosar, Jasper von Oertzen, Paul Verhoeven

* Der Film war bei Kriegsende bis auf ca. 10 Drehtage abgedreht. Er wurde nicht vollendet.

Ihre große Prüfung
Regie: Rudolf Jugert
LU (Helma Krauß), Hans Söhnker, Karin Dor, Ernst Schröder, Alfred Balthoff, Hilde von Stolz, Michael Chevalier, Maria Sebaldt, Nina von Porembsky, Willy Rose

1955
Ich weiß, wofür ich lebe
Nach einer Novelle von Ernst Neubach
Regie: Paul Verhoeven
LU (Maria Pfluger), Robert Freytag, Lil Dagover, Ernst Ginsberg, Ruth Stephan, Werner Fuetterer, Michael Ande, Gert Fröbe, Walter Sedlmayr, Joachim Teege

Sarajewo
(Österreich; Titel in Deutschland: »Um Thron und Liebe«)
Regie: Fritz Kortner
LU (Herzogin Sophie Hohenberg), Ewald Balser, Klaus Kinski, Hans Thimig, Harry Hardt, Hans Unterkircher, Erik Frey, Hans Olden, Karl Skraup, Josef Meinrad, Erika Remberg, Michael Lenz

1956
Der erste Frühlingstag
Nach dem Bühnenstück von Dodie Smith (OT: »Call it a day«)
Regie: Helmut Weiß
LU (Dolly), Paul Dahlke, Ingeborg Schöner, Matthias Fuchs, Angelika Meissner, Lore Leux, Fita Benkhoff, Robert Freytag, Gustav Fröhlich, Katharina Mayberg, Carla Hagen, Blandine Ebinger, Brigitte Grothum, Heli Finkenzeller

1957
Die liebe Familie (Österreich)
Nach der Komödie von Felicity Douglas (OT: »It's never too late«)
Regie: Helmut Weiß
LU (Betty Lang), Hans Nielsen, Karl Schönböck, Doris Kirchner, Ingrid Andree, Peter Weck, Susi Nicoletti, Adrienne Gessner, Michael Heltau, Ruth Stephan, Erik Frey, Olive Moorefield

Alle Wege führen heim
(Titel in Österreich: »Mein Sohn Michael«)
Regie: Hans Deppe
LU (Tilla Haidt), Christian Doermer, Günther Lüders, Fritz Tillmann, Helmut Schmid, Franz Schafheitlin, Joseph Offenbach, Karl-Heinz Peters

1958
Ist Mama nicht fabelhaft?
Regie: Peter Beauvais
LU (Sabine Meinrad), Gunnar Möller, Charles Brauer, Paul Klinger, Fita Benkhoff, Elga Andersen, Brigitte Rau

1960
Ein Student ging vorbei
Regie: Werner Klingler
LU (Bettina), Eva Bartok, Paul Dahlke, Bert Fortell, Michael Verhoeven, Margarete Haagen, Sascha Hehn, Werner Fuetterer, Erika von Thellmann

Bis daß das Geld euch scheidet
Nach dem Roman von Angela Ritter
Regie: Alfred Vohrer
LU (Lisbeth Grapsch), Gert Fröbe, Corny Collins, Wolfgang Lukschy, Leon Askin, Peter Parak, Friedrich Schoenfelder,

1961
Frau Irene Besser
Nach dem Roman von John Richter
Regie: John Olden
LU (Irene Besser, Warenhausbesitzerin), Rudolf Prack, Ellen Schwiers, Albert Lieven, Peer Schmidt, Oliver Grimm, Hermann Thimig, Carl Wery, Willi Rose

Die Schatten werden länger (Schweiz/BRD)
Regie: Ladislao Vajda
LU (Frau Diethelm), Hansjörg Felmy, Barbara Rütting, Fred Tanner, Loni von Friedl, Margot Philipp, Helga Sommerfeld

Fernsehen

(Fernsehfilme und -serien, ohne Show- und Belangsendungen, mit Erstausstrahlungsdatum — soweit feststellbar)

Zusammengestellt von Peter Spiegel

Der Kompilator des folgenden Werksverzeichnisses möchte u.a. den Archivmitarbeiter(inne)n der Fersehanstalten ZDF, ORF, ARD und dem Deutschen Rundfunkarchiv, Frankfurt, für die erwiesene Unterstützung danken.
Erklärung der Abkürzungen: BR = Bildregie, FB = Fernsehbearbeitung, OT = Originaltitel, Ro = Rolle von Luise Ullrich, Ü = Übersetzung ins Deutsche

14. 2. 1958 BR (ARD)

Examen des Lebens
Fernsehspiel von Wynyard Browne
Regie: Franz Josef Wild
Mit Karlheinz Böhm, Krista Keller, Walter Rilla, Nora Minor, Hans Epskamp, Annemarie Holtz
Ro: Grace Smith

Froher Herbst des Lebens
Lustspiel von James M. Barrie (OT: »Alice, sit by the fire!«), Ü: Heinz Carwin
Regie: Paul Verhoeven
Mit Lis Verhoeven, Karl Schönböck, Michael von Blok, Vera Tschechowa, Monika Greving, Hans Reiser
Ro: Alice Grey

20. 9. 1962 BR (ARD)

Doña Rosita bleibt ledig oder Die Sprache der Blumen
Granadiner Dichtung von Federico Garcia Lorca (OT: »Doña Rosita la soltera o El lenguaji de las flores«), Ü: Enrique Beck
Regie: Hans Reinhard Müller, Musik: Rolf Wilhelm

	Mit Elfriede Kuzmany, Anne Kersten, Ingrid Resch, Melanie Horeschovsky *Ro: Haushälterin*
26. 3. 1966 ORF (ORF/ZDF)*	**Tropenimport** Fernsehspiel nach der Bühnenkomödie »Südfrucht« (OT: »Pampelmousse«) von André Birabeau Regie: Wilm ten Haaf Mit Robert Freitag, Renate Kasche, Werner Pochath, Pierre Franckh, Elisabeth Markus, Johannes Schauer, Lisa Helwig, und dem Kind Wesley Gillesschenk *Ro: Louise*
7. 5. 1964 ORF (Produktion: TV Union Berlin)	**Die Glashauskomödie** Lustspiel von Fritz Eckhardt und Heinz Dunkhase Regie: Heinz Dunkhase Mit Richard Häußler, Horst Keitel, Hans Clarin, Ute Boy, Rudolf Rhomberg, Volker Lechtenbrink, Irene Mann, Erika Rehhahn *Ro: Mary Chalmers*
23. 9. 1964 ZDF Aufzeichnung einer Aufführung der Kleinen Komödie, München	**Frau Warrens Gewerbe** Komödie von George B. Shaw (OT: »Mrs. Warren's profession«), Ü: Siegfried Trebitsch Regie: Paul Verhoeven Mit Dinah Hinz, Benno Sterzenbach, Franz Schafheitlin, Hans Leibelt, Michael Cramer *Ro: Frau Kitty Warren*
20. 8. 1966 ZDF	**Wechselkurs der Liebe** Komödie von Noel Coward (OT: »Relative values«), Ü: Alexander Lernet-Holenia, FB: Paul Herbert Appel, Gerhard Klingenberg Regie: Gerhard Klingenberg

* Diese Co-Produktion wurde nur vom ORF ausgestrahlt.

	Mit Edith Heerdegen, Ernst Stankovski, Louise Martini, Alexander Kerst, Lukas Amann, Heinz Fröhlich, Aenne Bruck *Ro: Felicity*
25. 9. 1966 WDR (ARD)	**Die gelehrten Frauen** Komödie von Molière (OT: »Les femmes savantes«), Ü: Reinhard Koester Regie: Gerhard Klingenberg Mit Alfred Balthoff, Brigitte Grothum, Hedi Marek, Günther Jerschke, Edda Seippel, Hartmut Reck, Charles Regnier, Peter Arens *Ro: Philaminte*
16. 10. 1966 ZDF Aufzeichnung einer Aufführung der Kleinen Komödie, München	**Schöne Geschichten mit Papa und Mama** Komödie von Alfonso Paso (OT: »Cosas de Papa y Mama«), Ü: Gerhard Metzner Regie: Gerhard Metzner, BR: Heribert Weck Mit Karl Schönböck, Hannelore Elsner, Karl Paryla, Christian Wolff *Ro: Dolores Velasco*
26. 8. 1967 ZDF	**Willst du nicht das Lämmlein hüten?** Lustspiel von Noel Langley (OT: »Little lambs eat ivy«), Ü: Florian Kahlbeck, FB: P. K. Wittich Regie: Georg Wildhagen Mit Steffi Freund, Karin Anselm, Ulli Philipp, Horst Bollmann, Gerd Baltus, Peter Neusser, Ernst Fritz Fürbringer, Erna Sellmer *Ro: Lady Essie Buckering*
1968 ZDF 5. 2. 1968 bis 5. 8. 1968	**Zirkus meines Lebens** Familienserie von Gerhard Eckert in 13 Folgen Regie: Wieland Liebske Mit Benno Sterzenbach, Susanne Beck, Matthias Grimm, Joachim Rake, Hardy Tasso, u. v. a. *Ro: Lydia Farell*
5. 2. 1968	1. Folge: »Vermont und die Königstiger«
19. 2. 1968	2. Folge: »Salto Mortale«
4. 3. 1968	3. Folge: »Pamela und die Elefanten«

18. 3. 1968	4. Folge: »Die klugen Hunde«
1. 4. 1968	5. Folge: »Ninok der Clown«
29. 4. 1968	6. Folge: »Die fliegenden Menschen«
13. 5. 1968	7. Folge: »Die sechs Morenos«
27. 5. 1968	8. Folge: »Evers und seine Löwen«
10. 6. 1968	9. Folge: »Bongo, der Schimpanse«
24. 6. 1968	10. Folge: »Die sechs Löwen«
8. 7. 1968	11. Folge: »Alba und die Pferde«
22. 7. 1968	12. Folge: »Das Motorrad in der Steilwand«
5. 8. 1968	13. Folge: »Wallner und seine Bären«
13. 3. 1970 ZDF/ORF-FS 1 (ZDF/ORF/SRG)	**Dr. Meinhardts trauriges Ende** Kriminalfilm von Herbert Reinecker aus der Reihe »Der Kommissar« Regie: Michael Verhoeven Mit Erik Ode, Günther Schramm, Reinhard Glemnitz, Rosemarie Fendel, Helma Seitz, Richard Münch, Karl John, Ilona Grübel, Michael Verhoeven, Christof Wackernagel *Ro: Frau Wienand*
26. 3. 1972 ORF-FS 2/ZDF Aufzeichnung einer Aufführung des Theaters an der Wien	**Sorbas** Musical von John Kander (Musik) und Fred Ebb (Libretto) nach dem Roman »Alexis Sorbas« von Nikos Kazantzakis, Ü: Robert Gilbert, Gerhard Bronner, FB: Josef Stein Regie: Rolf Kutschera, Michael Maurer (nach der Broadway-Inszenierung von Harold Prince), BR: Otto Anton Eder Mit Yossi Yadin, Dagmar Koller, Peter Fröhlich, Olivia Molina, Franz Zuber, Walter Verndal *Ro: Madame Hortense*
1972/73 WDR (ARD) (29. 10. 1972 bis 18. 3. 1973)	**Acht Stunden sind kein Tag** TV-Serie von Rainer Werner Fassbinder in 5 Folgen Regie: Rainer Werner Fassbinder Mit Gottfried John, Hanna Schygulla, Werner Finck u. a. *Ro: Oma*

29. 10. 1972	1. Folge: »Jochen und Marion«. Mit Wolfgang Zerlett, Rudolf Waldemar Brem
17. 12. 1972	2. Folge: »Oma und Gregor«. Mit Kurt Raab, Wolfgang Lier, Anita Bucher
21. 1. 1973	3. Folge: »Franz und Ernst«. Mit Wolfgang Schenk, Peter Gauhe
18. 2. 1973	4. Folge: »Harald und Monika«. Mit Eva Mattes, Ruth Drexel, Brigitte Mira, Marquand Bohm
18. 3. 1973	5. Folge: »Irmgard und Rolf«. Mit Irm Hermann, Wolfgang Schenk

7. 10. 1979
ZDF
(ZDF/ORF/SRG)

Warnung vor der Mama
Eine von 5 Episoden über das Leben Wand an Wand aus dem TV-Film »Nachbarn und andere nette Menschen« von Herbert Reinecker
Regie: Wolfgang Liebeneiner
Mit Werner Hinz, Vera Tschechowa
Ro: Marta

27. 10. 1981
ZDF

Bring's mir bei, Céline
Komödie von Maria Pacôme (OT: »Apprends-moi, Céline«), Ü: Christian Wölffer
Regie: Axel von Ambesser, BR: Korbinian Köberle
Mit Bruni Löbel, Erich Schleyer, Werner Schulenberg, Heidi Stroh
Ro: Celine

26. 4. 1984
SFB (ARD)

Bescheidenheit ist eine Zier ...
Episode aus einer Folge von »Geschichten aus der Heimat« von Rolf Schulz
Regie: Frank Strecker
Mit Gerhard Konzack, Alice Treff, Max Strecker
Ro: Alter Filmstar

Namenregister

Bildnachweis:
Berlin Museum, Berlin: 11; Filmdokumentationszentrum, Wien: 14; Arthur Grimm, Berlin: 65, 68; Kurt Huhle, München: 70; Theo Huster, München: 43, 45–47, 74; Archiv Kleine Komödie, München: 67; Adolf Ljubic, Wien: 77; Chris Nowotny, München: 63, 72, 76; Winfried Rabanus, München: 78, 81, 82; Margret Tenbuß, München: 75; Felicitas Timpe, München: 66, 73; Archiv Luise Ullrich: 1–8, 10, 12, 13, 15–23, 25, 27–42, 44, 48–62, 64, 69, 71, 79, 80; Ullstein Bilderdienst, Berlin: 9, 24, 26

Textillustrationen:
Archiv Kleine Komödie, München: S. 319 unten; Archiv Luise Ullrich: S. 45, 63, 64, 93, 122, 319 oben, 335; Verlag für Filmzeitschriften Christian Unucka, Herbertshausen: S. 129, 153, 186, 199, 317

Der Verlag konnte in einzelnen Fällen die Inhaber der Rechte an den reproduzierten Fotos nicht ausfindig machen. Er bittet um Mitteilung bestehender Ansprüche.